서울법대
법학총서
5

Studies on the Draft of Korean Civil Code Amendment

민법개정안

연구

김재형

최봉경

권영준

김형석

박영사

머 리 말

　우리 민법은 1958년 2월 22일 법률 제471호로 제정되어 1960년 1월 1일부터 시행되고 있다. 제정 민법은 우리나라가 어려운 여건 속에서도 김병로 초대 대법원장을 비롯한 민법기초자들이 보여 준 헌신적인 노력 끝에 독자적인 민법전을 갖게 되었다는 점에서 역사적으로 중대한 의미가 있다. 그 후 최근까지 29차례 개정되었지만, 주로 가족법 부분이 개정되었을 뿐이고 재산법 부분의 개정은 거의 이루어지지 않았다. 민법 재산편은 60년 동안 최초의 원형을 그대로 간직하고 있는 셈이다.

　그러나 사회의 변화에 따라 사회적 수요를 반영하여 민법을 개정할 필요성이 높아졌다. 학설과 판례가 축적되어가면서 제정 민법의 문제점이 드러나기도 하였다. 민법 제정 당시에 참고했던 독일, 프랑스, 일본 등 외국의 민법들도 대폭 개정되었으며, 새로운 모범 또는 참고가 될 수 있는 입법례나 모델법도 많아졌다. 특히 국제물품매매계약에 관한 국제연합 협약이나 유럽계약법원칙 등 각종 모델법은 여러 나라에서 민법개정 논의에 중대한 영향을 미치고 있다. 이처럼 민법개정을 위한 내부적 동인과 외부적 동인이 싹을 틔우고 점차 무르익어가고 있다.

　1999년 2월 법무부 산하 민법개정특별분과위원회가 출범하여

2004년 민법개정안을 마련하였다. 그러나 이 개정안은 국회에서
제대로 심의되지 못한 채 국회의 회기만료로 폐기되었다.

　　2009년 2월 법무부 산하 민법개정위원회가 다시 출범하여
2014년 2월까지 5년 동안 새로운 민법개정안을 마련하였다. 이 개
정안은 2004년 민법개정안을 토대로 출발한 것이지만, 새로운 개정
안이 많이 포함되어 있다. 개정안 중에서 행위능력, 성년후견, 보
증채무, 여행계약에 관한 부분은 국회에서 통과되어 시행되고 있
다. 그 밖의 일부 개정안은 국회에 제출되기도 하였으나 통과되지
못했고 대부분의 개정안은 국회에 제출되지도 못했다.

　　민법개정은 민법학계의 오랜 염원일 뿐만 아니라 사회의 변화
와 필요에 부응하기 위한 것이다. 이 책은 민법개정안 가운데 논란
이 많았던 몇 가지 주요 쟁점에 관하여 민법개정안을 작성하는 작
업에 참여한 연구진들의 경험을 살려 객관적, 중립적 입장에서 심
층적으로 연구한 결과물이다.

　　민법개정안에 관한 주요 쟁점들의 의미와 내용을 다양한 시각
에서 돌이켜보는 것은 더 나은 민법을 마련하는 데 기여할 수 있을
뿐만 아니라, 개정 이후에 개정내용의 의미를 밝히고 적용을 하는
데에도 큰 도움이 될 것이다.

　　연구진은 서울대학교 법학연구소 주최로 2014년 2월 27일과
2016년 3월 25일 두 차례 민법개정안에 관한 학술대회를 개최하여
각자 맡은 부분을 발표하고 토론하는 시간을 가졌다. 그 후 이 책
에 수록된 논문들은 서울대학교 「법학」지 등에 수록되었는데, 한
곳에 모아 단행본으로 펴낸다.

　　이제 『민법 시행 60주년』이 눈앞에 다가오고 있다. 민법개정
안에 관한 좀 더 넓고 깊은 논의가 이어지고 민법개정작업이 결실
을 거두기를 기대한다.

　　이 연구를 지원해 준 서울대학교 법학발전재단, 이 책자의 출

간을 위해 노고를 아끼지 않은 최봉경 교수님을 비롯한 여러 관계
자에게 깊이 감사한다.

2019년 9월

김 재 형

차   례

제 1 장   상린관계에 관한 연구

제 2 장   유치권에 관한 민법 개정안 소개와 분석

제 3 장   민법상 구제수단의 다양화

제4장 계약의 해제·해지, 위험부담, 사정변경에 관한 민법개정안

제 5 장　대상청구권

제 6 장　증여계약에 관한 민법개정안 연구

제 7 장　부당이득에 관한 민법개정안 연구

색　인

[논문의 출전]

"상린관계에 관한 연구": 연세대학교 법학연구 제27권 제4호(2017), 1～51면.

"유치권에 관한 민법 개정안 소개와 분석": 서울대학교 법학 제57권 제2호
(2016), 139～184면.

"민법상 구제수단의 다양화": 서울대학교 법학 제57권 제4호(2016), 101～
141면.

"계약의 해제·해지, 위험부담, 사정변경에 관한 민법개정안": 서울대학교
법학 제55권 제4호(2014), 3～63면.

"대상청구권": 서울대학교 법학 제55권 제4호(2014), 103～147면.

"증여계약에 관한 민법개정안 연구": 서울대학교 법학 제55권 제4호(2014),
65～101면.

"부당이득에 관한 민법개정안 연구": 서울대학교 법학 제55권 제4호(2014),
149～191면.

제 1 장

상린관계에 관한 연구

― 민법개정안을 중심으로 ―

최 봉 경

I. 서

사람들이 모여 사는 사회에서는 언제나 다양한 사익과 공익의 교차로가 존재한다. 먼저 참을 한도와 관련된 아래의 몇 가지 예를 보자.

『고속국도는 자동차 전용의 고속교통에 공용되는 도로로서 도로소음의 정도가 일반 도로보다 높은 반면, 자동차 교통망의 중요한 축을 이루고 있고, 당해 지역경제뿐 아니라 국민경제 전반의 기반을 공고히 하며 전체 국민 생활의 질을 향상시키는 데 중요한 역할을 담당하고 있는 점 등을 더하여 보면, <u>이미 운영 중인 또는 운영이 예정된 고속국도에 근접하여 주거를 시작한 경우의 '참을 한도' 초과 여부는 보다 엄격히 판단하여야 할 것이다</u>(밑줄은 필자가 가함).』[1]

『피고들의 공장이 S아파트의 건립보다 먼저 건립, 가동되었다 하여 국민이 건강하고 쾌적한 환경에서 거주할 권리가 제한된다고 할 수는 없고, 피고들의 공해물질배출이 단순히 재산상의 손해라든가 정신적인 불편을 가져오는 데 그치는 것이 아니라 주민들에게 건강상의

---

1) 대법원 2015. 9. 24. 선고 2011다91784 판결.

장해 및 직접적인 생활방해를 야기하는 점에서 피고들의 공해물질배
출이 수인하여야 할 범위 내라 할 수 없으며, 원고들이 구하는 기간
중 일부 기간 동안 피고들이 공해방지시설을 일부 갖추어 공해물질배
출이 <u>관계 법령에 의한 허용기준치를 밑돌았다</u> 하여도 대다수 주민들
에게 위와 같은 피해를 주는 이상 관계 법령에 의한 허용기준치를 밑
도는 공해물질배출이라 하여 수인의무의 범위 내라고 할 수는 없으므
로, 피고들이 공해물질을 배출하여 S아파트 4단지 주민들에게 위와
같은 피해를 준 행위는 위법하다(밑줄은 필자가 가함)』.[2]

『(도로 옆 아파트의 소음분쟁과 관련하여) <u>공법상 규제기준</u>과 사법
상 손해배상청구를 위한 수인한도 기준은 구별되므로 환경정책기본
법상 소음환경기준을 위반했다는 이유로 손해가 바로 인정되지는 않
는다(밑줄은 필자가 가함)』.[3]

다음으로 주위토지통행권과 관련하여 통행장애물의 제거비용 문
제를 다루고 있는 상반되어 보이는 두 가지 예를 보자.

『A가 차량을 이용한 통행의 필요성이 있다고 주장하면서 통행권
의 확인을 구하는 통로 부분은 B 소유 토지의 남쪽 경계선에 설치된
담장을 따라 약 3m의 일정한 폭으로 특정한 것으로서, A 소유의 토
지에서 공로에 이르는 최단거리의 통로이고, 본래 1필지이던 A 소유
의 토지와 B 소유의 토지가 분할된 후 B가 그 토지를 취득하기 전부
터 A가 통로로 사용하던 부분일 뿐만 아니라, B로서도 토지 매수 당
시 그러한 A의 통행사실을 알고 있었음을 알 수 있다. 그렇다면 비록
A에게 차량을 이용하여 B 소유의 토지를 통행할 권리는 없고 다만
도보로 통행할 권리만이 인정된다고 하더라도, 그 통행으로 인한 손
해가 가장 적은 장소는 A가 확인을 구하는 통로 부분 중의 일부에

---

2) 대전지법 1995. 2. 8. 선고 93가합3237 판결(항소).
3) 서울중앙지법 2013가합505176; 2014가합580594 참조(법률신문 2016년 1월 18
   일자). 공법상 규제기준을 준수했다고 하여 수인한도 이내라고 할 수는 없다고 한
   주 2)의 사례와는 구별할 수 있다. 상세는 Ⅳ. 2. 2) c) ⅱ) 참조.

해당하는 것으로 봄이 상당하므로, … 주위토지통행권의 본래적 기
능발휘를 위해서는 그 통행에 방해가 되는 담장과 같은 축조물도 위
통행권의 행사에 의하여 철거되어야 하는 것인바(즉 담장 철거비용은
포위지소유주가 부담한다고 판시함)』4)

『민법 제219조 제1항 본문에 의하여 주위토지통행권자가 통로를
개설하는 경우 통행지 소유자는 원칙으로 통행권자의 통행을 수인할
소극적 의무를 부담할 뿐 통로개설 등 적극적인 작위의무를 부담하
는 것은 아니고 … 배수로의 철거 … 비용은 통로의 개설에 필요한
비용으로서 원고가 부담할 성질이라 할 것이고(즉 배수로 철거 내지
매립은 피포위지 소유자가 부담해야 한다고 판시함)』5)

위 사례들은 상린관계가 이웃 토지 소유자들의 충돌하는 이익을
교량하고, 특히 환경적 법익과 관련하여, 사법의 영역에서 공익을 배
려하는 대표적인 예임을 알게 해준다. 사회적 동물로서의 인간은 언
제나 공동체의 일부로서 일정한 책임과 의무를 부담한다. 하지만 복
잡한 생활관계속에서 어떤 기준에 의해 이를 인정할 것인지는 결코
단순한 문제가 아니다. 법 자체의 논리만으로는 해결의 단초를 찾기
가 쉽지 않아 보인다. 규범 자체가 아니라 사실을 분석대상으로 하는
사회학적 접근방법, 최적의 효율을 추구하는 경제학적 논변, 다른 나
라의 유사한 경험에서 배우려는 비교법적 연구, 지나온 인간의 족적
을 반추하여 해법을 찾으려는 역사적 탐구방법 등 다양한 담론에 귀
를 기울여야 한다.6) 평화로운 공존을 위해 다양한 인간의 지혜가 필

___

4) 대법원 2006. 6. 2. 선고 2005다70144 판결; 대법원 1990. 11. 13. 선고 90다
  5238, 90다카27761(병합) 판결.
5) 대법원 2006. 10. 26. 선고 2005다30993 판결.
6) 우선 Kramer, Ernst A., Juristische Methodenlehre, 1998, 193면 이하(법문을 넘어
  서는 법형성이 일정한 객관성을 유지하는 데 기여하는 요소 중 하나로 '법외적 담
  론(Ausserrechtliche Argumente)'을 들면서, 법경제학, 심리학, 여론조사, 사회과
  학 등의 예를 제시하고 있다. 법을 연구대상으로 하는 다양한 인접학문들(법사회
  학, 법사학, 법철학, 법이론, 비교법학, 법정책학 등)과 규범학문으로서의 법학의
  차이점에 관하여는 무엇보다도 Larenz/Canaris, Methodenlehre der Rechts-

요한 것이다.

이런 의미에서 본고는 민법개정안 중 상린관계 부분에 주목하였다.

1. 상린관계의 함의

1) 민법 제214조(이하 별도의 법명 표기가 없는 조문은 민법의 그것이다)에 따르면 토지소유권자가 소유권의 행사에 방해를 받을 경우 소유권의 원만한 실현을 위해 방해의 제거나 예방을 청구할 수 있다. 이것이 소유권의 원래적인 모습이다. 그런데 인간은 사회적 동물로서 군락을 이루고 살기 때문에 이웃관계의 형성은 곧 토지소유권의 인접을 의미한다. 또 나의 자유는 타인의 자유가 시작되는 곳에서 멈추고 평화로운 공존의 질서를 모색해야 하기에 이웃 간에 인접한 토지의 이용과 관련하여 상호배려와 상호인용이 필요한 것이다. 특히 시대에 따라 토지의 이용방법은 변화하기 마련이고 이에 따라 소유권의 내용과 제한도 변화를 겪을 수 있다. 고층빌딩이 드물던 과거에 누가 경관이나 조망 또는 일조권의 침해에 대해 생각했었겠는가?[7] 공항, 도로, 철도 인근의 소음피해에 대해서도 미처 생각해 보지 못했을 것이다. 농업, 경공업, 중공업시대를 지나 IT 정보시대를 구가하는 요즘 과거에 비해 토지활용방법은 상전이 벽해가 되듯 현저하게 달라졌으며[8] 앞으로 또 다른 에너지·기술혁명의 도래에 따라 더욱 빠르게 변

---

wissenschaft, 3. Aufl., 1995, 11~17면 참조.

7) 대법원 1995. 9. 15. 선고 95다23378 판결(일명 부산대학교 사건); 대법원 1997. 7. 22. 선고 96다56153 판결(일명 봉은사 사건) 등. 이에 관해 김재형, "소유권과 환경보호 ―민법 제217조의 의미와 기능에 대한 검토를 중심으로―", 인권과 정의 (제276호), 1999, 22면 이하 참조.

8) 전답이 택지로, 주거지역이 상업지역으로, 상업지역이 공장지역으로 변화한 경우가 많다. 그 지역에 처음 입주하여 정착할 때의 토지의 용도와 현재의 용도는 달라질 수 있다. 이러한 용도변화의 가능성은 다른 한편 지금까지의 이용방법이 장래에도 지속될 것이라는 합리적 기대 하에 인근에 정주하고 있거나 하게 된 사람의 신뢰를 깨뜨릴 수 있다는 점, 변화에 대한 지역공동체의 반발, 그에 대한 설득과 적절한 보상 등의 문제와 함께 종합적으로 성찰되어야 할 것이다.

화할 것이다.

위 사례들에서 나타나듯 상린관계는 공법과 사법의 혼합영역으로서 이익형량이 매우 중요한 곳이다('관계 법령의 허용기준치', '공법상 규제기준', '사법상 수인의무'). 제한된 자원으로서의 토지를 최대한 효율적으로 활용하는 것이 공익에 부합한다는 점에는 의문의 여지가 없다.9)10) 하지만 공익은 사익의 총합이기에 사익에 대한 배려 없이 이익형량을 논하기는 어렵다. 또한 사인의 소유권을 제한할 때 본질적 내용을 침해해서는 아니 되며 나아가 비례의 원칙에 비추어 볼 때 필요한 범위를 넘어서 과도한 수단을 사용해서도 아니 된다.11)

2) 한편 위 사례들에서 어느 한쪽의 손을 들어주는 것은 그의 소유권의 확장이지만 동시에 타방의 소유권의 내용적 축소를 의미한다. 소유권의 공공성 내지 사회성은 소유권의 내재적 제한을 시사한다.12) 여기서 권리를 제한당한 사람은 '공동체의 이익'을 위해 일종의 희생을 하는 셈이다. 그렇다면 그러한 '희생'에 대한 적절한 '보상'을 부여하는 것이, 매우 원론적인 말이지만, '공존의 질서'일 것이다.13)

---

9) 헌법 제121조는 '농지의 합리적인 이용'을 운위하고 있고, 동법 제122조는 "국토의 효율적이고 균형있는 이용·개발과 보전을 위하여 법률이 정하는 바에 의하여 그에 관한 필요한 제한과 의무를 과할 수 있다"고 규정한다.

10) 베스터만은 상린관계법이 바로 사법도 공익을 추구하는 예라고 말한다. H. Westermann, Die Funktion des Nachbarrechts: Zugleich eine Untersuchung der Bedeutung eines Immissionsschutzgesetzes für das Privatrecht, in: FS Larenz(1973), S. 1003, 1021 Fn.34.

11) 상린관계에 관한 민법규정은 도처에 이 점을 반영하고 있다. 제217조(…적당한 조처…), 제225조(…적당한 시설…), 제243조(…적당한 …시설…), 제244조(…적당한 조처…) 참조. 나아가 이웃토지 소유권을 제한하는 경우에도 '이로 인한 손해가 가장 적은 장소와 방법을 선택'하도록 하고 있다(제218조 제1항 단서, 제219조 제1항 단서, 제226조 제2항).

12) 헌법 제23조가 재산권의 법률유보를 규정하고 있으며, 민법 제2조는 일반적으로 권리행사에 일정한 한계를 지우고 있다(신의성실의 원칙(제1항)과 권리남용의 금지(제2항)). 나아가 민법 제2편(물권) 제3장(소유권)은 제2절(소유권의 취득)에 앞서 그 첫머리인 제1절에서 소유권의 '한계'라는 표제를 사용하고 있다.

13) 이른바 수인의무를 지는 이웃토지소유자에게 적절한 '보상'을 하도록 하고 있다.

3) 상기한 바에서 추론할 수 있듯이 상린관계법은 민법에 국한된 것이 아니다. 특히 일정한 오염원을 배출하는 시설에 대해서는 환경 특별법이 다수 존재한다.[14] 특정한 시설로부터 예상된 환경위험이 현실화될 경우 이러한 특별법에 의해 해결하지만 여기에서 규율되지 않은 문제는 민법에 따른다.[15]

상린관계법에는 불법행위책임이 포함되어 있다. 인접 토지 소유자 간에 고의, 과실로 위법하게 소유권을 침해하여 손해가 발생하였다면 불법행위에 기한 손해배상을 청구할 수 있음은 물론이다. 하지만 발생한 손해의 배상, 즉 과거의 청산만으로 이웃간의 평화로운 삶을 보장할 수 없다. 장래를 향하여도 물권의 원만한 실현이 담보되어야 한다. 위법한 방해에 대해서는 방해원의 제거나 예방을 청구할 수 있어야 하는 것이다. 즉 물권적 청구권의 전개가 필요하다.[16] 나아가 시대의 변화에 따라 특히 기술문명의 발달에 따라 새로운 위험원을 배출하는 시설들이 설립되어 이로 인한 환경피해가 증가하고 있다. 심지어 '위험사회'라는 말이 인구에 회자되듯 오늘날 도처에 각종 위험이 도사리고 있는 것이다.

한편 그러한 위험원을 창출, 운용하며 그로부터 이익을 보는 사

민법 제216조 제2항, 제218조 제1항 단서, 제219조 제2항, 제220조 제1항, 제2항, 제226조 제2항, 제228조, 제230조 제1항. 제232조, 제236조, 제242조 제2항은 '배상'이라고 표현하고 있다. 이는 후술하듯 독일 민법 제906조의 개정연혁에서도 드러난다.

14) 대기환경보전법, 수질 및 수생태계 보전에 관한 법률, 폐기물관리법, 토양환경보전법, 유해화학물질관리법, 소음·진동관리법, 환경정책기본법, 환경오염피해 배상책임 및 구제에 관한 법률(법률 제12949호, 2016. 1. 1. 시행, 이하 '환경피해구제법'으로 약칭) 등.

15) 예컨대 환경피해구제법 제5조(다른 법률 및 청구권과의 관계) ① 시설의 설치·운영과 관련한 환경오염피해의 배상에 관하여 이 법에 규정된 것을 제외하고는 「민법」의 규정을 따른다. ② 이 법에 따른 청구권은 「민법」 등 다른 법률에 따른 청구권에 영향을 미치지 아니한다.

16) 물권적 청구권과 불법행위에 기한 손해배상청구권 간의 요건, 효과상의 차이점에 대해 곽윤직/김재형, 물권법(제8판, 전면개정(보정)), 2015, 27~28면.

람에게 '일반적' 위험책임을 묻고자 하는 시도도 있다. 그리고 이를 과실책임주의에 버금가는 손해배상책임의 '원리'의 반열에 올려놓고 자 하는 주장도 있다.[17] 하지만 대다수의 학설과 입법례는 그러한 위 험책임의 일반화에 동의하지 않으며 다만 특정한 위험에 대해서 명문 의 규정이 있을 경우에 한해 무과실책임을 부과하는 방법을 선택하고 있다.

오늘날 공동체의 이익을 위해 필요한 위험시설이 늘어가고 있다. 그 시설은 바로 우리 이웃에 들어설 수 있다. 상린관계법은 상술한 특별법에 의해 규율되지 않는 환경오염분쟁도 염두에 두고 있다. 제 217조가 '매연, 열기체, 액체, 음향, 진동 기타 이에 유사한 것'으로 인한 방해에 대해 적당한 조처를 요구하는 것에서도 이를 알 수 있다 (밑줄은 필자가 가함).[18] 비록 '불가량물'에 대한 규정이기는 하나 미래 의 새로운 유형의 방해원에 대해 열린 태도를 취하고 있는 것이다.

그 밖에도 민법은 제211조 내지 제244조에서 '소유권의 한계'라 는 표제 하에 상린관계에 적용될 기본법규를 마련하고 있다. 그리고 이를 지상권과 전세권에 준용한다(제290조, 제319조). 인접한 부동산의 이용을 조절하여 평화로운 이웃공동체를 만들기 위해서는 그 규율의 범위를 '소유권'에 한정할 수는 없기 때문이다.[19]

4) 상린관계는 이웃공동체에 관한 문제이다. 이웃 간 토지이용에

---

17) 무엇보다 Kötz, Gefährdungshaftung, in: Gutachten und Vorschläge zur Überarbeitung des Schuldrechts(hrsg. vom Bundesminister der Justiz, Bd. Ⅱ (1981), 1783~1834면 참조. 이에 관한 한국의 논문으로 윤용석, "위험책임의 일반 조항에 관한 일고찰 ―1982년 Kötz 교수의 개정입법안을 중심으로 한 검토―", 법 학연구(28권 1호, 통권 36호), 부산대학교 법학연구소, 243면 이하. 다른 한편 정 진명, "환경오염피해에 대한 사법적 구제 ―위험책임의 입장에서―", 환경법연구 (21권), 1999. 12, 161면 이하.

18) 개정안에 관한 설명은 이하 Ⅳ. 참조.

19) 토지임대차에 유추적용할 수 있다는 것이 통설이다. 우선 곽윤직/김재형(주 16), 236면.

관해 관련된 당사자 간에 특별한 약정을 맺을 수도 있을 것이다.[20)]
하지만 토지는 이동할 수 없는 반면 그 이용자는 권원의 종류와 여하
에 관계없이 늘 달라질 수 있다. 따라서 늘 달라지는 당사자 간의 규
율에만 상린관계를 맡겨둘 수는 없다.[21)]

또한 그 지역의 관행과 관습도 중요한 기준이 된다. 해당 토지의
이용이 그 지역의 통상적인 이용에 따른 것인지를 판단함에 있어서 주
변 토지의 이용현황뿐만 아니라 지역의 관습도 고려할 필요가 있다.[22)]

2. 상린관계법의 역동성

1) 이렇듯 공법과 사법이 어우러져 공존의 질서를 모색하고 사익
과 공익의 형량을 통해 이웃 간의 토지이용에 관한 분쟁을 해결하는
상린관계법 영역은 물권법 내에서도 상대적으로 동적인 요소를 내포

---

20) 판례는 민법 제242조와 제244조는 강행규정이 아니라며, 이와 다른 내용을 가진
   특약의 효력을 인정한다. 대법원 1962. 11. 1. 선고 62다567 판결; 대법원 1982.
   10. 26. 선고 80다1634 판결 참조.
21) 그리하여 상린관계법은 일정한 규준(Massgeblichkeit)을 제시하고 있다. 다만 상린
   관계법의 '상호배려', '상호인용' 원리에 따라 그때그때 사안의 (비)전형성, 특별성
   (예외성)의 정도를 반영한 유연한(구체적 타당성을 갖춘) 대처가 필요하다. 토지
   이용방법의 시대적 변화에 부응하기 위한 입법적 대처도 필요하다. 상린관계법도
   일정한 가치판단을 내려놓고 있지만 타협과 조정의 여지를 남겨두는 경우가 적지
   않다. 제217조(…적당한 조처…), 제225조(…적당한 시설…), 제243조(…적당한 …
   시설…), 제244조(…적당한 조처…), 제218조 제1항 단서(손해가 가장 적은 장소
   와 방법), 제219조 제1항 단서(앞과 같음), 제226조 제2항(앞과 같음) 등 참조. 명
   문의 규정이 없더라도 매우 예외적이기는 하지만 상호배려, 상호인용의 원칙을 척
   도로 하는 신의칙의 한 사례군으로 '상린관계(das nachbarliche Verhältnis)'를
   자리매김하려는 견해로 Bensching, Nachbarrechtliche Ausgleichsansprüche –
   zulässige Rechtsfortbildung oder Rechtsprechung contra legem?, 2002, 162~168
   면. '상린관계'에 기한 배려나 인용의무는 이웃 모두, 즉 가해토지소유자와 피해토지소
   유자 모두에게 같은 정도로 적용되어야 하며, 신의칙의 독자적 사례군(eigenständige
   Fallgruppe)으로 보아야 하지만, '상린관계'로부터 적극적인 작위의무나 보상의무
   가 곧바로 도출되지는 않는다는 점을 강조하고 있다.
22) 민법 제224조, 제229조 제3항, 제234조, 제237조 제2항도 '관습의 중요성'을 법률
   에 반영하고 있다.

하고 있다. 소유권의 내용과 한계는 고정, 불변의 것이 아니다. 토지
소유권의 경우 인접 토지의 이용 상황에 따라 환경적 조화를 꾀해야
하는 경우도 있고 환경적 이익과 같은 공익이 점점 부각됨에 따라 이
것이 상린관계법에 영향을 미치고 있는 면도 간과할 수 없다. 나아가
경제적 고려도 상린관계에서 무시할 수 없다. 방해원 제거에 불비례
적으로 과다한 비용이 소모된다면 차라리 수인하고 적절한 보상으로
만족하도록 하는 것이 합리적일 수 있다.23)

2) 이러한 역동성을 고려할 때 상린관계법이 1984년, 2004년,
2013년에 연속적으로 민법개정의 대상에 포함된 것은 그리 놀랄 일
이 아니다.

다만 아쉽게도 그 개정의 범위는 제217조, 제220조, 그리고 제
242조의2의 신설에 그치고 있다(나머지는 자구수정에 불과함). 본고에서
는 개정 논의가 있었던 조문을 전체적으로 검토하면서 주로 이 3개
조문의 개정안을 중심으로 고찰한다.

II. 민법 제211조 및 제212조

1. 서

2004년 개정안 논의 당시24) 토지소유권의 제한을 위한 사상적
기초로서 제211조 및 제212조의 개정 필요성에 관한 토론이 있었다.

---

23) 독일 민법 제906조에 '보상청구권의 근거'를 마련하기 훨씬 이전부터 판례에 의해
   이른바 '상린법적 보상청구권(nachbarrechtlicher Ausgleichsanspruch, BGHZ 48,
   98(100)에서 처음으로 사용한 표현이다. 그 이전까지는 '민법상의 희생보상청구권
   (bürgerlich-rechtlicher Aufopferungsanspruch)'이라고 지칭했었다)'이 인정된 점
   도 시사하는 바가 적지 않다. 이하 우리 민법 제217조의 개정논의도 참조.
24) 1999년 2월 법무부에 의해 구성된 민법개정특별분과위원회(위원 13명)는 3년간의
   논의를 거쳐 2001년 11월 개정시안을 발표하였고 그 후 공청회(2001년 12월)와
   관계기관의견조회(2002년 12월) 및 민법개정안연구회 간담회(2003년 11월)를 거
   쳐 2004년 개정안이 완성되었다.

환경보호, 이용권강화에 의한 약자보호 및 불로소득인 개발이익을 소유권의 내용에서 제외할 필요가 있으므로, 소유권 특히 토지소유권의 내용을 강하게 규제할 수 있는 사상적 기초를 성문화하자는 논의였다. 나아가 토지소유권의 범위에 관하여 소유권자의 이익 없는 상공 및 지하에 대한 간섭을 허용하는 제한규정을 두자는 의견도 제시되었다.[25] 하지만 당시 6차 회의(1999. 10)와 9차 회의(2000. 5)를 통해 모두 부결되었다.

2. 개정제외와 보론

이 조문들이 개정대상에서 제외된 이유에 관해 설시되어 있지 않아 정확히 추측하기는 어렵지만 필자는 다음과 같이 생각한다: 제211조에 이미 '소유권의 법률유보'가 충분히 드러나 있고("법률의 범위 내에서"), 제212조에서도 "정당한 이익 있는 범위 내에서"만 토지소유권이 토지의 상하에 미침을 명시하고 있어 그 반대해석상 "정당한 이익이 없는 지상이나 지하"에까지 소유권자의 배타적 권능이 인정될 필요는 없는 것이다. 더구나 제3장 소유권의 첫 번째 절이 [소유권의 한계]라는 표제를 가지고 있어 개정위원들이 지향하던 소유권제한의 취지는 민법상 이미 상당부분 반영되어 있다는 것이다.

하지만 필자는 오히려 그러한 제한의 선언에 앞서 소유권의 자유로운 행사와 간섭배제권능을 천명하는 것이 민법의 체계에는 보다 부합한다고 생각한다. 사적자치가 민법의 대원칙으로 중시되어야 하는 취지가 소유권에 관한 규정에서도 존중되는 것이 합당하기 때문이다.[26] 당연한 원칙이기에 명문화할 실익이 적다고 할 수도 있으나

---

25) 이은영 위원 의견(2004년 민법(재산편) 개정자료집 Ⅰ, 287면).

26) 독일 민법 제903조 참조("물건의 소유자는, 법률 또는 제3자의 권리에 반하지 아니하는 등, 물건을 임의대로 처리할 수 있고 타인의 어떠한 간섭도 배제할 수 있다. 동물의 소유자는 그 권능의 행사에 있어서 동물의 보호를 위한 특별규정을 준수하여야 한다"). 2004년 개정안 민법 제1조의2와 관련된 논의도 참조(위 자료집,

'자유의 의미와 가치'는 아무리 되새겨도 지나치지 않다.[27]

Ⅲ. 민법 제215조(건물의 구분소유)

1. 서

동조는 두 개의 항으로 구성되어 있다. 구분소유건물 중 공용부분의 공유추정규정(제1항)과 공용부분의 보존비용규정(제2항)이 그것이다. 실무상 동조가 문제되는 것은 대부분 건물의 '구분소유' 여부에 대해 다툼이 있는 경우이다.[28][29] 구체적으로는 해당 건물의 구조상·이용상 독립성 여부를 판단하는 사례가 많은데 동조는 아무런 기준을 제시하지 않고 있어 판례에 의해 법리가 형성되어 있다. 집합건물법 제1조도 '구조상 구분'이라는 간단한 기준만을 명문화하고 있을 뿐이다.

구분소유건물에 관한 분쟁은 거의 집합건물법에 의존하고 있다. 아파트나 연립주택 등 고층 공동주택이 한국의 주된 주거형태를 이룬지 오래되었다.[30] 그리고 많은 분쟁이 일어나고 있다. 하지만 민법에

10면 내지 18면).

27) 더구나 인구밀도의 증가에 따른 토지자원의 협량화로 인해 수인의무의 범위가 점차 늘어가고 있는 오늘날 '자유의 원칙적 지위'를 선언하는 것도 유의미할 것이다. 이를 위해 제211조에 '간섭배제권능'을 추가하는 것으로 첫 발을 내딛을 수 있을 것이다. 사용, 수익, 처분만으로 소유권의 내용이 모두 포섭되지 않는 것도 고려되어야 한다. 영미법상 이른바 '권리의 다발(bundle of rights)' 개념도 이러한 맥락에서 시사하는 바가 적지 않다. 이에 관해 우선 권영준, "민법학, 개인과 공동체, 그리고 법원", 비교사법 22권 4호, 2015, 1438면 이하 참조.

28) 가령 대법원 2010. 1. 14.자 2009마1449 결정; 대법원 1999. 7. 27. 선고 98다32540 판결; 대법원 1993. 3. 9. 선고 92다41214 판결; 대법원 1999. 7. 27. 선고 98다35020 판결; 이미 대법원 1977. 5. 24. 선고 76다464 판결 참조.

29) 또한 '구분소유권'의 성립요건으로서 '구분행위'로서 족한 것인지 아니면 '등록' 등 공시수단을 갖추어야 하는지에 관해 대법원 2013. 1. 17. 선고 2010다71578 전원합의체 판결 참조(다수의견, 반대의견, 다수의견에 관한 2인 대법관의 보충의견 및 반대의견에 대한 대법관 1인의 보충의견 등 치열한 논의가 전개되었다).

30) 2014년 서울시 통계에 따르면 아파트, 연립주택, 다세대주택이 주거형태로서 전국적으로 약 60%에 달한다(서울시의 경우 2016년 아파트 주거형태가 61.6%에 달한

서는 물권편 중 제215조가 유일한 관련조문이다.

2004년 개정안 논의 당시 집합건물법과의 관계를 고려하여 구분
소유권의 개념을 재정립할 필요가 있다거나,[31] 집합건물법의 존재를
이유로 동조의 삭제를 주장하는 의견도 있었으나,[32] 집합건물법이 적
용되지 않는 다세대주택의 문제를 이유로 존치를 주장하는 견해[33]
등 신중론이 우세하여 1999년 11월 13일에 개최된 제8차 회의를 통
해 동조를 개정대상에서 제외하기로 결정하였다.[34]

2. 민법과 집합건물법

집합건물법에는 구분소유권에 관한 개념규정, 관리단의 설립, 관
리인의 선임 및 그 권한과 의무, 규약 및 집회, 재건축 및 복구, 집합
건물분쟁조정위원회 등에 관한 규정을 비롯하여 구분소유자 상호간
의 평화로운 공동생활을 보장하기 위한 규범이 다수 포함되어 있다.
특히 동법 제5조는 구분소유자에게 공동의 이익에 어긋나는 행위를
금지하고 있으며 정당한 사유 없이 (주거용 전유부분의 경우) 주거외의
용도로 사용할 수 없고 보존·개량을 위해 필요한 범위에서 다른 구
분소유자의 전유부분의 사용을 청구할 수도 있다고 규정한다. 이 경
우 다른 구분소유자가 손해를 입었을 때에는 보상하게 되어 있다.

다: http://data.seoul.go.kr/openinf/linkview.jsp?infId=OA-12592). 이에 따르면
　최초의 아파트는 현행 민법 제정 직전인 1958년에 건립되어 총 3동에 152가구가
　분양되었던 것으로 알려져 있다. 민법 제정 당시에는 아파트생활에 대한 인식이
　전혀 보편화되지 못했던 점을 알 수 있다. 김정현/안우만/이원배/허정훈/이영준,
　"집합주택(아파트)의 소유, 관리에 관한 고찰(그 입법화와 관련한 문제점과 방향)",
　사법연구자료 제1집, 1974, 226면.
31) 김상용 위원 의견(개정자료집 Ⅰ(주 25), 288면).
32) 서민, 소재선 위원 의견(개정자료집 Ⅰ(주 25), 288면). 이미 민법주해(편집대표
　곽윤직/김황식 집필부분) Ⅴ(1992), 267면 이하(제215조의 후론으로 집합건물법
　의 내용을 해설하고 있다).
33) 이은영 위원 의견(개정자료집 Ⅰ(주 25), 288면).
34) 개정자료집 Ⅰ(주 25), 288면.

나아가 동법 제9조와 제9조의2에서 구분소유자보호를 위한 하자 담보책임을 규율하고 있다. 특히 분양자와 시공자의 담보책임에 관하여 동법과 민법에 규정된 것보다 매수인에게 불리한 특약은 효력이 없다고 규정하고 있다(동법 제9조 제4항). 공용부분과 대지사용권에 관한 별도의 규정도 두고 있다(동법 제10조 내지 제22조).

요컨대 집합건물법은 구분소유권자의 상호배려, 상호인용을 전제로 구분된 여러 개의 부분이 독립한 건물에 사는 사람들이 평화롭게 공존하기 위한 규범이다. 그리고 대체로 이를 민법에 규율해도 전혀 이상할 것이 없는 내용을 담고 있다. 아파트 주민의 상린관계에 관한 법규범이기 때문이다. 현대적 주거형태를 고려한다면 이것을 민법에 규율하는 것이 오히려 오늘날의 상린관계의 현실에 부합하는 민법의 모습일 것이다.

3. 개정제외가 타당한가?

그럼에도 불구하고 민법 제215조의 폐지론이나 개정 제외론이 다수의 견해가 된 이유는 필자가 추측건대 집합건물법의 내용이 채권과 관련된 부분도 다수 있고(동법 제7조, 제9조, 제18조 등), 소관청의 직권조사 및 조사후 처리, 벌칙규정 등 행정법적 규정(동법 제59조 내지 제60조, 제65조 내지 제66조)도 담고 있기 때문일 것이다. 또한 평면적으로 인접한 토지 소유자 간의 문제가 아닌 (보다) 수직적으로 연계된 이웃관계가 민법에 낯설어 보였을 수도 있다.[35)36)]

---

35) 민법안심의록에는 독일 민법 관련조문 2개(당시 제921조, 제922조)만을 외국입법례로 참조하고 있고, 중화민국민법 제799조 및 만주국 민법 제207조 초안과 동일함을 적시하고 있을 뿐, 기타 국내입법의견이나 비판 나아가 심의경과에 대해서는 기재된 내용이 없다. 민법안심의록(상권), 1957, 135~136면.

36) 중화민국민법전이나 만주국민법전이나 모두 당시의 정치적 역사적 상황을 고려할 때 일본 민법(학)의 강한 영향하에 있었다. 따라서 이를 개정하는 것은 오늘날 변화된 삶의 형태에 조응하는 측면뿐만 아니라 그 자체로 일본 민법(학)의 잔재를 벗어나는 의미가 있다고 생각한다. 당시 일본민법(학)의 영향과 극복방법론에 대

하지만 더 근본적인 이유는 민법상 상린관계법이 이웃한 토지소유자(내지 점유자) 간의 공존질서에 관한 독자적인 법규범으로 명확히 자리 잡고 있지 못하기 때문이라고 생각한다. 이것이 결국 구분소유권자의 상린관계를 민법 밖에 규율하게 된 원인일 것이다. 건축법, 도시계획법, 환경법, 농업법 등 다양한 영역에서 각각 전문적으로 상린관계를 다루고 있는 것도 이유이다.37)

생각건대 채권과 관련된 내용은 다양한 준용규정을 이용하여 해결할 수 있고 행정규제적 요소는 오히려 주택법 등 다른 법률에서 충분히 규율할 수 있다. 공동주택의 구분소유자간 상린관계를 효율적으로 규율하기 위한 독특한 단체법리도 '민법의 현대화'라는 관점에서 검토할 수 있을 것이다. 요컨대 오늘날 한국의 주된 주거문화를 민법에 반영한다는 차원에서 '상린공동체'질서에 관한 집합건물법의 상당 규정을 민법내로 편입하는 것이 가능하고 또 타당하다.38) 특히 구분소유권의 개념과 성립요건에 관한 학설과 판례를 입법가능성을 중심으로 숙의할 필요가 있을 것이다.

해서 정종휴, "한국민법전의 비교법적 검토", 민사법학 제8호(1990. 4), 60면 이하; 양창수, 민법연구 3권, 1994, 117~157면 참조(특히 Ⅰ. 민법전의 역사적 성립과정). 우리 민법 제215조의 모델인 일본 민법 제208조는 '건물의 구분소유 등에 관한 법률'이 제정될 때 삭제되었고 이 법률은 1983년 대개정을 통해 단체법적 규제가 강화되었다(內田貴, 民法Ⅰ(第2版)(補정판) 總則·物權總論, 2003, 391면 이하 참조). 일본 민법 제208조는 일본 민법 제3장(소유권) 제1절(소유권의 한계) 제1관(소유권의 내용 내지 범위)(제206조 내지 208조) 제2관(상린관계)(제209조 내지 제238조)의 편제에 비추어 볼 때 상린관계에 편속되어 있지 않았다. 결국 우리 민법 제215조를 삭제하고 집합건물법에 전적으로 의존하게 된다면 또 다시 '결과적으로' 일본의 전철을 밟는 셈이다.

37) 이은영, "물권법의 개정방향", 민사법학 제17호(1999), 105면 참조. 상린관계에 관한 규정을 제216조 내지 제244조로 국한하고 있다.
38) 민법 교과서도 건물 구분소유자 간의 상린관계에 대해 대부분 '집합건물법'을 해설하고 있다. 가령 곽윤직/김재형(주 16), 238~242면; 양창수/권영준, 권리의 변동과 구제(민법Ⅱ)(제2판), 2015, 343~355면; 지원림, 민법강의(제15판), 2017, 558~577면; 송덕수, 물권법(제3판), 2017, 277~292면; 김준호, 물권법(제10판), 2017, 161~173면; 윤진수, 물권법(개정판), 2009, 227~237면 등 참조.

4. 소   결

무엇보다도 제215조 그리고 집합건물법 제1조, 제2조, 제15조, 제20조 등과 관련하여 집적된 판례를 토대로 전유부분과 공용부분, 대지사용권과 대지권 및 구분소유권의 성립요건과 범위, 나아가 공용부분·대지사용권의 구분소유권에 대한 종속적 일체성은 건물 구분소유권의 특성을 충분히 감안하여 민법에 반영할 필요가 있다. 그 밖에 '구분소유자 공동의 이익을 위하여' 또는 '공동생활상의 장해가 현저하여 공동생활의 유지가 매우 곤란한 경우' 또는 '상린자간 의무를 현저히 위반하여 공동생활을 유지하기 매우 곤란하게 된 경우'에 관한 규정들(동법 제5조, 제43조 내지 제46조)도 '필요한 변경을 가해' 편입이 가능할 것이다. 소유권의 내용은 절대적으로 고정된 것이 아니다. 소유권의 행사가 소유권자의 이익과 무관하게 공동체의 이익을 현저하게 침해한다면 소유권자의 금지권능(타인의 간섭을 배제할 권능)은 제한될 수 있다. 이는 건물 구분소유자간의 상린관계에서도 원칙적으로 다를 바 없다.

또한 상린관계 제규정과는 달리 제215조는 오로지 건물에만 적용되는 것도 중요한 특징이다. 토지와 건물은 그 각각의 권리객체로서의 성질상 본질적 차이가 있다. 더구나 오늘날은 고층화된 건물이 일상화되어 있다. 따라서 민법 제정 이후 완전히 변화된 주거형태에 맞는 상린관계법을 재정립하고 이를 개정작업에 반영한다면 보다 시민에게 친근하고 생활에 밀착된 민법이 될 수 있을 것이다. 이는 결과적으로 건물 구분소유자간 상린관계에서의 법적 안정성과 분쟁의 예방효과로 귀결될 것이다.

이제 상술한 내용을 토대로 하여 일단 커다란 방향성을 제시해보자면 다음과 같이 말할 수 있을 것이다: 민법 제3장 제1절 소유권의 한계를 3개의 관으로 나누어 1관: 소유권의 내용, 2관: 구분소유권, 3

관: 상린관계로 규정하는 것이 어떨까 생각한다. 관과 부제만 추가되므로 조문번호를 변경할 필요는 없다. 다만 구분소유에 관한 규율은 제215조만으로 부족하기에 제215조의 2, 3 등으로 추가하면 될 것이다.

주택의 재건축에 관하여는 도시 및 주거환경정비법(2003. 7. 1. 시행)이 일반적으로 규율하고 있다. 재건축사업이 도시기능회복을 위한 공공사업이라는 관점에서 이를 민법내로 수용하기는 곤란하다. 다만, 주택 자체의 관리에 관한 사항은 수용할 여지가 있다고 생각한다(관리단과 입주자대표회의에 관한 규정도 마찬가지이다. 다만 공동주택관리법 등의 관련법규와의 적용범위에 대한 재검토가 있어야 함은 물론이다). 자세한 입법안은 — 검토할 부분이 적지 않기도 하거니와 — 다음 기회로 미루고 본고에서는 민법개정의 방향을 제시하는 것으로 만족하기로 한다.

Ⅳ. 민법 제217조 개정안

현행	2004 개정시안
제217조(매연 등에 의한 인지에 대한 방해금지) ① 토지소유자는 매연, 열기체, 액체, 음향, 진동 기타 이에 유사한 것으로 이웃토지의 사용을 방해하거나 이웃거주자의 생활에 고통을 주지 아니하도록 적당한 조처를 할 의무가 있다. ② 이웃거주자는 전항의 사태가 이웃 토지의 통상의 용도에 적당한 것인 때에는 이를 인용할 의무가 있다.	제217조(생활방해의 금지) ① 토지소유자는 열기체, 먼지, 매연, 악취, 폐수, 소음, 진동 그 밖의 이와 유사한 것으로 이웃 토지의 사용을 방해하거나 이웃 거주자의 생활에 고통을 주지 아니하도록 적당한 조치를 할 의무가 있다. ② 이웃 거주자는 제1항의 사태가 그 토지의 통상의 용도에 적당하고 사회통념상 상당한 것인 때에는 이를 인용할 의무가 있다. ③ 이웃 거주자는 생활의 방해를 받을 염려가 있는 때에는 그 예방을 위하여 특정한 행위를 하지 아니할 것을 청구할 수 있다.

1. 2004년 개정안

1) 논의경과

인접한 토지의 소유자뿐만 아니라 점유자도 '상린자(相隣者)'로서 평화로운 토지이용에 협조할 의무가 있다는 점과 이웃의 토지사용을 위해 자신의 소유권을 제한 당한 사람에게 그에 상당하는 보수를 해야 한다는 점에 대해 이견이 없었던 것은 아니지만 일찍부터 공감대가 형성되었다. 1984년 민법개정시 제출되었던 제217조 개정의견서도 같은 취지였다(채택되지는 않았다).[39)40)]

생활방해가 확대되어 가고 있는 현실을 감안하여 본조의 활용범위를 확대하는 것에도 모두 일치된 견해를 보였다. 토지점유자에게도 방지조치청구권과 방지조치의무를 인정하고 수인의무의 범위를 조절하며[41)] 장래의 방해에 대하여도 적절한 조치를 청구할 수 있도록 하는 데에도 대체로 일치하였다.[42)]

---

39) 1984년 제217조(생활방해의 금지와 조정적 보상청구권) 개정안: ① 토지의 소유자는 이웃 토지의 사용으로 발생하는 가스·증기·냄새·검댕·열·소음·진동의 유입과 유사한 영향이 자기의 토지이용을 방해하지 아니하거나 침해의 정도가 중대하지 아니한 경우에는 이를 금지할 수 없다. ② 이로 인한 토지이용의 침해가 중대할지라도 그 영향이 이웃 토지의 장소적 관행상의 이용으로 인하여 발생하고 또한 이러한 종류의 토지이용자가 경제적으로 기대 가능한 적당한 조치를 하여도 이를 방지할 수 없는 경우에도 전항과 같다. 이와 같이 토지소유자가 영향을 인용하지 않으면 아니 될 경우에 있어서 그 영향이 자기 토지의 장소적 관행상의 이용 또는 수익을 기대할 수 없을 정도로 침해하는 때에는 이웃 토지의 이용자에게 금전으로 적당한 조정적 보상을 청구할 수 있다. ③ 특별한 유도에 의한 유입은 허용되지 않는다. 이는 독일 민법 제906조를 본격적으로 참조한 것이다. 참고로 동조항은 1994년 개정되었는데 그 내용이 2004년 개정안에 영향을 미쳤다. 상세는 본문 참조. 황적인 외 29인 공저, 민법개정안의견서, 2002, 67~70면 참조.
40) 민법주해(곽윤직 편집대표/유원규 집필부분) Ⅴ, 1992, 315면도 '입법론'으로 같은 취지의 의견을 개진하고 있다.
41) 수인의무의 범위를 확대 또는 축소하는 것이 타당한가에 대해서는 위원들간에 의견이 엇갈리고 있었다. 2013년 안에서 볼 수 있는 바와 같이 보상청구권의 인정을 전제로 하였더라면 논의는 달라졌을 것이다.
42) 개정자료집 Ⅰ(주 25), 290~303면.

2) 점유자문제

원래 5차 가안 제217조 제1항은 "토지의 점유자도 그가 스스로 그 조치를 취할 수 있는 경우에는 전문에서 정한 의무를 진다"는 2문을 포함하고 있었으나, 동조의 체계적 위치와 제1문의 점유자에 대한 유추적용 가능성 등의 이유로 삭제되었다.[43]

3) 인용의무와 보상문제

1984년에 제안된 안에서 보는 바와 같은 '보상청구권'의 도입에 대해서는 많은 위원이 동의했으나[44] 2004년 최종안에서는 누락되었다. 그 이유는 인용의무와 보상청구권의 상호관계에 관한 해석론에 있었다. 현행법에 인용의무요건("사회통념상 상당성")을 추가할 경우 통상의 용도에 적합한 토지 이용이라도 사회통념상 상당하지 않다면 인용할 필요가 없게 되어 결국 '방지조치의무'의 확대로 귀결되므로 굳이 보상청구권을 인정할 필요가 없다는 것이다. 나아가 이는 환경 보호를 위한 토지소유자의 의무확대라는 현대적 추세에도 부합할 뿐만 아니라[45] 이웃 간 분쟁을 심화시킬 여지가 있다고 보았다.[46] 이에 따라 '사회통념상 상당한'이란 문구를 유지할 것인가 삭제할 것인가에

---

43) 31차 전체회의(2002. 7. 22.), 개정자료집 Ⅰ(주 25), 298면. 공청회 토론의견도 2문의 신설에 반대하였다(김재형, 개정자료집 Ⅰ(주 25), 294면). 나아가 생활방해가 늘어가고 있는 현대사회에서 인용의무의 요건을 보다 엄격하게 할 필요는 없다는 견해가 공청회 토론의견에서 제시되었다(김재형, 민법(재산편)개정공청회 자료집(2001. 12), 151면). 동 견해는 개정안 제217조 제3항도 제1항에 의해 해결될 수 있으므로 불필요하다는 의견도 개진하였다(같은 책, 152면). 공청회에서 김남근 변호사는 동조 제3항의 부작위의무를 위반하여 발생한 침해의 내용을 제거할 작위의무의 청구와 그 대체적 작위의무를 이행하지 않았을 경우 청구인이 작위의무를 이행하고 그 비용을 상대방에게 청구할 수 있는 규정의 신설(동조 제4항)도 제안하였다(같은 책, 145면).

44) 서민, 윤진수, 김상용, 하경효, 이시윤 등. 다만 몇 명의 위원은 '사회통념상 상당성' 요건을 인용의무 판단에 추가하지 않는 것을 조건으로 하였다.

45) 남효순 위원 의견(개정자료집 Ⅰ(주 25), 297면).

46) 이시윤 위원 의견(개정자료집 Ⅰ(주 25), 298면).

대해 열띤 토론이 있었다. 결론적으로 통상의 용도에 사회통념상 상
당성 요건을 추가할 경우 사회적 파장이 크므로 이를 삭제하고 보상
청구권을 규정하자는 의견[47]은 관철되지 못하였고, 보상청구권과 관
련한 요건을 독일 민법 등과 비교하여 보다 신중하게 검토할 필요가
있다는 이유[48]와 사회통념상 상당성 요건을 실무상 탄력적으로 운용
할 수 있다는 근거[49] 등으로 인해 동 요건을 유지하기로 결정하였다.
또한 동조 제3항은 부작위청구권의 실체법적 근거를 민법에 두자는
이유로 신설되었다.[50]

분명한 것은 당시 위원들도 「인용의무와 보상청구권의 관계」에
관한 문제점을 충분히 인식하고 있었으며, 전자를 확장할 경우 후자
의 필요성도 제고됨을 주지하고 있었다는 사실이다. 그리고 이 점은
아래에서 보는 바와 같이 2013년 개정안과 관련하여 다시 부각된다.

2. 2013년 개정안

현행	2013 개정시안
제217조(매연 등에 의한 인지에 대한 방해금지) ① 토지소유자는 **매연**, 열기체, 액체, 음향, 진동 기타 이에 유사한 것으로 이웃토지의 사용을 방해하거나 이웃거주자의 생	제217조(매연 등에 의한 인지에 대한 방해금지) ① 토지소유자는 매연, **증기**, 액체, **먼지**, **냄새**, **소음**, 진동, **빛** 그 밖에 이와 유사한 것으로 이웃 토지의 사용을 방해하거나

---

47) 김상용, 하경효, 이시윤 위원 의견(앞의 개정자료집, 299, 301면). 민법개정안 연구
    회에서도 '사회통념상 상당성'에 대해 부정적 견해를 표명했었다(전경운, 개정자료
    집 Ⅰ(주 25), 295면).
48) 백태승 위원 의견(개정자료집 Ⅰ(주 25), 300면).
49) 이은영 위원 의견(개정자료집 Ⅰ(주 25), 300, 301면 등). 사회통념에 기해 수인한
    도를 판단하는 것은 확립된 판례이다. 가령 대법원 1995. 9. 15. 선고 95다23378
    판결 등 다수. 『그 침해가 사회통념상 일반적으로 수인할 정도를 넘어서는지 여부
    는 피해의 성질 및 정도, 피해이익의 공공성과 사회적 가치, 가해행위의 태양, 가해
    행위의 공공성과 사회적 가치, 방지조치 또는 손해회피의 가능성, 공법적 규제 및
    인·허가 관계, 지역성, 토지이용의 선후 관계 등 모든 사정을 종합적으로 고려하
    여 판단하여야 한다.』문제는 이것을 '제217조'에 삽입할 것인가이다.
50) 이은영 위원 의견(개정자료집 Ⅰ(주 25), 301면).

활에 고통을 주지 아니하도록 적당한 조
처를 할 의무가 있다.
② 이웃거주자는 전항의 사태가 이웃 토
지의 통상의 용도에 적당한 것인 때에는
이를 인용할 의무가 있다.

이웃 거주자의 생활에 고통을 주지 아니
하도록 적당한 <u>조치</u>를 할 의무가 있다.
② <u>제1항의 방해 또는 고통이 토지의 통
상 용도에 따른 사용에 의하여 발생하고,
그 방지에 과다한 비용을 요하는</u> 경우에
는 이웃 토지소유자나 거주자는 이를 인
용하여야 한다.
③ 제2항의 경우에 <u>손해를 입은 이웃 토
지소유자나 거주자는 상당한 보상을 청구
할 수 있다.</u>

1) 개   설

2004년 개정시안과는 다소 다르게 현행법상의 '열기체'와 '음향'
이 삭제되고 '증기', '먼지', '냄새', '소음' 및 '빛'이 추가되었다('폐수'와
'악취'도 보다 일반적인 개념인 '액체'와 '냄새'로 대체되었다). '그 밖에 이
와 유사한 것'이라는 문언을 통해 유추의 가능성을 열어두어 개방적·
유형적 입법방식을 고수하였다. 새로운 생활방해 유형에 대비하는 타
당한 입법방법이라고 생각된다. 열거된 모든 '생활방해원'을 포괄하는
개념을 정의하려면 어떤 '공통된 개념표지'가 있어야 하는데 이를 찾
기 어렵다.[51] 말하자면 열거주의식 입법이 보다 수월한 입법이고 이
로써 동 법조의 법형성은 의식적으로 실무에 맡겨진 것이라고 할 수
있다.[52] '조처'는 어감상 보다 자연스러운 '조치'로 바꾸었다.[53]

---

51) 불가량물(Imponderabilien)이라고 표현하기도 쉽지 않다. 측정기술의 발전으로 인
해 사실상 '가량'인 경우도 적지 않다. 유력 학설은 '일정한 토지이용과 불가피적으
로 결합되어 있는 간섭'이라고 이해하기도 한다. 곽윤직/김재형, 앞의 책, 244면.
후자의 학설은 임밋시온의 작용방법의 태양을 설명하고 있을 뿐 임밋시온의 범위
를 한정하는 데 도움이 되지 않는다는 비판이 있다. 민법주해 Ⅴ(곽윤직 편집대표/
유원규 집필부분), 300면.

52) Motive Ⅲ, 265면(=Mugdan Ⅲ, 146면). Jauernig, Zivilrechtlicher Schutz des
Grundeigentums in der neueren Rechtsprechung, JZ 1986, 605(특히 606면).

53) 현행 민법 제정 당시 '조치'가 일본식 표현이라는 이유로 '조처'로 바뀌었다는 이시
윤 위원의 언급이 있었다(개정자료집 Ⅰ(주 25), 298면).

  2013년 개정안의 특징은 2004년 개정안에서 격론 끝에 인정된 '사회통념상 상당성' 요건이 '비용' 요건으로 대체되었다는 점이다. 방해나 고통이 통상의 용도에 적합한 사용에서 비롯되었고 그 방지를 위한 비용이 과다할 경우 인용할 의무가 있다는 것이다. '사회통념상 상당성' 요건은 이로 인해 '인용의무'가 축소될 가능성이 지적된 데 반해, '비용과다' 요건은 방지조치를 위한 경제적 비용의 관점에서 이를 상당부분 '한정'한 것이라고 생각된다.[54] 하지만 '비용의 과다여부' 판단에 '사회통념'이 투영될 가능성은 여전히 열려있다고 할 것이다. '과다한 비용을 요하는 경우'란 표현은 상린관계법에 친숙한 문언이다.[55] 독일 민법 제906조 제2항에 따르면 (경미하지 않은, 본질적인[56]) 생활방해가 통상적인 토지의 이용에서 발생하고 그 방지조치가 '경제적으로 기대할 수 없는 경우'에 상린자에게 인용의무가 인정되며 '이로 인해 그의 토지의 통상적인 이용을 기대가능한 정도를 넘어 방해하는 때'[57]에는 적절한 금전보상을 청구할 수 있다. 개정시안 제217조 제2항은 '통상용도적합성'과 '비용과다'를 요건으로 '인용의무'를 부과하고, 제3항은 그로 인해 '손해를 입었을 경우'에 '보상청구권'을 부여하고 있다.[58]

---

54) '사회통념상 상당성' 요건이 삭제되면서 이와 연동되어 있던 '보상청구권'문제가 다시 부각되었고 '비용과다' 요건의 추가는 보상청구권 도입에 별다른 장애물이 되지는 못한 것으로 생각된다.

55) 민법 제218조, 제219조 참조.

56) 여러 공법상의 허용한계를 현저하게 초과한 임밋시온은 '본질적인 생활방해'에 해당될 가능성이 크다(ein gewichtiges Indiz)고 본다. Staudinger/BGB – Kommentar, 2002, 906조 방주 37 참조(Herbert Roth).

57) 동조 제2항 제2문에는 여기에 병렬적으로(또는) '그 토지의 수확(Ertrag)을 기대할 수 있는 정도 이상으로 방해하는 경우'에도 마찬가지로 금전보상을 인정하고 있다. 우리 개정안과의 비교가독성을 높이기 위해 한 가지 경우만을 본문에 서술하였다.

58) 우리 민법 제216조는 인지사용청구권을 제도화하고 있다. 제219조의 주위토지통행권제도와 함께 이 제도의 혜택을 보는 사람의 입장에서 볼 때 일종의 '긴급피난'과 유사한 상황이 연출된다. 타인의 권리를 위법하게 침해하는 것인데 그 침해를 특별한 이유에 기해 정당화하고 있기 때문이다(제761조 참조). 피해자에게 일정한

2) 독일 민법 제906조[59] 제2항의 참조

만약 독일 민법의 비교법적 영향을 긍정한다면 독일에서 위 '경
제적으로 기대할 수 없는 경우'와 '토지의 통상적인 이용이 기대할 수
있는 정도 이상으로 방해받는 경우'를 어떻게 이해하고 있는가를 살
펴보는 것이 위 개정시안의 해석 및 적용에 참고가 될 것이다.

a) 방지조치가 경제적으로 기대할 수 없는 경우

임밋시온의 방산을 방지하기 위한 적극적 조치를 요구하기 위해
서는 그러한 방지조치가 경제적으로 기대할 수 있어야 한다. 이 '문

피해의 보상을 인정하는 것도 공통된다. 구체적 사안에서 사인 간의 권리가 충돌
될 때 이를 조화롭게 해결하기 위한 방안을 민법에 마련해 둔 것이다. 이렇든 어
느 일방의 권리가 전적으로 우선되고 타방의 권리는 완전히 배제되는 결과가 아니
라 서로 상생, 공존할 수 있는 방안을 찾는 것이 사법상 특히 중요한 관점임을 민
법은 분명히 하고 있는 것이다. 이러한 맥락에서 위 '보상청구권'의 도입은 타당하
다고 생각된다. 졸고, "주위토지통행권 행사의 한계", 민사판례연구 제33 - 1권
(2011. 2).

59) 독일 민법 제906조는 1959년에 전기를 맞이했으며(BGBl. Ⅰ S.781) 1994년에 재
차 개정되었다(BGBl. Ⅰ S.2457). 1937년 제국법원의 이른바 GHH 판결[(Gute -
Hoffnungs - Hütte - Entscheidung, RGZ 139, 29) 참조. RGZ 154, 161도 같은 취
지이다. 당시 독일 민법 제906조의 문언에 반해 지역통상적인(ortsüblich) 공해를
배출한, 하지만 인지소유자에게 중대한 피해를 끼친 기업에게 (명문의 근거는 없
던) 보상의무를 인정했다]에서 인접토지 소유자들의 이해관계를 조정한 예를 보여
준 이래로 상호배려와 상호인용은 상린관계법에서 중요한 가치로 자리 잡았다. 상
린공동체관계(nachbarliches Gemeinschaftverhältnis)는 물권적 관계뿐만 아니라
채권적 관계도 포함하고 있다. 이 점은 1959년 독일 민법 제906조의 개정에서도
드러난다. 모든 토지는 인지(隣地)와 조화를 이루도록 그 용도에 적합하게 충분히
활용되도록 하는 것이 공익에 부합한다는 사고도 여기에 깔려 있다. 906조에 '보
상규정'을 넣은 것도 그 때문이었다. 말하자면 충돌하는 사익 간의 해법을 '공익'에
서 찾은 것이다(H. Westermann, FS Larenz(1973), S. 1003, 1021 Fn.34 참조). 베
스터만은 개별 토지의 "공간관련성"내지 "주변환경과의 조화"를 강조한다. 인간공
동체가 있듯이 공간적 토지공동체(die räumliche Gemeinschaft der Grundstücke)
라는 관념에 주목하기 시작한 것이다. H. Westermann, Sachenrecht(5. Aufl.),
1966, §63 Ⅰ 2. 상린관계법은 물권법에 자리잡고 있지만 매우 동적인 분야이다. 독
일 민법 제906조 이하는 원래 19세기, 즉 공해나 생활방해가 심각하지 않고 인구밀
도도 높지 않을 때 만들어졌다. 그리하여 시대의 흐름에 따라 변화해온 것이다.

구'는 원래 독일 민법의 제정 당시 이미 삽입을 숙고한 바 있으나 당
시 공법을 통해 충분히 보호되고 있다고 판단하여 입법을 보류하였
다.60) 하지만 그러한 판단은 오래 가지 못하였고 1960년 1월 1일자로
위 문구를 삽입한 개정법률을 발효하였다.61) 이러한 '경제적 기대가
능성'의 판단은 '방해하는 토지이용자의 주관적 기대가능성'이 아니라
'평균적인 이용자'를 기준으로 한다.62) 방지조치비용이 방해자에게 경
제적으로 감당할 수 있는 정도란 이로 인해 평균적인 이용자(기업일
수도 있다)가 적절한 수득(Gewinn)을 지속적으로 달성할 수 없는 것을
의미한다. 그렇다고 해서 반드시 현재 가용가능한(aus laufenden
Mitteln) 재정규모 내에서 감당할 수 있는 정도로 국한되는 것은 아니
다.63) 심지어 방지조치를 위한 기간이 5년이라는 장기간을 소요해도
기대가능한 조치라고 한다.64) 어떤 경우에든 평균적 이용자의 객관적
인 능력도 고려되어야 한다. 요컨대 '경제적으로 기대가능한 조치'란
'방해가 본질적인 방해의 수준 이하로 유지될 수 있도록 하기 위한
모든 기술적·경제적 조치'를 의미한다.65)

   b) 토지의 통상적인 이용이 기대할 수 있는 정도 이상으로 방해받는
      경우
   i) 이는 지역통상적인 토지의 용도에 맞는 사용이 방해받는 것을
의미한다. '지역통상성(Ortsüblichkeit)'의 판단은 상술한 '본질성' 판단

---

60) Mugdan Ⅲ, 582면. 이 판단은 명백한 착오였다고 Roth는 말한다. Staudinger/
    BGB(주 56), 2002, 제906조 방주 237 참조(Herbert Roth).
61) BGBl Ⅰ 781.
62) 이 점은 독일 민법 제906조의 법문상 명확하게 드러난다. "die Benutzern dieser
    Art".
63) Staudinger/BGB(주 56), 제906조 방주 237 참조(Herbert Roth).
64) OLG Schleswig NJW-RR 1996, 399, 400(독일 기차 객실의 화장실 개선조치에
    5년이 소요되어도 기대가능한 조치라고 봄).
65) Münchener Kommentar zum Bürgerlichen Gesetzbuch/Säcker(이하 MK/집필자
    로 약칭), 4. Aufl., 2004, 제906조 방주 121; Staudinger/BGB(주 56), 제906조 방
    주 237 (Herbert Roth).

과 함께 종합적으로 이루어지는 것이 좋다고 본다.[66] 공법상 인허가
를 받았더라도 이는 '지역통상성'에 부합한다는 징표(Indiz)에 불과하
다.[67] '지역통상성'을 판단하기 위해 인접 토지 여러 곳의 지속적·반
복적 이용현황을 비교할 필요가 있다. 하지만 그 중 한 곳의 이용상
황이 지역 전체의 통상성을 좌우할 수도 있다고 한다.[68] 인접한 여러
비교토지의 '추상적' 이용유형(가령 주차장 부지, 학교부지 등)이 절대적
기준이 되는 것은 아니다. 그때그때의 생활방해의 '구체적' 정도가 오
히려 중요한 기준이다.[69] 같은 생활방해원인이라도 그 지역이 주택지
구인가 상업지구인가에 따라[70] 또는 근무시간인가 근무외시간인가에
따라[71] '지역통상적 이용' 판단이 달라질 수 있다. 가령 완전한 산업
단지지역에서 요양원을 운영하는 것은 '지역통상적 이용'이라고 볼 수
없다고 한다. 교통시설(가령 자동차도로)이 '지역통상적 이용'에 해당하
는가는 해당 지역 전체에 미치는 영향을 고려해야 하는데 원칙적으로
긍정할 수 있다고 한다.[72] 여러 행위가 판단의 대상일 경우 총체적인

---

66) Staudinger/BGB(주 56), 제906조 방주 252 참조(Herbert Roth).
67) BGH NJW 99, 356, 358. 하지만 인허가가 반려된 경우는 '지역통상성'을 배제한다
  고 한다.
68) 가령 공장(BGHZ 30, 273), 공항(BGH NJW 77, 1917), 상징적 조형물(Baudenkmal,
  BGH LM Nr. 49), 쓰레기매립지(BGH NJW 80, 770)의 경우 등. 이상의 예는
  Palandt(Bassenge), 70. Aufl., 2011, 제906조 방주 21에서 참조한 것임.
69) 가령 정확한 위치, 생활방해의 강도, 소음의 원인, 지역적 이용실태, 구체적 이용시
  간, 구체적 소음방지조치(BGHZ 38, 61) 등이 그 예이다. Palandt(Bassenge)(주
  68), 제906조 방주 21.
70) BGHZ 30, 273.
71) BGH NJW 83, 751.
72) BGHZ 54, 384. '기대가능성' 요건 심사는 별개이다. 주거지역에 사는 사람일수록
  소음에 대한 '용인을 기대할 수 있는 정도'를 엄하게 판단할 필요가 있다. 이에 따
  라 보상청구권이 부여될 가능성도 고양된다고 할 것이다. BGB-Kommentar
  Erman/A. Lorenz(이하 Erman/집필자), 11. Aufl., 2004, 제906조 방주 58. 대법원
  2015. 9. 24. 선고 2011다91784 판결(공2015하, 1596):『도로가 현대생활에서 필
  수불가결한 시설로서 지역 간 교통과 균형개발 및 국가의 산업경제활동에 큰 편익
  을 제공하는 것이고, 도시개발사업도 주변의 정비된 도로망 건설을 필수적인 요소

관찰이 중요하다. 그 중 일부가 '비통상성'을 띠고 있더라도 전체적으
로 '통상적 이용'이라고 판단할 수도 있다는 것이다.[73]

ii) 보상청구권은 토지의 지역상례적인 이용의 방해가 '기대가능
한 정도'를 넘어서야 비로소 인정된다. 따라서 '기대가능성요건'이 독
일 민법 제906조 제2항 2문에서 가장 중요한 요건사실에 해당된다고
생각된다.

여기에서도 개별적 이용자의 주관적 이용사정이 아니라 해당 지
역 '평균적' 이용자의 이용실태가 기준이 된다. 그때그때 사안에서의
구체적 이용시간, 종류, 강도 및 영향(나아가 인접 토지 이용자의 공동과
실[74]) 등을 종합적으로 판단해야 한다.[75] 상술한 '생활방해의 본질성'
이 긍정될 경우 '기대가능성 요건'도 충족될 가능성이 크다는 견해가
있다.[76]

각종 환경규제법에서 정한 허용한도는 '기대가능성' 판단을 위한
일응의 기준(Anhaltspunkt)이 될 수 있지만 그러한 기준이 민사법원을
구속하지는 않는다.[77][78] '기대할 수 있는 정도 이상의 방해'가 반드시

로 하여 이루어지고 있는 점, 자동차 교통이 교통의 많은 부분을 차지하고 있고,
도시화·산업화에 따른 주거의 과밀화가 진행되고 있는 현실에서 일정한 정도의
도로소음의 발생과 증가는 사회발전에 따른 피치 못할 변화에 속하는 점 등도 충
분히 고려되어야 한다.』
73) BGHZ 72, 289.
74) 가령 공장지역에 주택을 스스로 건립하는 경우를 생각해 볼 수 있다.
75) 환경보호규제법에 따른 기준이 없을 경우 본문에 언급한 기준을 포함한 광범위
한 이익형량을 통해 '기대가능성' 여부를 심사해야 할 것이다. 이때 '거래통념
(Verkehrsanschauung)'도 고려되어야 한다고 한다. MK/Säcker(주 65), 제906조
방주 139.
76) Staudinger/BGB(주 56), 제906조 방주 254 참조(Herbert Roth). 독일 기차객실로
부터의 분뇨방산이 기대가능한 정도를 넘지 않았다고 본 쉴레스비히 고등법원판
결을 비판하고 있다(OLG Schleswig NJW-RR 1996, 399. 400).
77) BGH NJW 88, 900.
78) 각종 환경규제법에 의한 허용한계를 초과할 경우 '기대가능한 정도를 넘은 방해'가
존재한다는 '사실상의 추정(tatsächliche Vermutung)'을 할 수 있다는 견해가 있
다. MK/Säcker(주 65), 제906조 방주 139. 이에 대해 비판적인 견해로 Kastner,

토지이용자의 경제적 생활기반을 박탈하거나 중대하게 침해하는 정도에 이르러야 되는 것은 아니다.[79]

c) 우리 개정시안에의 시사점

i) 개정시안은 인접 토지 이용자에게 '통상용도적합성' 외에 추가적으로 '비용과다'요건이 충족되어야 '인용의무'를 부담하도록 한다. 시안에 따르면 결국 '비용과다'여부에 대한 판단이 '인용의무'의 여부를 좌우하고 이것이 보상여부의 판단에도 영향을 미칠 것이다.

위 독일의 예를 참고한다면 '해당 지역의 평균적 이용자에게 경제적으로 기대가능한 조치로는 방해원이 제거될 수 없는 경우'가 바로 우리 개정시안상의 '그 방지에 과다한 비용을 요하는 경우'에 해당될 것이다. 방해자가 취해야 할 방지조치는 그 지역 평균적 방해자의 관점에서 필요하고도 적절해야 하며 또 과다한 비용을 요하지 않아야 한다. 어떤 방지조치를 위한 비용이 방해자의 생활이나 생계 영위활동을 장기적으로 유지될 수 없도록 이끈다면 '비용과다'요건이 충족되었다고 볼 수 있을 것이다.

생활방해가 지역의 통상적 토지이용에 부합한다고 하여 바로 '인용의무'가 인정되는 것은 아니라는 점을 개정시안은 분명히 하고 있다. 방해를 방지하기 위해 '과다'한 비용이 소요되지 않는 한 모든 가능한 수단을 동원하여 '방지조치'를 다하라는 것이다. 인접 토지 소유자의 '소유권방해배제청구권'은 이 범위 내에서 다시 존중되고 있는 것이다.[80] 다른 한편 본 법조는 이웃 토지 소유자의 인용의무에 대한

Entschädigung wegen Strassenverkehrslärm — Anwendungsbereich und Bedeutung von § 42 BImSchG, NJW 1975, 2319. A. Lorenz도 '방향판단을 위한 보조수단(Orientierungshilfe)'에 불과하다고 한다. Erman/A. Lorenz(주 72), 제906조 방주 58.

79) 판례의 태도변화에 주목할 필요가 있다. BGHZ 64, 220, 226f; 66, 173, 178(하지만 과거 RGZ 159, 129, 141은 그렇게 판결했었고 BGHZ 49, 148, 152는 건강상의 위험까지 요구했었다). Staudinger/BGB(주 56), 제906조 방주 255 참조(Herbert Roth). MK/Säcker(주 65), 제906조 방주 139; Soergel/Baur, 제906조 방주 102.

80) Bensching(주 21), 24면("Der Verhinderungspflicht wurde somit der Vorrang

한계규정으로 볼 것이다. 여기서 요구하는 이상을 그에게 인용하라고 강요해서는 안 될 것이다. 따라서 본조는 수인한도론의 근거규정으로 자리매김할 수 있다.

    ii) 2013년 개정시안 제217조 제3항에 따르면 인용의무의 준수로 인해 '손해'가 발생해야 보상청구권이 인정된다. 동조 제2항에 따라 방해가 그 지역의 통상적 용도에 적합하고 방지조치를 위한 비용이 과다할 경우 인접 토지 이용자는 그 방해를 인용해야 한다. 이때까지 '방해의 방지 또는 제거'에 초점을 두었던 토지이용자에 대한 보호는 이제 '방해의 존재 내지 유지'를 전제로 '과실과는 무관한 보상책임'으로 전환된다. 지금까지 방해의 제거를 요구해왔던 인지이용자 입장에서는 방해의 지속은 '소유권 행사의 제한'을 뜻한다. 그런데 인용의무가 인정된다고 하여 바로 보상청구권이 긍정되는 것은 아니다. 수인한도내의 방해는 일반적 생활상의 위험의 수준에 그칠 수도 있다. 하지만 가령 '환경규제법규에서 정하는 한도' 내라고 할지라도 소여의 제반정황에 따라서는 여전히 참기 어려운 생활방해로서 이에 대한 보상을 해주는 것이 형평에 부합할 수도 있다. 공법상의 규제한도준수가 곧 모든 법적 책임의 면책을 의미하는 것은 아니다. 그리고 인용의무란 어떤 경우에든 곧 인접토지이용자의 '소유권의 내용적 축소'를 말한다. 물권적 방해배제청구권을 그 범위 내에서 더 이상 행사할 수 없기 때문이다. 상술한 독일의 예를 참조하여 설명하자면 인접토지이용자에게 그 토지의 통상적인 이용이 기대할 수 있는 정도 이상으로 방해받는 경우에 보상청구권이 주어진다. 이는 소유권의 행사가 내용적으로 축소된 것이고 이것이 그때그때 사안에서의 구체적 이용시간, 종류, 강도, 영향(나아가 인접 토지 이용자의 공동과실) 및 거래통념 등에 비추어 볼 때 일반적인 무보상 수인의 한계를 넘어섰다는 것

---

    eingeräumt.").

을 의미한다.[81] '손해의 보상'이라는 표현도 상린관계법에 친숙하다.[82] 상린공동체관계에서 재산적 가치를 양보하는 상호배려와 상호인용은 적절한 보상을 필요로 하며 이것이 바로 평화로운 공존의 토대일 것 이다.

iii) 2013년 개정시안 제217조 제3항의 '손해'요건은 위 독일의 논 의를 참고한다면 같은 의미를 담고 있다고 생각된다. 다시 말해 인용 의 결과, 즉 그 '소유권의 금지권능이 축소된 부분에 상응하는 경제적 가치(재산적 손실)'가 '손해'에 해당한다고 해석할 수 있을 것이다.

독일에서의 '보상청구권'을 내용적으로 보다 자세히 살펴보면 다 음과 같다. 인접 토지 이용자의 공동과실도 보상시 참작된다.[83] 건강 상의 손해가 있어도 위자료청구는 받아들이지 않았다.[84] 생활방해로 인해 인접 토지의 이용자에게 발생한 일실소득(entgangener Gewinn) 에 대한 보상을 인정하기도 하고,[85] 자가주택의 이용가치의 감소분[86]

---

81) 만약 환경보호규제법에 따른 기준이 없을 경우 거래통념을 포함한 광범위한 이익 형량이 필요하다고 한다. MK/Säcker(주 65), 제906조 방주 139. 이를 '희생보상청 구권(Aufopferungsanspruch)'이라고 한다(타인의 간섭을 배제할 수 있는 소유권 자의 권능이 합법적인 이유로 희생당했을 때 일정한 보상을 부여한다는 의미이 다). Staudinger/BGB(주 56), 제906조 방주 65 참조(Herbert Roth). 이에 관한 상 세는 Bensching(주 21), 38면 이하 참조. Fikentscher는 '일반적 희생보상청구권' 을 '독일의 관습법Gewohnheitsrecht)'으로까지 격상시키고 있다. Fikentscher/ Heinemann, Schuldrecht, 10. Aufl., 2006, 827면(방주 1710). 하지만 '타인의 이익 을 의식적으로 또 합법적으로 침해할 경우 일반적으로 보상을 해야 한다'는 의미의 '민법상의 일반적 희생보상청구권'은 인정하기 어렵다고 할 것이다(독일의 압도적 통설). 우선 Larenz/Canaris, SchR II/2, 1994, 670면. 이런 측면에서 바라볼 때 우리 민법 개정시안 제217조에 명문의 근거를 마련한 것은 타당한 입법이라고 생각된다.
82) 민법 제216조 제2항, 제218조 제1항 단서, 제219조 제2항, 제226조 제2항, 제230 조 제1항. 한편 '손해의 배상'이라는 표현도 혼용되고 있다. 민법 제232조, 제236조 제1항, 제242조 제2항.
83) BGH NJW 92, 2884.
84) BGH BeckRS 2010, 20019(Palandt(Bassenge)(주 68), 제906조 방주 27에서 재인용).
85) BGHZ 62, 361; BGH LM Nr.29.
86) BGH NJW 84, 1876.

이나 상업지역에서의 소득상실(Ertragsverlust)[87] 또는 건설사업을 통해
야기된 인접토지소유자의 임대수익감소분 등이 재산상의 손실로 인
정되었다.[88] 확대손해에 대해서는 보다 엄격하게 심사하고[89] 손익상
계도 인정한다.[90]

보상청구의 상대방은 원칙적으로(in aller Regel) 생활방해를 방
산하는 토지의 소유자이다. 생활방해를 직접 야기한 행위방해자
(Handlungsstörer)가 아니라 인접 토지 이용자의 소유권이 제한됨으로
인해 발생하는 이익이 귀속되는 상태방해자(Zustandsstörer)의 책임을
묻고 있기 때문이다.[91]

3) 이웃토지소유자와 거주자

한편 2004년 개정안의 '이웃거주자'를 '이웃토지소유자와 거주자'
로 바꾼 이유는 '이웃거주자'는 인지점유자를 의미하는 것으로 해석한
데 있을 것이다.[92] 동조 제3항도 마찬가지 이유로 바뀌었다.

4) 소   결

돌이켜보면 한국사회는 초고속성장을 거듭해왔다. 5~60년대 농
업사회에서 7~80년대 경, 중공업시대를 거쳐 최근에는 반도체, IT,
정보화 성장을 주도하고 있다. 이를 토지이용의 관점에서 바라보면
농지는 점점 줄어들고 그 자리에 공장이나 상업시설이 들어섰다는 뜻
이다. 인접 토지에 공장이 들어서자 소음, 폐수, 분진, 매연 등에 시
달리고, 키우던 가축들이 폐사되는 피해를 겪으면서도 농부들은 '경
제성장이라는 시대적·숙명적 화두'에 밀려 변변한 보상도 받지 못하

---

87) BGH NJW 01, 1865.
88) 상세는 Palandt(Bassenge)(주 68), 제906조 방주 27을 참조.
89) 토지기반(Grundstückssubstanz) 자체의 침해로부터 야기된 확대손해만이 보상될
    수 있다고 한다.
90) Jauernig(주 52), 605면.
91) MK/Säcker(주 65), 제906조 방주 137.
92) 개정자료집 I(주 25), 291면 참조.

는 경우가 많았었다. 공법적 환경규제가 정비되고 사법상 환경피해로 인한 권리구제체제가 확립되면서 서서히 '수인한도'와 '보상'의 문제가 전면적으로 부각되기 시작한지는 그리 오래되지 않았다.

사는 지역마다 '상린관계'는 특유의 성격을 가진다. '산업단지'로 이름난 곳도 있고 '깨끗한 관광지'로 유지된 곳도 있다. 캘리포니아 북부와 같은 곳에서는 '물'이 매우 부족하여 '물'과 관련된 상린법이 발달하기도 한다.

토지의 이용은 경제성장의 방향과 수준에 따라 달라져왔다. 이에 비례하는 생활방해의 유형과 정도도 점점 다양해지고 확대되는 추세 이고 환경오염에 따른 피해도 나날이 증가하고 있다. 이웃 토지 이용 자에게 수인을 요구하고 그가 양보하는 대신 이에 상응하는 적절한 보상을 주어야 한다.

그런 의미에서 '인용의무'의 기준을 보완하고 '보상청구권의 근 거'를 마련한 것은 타당하다고 생각한다. 다만, 기존의 판례가 '사회 통념에 기초한 수인한도론'을 요즘처럼 급속도로 변해가는 사회에서 어떻게 발전시켜나갈지 주목된다.

V. 민법 제220조

1. 서

민법 제216조, 제217조(2013년 개정안), 제219조는 모두 상린관계 법을 관통하는 '상호배려'와 '상호인용'을 잘 보여준다. 인용과 보상을 적절히 조화시키고 있기 때문이다. 제220조는 제219조에 이어 주위토 지통행권을 다루면서 보상의 의무가 없는 경우를 명정하고 있다. 제 220조에 대해 2004년 개정안 논의 당시 제3항을 신설하자는 견해가 있었다.[93] 대법원 판례는 제220조가 승계인에게 적용되지 않는다고

---

93) 윤진수 위원 의견(개정자료집 I (주 25), 304면).

하고 이때에는 제219조가 적용된다고 보고 있으나[94) 이는 부당하며 일본 판례 역시 승계인에게 적용된다고 보고 있음을 근거로 제시하였다.

제8차 회의(1999. 11)에서는 동조를 개정대상에 포함시키자고 하였고 아래와 같은 제1차 가안이 마련되었다.

제220조(분할, 일부양도와 주위통행권)

1항: 분할로 인하여 공로에 통하지 못하는 토지가 있는 때에는 그 토지소유자는 공로에 출입하기 위하여 다른 분할자의 토지를 통행할 수 있다. 이 경우에는 보상의 의무가 없다.

2항: 전항의 규정은 토지소유자가 그 토지의 일부를 양도한 경우에 준용한다.

3항: 토지의 특정승계인은 승계시 다른 약정이 없는 때에는 제1항과 제2항에 의한 주위통행권을 주장할 수 있다(밑줄친 부분이 신설 부분임).

2. 2004년 개정대상 제외

하지만 위 1차 가안에 대해 제21차 회의(2000. 8)에서 논의한 결과 '토지의 특정승계인에게도 보상 없이 타인의 토지를 이용하도록 할 필요가 없고, 이를 인정할 경우 통행지의 영구적 부담이 될 수 있으며, 특정승계인은 제219조에 의하여 보호될 수 있다'는 이유로 개정대상에서 제외되었다.

---

94) 대법원 2009. 8. 20. 선고 2009다38247, 38254 판결; 대법원 2002. 5. 31. 선고 2002다9202 판결; 대법원 1990. 8. 28. 선고 90다카10091, 10107 판결; 대법원 1985. 2. 8. 선고 84다카921, 922 판결(이 판결에 대한 평석으로 이재성, "당사자의 교대와 무상주위지통행권", 법률신문 1593호, 12면); 대법원 1987. 10. 13. 선고 86다카731 판결(평석으로 박홍대, "무상통행권의 특정승계", 판례연구 1, 부산판례연구회, 1991, 115면 이하. '판례의 태도 전환을 기대한다'는 말로 글을 맺고 있다).

3. 2011년 민법개정위원회 제2분과위안

2011년 제2분과위는 제220조 제1항을 "분할로 인하여 공로에 통하지 못하는 토지가 있는 때에는 그 토지소유자는 공로에 출입하기 위하여 다른 분할자의 토지를 통행할 수 있고, 다른 분할자는 이를 인용하여야 한다. 이 경우 제219조 제1항을 준용한다"고 개정할 것을 제안하였다(제2항은 현행 민법과 동일함. 밑줄은 필자가 가함). 동조의 체계적 위치를 감안하여 소유권제한의 형식을 문언상 구현하고자 하였으며(제219조 개정시안의 문구도 마찬가지임), 현행 규정과는 달리 보상의무를 명시하면서 동조 제1항 후문의 삭제가 아니라 제219조 제1항의 준용이라는 형식을 채택하였다.[95]

4. 2013년 개정안

현행	2013 개정시안
제220조(분할, 일부양도와 주위통행권) ① 분할로 인하여 공로에 통하지 못하는 토지가 있는 때에는 그 토지소유자는 공로에 출입하기 위하여 다른 분할자의 토지를 통행할 수 있다. 이 경우에는 보상의 의무가 없다. ②전항의 규정은 토지소유자가 그 토지의 일부를 양도한 경우에 준용한다.	제220조(분할, 일부양도와 주위통행권) ① 분할로 인하여 공로에 통하지 못하는 토지가 있는 때에는 그 토지소유자는 공로에 출입하기 위하여 다른 분할자의 토지를 통행할 수 있다. 이 경우에는 보상의 의무가 없다. ② 제1항의 규정은 토지소유자가 그 토지의 일부를 양도한 경우에 준용한다. ③ 제1항과 제2항은 각 토지의 소유권을 취득한 제3자에 대하여도 적용한다. 그러나 제3자가 주위토지의 소유권을 취득한 때에 토지소유자가 주위토지를 통행하고 있지 않은 때에는 그러하지 아니하다.

---

95) 그 이유는 '명시적으로 보상의무를 인정하여 무상통행권에 관한 논의를 분명히 종식시키고자 함'에 있었다고 한다. 전경운, "상린관계에 관한 민법개정논의", 토지법학 제28-2호(2012. 12), 한국토지법학회, 189면, 주 71 참조.

1) 서

2004년, 2011년 개정안 논의 당시와는 달리 2013년 개정안 제 220조는 위와 같은 새로운 제3항을 신설하였다. 아래 판시와 같은 판 결례가 영향을 미친 것으로 생각된다.

서울남부지법 84가합2079은 [민법 제220조 소정의 공유물분할로 인한 주위토지의 무상통행권은 일반적으로는 공유토지의 분할당시 의 공유자 또는 토지의 일부양도의 당사자사이에만 적용이 있고, 피 통행지의 특정승계인에 대하여는 적용이 없다고 할 것이나 당초의 토지소유자가 그 소유토지를 수필지로 분할하여 이를 여러 사람에게 각 양도하면서 특정토지를 공로로 통하기 위한 도로로 제공하고 이 에 따라 이미 외견상으로 명백한 통로가 개설되어 있는 상태에서는 그 소유자나 그 후의 다른 공유토지의 특정승계인들은 그 토지가 이 미 위와 같이 통로로 제공되어 무상통행이 이루어지고 있는 사실을 용인하고 있는 것이라고 봄이 타당하다 할 것이어서 다른 공유토지 의 특정승계인은 당초의 분할시의 공유자는 아니라고 하더라도 그 도로로 된 토지 위에 의연히 무상통행권을 가지고 있다고 보아야 할 것]이라고 판시하였다(밑줄은 필자가 가함).

2) 개정이유

분할된 토지가 양도될 때 주위토지의 무상통행이 이루어지고 있 다면 그리고 이를 알고 있다면 그에 상응하는 만큼 거래에 영향을 미 칠 것이다. 주위토지의 통행이 이루어지고 있지 않다거나 유상통행이 행해지고 있다면 그 또한 거래대금 산정에 영향을 미칠 것이다. 위 판례에서와 같이 외견상 통로가 개설되어 있는 등 주위토지 통행여부 가 가시적으로 인식이 가능하다면 다툼의 여지가 적을 것이나 명확 하게 드러나지 않을 경우 그 판단이 쉽지만은 않을 것이다. 개정안 제 220조 제3항의 "제3자가 주위토지의 소유권을 취득한 때에 토지소유자가 주위토지를 통행하고 있지 않은 때"는 제3자에게 발생할 수 있는 불측의 손해를 방지하려는 목적으로 신설되었다고 생각한다.

이전의 개정안과는 달리 '보상의무'를 원칙적으로 인정하지 않는 현행 민법의 태도를 유지하고 있다. 분할이나 일부양도의 경우 통행지소유자는 그 당사자로서 자신의 토지의 통행가능성을 충분히 예견할 수 있었고, 그 당시 가격에 이미 그러한 통행에 대한 보상이 반영되거나 무상통행을 감수하였을 것이기 때문이다. 하지만 특정승계인이 보상을 해야 하는 경우(제3자가 주위토지의 소유권을 취득한 때에 토지소유자가 주위토지를 통행하고 있지 않은 때)를 명정하고 있는 것이 특색이다. 무상통행권자 소유의 토지 또는 통행지가 제3자에게 양도된 경우와 같이 그 토지의 특정승계인에게는 제220조가 적용되지 않는다는 판례의 태도를 반영한 것이다.[96]

그런데 여기서 '토지소유자가 주위토지를 통행하고 있지 않은 때'에 관해 어떻게 판단할 것인지도 문제된다. 객관적으로 외형적인 통행로의 개설이 있어야 하는 것인지, 개설되어 있기만 하면 사실상 통행하지 아니했어도 무방한지, 아니면 통행로의 존재가 불명확하나 사실상의 통행만으로 족한 것인지도 함께 숙고할 필요가 있다. 나아가 무상통행사실에 대한 인식 여부 및 그것이 가격에 반영되었는지 여부도 함께 고려해야 할 것이다. 상린관계에 관한 규정은 인접한 부동산 소유권의 상호관계에 관한 기준을 제기하는 것에 불과하지만, 이와 다른 관습이 있거나 약정이 없는 한 이를 존중하여야 한다(제224조, 제234조, 제237조 제3항, 제242조 제1항). 그리고 상린관계의 모든 규정은 호양의 정신에 기초해 해석되어야 한다.[97] 요컨대 분할이나 일부양도에 직접 관여한 바가 없는 특정승계인에게 적용할 명문의 근거를

---

96) 대법원 1965. 12. 28. 선고 65다950, 951 판결; 대법원 1985. 2. 8. 선고 84다카 921, 922 판결 등.
97) 川島武宜·川井 健(編輯), 新版 注釋民法(7), 物權(2), 2007, 325면.

마련한 것은 상술한 '기준제시'의 관점에서 타당하지만 관련 사안을
모두 포괄하기에는 다소 좁게 규정되었다고 생각된다. 결국 '토지소
유자가 주위토지를 통행하고 있지 않은 때'에 관한 판단은 특정승계
당시의 제반 정황을 고려한 해석에 달려 있다 할 것이다. 나아가 양
도된 토지가 이전에 분할되었던 사실(따라서 피포위지가 생겨난 사실,
즉 주위토지통행이 필요하게 된 사실)을 특정승계인이 알고 있었는지 여
부도 해석시 참조할 필요가 있다고 생각한다.

  3) 제220조의 입법취지
  요컨대 토지가 분할, 양도되어 생기게 된 통행권 문제는 상린관
계에서 토지소유권의 사회성 내지 공공성을 어떻게 이해할 것인가와
밀접하게 연관되어 있다.
  이에 따라 제220조의 입법목적에 대해서도 시각이 달라질 수 있
다. 먼저 상술한 통행권의 부담은 상대방의 입장에서 소유권의 확대
를 의미하며 이것은 부동의 토지의 이용관계를 규율하는 법리로서 언
제나 분할, 양도의 당사자 간의 그때그때의 합의에 따라 좌지우지될
문제만은 아니라고 생각된다. 토지의 분할과 양도는 주위 토지의 이
용상황 및 변화에 따라 언제나 예견될 수 있으며 그에 연이은 포위지
또는 피포위지의 매각도 언제나 가능한 일이다. 따라서 분할, 양도와
관련하여 인접한 토지의 이용을 효율적으로 조절하려는 것이 동조의
입법목적이라고 한다면 신설된 제3항이 이해 못할 바 아니다. 토지소
유권에 부착되어 있던 부담 또는 이익이 특정승계가 있다고 하여 자
동적으로 해소되거나 소멸하는 것은 아니라고 생각되기 때문이다.98)
  그 밖에 제222조, 제223조, 제229조, 제230조, 제239조, 제244조

98) 따라서 이 문제를 제219조에 의해 해결할 수 있다는 견해(2004년 개정안 논의 당
   시 제220조를 개정대상에서 제외한 논리)는 수긍하기 어려운 것이다. 이 점이
   2013년 개정안 제220조 제3항의 신설로 이어졌을 것이다. 박홍대(주 94), 122~
   123면 참조.

에서 예스러운 표현을 현대식으로 수정하는 개정제안이 있었으나 사소한 문제이므로 본고에서는 생략한다.

VI. 민법 제242조의2 신설안

1. 개정논의의 경과

이 조항은 제1소위 제8차 회의(1999. 11)에서 이은영 위원의 제안으로 신설 여부에 관한 논의가 시작되었다. 그 후 두 차례의 회의(제1소위 제21차 회의(2000. 8), 제24차 회의(2000. 10))를 거치며 아래와 같은 가안이 작성되었다.

1차 가안	2차 가안
제242조의2(경계를 침범한 건축) ① 이웃에 건축된 건물이 그 건축자의 고의 또는 중과실 없이 경계를 침범하게 된 경우에 인접지소유자는 <u>다음의 경우에 한하여 그 부분의 건물에 대한 철거를 청구할 수 있다.</u>99) 1. 인접지소유자가 경계선을 넘는 건축이 <u>착수된 후 1년 이내에</u> 경계침범의 이의를 제기하지 않은 경우 2. 그 건물의 완성 이후 <u>제280조 제1항에 정한 기간이 경과한 경우</u> ② 건물이 철거되지 않는 경우에 토지소유자는 건물의 소유자에 대하여 <u>지료를</u> 청구하거나 그 토지의 매수를 청구할 수 있다.	제1항의 "다음의 경우에 한하여"를 "다음 각 호의 경우에"로 변경하고, "그 부분의 건물에 대한 철거를 청구할 수 있다."를 인용의무를 중심으로 작성하기로 하여 "이를 인용하여야 한다."로 변경하였다. 제2항의 "지료를"을 "지료상당의 보상을"로 변경하기로 하였다. (제1소위 제25차 회의 2000. 11)

---

99) 사실 '청구할 수 있다'는 문구는 1호의 사유에 비추어 보면 '청구할 수 없다'의 오기로 보인다(이 점을 지적해준 익명의 심사위원께 감사드린다). 그러나 2호의 사유(…'경과한'…)를 참조한다면 오히려 1호의 사유에 오류가 있어 보인다. 이러한 까닭에 2차 가안에서는 '청구할 수 있다'를 '인용하여야 한다(즉 청구할 수 없다)'로 정반대 방향으로 전환하면서 1호의 사유는 그대로 둔 채 2호의 사유만 '경과하

그 후 제26차 회의(2000. 12)에서 입법형식에 대한 논의를 거쳐 아래와 같은 3차 가안이 작성되었다(제27차 회의 2001. 1).[100] 이어진 실무위원회 제2차 회의(2001. 6)에서 제1항의 "건축주"를 "건축시행자 또는 그 건물의 소유권을 취득하는 자"로 수정해야 한다는 의견, 이의를 제기하는 자도 "소유자"에서 "소유자 그 밖의 권리자"로 변경해야 한다는 의견이 제시되어 수용되었다.[101] 그 외 문구조정으로 제1항의 "경계를"을 "이웃 토지의 경계를"로, "경계선을 넘는 건축이 착수된 후"를 "경계가 침범된 후"로, 제2항의 "그 토지"를 "경계가 침범된 토지 부분"으로 변경하였다.[102]

3차 가안	4차 가안(실무위 가안)[103]
제242조의2(경계를 침범한 건축) ① 이웃에 건축된 건물이 그 건축자의 고의 또는 중과실 없이 경계를 침범하게 되었고 인접지 소유자가 경계선을 넘는 건축이 착수된 후 1년 이내에 경계침범의 의의를 제기하지 않은 경우에는 인접지	제242조의2(경계를 침범한 건축) ① 건축된 건물이 그 건축시행자 또는 그 건물의 소유권을 취득하는 자의 고의 또는 중과실 없이 이웃 토지의 경계를 침범한 경우에 이웃 토지의 소유자 그 밖의 권리자는 경계가 침범된 후 1년 내에 그에 대하여 이의를 제기하

지 않은' 경우로 변경한 것으로 생각된다. 약간의 혼선이 있었거나 앞의 개정자료집에 오기가 있었다는 뜻이다. 추측건대 이러한 부조화 때문에 3차 가안 제242조의 2 제1항에서 1차 가안 동조 동항 1호의 사유를 본문으로 하여 인용의 사유로 삼고 1차 가안 동조 동항 2호의 사유를 단서로 분리하여 규정하였을 것이다.

100) 이에 대하여 제29차 회의(2001. 5)에서 경계를 상당히 침범한 경우 또는 대부분 타인의 토지 위에 건축된 경우에도 이 신설 조문이 적용되는 지 여부가 문제될 수 있다는 지적이 있었고 이에 대하여 상당히 침범한 경우에도 적용될 여지가 있지만 대부분 고의 또는 중과실로 인정할 것이라는 의견(윤진수 위원)과 그러한 경우에는 적용되지 않는다는 해석론을 전개해야 한다는 의견(이영준, 이은영 위원)이 개진되었다. 개정자료집 Ⅰ(주 25), 310면.

101) 개정자료집 Ⅰ(주 25), 310면.

102) 당시 실무위는 고의 또는 과실로 변경할 것인가의 문제는 추후에 검토하기로 하였다. 개정자료집 Ⅰ(주 25), 310면.

103) 김재형, "물권법 개정에 관한 의견", Jurist 제377호(2002. 2), 35~41면, 제388호(2002. 3), 25~33면, 민법론 Ⅰ, 2004, 재수록 347면 참조.

소유자는 이를 인용하여야 한다. 그러나 그 건물의 <u>완성 이후 제280조 제1항에 정한 기간이 경과한 경우</u>에는 그러하지 아니하다.
② <u>제1항 본문의 경우에</u> 토지소유자는 건물의 소유자에 대하여 <u>지료상당의 보상을</u> 청구하거나 그 토지의 매수를 청구할 수 있다.

지 아니한 때[104]에는 이를 인용하여야 한다. 그러나 그 건물의 완성 이후 제280조 제1항에 정한 기간이 경과한 때에는 그러하지 아니하다.
② 제1항 본문의 경우에 토지소유자는 건물의 소유자에 대하여 <u>경계가 침범된 토지 부분에 대하여</u> 지료상당의 보상을 청구하거나 그 매수를 청구할 수 있다.

그리고 위 제4차 가안을 가지고 전체회의 및 공청회 제시의견 검토 및 관계기관의견 검토가 있었다. 제15차 전체회의(2001. 7)에서는 앞서 잠시 제기되었던 경계를 침범한 건축물의 소유자에 의한 남용 문제가 다시 제기되었으며 침범한 부분이 소규모인 경우에만 신설 조문을 적용하는 제한을 둘 필요가 있다는 의견과 그러한 경우에는 고의 또는 중과실로 될 것이고 차라리 이의제기 기간을 연장하거나 기산점을 안 날로부터 하자는 의견이 있었고 이에 대해 신설의 취지가 침범한 건축물을 보호하기 위한 것이므로 기산점을 안 날로 하거나 이의 기간을 연장하는 것은 입법취지에 부합하지 않는다는 반론이 있었다.[105] 공청회에서는 '중과실'을 민법에 친숙한 '중대한 과실'로 변경하자는 의견, 민법개정안연구회에서는 '중과실'을 '과실'로 변경할 것 혹은 신설하지 말고 권리남용의 법리로 처리하면 족하다는 의견[106] 등

---

104) 제3차 가안은 "경우"라고 표기하였으나 실무위 제4차 가안부터 "때"로 변경되었다. "때"보다는 "경우"가 한글어법상 보다 자연스럽다. "~한 때"와 "~하는 때"는 부자연스럽고 시제에 관한 논란이 있는 반면 "경우"는 앞말에 놓이는 어미에 제약이 없어 "~한 경우", "~하는 경우", "~할 경우" 등으로 모두 사용가능하기 때문이다. 그러나 예외적으로 어떤 행위가 일어나는 시점이 중요한 의미를 가지는 때에는 "ㄴ/는 때"를 그대로 써도 좋다. 알기 쉬운 법령 정비기준(제3판), 법제처, 2009, 82면.
105) 개정자료집 Ⅰ(주 25), 311면(각 김상용, 윤진수, 이은영 위원 의견).
106) 민법개정안의견서, 70면(박영규 교수 의견). 윤철홍 교수는 '건축시행자'를 '건축시공자'로 변경하자고 제안한다(같은 책, 70면). 시행자와 시공자 간의 사회적 의미에서의 역학관계는 일정치 아니하고 계약도 양자간 이해관계에 따라 매우 다양

이 제시되었고 일부를 받아들여 아래와 같은 5차 가안이 만들어 졌다. 그러나 적용 범위의 제한론이나 이의제기기간의 연장론은 사라지지 않고 이후 다시 나타난다.

제41차 전체회의(2003. 2)에서는 관계기관의견이 검토되었는데 건설교통부107)와 손해보험협회108)의 의견제시가 있었고 이에 대해 김상용 위원109)과 이시윤, 양창수 위원110)의 검토의견이 있었다. 이는 아래에서 보듯 6차 가안에 반영되었다.

5, 6차가안	2004 개정시안	2013 개정시안
제242조의2(경계를 침범한 건축) ① 건축된 건물이 그 건축시행자 또는 그 건물의 소유권을 취득하는 자의 고의 또는 중대한 과실 없이 이웃 토지의 경계를 침범한 경우에 이웃 토지의 소유자 그 밖의 권리자는 경계가 침범된 사실을 안 날로부터 3년 또는 그 침범된 날로부터 10년 내	제242조의2(경계를 침범한 건축) ① 건축된 건물이 그 건축시행자 또는 그 건물의 소유권을 취득하는 자의 고의 또는 과실 없이 이웃 토지의 경계를 침범한 경우에 이웃 토지의 소유자 그 밖의 권리자는 경계가 침범된 사실을 안 날로부터 3년 또는 그 침범된 날로부터 10년 내에 그에 대하여 이의	제242조의2(경계를 침범한 건축) ① 건축주가 고의 또는 과실 없이 이웃 토지의 경계를 침범하여 건물을 건축하는 경우에 이웃 토지소유자가 이를 알고 3년 내에 이의를 제기하지 아니하거나 건물이 완성된 후 10년이 경과한 때에는 이를 인용하여야 한다. ② 제1항의 경우에 이웃

하다. 따라서 '건축주'라는 표현이 보다 적절하다고 생각된다.
107) 토지 또는 건축 규제의 공법 내용의 범위 내에서 경계를 침범한 건물에 대한 토지소유자의 인용의무를 인정하도록 규정할 것을 제안하였다. 개정자료집 Ⅰ(주 25), 312면.
108) 토지소유자의 이의제기기간을 '토지소유자가 침범한 사실을 안 날로부터 1년 또는 침범한 사실로부터 5년 내'로 수정하자는 의견을 제시하였다. 개정자료집 Ⅰ(주 25), 312면.
109) 부동산공법에서 예외를 인정하여야 하고 상린관계는 단기간에 확정될 수 있도록 함이 타당하나 침범을 당한 토지소유자가 알거나 알지 못하였는지 여부를 불문하고 이의제기기간을 1년으로 하는 것은 문제가 있어 보이며 손해보험협회의 의견이 타당성이 있다는 견해를 개진함(개정자료집 Ⅰ(주 25), 313면).
110) 안 날로부터 기산하여 3년으로 하거나(이시윤 위원) 혹은 안 날로부터 3년, 침범한 날로부터 10년으로 할 수 있다는 의견(이시윤, 양창수 위원)이 제시되었다. 개정자료집 Ⅰ(주 25), 313면.

에 그에 대하여 이의를 제기하지 아니한 때에는 이를 인용하여야 한다. 그러나 그 건물의 완성 이후 제280조 제1항에 정한 기간이 경과한 때에는 그러하지 아니하다. ② 제1항 본문의 경우에 토지소유자는 건물의 소유자에 대하여 경계가 침범된 토지 부분에 대하여 지료 상당의 보상을 청구하거나 그 매수를 청구할 수 있다.	를 제기하지 아니한 때에는 이를 인용하여야 한다. 그러나 그 건물의 완성 이후 제280조 제1항에 정한 기간이 경과한 때에는 그러하지 아니하다. ② 제1항 본문의 경우에 토지소유자는 건물의 소유자에 대하여 경계가 침범된 토지 부분에 대하여 지료상당의 보상을 청구하거나 그 매수를 청구할 수 있다.	토지 소유자는 건물소유자에게 침범된 토지부분에 대하여 지료상당의 보상 또는 그 매수를 청구할 수 있다.

제46차 전체회의(2003. 5)에서는 변호사협회의 의견[111]에 대해 반론[112]이 제기되었고 다시 이의제기 기간에 대한 논란도 반복되었다.[113]

제49차 전체회의(2003. 8)에서는 법원행정처의 의견[114]도 검토되

---

111) 신설 조문은 사실상태를 존중하는 것인데 사실상태를 존중하는 것은 경계 이격거리 확보를 규정한 제242조에 한정하여야 할 것이지 경계를 침범한 경우에까지 이를 확대하여서는 아니 된다는 의견을 제시하였다. 개정자료집 I (주 25), 314면.

112) 경계를 침범한 건축물이라 하더라도 건물을 존치시켜 사회전체의 이익을 보호하고자 함이 그 목적인데, 민법 제242조의 이격거리 범위 내에서의 경계침범의 경우에만 인용하도록 하는 것은 너무 피침범토지의 소유자의 개인적 이익을 보호하는 것이라는 김상용 위원의 반론이 있었다. 개정자료집 I (주 25), 314면.

113) 기간에 관한 다양한 의견은 개정자료집 I (주 25), 314~315면 참조(손해보험협회, 김상용, 백태승, 서민, 양창수, 이시윤 위원의 각기 의견).

114) "개정안은 권리의 침해상태를 그대로 합법화하자는 시도로 지금까지는 존재하지 아니하였던 소유권에 대한 추가적인 제한을 의미하는 것으로서 우리 국민의 법감정에 선뜻 부합하지 아니할 수 있다. 그와 같은 명문의 규정이 없는 현재에도 경계를 침범하여 건축된 건물을 철거하는 것이 심히 부당한 경우라면 권리남용금지의 원칙을 적용하여 해결하는 등 구제수단이 마련되어 있으며, 오히려 경계침범 건물의 보호에 관한 명시적인 규정을 두는 경우에는 그 규정이 악용될 소지가 있다. 만약 신설한다면 '중대한 과실'을 '과실'로 수정함으로써 이웃 토지소유자의 정당한 권리를 더 보호하는 것이 적절하고, 기간도 경계 침범 후 1년이라는 기간보다는 이웃 토지 소유자 등이 침범사실을 안 날로부터 몇 년, 경계침범이 있은 날로부터 몇 년으로 수정하는 것이 타당하다"고 주장한다. 앞의 개정자료집 I (주 25), 315면.

었다. 이후 일부 위원의 반론115)이 있었으나 다수는 원안을 유지하되116) "중대한 과실"을 "과실"로 수정하기로 하였고117) 이로써 2004년 개정시안에 이르고 있다.118)

---

115) 측량 등 현실적인 문제로 소유권 이론에 제한을 가하는 것이 바람직한지 다시 고민해 보아야 한다는 의견도 있었다(서민 위원). 개정자료집 I(주 25), 316면.
116) 경계 침범은 대부분 지적도면의 노후 및 지적측량의 잘못에 기인하는 경우일 것이므로, 건물존치의 사회적 유용성에 기하여 규정된 조항이라는 원안대로 유지하자는 견해도 있었다(김상용). 개정자료집 I(주 25), 315면.
117) 전경운, "경계를 침범한 건축", 비교사법 제19권 3호(통권 제58호), 2012, 904면은 비교법적 고찰을 근거로 '고의 또는 과실 없이'로 입법하는 경우 경계침범 건축의 입법적 의미가 상당히 반감될 것이라고 비판하고 있다.
118) 참고로 외국의 입법례는 다음과 같다.
　　독일 민법 제912조
　　　1항: 토지의 소유자가 고의 또는 중과실 없이 건물의 건축에 있어서 경계를 넘은 경우에 이웃은 경계를 넘은 건물을 수인하여야 한다, 그러나 경계침범 이전 또는 그 후에 즉시 이의한 경우에는 그러하지 아니하다.
　　　2항: 이웃에 대하여는 금전정기금의 지급에 의하여 손실보장이 행하여져야 한다. 정기금의 액에 관하여는 경계침범시가 기준이 된다.
　　프랑스 민법 제555조
　　　1항: 제3자가 자기 소유의 재료로써 타인 소유토지에 건축, 식재 및 공작물을 설치한 때에는, 토지소유자는 본조 제4항에서 정하는 경우를 제외하고는 설치물에 대한 소유권을 유지하거나 제3자로 하거나 이를 수거하게 할 권리를 가진다.
　　　2항: 토지소유자가 건축, 식재 및 공작물의 제거를 요구하는 때에는 이를 설치한 제2자에 대한 어떠한 보상없이 제3자의 비용으로 이를 제거한다. 제3자의 행위로 인하여 토지소유자가 손해를 입었다면 제3자는 설치물의 제거 이외에 손해도 배상하여야 한다.
　　　3항: 토지소유자가 건축, 식재 및 공작물에 대한 소유권을 보유하고자 한 때에는 건축물, 식재물, 공작물의 상태를 고려하여 토지소유자의 선택에 따라 토지의 가치 증가분에 해당하는 금액 또는 상환일을 기준으로 산정한 재료비용 및 근로비용을 제3자에게 상환하여야 한다.
　　　4항: 제3자가 건축, 식재 및 공작물의 설치를 하였으나 그가 선의라는 것을 이유로 과실에 대한 반환의무를 지지 않는 때에는 토지소유자는 건축물, 식재물 및 공작물의 제거를 주장하지 못하나, 토지소유자는 제3자에 대하여 전항에 규정된 두 가지 상환조건 중 하나를 선택하여 상환할 수 있다.
　　이태리 민법 제938조
　　　:건물을 건축함에 있어서 건축자가 선의로 이웃 토지의 일부를 점거하였고, 이웃토지의 소유자가 건축이 시작된 날로부터 3개월 이내에 이의를 제기하지 아니

2. 월경건축(경계를 침범한 건축)[119]과 실무

종래 월경건축에 대하여 판례는 원칙적으로 인접 토지 소유자는 방해제거청구권(제214조)을 행사하고, 불법점유된 부분의 반환청구(제213조)를 할 수 있다는 입장에서 예외적으로 침범건물의 철거 및 토지의 반환을 구하는 원고가 이를 통해 얻을 이익과 이로써 침범건물의 소유자인 피고가 상실한 손실 간에 현저한 이익의 불균형이 있을 경우 등 제반 사정을 고려하여 권리행사의 기본적인 사회적 목적에 현저히 어긋날 때 권리남용(제2조 제2항)을 인정하였다.[120] 하지만 이익의 현저한 불균형만으로 권리남용을 인정하는 것은 아니기 때문에 설사 그러한 불균형이 인정되더라도 침범부분의 철거 후 인접토지의 이용계획(건물신축의 가능성 등) 및 주변토지의 이용현황, 침범상황이 발생하게 된 경위(지적공부와 등기부의 면적이 상위하게 된 경위) 등을 감안할 때 권리행사가 사회적 한계를 벗어났다고 볼 수 없어 권리남용주장을 기각한 사례도 있다.[121][122]

한 때에는, 법원은 사안의 사정을 고려하여 건축자에게 건물의 소유권과 침범됨 토지 부분의 소유권을 인정할 수 있다. 건축자는 토지소유자에게 침범된 토지 부분의 가액 2배를 보상하고 손해를 배상할 의무가 있다.

중화민국 민법 제796조

:토지소유자가 가옥을 건축하여 경계를 넘은 경우에, 이웃 토지의 소유자가 그 경계침범을 알면서 즉시 이의를 제기하지 않은 때에는 그 건축물의 철거 또는 변경을 청구할 수 없다. 단, 경계를 침범하여 건축한 토지소유자에 대하여 상당한 가격으로 경계침범당한 부분의 토지의 매수를 청구할 수 있다. 이때는 손해가 있다면 아울러 배상을 청구할 수 있다.

119) 2005년 초까지의 학설의 상황과 실무의 태도는 정병호, "민법 개정안 제242조의 2(경계를 침범한 건축)에 관한 연구", 재산법연구 22권 1호, 2005, 38면 주 3~5 참조.

120) 대법원 1993. 5. 14. 선고 93다4366 판결; 대법원 1993. 5. 11. 선고 93다3264 판결; 대법원 1965. 12. 21. 선고 65다1910 판결; 대법원 1991. 6. 11. 선고 91다8593, 8609(반소) 판결; 대법원 1992. 7. 28. 선고 92다16911, 16928(반소) 판결 등 참조.

121) 대법원 1991. 6. 14. 선고 90다10346, 10353(반소) 판결; 대법원 1987. 9. 8. 선고 87다카924 판결 등 참조. 대법원 1996. 5. 14. 선고 94다54283 판결(송전선사건)

방해배제청구로부터 인용의무로 주된 내용이 변경된 것은 2차
가안 부터이다. 이유가 어찌됐건 완성된 건물의 사회적 가치를 가급
적 보존하는 것이 경제적 관점[123])에서 효율적이고, 고의(내지 중과실)

도 침범된 토지의 이용현황과 이용계획을 권리남용 여부의 판단기준의 하나로 제
시하였다.

122) 어떤 권리행사가 행사주체에게 별다른 이익도 주지 않으면서 오로지 상대방에게
손해와 고통을 줄 목적으로 행사하였다고 볼 수 있는 경우는 사실 드문 것이다.
그러나 가해의 의사나 목적이 있는 경우에만 권리남용을 인정하는 것이 현재 판
례의 태도이다[대법원 1987. 3. 10. 선고 86다카2472 판결; 대법원 1994. 11. 22.
선고 94다5458 판결 등 다수. 이에 대한 비판으로는 곽윤직/김재형, 민법총칙(제9
판), 2013, 86면]. 요컨대 이는 권리의 공공성 내지 사회성을 얼마나 넓게 인정할
것인가 또는 권리행사의 사회적 한계를 얼마나 엄격하게 인정할 것인가에 관한
문제이다. 인간은 사회적 동물인지라 인간이 구가하는 자유란 것도 결국 '사회속
의 자유'를 의미한다. 따라서 인간의 권리도 그 범위에서 공공성 내지 사회성을
띠고 있다. '권리 본래의 사회적 목적'을 운위하는 것도 같은 의미라고 생각된다
(곽윤직/김재형, 같은 책, 82면 참조). 이에 따라 권리행사가 그 사회적 목적 내지
한계에 위배될 때에는 정당한 권리행사라고 볼 수 없는 것이다. 그렇다면 언제 어
떠한 권리의 어떠한 행사가 그 사회적 목적에서 일탈했다고 볼 수 있는가? 이 판
단을 위하여 반드시 판례처럼 '가해의사라는 주관적 요건'의 충족을 필요로 하는
가? 외관상 자신에게 이익은 전혀 없으면서 오로지 상대방에게 고통을 가하기 위
한 목적으로 권리를 행사하는 것처럼 보이는 경우에도 그 개인의 '순진함', '심한
정도의 무관심 내지 맹목적성', '재산상 회계의 단순한 오류' 또는 '세상물정과는
동떨어진 특이한 세계관' 등으로 인해 그러한 주관적 요건을 증명하기 어려운 경
우에는 어떻게 할 것인가? 현재까지의 판례의 법형성을 존중하여 권리남용의 사
례로 '유형화된 사안'에서는 '주관적 해의'를 추정할 수 있을 것이다. 즉 이 경우
권리행사자가 가해의사가 '의외로' 없었음을 구체적 증빙자료를 들어 반증하지
못하는 한 객관적 정황에 따라 판단할 수 있다고 할 것이다. 이는 현실유형을 규
범에 반영(규범적으로 평가)하는 방법의 일환이다. 백태승, 민법총칙(제7판),
2016, 88면도 '권리남용금지에 관한 규정이 제 기능을 회복하기 위하여는 권리
남용의 주관적 요건이 강조될 것이 아니라 권리행사가 과연 어느 때 신의칙 위
반이 되어 권리남용이 되는가 하는 객관적 요건을 구체화하는 작업이 요구된다'
고 한다.

123) 이러한 경제적 관점의 효율성은 동 법조의 '건물' 개념을 적용할 때에도 유용하다.
가령 아직 완공되지 않은 상태로 건축 중인 건물이라도 침범부분의 철거가 사회
경제적 관점에서 비효율적이라고 판단된다면 동조의 적용을 긍정할 수 있을 것
이다. 이때 침범된 토지의 소유자가 위 건물이 아직 완공되지 않아 '이의'를 하
지 않았더라도 마찬가지라고 생각된다. 침범건물의 완공 여부가 아니라 '경계침

로 타인소유의 토지를 침범하여 건물을 건축하는 것은 현실적으로 극히 드물며, 대부분 측량기술의 오류 내지 지적공부관리부실로 인해 등기부와의 상위현상이 발생하기 때문이다. 이러한 현실유형을 규범에 반영하는 방법은 침범한 현상 자체를 인정하되 일정한 조건 하에서 방해배제 또는 인용의무를 인정하는 것이 합리적이다. 그렇지 않다면 비효율적, 비현실적 입법으로 흐르기 쉽다.[124]

3. 월경건축의 법리와 입법필요성

1) 상술한 바와 같이 인접 토지를 침범한 건축행위는 원칙적으로 소유권침해에 해당한다. 따라서 인지소유자는 방해배제청구를 할 수 있다. 그런데 경계를 침범한 건축에 대한 방해배제청구는 대부분의 경우 침범건물 전체 중 일부를 철거하는 것을 의미한다.

여기서 먼저 월경건축의 원인과 실상을 이해하는 것과 일부철거와 관련된 현실적 문제점을 이해하는 것이 필요해 보인다.

전자와 관련하여 월경건축은 대개 월경 자체를 인식하지 못하고[125] 침범하는 경우가 많으며 피침범지의 소유자도 마찬가지로 월경 자체를 인식하지 못한 채 이의제기도 하지 않고 있는 경우가 많다.

후자와 관련하여 먼저 건물 일부를 철거할 경우 안전문제를 고려하지 않을 수 없다. 또한 이로 인한 전체 건물의 경제적 가치의 상실

범'의 여부가 중요한 판단기준이기 때문이다. Bamberger/Roth, Kommentar zum Bürgerlichen Gesetzbuch(이하 Bamberger/Roth로 약칭)(Fritzsche 집필부분), 37. Edition, 2015, 제912조 방주 17 참조.

124) 장차 전국토를 최신의 정확한 측량기술로 재측량하여 지적공부와 등기부의 일치성을 담보할 수 있게 된다면 등기부를 신뢰한 사람이 타인의 토지를 침범하는 건축을 하는 일은, 고의나 중과실이 아닌 한, 없을 것이다. 그리고 만약 이것을 현실유형으로 본다면 이제 위 법문의 '주(主)'는 1차 가안처럼 '방해배제청구권'이 될 수 있을 것이다.

125) 개정과정의 논의에서도 지적도면의 노후 및 지적측량의 잘못에 기인하는 경우가 많다는 지적이 있었다. 개정자료집 I (주 25), 315면.

에도 유념해야 한다. 나아가 이를 기화로, 즉 앞의 이유를 빌미로 '보상'의 명목하에 대가를 강요하는 부작용도 있을 수 있다. 반면에 침범건물의 존치를 인정할 경우 피침범지 소유자에게는 마치 법정지역권이 설정된 것과 같은 효과가 있을 것이다. 이는 피침범지 소유자의 소유권이 축소된 것이고 침범건물토지 소유자의 소유권은 확장된 것인바 어떤 방법으로든 그 경제적 이해관계의 조절이 필요해 보인다.

이상의 측면을 함께 고찰해보면 월경건축에 대한 입법적 조치가 필요하다고 생각된다. 비교법적으로는 이익형량을 통해 침범된 인접 토지 소유자의 수인과 그에 대한 적절한 보상[126]이라는 제도적 틀을 마련하는 경우가 많다.

2) 이상의 문제는 현행 민법 제242조로는 해결하기 어렵다. 동조는 경계선 부근의 건축만을 다루고 있기 때문이다. 어쨌거나 그 구체적 운용은 다음과 같을 것이다.

인접 토지 소유자의 수인의무를 인정할 경우 방해배제청구권은 배제된다. 그 책임이 본 법조에 의해 조각되기 때문이다. 이로써 불법행위에 기한 손해배상책임도 배제된다고 볼 것이다. 경계를 침범한 부분이 외부계단이라면 그 계단 아래 부분의 토지도 본 법조의 적용을 받는다.[127] 경계침범이 토지상공(Luftraum)이나 토양(Erdreich)에 걸쳐 일어나도 무방하다. 소유권의 효력은 정당한 이익이 존재하는 한 토지의 상하에 미치기 때문이다. 그러나 침범건축부분으로 접근하기 위한 진입로나 그 이용상의 편의를 위한 주차장의 설치는 인용대상이 아니라고 할 것이다.[128]

또한 침범부분은 전체 건물 중 그 해당 용도에 맞게 이용되고 있

---

126) 독일의 경우 금전정기금의 지급을 통해 이루어진다(독일 민법 제912조 제2항, 제913조, 제914조, 제915조 참조).
127) BGHZ 97, 292, 295.
128) BGH NJW 2014, 311 Rn. 12.

어야 한다. 건축목적과는 전혀 다른 용도로 편법운용되고 있는 경우 인용의무를 부정할 수 있을 것이다.[129]

본조에서 말하는 '건물의 건축'은 입법목적을 고려할 때 탄력적으로 이해할 필요가 있다. 커다란 안테나와 같은 시설물이 경계를 침범한 경우도 여기에 해당한다고 볼 수 있다. 경제적 가치의 보존필요성이라는 관점에서 달리 취급할 필요가 없기 때문이다. 반면 독립된 일체의 건물(einheitliches Gebäude)이기는 하나 이동이 용이한 것은 적용에서 배제할 것이다.[130]

그러나 전체 건물 중 침범부분이 그 건물의 본질적 부분으로서 그 제거가 건물의 본질적인 변경을 의미한다면 본조의 적용을 긍정할 것이다. 나아가 일체로서의 건물에 포함하지 않는 부속물은 본조와 무관하다.

본조의 건물은 완전히 완공될 필요는 없지만 건물로서의 최소한의 요건을 갖추어야 하므로 오두막이나 가건물, 담장, 울타리 같은 것은 논외이다.

경계를 침범한 사실이 중요한 것이지 침범의 비율, 즉 침범부분과 나머지 부분의 비율이 절대적 기준이 되는 것은 아니다(물론 보상금 산정의 기준으로서는 중요하다). 예컨대 침범부분이 인접 토지를 완전히 차지해도 본조의 적용에 지장이 없다.[131] 다만, 침범건물이 100% 인접 토지 위에만 건축된 경우는 제외된다. 월경 건축이 아니기 때문이다. 또 경계침범은 건물의 건축시에 있어야 함이 원칙이다. 하지만 가령 건물이 노후되면서 사후적으로 기울어져 월경한 경우에도 유추적용을 긍정할 수 있을 것이다.

---

129) OLG München BauR 2012, 550 LS.
130) 경제적 가치의 손실없이 제거가 가능하기 때문이다. Staudinger/BGB(주 56), 제 912조 방주 6 참조(Herbert Roth); Bamberger/Roth(주 123), 제912조 방주 8.
131) Bamberger/Roth(주 123), 제912조 방주 9.

3) 개정시안은 '이웃 토지소유자가 침범사실을 알고 3년 내에 이의를 제기하지 아니하거나 건물이 완성된 후 10년이 경과한 때'에 이를 인용할 의무를 부과하고 있다. 독일처럼 침범을 알고 즉시 이의를 제기할 필요가 없이 3년이라는 기간을 부여한 점에서 피침범 토지 소유자의 소유권을 보다 더 보호하려는 태도를 보이고 있다. 앞선 가안들과 비교할 때에도 그러한 점을 알 수 있다. 제280조의 준용도 기간의 장기성과 동조에 따른 구별의 문제점 등이 원인이 되어 일괄적으로 '건물 완성 후 10년'이라는 개정안에 도달한 것으로 생각된다.

여기서 침범사실을 알고 3년 동안 아무런 이의를 제기하지 않았다는 점에 주목할 필요가 있다. 소유권의 공공성 또는 사회성에 비추어 볼 때 바로 이 점이 '인용의무'를 부과하는 법적 근거가 될 수 있다. 법률상 권리를 행사할 수 있었는데도 이를 장기간 게을리하였다는 비난이다. 기간의 '장단'에 관해 논의가 있을 수 있다. 유념할 것은 외국과 우리의 현실이 다르다는 점이다. 지적장부의 부정확성, 등기공신력의 부인, 등기심사관의 형식적 심사권, 토지/건물 부동산이원제(따라서 토지와 건물의 소유권자는 다르거나 달라지는 경우가 많다), 월경건축에 대한 사회적 인식과 관행, 완성된 사실에 합법적 효력을 부여하려는 시도라는 점, 피침범지소유자에 대한 지금까지 없었던 추가적인 소유권제한이라는 점 등을 종합적으로 고려하여 규범을 만들어야 할 것이다. 이러한 측면에서 생각할 때 위 기간이 지금과 같은 현실에서 그렇게 길다고 생각되지는 않는다. 하지만 가령 제241조에서 볼 수 있듯이 기간론이 상린관계론의 본질적 문제는 아니라고 생각한다.

한편 '침범된 날'과 '건물이 완성된 날'은 다르다. 후자가 전자보다 나중일 경우가 대부분일 것이다. 이러한 문언의 변경은 법적 안정성의 관점에서 이해할 수 있다. '경계침범'이 언제부터 있었는지를 확인하는 것보다 '건물이 완성된 날'을 확인하는 것이 보다 용이하고 확

48

실할 것이기 때문이다.132) 우리나라 건물 건축의 평균적 소요기간에 비추어 볼 때 양자의 괴리가 그렇게 크다고 생각되지 않는다.

4) 위 개정시안의 변천을 보면 개정위원들은 사실상 불법행위에 대한 면책을 인정하면서 피침범지 소유자의 인용을 강제하는 것에 비례하여 그의 권리를 보다 충실하게 보호하고자 한 것으로 생각된다. '고의 또는 중대한 과실' 요건에서 '고의 또는 과실' 요건으로 물러선 것도 그 연장선상에서 이해된다.133) 향후 상술한 외국의 구체적인 운용사례를 십분 참조하고 '수인'의 한계를 규범적 현실유형을 토대로 유연하게 설정해야 하며, '보상방법'을 다양화, 현실화하는 등 형평에 합당한 상린관계를 형성해나가야 할 것이다.

Ⅶ. 결   론

토지의 다양한 이용과 그 용도의 변천은 곧 우리 사회의 발전을 위한 동력을 제공한다. 이와 가장 밀접하게 관련된 '상린관계법'도 활발한 가치의 유입과 변화가 일어나는 법영역이다.

먼 친척보다 이웃사촌이 좋다는 속담이 있다. 허나 함께 살아가려면 그 이웃토지의 통상적 사용에 적응해 나가고 또 일정 부분 받아들일 수밖에 없다. 해당 지역의 발전과 함께 토지의 통상적 용도도 변화하기 마련이다. 상전이 벽해가 되듯 전답이 택지로, 주거지역이 상업지역으로, 상업지역이 공장지역으로 시시각각 변할 수 있다. 그 지역에 처음 정착할 때의 토지의 용법과 현재의 용도가 달라질 수 있다. 세상은 정말 숨 가쁘게 변화하고 있다. 어떤 경우에든 '상호배려'와 '상호인용'의 원칙에 따라 상린관계법을 보다 적극적으로 활용하고 그 적용범위도 확대할 필요가 있다. 삶의 형태와 상린분쟁의 태양도

---

132) 이시윤 위원 의견(개정자료집 Ⅰ(주 25), 314면).
133) 이에 대한 비판적 태도로 전경운(주 117), 904면 참조.

다양해졌기 때문이다. 이런 의미에서 제220조 제3항에 특정승계인에 관한 규정을 추가한 것은 바람직하다고 할 것이다. 하지만 문언의 어의는 다소 좁다고 생각된다.

  어떤 경우에든 소유권은 법률과 제3자의 권리를 해하지 않는 한 자유롭게 행사할 수 있음이 원칙이다. 소유권의 내용도 끝임 없이 변화한다. 이러한 점을 제211조에 반영할 필요가 있을 것이다. 필자의 견해로는 동 법조에 간섭배제권능을 추가할 필요가 있다.

  상린관계법은 공법과 사법이 어우러져 공존의 질서를 모색하고 사익과 공익의 형량을 통해 이웃간의 토지이용에 관한 분쟁을 해결해야 한다. 이는 물권법 내에서도 상대적으로 동적인 요소를 내포하고 있다. 소유권의 내용과 한계는 고정되어 있는 것이 아니다. 토지 소유권의 경우 인접 토지의 이용상황에 따라 환경적 조화를 꾀해야 하는 경우도 있고 환경적 이익과 같은 공익이 점점 부각됨에 따라 이것이 상린관계법에 영향을 미치고 있는 점도 간과할 수 없다.

  민법 외의 상린관계법은 필요한 변경을 가해 가급적 민법으로 수용되어야 한다. 민법의 상린관계법이 이웃 사촌간의 평화적 공존질서에 대한 모델이다. 구분소유권과 관련된 민법 외 법규들은 그 공·사법의 혼합적 성격과 주거형태의 변화에 따른 독특한 법리의 형성으로 인해 민법 내 수용과 개정에 저어됨이 없지 않을 것이다. 하지만 오늘날의 —외국과는 현저히 다른— 압도적 주거형태를 고려한다면 이에 걸맞은 구분소유권 규정을 민법 제215조에 — 보다 구체적이고 체계적으로— 마련하는 것이 타당하다. 관련 법규들과의 조율이 쉽지 않겠지만 사회의 현실적 문제를 이해하고 이를 해결하기 위한 노력으로서의 입법은 나름 창조적 선택의 절차이다. 현실유형에 조응하는 규범을 민법 내에서 구현하려는 선택 자체도 창조적 결단을 필요로 한다고 생각한다. 그리고 그 창조의 길로 나아가는 원동력은 민법학의 축적된 성과이다.

▨ 참 고 문 헌

                                    ⸳

1. 국내문헌

2004년 민법(재산편) 개정자료집 Ⅰ, 2004.

곽윤직/김재형, 물권법(제8판, 전면개정(보정)), 2015.

권영준, "민법학, 개인과 공동체, 그리고 법원", 비교사법 22권 4호, 2015.

김재형, "물권법 개정에 관한 의견", Jurist 제377호, 2002. 2.

김재형, "소유권과 환경보호 ―민법 제217조의 의미와 기능에 대한 검토를
        중심으로―", 인권과 정의(276호), 1999.

김재형, 민법론 Ⅰ, 2004.

김정현/안우만/이원배/허정훈/이영준, "집합주택(아파트)의 소유, 관리에 관
        한 고찰(그 입법화와 관련한 문제점과 방향)", 사법연구자료 제1집,
        1974.

김준호, 물권법(제10판), 2017.

민법(재산편)개정공청회 자료집, 2001. 12.

민법안심의록(상권), 1957.

민법주해(편집대표 곽윤직/집필자 집필부분) Ⅴ, 1992.

박홍대, "무상통행권의 특정승계", 판례연구 1, 부산판례연구회, 1991.

백태승, 민법총칙(제7판), 2016.

송덕수, 물권법(제3판), 2017.

알기 쉬운 법령 정비기준(제3판), 법제처, 2009.

양창수, 민법연구 제3권, 1994.

양창수/권영준, 권리의 변동과 구제(민법 Ⅱ)(제3판), 2017.

윤용석, "위험책임의 일반조항에 관한 일고찰 ―1982년 Kötz교수의 개정입법
        안을 중심으로 한 검토―", 법학연구(28권 1호, 통권 36호), 부산대학
        교 법학연구소, 1985.

윤진수, 물권법(개정판), 2009.

이은영, "물권법의 개정방향", 민사법학 17호, 1999. 4.

이재성, "당사자의 교대와 무상주위지통행권", 법률신문 1593호, 1985.

전경운, "경계를 침범한 건축", 비교사법 제19권 3호(통권 58호), 2012.

전경운, "상린관계에 관한 민법개정논의", 토지법학 제28-2호, 한국토지법
　　학회, 2012. 12.

정병호, "민법 개정안 제242조의2(경계를 침범한 건축)에 관한 연구", 재산법
　　연구 22권 1호, 2005.

정종휴, "한국민법전의 비교법적 검토", 민사법학 제8호, 1990. 4.

정진명, "환경오염피해에 대한 사법적 구제 ―위험책임의 입장에서―", 환경
　　법연구(제21권), 1999. 12.

지원림, 민법강의(제15판), 2017.

최봉경, "주위토지통행권 행사의 한계", 민사판례연구 제33-1권, 2011. 2.

황적인 외 29인 공저, 민법개정안의견서, 2002.

http://data.seoul.go.kr/openinf/linkview.jsp?infId=OA-12592 에서 바로가
　　기(stat.seoul.go.kr/octagonweb/jsp/WWS7/WWSDS7100.jsp) 2017. 11.
　　9. 최종방문).

2. 외국문헌

內田貴, 民法 I (第2版)(補訂版) 總則·物權總論, 2003.

川島武宜·川井 健(編輯), 新版 注釋民法(7), 物權(2), 2007.

Bamberger/Roth, Kommentar zum Bürgerlichen Gesetzbuch(집필자), 37.
　　Edition, 2015.

Bensching, Nachbarrechtliche Ausgleichsansprüche-zulässige Rechts-
　　fortbildung oder Rechtsprechung contra legem?, 2002.

BGB-Kommentar Erman/집필자, 11. Aufl., 2004.

Fikentscher/Heinemann, Schuldrecht, 10. Aufl., 2006.

Jauernig, Zivilrechtlicher Schutz des Grundeigentums in der neueren
　　Rechtsprechung, JZ 1986, 605.

Kastner, Entschädigung wegen Strassenverkehrslärm — Anwendungsbereich und Bedeutung von § 42 BImSchG, NJW 1975, 2319.

Kötz, Gefährdungshaftung, in: Gutachten und Vorschläge zur Überarbeitung des Schuldrechts(hrsg. vom Bundesminister der Justiz, Bd. Ⅱ, 1981.

Kramer, Ernst A., Juristische Methodenlehre, 1998.

Larenz/Canaris, Methodenlehre der Rechtswissenschaft, 3. Aufl., 1995.

Larenz/Canaris, SchR Ⅱ/2, 1994.

Motive Ⅲ(= Mugdan Ⅲ).

Münchener Kommentar zum Bürgerlichen Gesetzbuch/집필자, 4. Aufl., 2004.

Palandt, 70. Aufl., 2011.

Staudinger/BGB — Kommentar, 2002.

Westermann, Harry, Die Funktion des Nachbarrechts: Zugleich eine Untersuchung der Bedeutung eines Immissionsschutzgesetzes für das Privatrecht, in: FS Larenz, 1973.

Westermann, Harry, Sachenrecht, 5. Aufl., 1966.

[추록]

민법개정총서 11[(2014년 법무부 민법개정시안 해설) —민법총칙·물권편—(권영준)]을 법무부가 발간하였다(2017. 12). 동서 413~439면에 본고와 관련된 해설이 실려 있다. 민법 제219조 개정시안의 내용은 실질적 변화가 없으며 동조 제2항의 '통행권자'를 '토지소유자'로, '통행지소유자'를 '주위토지소유자'로 바꾸었을 뿐이다.

제 2 장

유치권에 관한 민법 개정안 소개와 분석

권 영 준

Ⅰ. 유치권에 관한 민법 개정안의 배경

우리 민법은 1958년 2월 22일 법률 제471호로 공포되어 1960년 1월 1일부터 시행되었다. 그 중 물권법을 포함한 재산법 분야는 지금까지 50여 년 동안 전면 개정 없이 대체로 그 모습을 보존하여 왔다. 그런데 우리 민법은 제정 당시의 시대상, 즉 1950년대의 상황을 전제로 제정된 것이므로 오늘날의 상황에 그대로 들어맞을 수는 없다. 또한 우리 민법은 그 당시의 외국 법제를 참조하여 만든 것인데, 국제적으로 보면 개별 국가의 민법 개정과 국제 모델법 제정을 통하여 외국 법제에도 많은 변화가 있어 이를 우리 법제에 고려할 필요가 생겼다. 아울러 민법 제정 이래 엄청난 속도로 축적된 판례들은 추상적인 민법 규정과 구체적인 현실 사이를 중재하는 살아 있는 민사 규범의 역할을 수행해 왔는데, 이를 민법 규정에 반영할 필요도 생겼다. 이러한 배경 아래 법무부 민법개정위원회는 2009년 2월부터 2014년 2월까지 민법 재산편 전면 개정시안을 만들었다. 법무부는 2013년 7월 17일 그 중 유치권에 관한 개정안(이하 "개정안"이라고 한다)[1]을 국회에 제출하였다.

---

[1] 의안번호 6019. 이 개정안의 내용을 반영한 민사집행법 개정안(의안번호 6017)과 부동산등기법 개정안(의안번호 6018)도 같은 날 국회에 제출되었다.

유치권은 일정한 채권과 관련하여 물건을 점유함으로써 성립하
는 법정담보물권이다. 유치권을 인정하는 이유는 타인의 물건을 점유
하는 자가 그 물건에 관한 채권을 가지는 경우 그 채권의 변제를 받
을 때까지 그 물건의 반환을 거절할 수 있도록 함이 공평하다고 여겨
지기 때문이다.[2] 그런데 부동산 유치권에 관하여는 다음과 같은 문제
가 지적되어 왔다.

첫째, 부동산 유치권은 절대적 · 배타적 효력을 가지는 물권인데
도 등기로 공시되지 않는다.[3] 부동산 유치권의 공시방법인 점유는 등
기에 비해 공시기능이 현저히 약하다. 이처럼 불충분한 공시로 인한
폐해는 경매절차에서 두드러진다. 유치권은 등기로 공시되지 않으므
로 경매절차 중 집행관의 현장조사 또는 그 이후에 비로소 그 존재가
알려지는 경우도 많다.[4] 그런데 유치권이 성립하면 부동산의 매각 가
치와 매각 가능성이 떨어진다.[5] 그 부동산의 매수인은 피담보채권을
변제하지 않는 한 유치권자로부터 부동산 인도를 받을 수 없기 때문
이다(민사집행법 제91조 제5항 참조).[6] 결국 저당권자는 부동산 담보가

---

2) 곽윤직 편집대표, 민법주해[Ⅵ] 물권(3)(박영사, 1992), 275면(호문혁 집필 부분);
   김용담 편집대표, 주석 민법 물권(3)(한국사법행정학회, 2011), 413면(김갑유 집필
   부분); 곽윤직 · 김재형, 물권법(박영사, 2014), 375면; 李英俊, 物權法(박영사,
   2009), 760면; 송덕수, 신 민법강의(박영사, 2015), 758면; 지원림, 민법강의(홍문
   사, 2015), 743면; 梁彰洙, "留置權의 成立要件으로서의「債券과 物件 간의 牽聯關
   係」", 民法研究, 제1권(박영사, 1991), 227면.
3) 김재형, "부동산 유치권의 개선방안 —2011년 민법개정시안을 중심으로—", 민사
   법학, 제55호(2011. 9), 341면은 이 점에서 부동산 유치권을 '기이한 물권'이라고
   표현한다.
4) 한상곤, "민사집행절차에서 본 유치권의 개정안에 대한 고찰", 慶熙法學, 제50권
   제1호(2015), 160면.
5) 이 문제에 대한 실증 연구로서는 박혜웅 · 남기범, "부동산 법원경매에서 유치권이
   감정가와 매각가 차이에 미친 영향분석", 한국정책연구, 제11권 제3호(2011), 134
   면 이하.
6) 원래 유치권자에게는 우선변제권이 인정되지 않는다. 따라서 유치권에 의한 경매
   의 경우 유치권자는 일반채권자와 동일한 순위로 배당을 받을 수 있을 뿐이다(대
   법원 2011. 6. 15.자 2010마1059 결정). 그런데 민사집행법은 일반 경매에서는 유

치가 하락하는 불이익을 입는다.[7] 또한 채무자도 부동산 매각을 통해
채무를 변제할 가능성이 줄어드는 불이익을 입는다. 이처럼 유치권의
파급효과는 크지만 그 외관 창출은 쉽기 때문에 허위 유치권을 내세
우는 경우도 많다.[8] 그래서 유치권은 경매절차의 장애물처럼 여겨져
왔다.[9] 심지어 경매절차의 "함정" 내지 "공적 제1호"라고도 불린다.[10]

   둘째, 유치권은 유치권자의 점유를 요건으로 하면서도(민법 제320
조 및 제328조) 유치권자의 사용·수익은 원칙적으로 금지한다(민법 제
324조 제2항 본문). 그렇다고 타인이 이를 사용·수익할 수 있는 것도
아니다. 점유를 요건으로 하는 유치권의 행사가 계속되는 한 피담보채
무자나 소유자도 유치물을 사용·수익할 수 없다. 결국 유치물의 사용·
수익가치가 사장된다. 이는 이해관계인뿐만 아니라 사회 전체의 관점
에서 볼 때 큰 손실이다. 부동산의 사용수익가치와 교환가치를 분리하
여 부동산의 용익적 가치와 담보적 가치를 극대화하는 저당권 제도와
비교하면 유치권 제도는 이 점에서 비효율적이다. 재산권 법제는 가
급적 그 재산권의 객체가 가지는 가치를 극대화하는 데에 도움을 주
는 방향으로 발전해야 하는데, 유치권 제도는 이러한 흐름에 반한다.
   이러한 문제점 때문에 해석을 통하여 부동산 유치권의 적용 범위
를 합리적으로 제한하려는 시도가 이어져 왔다.[11] 그러나 여기에는

치권에 대하여 인수주의를 채택하고 있어 이 경우 우선변제권이 없는 유치권자가
   사실상 우선변제를 받게 되는 결론에 이른다.
7) 대법원 2011. 12. 22. 선고 2011다84298 판결 및 대법원 2016. 3. 10. 선고 2013다
   99409 판결의 판결이유 참조.
8) 김재형(주 3), 344면, 350면; 이정민·이점인, "허위·가장 유치권 문제와 유치권
   등기의 필요성에 대한 검토", 民事法理論과 實務, 제18권 제1호(2014), 186~195면.
9) 유치권이 경매절차의 안정성을 해치는 사례들에 대한 설명으로는 李啓正, "滯納處
   分押留와 留置權의 效力", 서울대학교 法學, 제56권 제1호(2015. 3), 217~218면
   참조.
10) 이시윤, 신민사집행법(박영사, 2014), 268면.
11) 윤진수, "유치권 및 저당권설정청구권에 관한 민법개정안", 민사법학, 제63-1호
   (2013. 6), 196면은 이를 두 가지 흐름으로 나누어 소개한다. 첫 번째는 유치권의
   피담보채권을 엄격하게 제한하는 것이고, 두 번째는 일정한 경우 제3자에 대한 유

일정한 한계가 있을 수밖에 없었다.[12] 따라서 부동산 유치권에 관하여 새로운 규율이 필요하다는 목소리가 힘을 얻기 시작하였다.[13] 이러한 배경 아래 법무부 민법개정위원회는 유치권 관련 민법 조항들의 개정 작업을 진행하였다. 필자는 민법개정위원회 실무위원회의 일원으로 이 개정 작업에 관여하였다. 작업 과정에서는 개정 방향과 내용에 대해 다양한 의견들이 제시되었다. 유치권 제도의 독특함만큼이나 유치권에 대한 논의는 복잡하고 치열하게 진행되었다. 필자의 기억에 따르면 유치권은 개정 대상 중 가장 논쟁적인 주제 중 하나였다. 하지만 치열한 논쟁 가운데서도 토론과 조정이 이루어졌고 유치권에 관한 민법 개정시안이 마련되었다. 그 개정시안이 법무부의 개정안으로 국회에 제출되었다.

　유치권에 대한 높은 관심을 반영하듯, 개정안이 공개된 후에는 개정안을 평가하는 여러 논문들이 나왔다. 이러한 논문들은 대체로 개정안에 대해 비판적인 태도를 취하였다. 이러한 비판적 태도에는 개정안의 생경함(부동산 유치권 폐지라는 과감함, 두 가지 유형의 저당권설정청구권을 도입함에 따른 복잡한 해석론 등)도 일조하였을 것이다. 그러나 이러한 논란에도 불구하고 개정안의 의미를 마냥 과소평가할 수만은 없다. 개정안은 유치권 제도가 안고 있던 오래된 문제점을 정면으로 다룬 최초의 입법적 성과물로서 다양한 관점들을 나름대로 조화롭게 반영한 것이기 때문이다.

　치권 주장을 제한하는 것이다. 전자에 해당하는 판례로는 대법원 2012. 1. 26. 선고 2011다96208 판결, 후자에 해당하는 판례로는 대법원 2005. 8. 19. 선고 2005다22688 판결; 대법원 2011. 10. 13. 선고 2011다55214 판결 등 참조.

12) 이동진, "「물권적 유치권」의 정당성과 그 한계", 민사법학, 제49-1호(2010. 6), 49면 이하 참조.

13) 참고로 2004년 민법개정안 작성 당시에도 부동산 유치권에 관한 규정들을 개정하여야 한다는 의견이 있었으나, 장기과제로 분류되어 개정안이 마련되지는 못하였다. 법무부 민법개정자료발간팀 편, 2004년 법무부 민법 개정안 총칙·물권편(법무부, 2012), 407~409면.

이 글은 개정안의 내용과 배경을 소개하고, 개정안 전후로 제기된 여러 입법론들을 살펴보는 정도의 내용을 담고 있다. 아래에서는 개정안의 작업경과와 개요를 간단히 소개하고(Ⅱ.), 개정안의 각 조문 내용을 설명하며(Ⅲ. 내지 Ⅴ.), 민법 부칙 및 부동산등기법, 민사집행법에 관한 개정안의 내용을 해설한다(Ⅵ.). 마지막으로 개정안에 대한 소회를 밝히고 이 글을 마무리하고자 한다(Ⅶ.).

Ⅱ. 개정안의 작업경과와 개요

1. 작업경과

유치권에 관한 개정안은 다른 개정안과 마찬가지로 민법개정위원회의 일반적인 작업과정을 거쳐 마련되었다. 민법개정위원회의 작업과정을 간단히 소개하면 다음과 같다.

민법개정위원회는 2009년부터 2012년까지 4년에 걸쳐 민법 재산편을 순차적으로 개정할 목적으로 2009. 2. 4. 법무부에 설치되었다. 위원들은 매년 새롭게 임명되었는데, 2009년 제1기 민법개정위원회에서는 37명, 2010년 제2기 민법개정위원회와 2011년 제3기 민법개정위원회에서는 각 43명, 2012년 제4기 민법개정위원회에서는 33명의 교수, 판사, 변호사들이 민법개정위원으로 활동하였다. 다년간 민법개정위원회에서 활동한 위원들도 있으므로 실제 참여한 전체 인원의 숫자는 위 숫자의 합에 미치지 못한다.14) 민법개정위원회는 4년 내에 정해진 작업을 마치지 못하여 실제로는 5년간 활동하였다. 마지

---

14) 이를 감안하더라도 민법개정작업에 투입된 인적 역량의 규모는 2004년 민법 개정안에 비해 매우 크다고 평가할 수 있다. 이는 한편으로는 우리 민법학계와 실무계의 역량과 규모가 그만큼 커졌다는 것을 의미하기도 하고, 다른 한편으로는 이번 민법 개정작업이 가지는 중요성을 시사하기도 한다. 또한 이는 2004년 민법 개정안을 둘러싼 학계의 찬반 논의를 고려하여 법무부가 의도적으로 학계 인사들을 폭넓게 참여시킨 결과이기도 하다.

막에 구성된 제4기 민법개정위원회는 2012년 2월부터 2014년 2월까지 2년간 활동하였다.

민법개정위원회는 매년 여러 개의 분과위원회를 구성하고 각 분과위원회별로 담당분야를 배정하였다.15) 각 분과위원회는 각 담당 분야에 대한 검토와 논의를 거쳐 개정시안을 마련하였다. 한편 2기 민법개정위원회부터는 각 분과위원회의 개정시안을 총괄적으로 분석, 검토하기 위해 실무위원회가 설치되었다. 분과위원회와 실무위원회를 거친 개정시안은 각 분과위원장들로 구성된 위원장단 회의의 심의를 거쳐 모든 민법개정위원들이 참여하는 전체회의에 상정된 뒤 표결을 통해 민법개정위원회의 최종 개정시안으로 확정되었다. 요약하면 민법개정위원회는 『분과위원회 ⇒ 실무위원회 ⇒ 위원장단 회의 ⇒ 전체회의』의 순서로 논의를 진행하여 개정시안을 확정한 것이다.

유치권 제도에 대한 검토는 2010년 3월부터 2013년 6월까지 3년이 조금 넘는 기간에 걸쳐 이루어졌다. 2010년 제2기 민법개정위원회 제5분과위원회16)가 15차례 회의를 통해 개정시안 초안을 마련하였고, 2011년 제3기 민법개정위원회 실무위원회17)가 6차례 회의를 통해 이를 검토한 뒤 몇 가지 수정 제안을 하였다. 이러한 개정시안은 위원장단 회의18)를 거쳐 전체회의에 상정되었다가, 2012년 제4기 민

---

15) 2009년부터 2011년까지는 각 6개, 2012년 이후에는 4개의 분과위원회가 설치되었다. 분과위원회의 현황에 대해서는 법무부 민법개정위원회 웹사이트(http://minbub.or.kr) 참조.

16) 2010년 제2기 민법개정위원회 제5분과위원회는 남효순 서울대 교수를 위원장으로 하고, 김상수 서강대 교수, 김재형 서울대 교수, 최수정 서강대 교수, 김승표 서울동부지법 부장판사, 김충섭 법무법인 충정 변호사(이상 당시 직책 기준, 이하도 같다)를 위원으로 하여 구성되었다. 이 분과위원회는 변칙담보, 연대채무, 책임재산 분야를 담당하였다.

17) 심의 당시 실무위원회는 윤진수 서울대 교수를 위원장으로 하고 윤용섭 법무법인 율촌 변호사, 이태종 서울고법 부장판사, 권영준 서울대 교수(필자)를 위원으로 하여 구성되었다.

18) 심의 당시 위원장단 회의는 서민 충남대 명예교수(개정위원회 위원장), 윤진수 서

법개정위원회가 꾸려지면서 다시 실무위원회[19]와 위원장단 회의[20]의 검토를 거치게 되었다.[21] 이후 2012년 8월 제4기 제3차 전체회의에서 최종 개정시안이 확정되었다. 이 개정시안은 2013년 1월 16일 법무부 개정안으로 입법예고된 뒤 국회에 의안번호 6019호로 제출되었다.

참고로 법무부는 민법개정위원회를 통해 민법 재산편 전면 개정시안을 마련하면서도 이를 하나의 개정안으로 국회에 제출하지 않고 그 중 국회 통과 가능성이 있는 내용만 분리하여 별도 법안으로 국회에 제출하는 전략을 채택하였다. 종전에 민법 개정안을 통째로 제출하였다가 국회의 무관심 속에서 회기 만료로 폐기되었던 경험이 있기 때문이다.[22] 그동안의 성과물 중 성년후견제도에 관한 부분은 장애인단체 등의 적극적인 관심으로 인하여 국회의원들의 시선을 붙잡는 데에 성공하였고 결국 국회를 통과하여 2013년 7월 1일부터 시행되고 있다. 반면 법인과 시효제도에 관한 부분은 2011년 6월 22일 제18대 국회에 제출되었으나,[23] 제18대 국회의 임기만료로 폐기되었다. 제19대 국회가 열린 후 정부는 유치권에 관한 개정안 외에 2014년 3월 25일 보증계약과 여행계약에 관한 개정안[24]을 제출하였고, 2014년

울대 교수(부위원장 겸 실무위원장), 분과위원장을 맡은 지원림 고려대 교수, 남효순 서울대 교수, 송덕수 이화여대 교수, 백태승 연세대 교수, 윤철홍 숭실대 교수, 엄동섭 서강대 교수로 구성되었다.

19) 2012년 제4기 실무위원회의 구성은 2011년 제3기 실무위원회와 같다.

20) 심의 당시 위원장단 회의는 서민 충남대 명예교수(개정위원회 위원장), 윤용석 부산대 교수(부위원장), 윤진수 서울대 교수(실무위원장), 분과위원장을 맡은 지원림 고려대 교수, 백태승 연세대 교수, 엄동섭 서강대 교수, 송덕수 이화여대 교수, 윤철홍 숭실대 교수로 구성되었다.

21) 개정안의 입법예고 이후 대한건설협회, 건설공제조합 등 여러 단체에서 의견을 제시하였는데, 위원장단 회의에서 6차례 회의를 거쳐 이를 검토하였다.

22) 법무부 민법개정특별분과위원회는 2004년 6월 민법 재산편 개정안을 마련하여 2004년 10월 21일 이를 국회에 제출하였으나 제대로 심의도 이루어지지 않은 채 국회의 임기만료로 폐기된 바 있다.

23) 의안번호 1231.

24) 의안번호 9869.

10월 24일 법인에 관한 개정안을 다시 제출하였다.[25] 그 중 유치권과 법인에 관한 각 개정안은 법제사법위원회에서 본격적인 심의가 진행되지 않은 채 머물러 있다. 다행스럽게 보증계약과 여행계약에 관한 민법 개정안은 소비자 보호라는 측면에서 관심을 모은 가운데 국회를 통과하여 2015년 2월 3일 공포되었고, 2016년 2월 4일부터 시행되고 있다.

2. 개   요

개정안의 큰 방향성은 다음과 같다.

첫째, 등기된 부동산에 대한 유치권을 폐지하고, 그 대안으로 저당권설정청구권(이하 "제1유형 저당권설정청구권"이라 한다)을 인정한다. 저당권설정청구권은 저당권설정계약이 없더라도 일정한 법정 요건을 갖추면 인정되는 권리이다. 이에 따라 설정되는 저당권은 등기로 공시된다. 일반적인 저당권과 성립 요건은 다르지만 효력은 같다. 점유는 권리발생요건 또는 권리행사요건이 아니다. 결국 유치권의 점유 요건을 저당권설정등기로 대체함으로써 공시 문제와 점유기간 중 부동산 불이용으로 인한 비효율 문제를 동시에 극복한다.

둘째, 미등기 부동산과 동산에 대한 유치권은 존치시킨다. 미등기 부동산과 동산에는 저당권을 설정할 수 없기 때문이다. 다만 미등기 부동산이 등기되면 저당권설정이 가능해진다. 따라서 유치권자는 등기일 후 6개월 내에 저당권설정청구권(이하 "제2유형 저당권설정청구권"이라 한다)을 행사해야 한다. 제2유형 저당권설정청구권에 따라 저당권이 설정되거나 위 기간 동안 저당권설정청구권을 행사하지 않으면 유치권은 소멸한다. 제2유형 저당권은 기존 유치권을 대체하는 의미를 가지므로 제1유형 저당권과는 달리 그 효력이 피담보채권의 변

---

25) 의안번호 12119.

ᄀ停停

제기로 소급한다. 이 점에서 제1유형 저당권보다 강력한 효력을 가진다. 한편 위 기간 내에 저당권설정청구권을 행사하지 못하면 한시적으로 존속하던 유치권은 소멸한다. 다만 그 후에도 제1유형 저당권설정청구권을 행사하는 것은 여전히 가능하다.

개정안의 내용을 간단히 도해화하면 아래와 같다.

유치권의 목적물	유치권 성립여부와 요건		
동산	유치권 인정		
	[요건] ○ 점유 ○ 동산에 대한 비용지출로 인한 채권 또는 그 동산으로 인한 손해배상채권		
미등기 부동산	유치권 인정	미등기 부동산 → 등기부동산	
		보존등기 6개월 이내	보존등기 6개월 이후
	[요건] ○ 점유 ○ 부동산에 대한 비용지출로 인한 채권 또는 그 부동산으로 인한 손해배상채권	○ 유치권 존속 ○ 제369조의2 소정의 저당권설정청구권(제2유형 저당권설정청구권) 있음 ○ 이에 따라 저당권이 설정되면 유치권은 소멸하고, 저당권은 그 채권의 변제기에 설정된 것으로 간주	○ 보존등기 6개월 내 저당권설정청구권이 행사되지 않았으면 유치권 소멸 ○ 유치권 소멸 후에도 제369조의3 소정의 저당권설정청구권(제1유형 저당권설정청구권) 있음
등기 부동산	유치권 없음		
	[요건] ○ 부동산에 대한 비용지출로 인한 채권 또는 그 부동산으로 인한 손해배상채권	○ 제369조의3 소정의 저당권설정청구권 (제1유형 저당권설정청구권) 있음 ○ 저당권설정청구권이 성립한 후 부동산소유권을 취득한 제3자에 대해 주장하지 못함	

Ⅲ. 유치권의 내용과 미등기 부동산에 대한 특례(제320조, 제320조의2)

현행	분과위안	실무위안	위원장단안	개정안
제320조(유치권의 내용) ① 타인의 물건 또는 유가증권을 점유한 자는 그 물건이나 유가증권에 관하여 생긴 채권이 변제기에 있는 경우에는 변제를 받을 때까지 그 물건 또는 유가증권을 유치할 권리가 있다.	제320조(유치권의 내용) ① 타인의 동산을 점유한 자는 그 동산에 대한 비용지출로 인한 채권 그밖에 이와 유사한 채권이 변제기에 있는 경우에는 변제를 받을 때까지 그 동산을 유치할 권리가 있다. 유가증권의 경우에도 또한 같다.	제320조(유치권의 내용) ① 타인의 동산을 점유한 자는 그 동산의 가치를 증가시키거나 유지함으로써 가지게 된 채권 또는 그 동산으로 인하여 입게 된 손해를 배상받을 채권이 변제기에 있는 경우에는 변제를 받을 때까지 그 동산을 유치할 권리가 있다. 유가증권의 경우에도 또한 같다.	제320조(유치권의 내용) ① 타인의 동산을 점유한 자는 그 동산에 대한 비용지출로 인한 채권 또는 그 동산으로 인한 손해배상채권이 변제기에 있는 경우에는 변제를 받을 때까지 그 동산을 유치할 권리가 있다. 유가증권의 경우에도 이와 같다.	제320조(유치권의 내용) ① 타인의 동산 또는 유가증권을 점유한 자는 그 동산 또는 유가증권에 대한 비용 지출로 인한 채권이나 그 동산 또는 유가증권으로 인한 손해배상채권이 변제기에 이른 경우에는 변제를 받을 때까지 그 동산 또는 유가증권을 유치할 권리가 있다.
② 전항의 규정은 그 점유가 불법행위로 인한 경	② 미등기 부동산을 점유한 경우에 제1항을 준용한다.	② 미등기 부동산을 점유한 자에 대하여도 제1항을 준용한다. 이 경우 그 부동산에 제1항의 채권을 담보하기 위하여 제372조의2에 따른 저당권설정등기를 한 때 또는 저당권설정등기를 청구할 수 있는 권리가 소멸된 때에는 유치권이	② 타인의 미등기 부동산을 점유한 자에 대해서도 제1항을 준용한다. 이 경우 그 부동산에 제1항의 채권을 담보하기 위하여 제372조의2에 따른 저당권설정등기를 한 때 또는 저당권설정등기를 청구할 수 있는 권리가 소멸된 때에는 유치권이 소멸한다.	② 제1항은 그 점유가 불법행위로 인한 경우에는 적용하지 아니한다. 제320조의2(미등기 부동산에 대한 유치권의 성립 및 소멸에 관한 특례) ① 타인의 미등기 부동산을 점유한 자에 대하여도 유치권의 성립에 관한 제320조를 적용한

우에 적용하지 아니한다.	③ 제1항과 제2항의 규정은 그 점유가 불법행위로 인한 경우에 적용하지 아니한다.	소멸한다. ③ 제1항과 제2항의 규정은 그 점유가 불법행위로 인한 경우에 적용하지 아니한다.	③ 제1항과 제2항의 규정은 그 점유가 불법행위로 인한 경우는 적용하지 아니한다.	다. ② 제1항에 따른 미등기 부동산에 대한 유치권은 다음 각 호의 어느 하나에 해당하는 사유가 있는 경우에도 소멸한다. 1. 제369조의2 제1항에 따른 저당권설정 등기의 완료 2. 제369조의2 제2항에 따른 저당권설정 청구권의 소멸

1. 개   관

개정안 제320조는 동산 또는 유가증권에 관한 유치권의 내용을, 제320조의2는 미등기 부동산에 관한 유치권의 특례를 각각 규정한다. 개정안 제320조에서는 피담보채권을 비용지출채권과 손해배상채권의 두 가지 유형으로 구체화하였다는 점이 특기할 만하다. 개정안 제320조의2에서는 부동산 중 미등기 부동산에만 유치권을 인정하되 그 효과에 대한 특례를 두었다는 점이 특기할 만하다.

2. 유치권의 인정 범위

가. 등기 부동산에 대한 유치권 폐지

개정안의 가장 큰 특징은 등기 부동산에 대한 유치권 폐지이다. 부동산 유치권의 폐해를 직접 겨냥한 조치이다.

부동산 유치권의 폐해 극복 방안은 다음과 같은 두 가지 입장으로 나누어볼 수 있다.

첫 번째 입장은 부동산 유치권 제도 자체를 폐지하고 저당권 제도로 대체하자는 것이다. 유치권을 대체하는 권리로써 법정저당권을 도입하거나, 기존의 유치권자에게 저당권설정청구권을 도입하자는 주장이 여기에 해당한다.26)

두 번째 입장은 부동산 유치권 제도를 존치시키되 이를 수정·보완하여 폐해를 시정하자는 입장이다. 부동산등기법을 개정하여 부동산 유치권을 등기하도록 하자는 주장,27) 유치권등기명령제도를 도입하자는 주장,28) 유치권자에게 이원적인 우선변제권을 인정하자는 주장,29) 유치권자에게 유치권설정청구권을 부여하자는 주장,30) 부동산 경매절차에서 유치권 신고를 의무화하자는 주장31) 등이 이에 해당한다.

---

26) 金相容, "擔保物權制度의 課題", 민사법학, 제9·10호(1993. 7), 453면 이하; 權龍雨, "物的 擔保制度의 課題와 展望", 現代法學의 課題와 展望(1998), 331면; 정준영·이동진, 부동산 유치권의 개선에 관한 연구, 2009년도 법무부 연구용역과제보고서, 110면 이하.

27) 노종천, "부동산유치권 등기제도 도입 연구", 土地法學, 제31권 제1호(2015. 6), 127면 이하; 오시영, "법무부 민법개정시안 중 유치권에 대한 대안 제시(Ⅰ) —부동산유치권과 최우선변제권—", 法學論叢, 제32권 제2호(2012. 8), 278면 이하; 이정민·이점인(주 8), 200면 이하; 성민섭, "부동산 유치권 제도의 개선을 위한 민법 등 개정법률안에 대하여 —등기 부동산에 대한 유치권 폐지(안) 등의 재고를 기대하며—", 외법논집, 제38권 제1호(2014. 2), 201~202면.

28) 김미혜, "부동산 유치권 관련 개정안에 대한 몇 가지 제언 —2013년 민법 일부개정법률안을 중심으로", 亞洲法學, 제8권 제1호(2014), 171~172면; 전장헌, "부동산경매절차에서 유치권에 관한 개선방안", 民事執行法研究, 제9호(2013), 178면 이하; 이정민·이점인(주 8), 206~208면.

29) 오시영(주 27), 281면 이하. 유치권의 피담보채권 발생으로 인하여 "유치목적물에 증가된 객관적 가치 상당액"에 대해서는 1순위 우선변제권을, 나머지 부분에 대하여는 유치권 성립시기에 담보권을 설정한 것으로 보아 그에 상응하는 우선변제권을 부여하자는 취지이다.

30) 오시영, "법무부 민법개정시안 중 유치권에 대한 대안 제시(Ⅱ) —저당권설정청구권에 대하여—", 法學論叢, 제32권 제3호(2012. 12), 252면 이하. 유치권설정청구권을 행사하여 유치권을 등기하게 하자는 취지이다.

31) 崔東弘·劉銑鍾, "부동산경매에서 유치권신고의 의무화", 法曹, 제59권 제4호(2010), 220면 이하.

개정안은 등기된 부동산에 대해 첫 번째 입장, 즉 부동산 유치권 제도를 폐지하고 이를 저당권으로 대체하는 방안을 채택하였다. 이는 과감한 결정으로 받아들여졌다.[32] 기존 제도의 폐지보다는 보완이 우선되어야 한다는 비판도 잇따랐다.[33] 부동산 유치권 폐지에 따른 혼란을 우려하는 목소리도 있었다.[34]

유치권의 공시방법을 점유에서 등기로 바꾸어야 한다는 점에서는 상당한 공감대가 형성되어 있는 상태이다. 문제는 현행 민법이나 부동산등기법에서는 인정되지 않는 유치권 등기를 인정할 것인가, 아니면 현행 민법에서 인정되는 저당권 등기로 유치권을 대체할 것인가 하는 점이다. 개정안은 후자의 방안을 택한 것이다. 양자를 가르는 중요한 기준은 피담보채권자를 얼마나 강하게 보호할 것인가 하는 점이다. 유치권 제도의 틀을 유지하자는 입장은 그동안 유치권을 통하여 강하게 보호받아 오던 채권자의 보호를 좀 더 중시하는 입장이다. 저당권 제도로 대체하자는 입장은 등기를 통한 공시와 부동산의 효율적 활용도 제고 등 그 외의 이해관계인의 이익과 공익을 좀 더 중시하는 입장이다. 어떤 입장이 다른 입장보다 절대적으로 옳다고 할 수는 없다.

그런데 유치권을 둘러싼 현실은 어떠한가? 유치권 분쟁은 점점 늘어나고 사회적 비용도 증가하고 있다. 그러한 분쟁의 다수는 허위 유치권을 배제하기 위한 유치권부존재확인의 소로 이어지는데 결국 유치권의 성립이 부정되는 사건들이 훨씬 많다고 한다.[35] 유치권 제

---

32) 김영희, "유치권이 있는 부동산의 경매와 유치권의 저당권에 대한 대항력 —2013년 1월 16일에 입법예고된 유치권 관련 민사법 개정안에 관한 고찰을 덧붙여—", 민사법학, 제63-1호(2013. 6), 398~399면.

33) 성민섭(주 27), 190면; 이정민·이점인(주 8), 200면; 홍봉주, "부동산유치권에 관한 개정안 검토", 일감법학, 제31호(2015. 6), 14면도 같은 취지이다.

34) 가령 김미혜(주 28), 166면은 민법 제정 이래 50여 년 동안 유지되었던 제도를 갑자기 폐지하는 것은 큰 혼란을 초래할 수 있다고 한다. 오시영, "유치권 관련 민법 개정안에 대한 검토", 강원법학, 제38권(2013. 2), 99면도 같은 취지이다.

35) 김재형(주 3), 343~344면.

도가 본래 가지는 규범적 순기능에도 불구하고, 현실 속의 유치권은 일그러져 있는 것이다. 바람직한 제도적 목적을 가지고도 그 남용으로 폐지되어야 했던 예고등기 제도를 떠올리게 하는 대목이다. 제도론의 차원에서는 어떠한가? 물권에 대한 정보를 투명하고 정확하게 공시하여 부동산의 효율성을 제고하는 방향이 타당하다. 유치권을 저당권으로 대체하는 방안은 부동산 유치권의 두 가지 폐해로 지적된 등기에 의한 공시 결여와 점유 요건으로 인한 사용·수익가치의 저하 문제를 한꺼번에 해결할 수 있는 방안이라고 생각된다.36)

현행 유치권 제도를 저당권 제도로 대체한다고 하여 피담보채권자의 보호를 포기하는 것이 아니다. 저당권 제도도 피담보채권자의 물권적 보호를 꾀하는 제도의 일종이기 때문이다. 물론 저당권에 의한 보호는 유치권에 의한 보호보다 약하다. 또한 점유만으로 쉽게 성립하는 유치권과 달리 저당권에 의한 보호는 저당권설정절차를 거쳐야 하는 번잡함을 수반한다. 이는 위와 같은 현실적인 문제점과 이해관계인들 사이의 이익 조정을 위해 피담보채권자의 보호가 한걸음 물러난 결과라고 이해하면 될 것이다.37) 그러한 점에서 유치권을 "폐지"한다기보다는 유치권의 대용방안을 "마련"한다는 표현이 더 어울리는지도 모른다. 요컨대 개정안은 입법 정책적으로 정당성을 가진다고 생각한다.

나. 미등기 부동산에 대한 한시적 유치권 인정

개정안은 부동산 유치권 제도를 원칙적으로 폐지하면서도, 미등

---

36) 남효순, "등기된 부동산 유치권 폐지 — 찬성", 법률신문(2013. 3. 25); 이흥렬, "부동산 유치권에 관한 민법개정안의 검토", 비교사법, 제22권 제3호(2015. 11), 1151면.
37) 윤철홍, "유치권의 개정방향", 법학논총, 제31집(2014. 1), 165면. 법제사법위원회의 검토보고서(2013. 12)도 이를 "입법정책적으로 결정할 사항"이라고 보고 있다. 이 검토보고서는 국회 의안정보시스템(http://likms.assembly.go.kr/bill/jsp/ main.jsp)에서 검색할 수 있다.

기 부동산에 대해서는 유치권을 인정하고 있다. 개정안이 이처럼 절충적인 태도를 취한 것에 대해서 다양한 비판론이 제기되고 있다.[38] 유치권 분쟁은 대부분 미등기 부동산에 대한 것인데, 미등기 부동산에 대하여 유치권을 인정하면 부동산 유치권 제도를 폐지하는 의미가 거의 없다는 이유 때문이다. 결국 한편으로는 유치권 제도의 폐지를 철저히 관철하여야 한다는 비판론이, 다른 한편으로는 유치권 제도의 폐지에 반대하면서 기존 제도를 보완하여야 한다는 비판론이 각각 다른 각도에서 개정안을 향해 제기되고 있는 것이다.

　　개정안을 마련하는 과정에서도 이는 치열한 논의의 대상이었다. 부동산 유치권 폐지의 정책적 효과를 거두려면 빈번하게 분쟁의 대상이 되고 있는 미등기 부동산에 대한 유치권을 폐지하여야 한다는 점, 이로 인해 발생할 수 있는 혼란은 경과규정을 통해 해결하면 충분하다는 점 등을 들어 미등기 부동산을 포함해 부동산 유치권 전체를 부정해야 한다는 의견도 강하였다. 개정안에 대한 국회 법제사법위원회의 검토보고서에서도 법리적으로 등기된 부동산과 미등기 부동산을 구분하여 각각 다른 권리를 인정할 만한 합리적 근거가 없고, 실제 유치권의 폐해는 미등기 부동산에서 두드러지는데 미등기 부동산에 유치권을 인정하면 법 개정의 의미가 퇴색되며, 등기 유무에 따라 행사할 수 있는 권리가 달라진다면 일부러 등기를 하지 않으려는 상황이 벌어질 수 있다는 비판이 가능하다고 지적하고 있다.

　　그러나 등기 부동산에 대해서는 유치권을 대체하는 저당권설정청구권을 통하여 채권자가 보호될 수 있지만, 미등기 부동산에 대해서는 이러한 저당권설정등기를 하는 것이 곤란하므로 채권자 보호가

---

38) 김상찬·강창보, "부동산 유치권제도의 개선방안 ―2012년 민법개정안의 검토를 중심으로―", 法과 政策, 제19권 제2호(2013. 8), 80~81면; 성민섭(주 27), 199면; 이홍렬(주 36), 1133면; 장창민, "부동산유치권에 관한 일고 ―2013년 입법예고된 유치권개정안과 관련하여―", 東北亞法硏究, 제8권 제1호(2014), 199면 이하; 한상곤(주 4), 168면.

미흡해진다.[39] 즉 등기 부동산과 미등기 부동산을 일률적으로 취급하면 미등기 부동산의 채권자 보호에 공백이 생길 수 있다. 또한 미등기 부동산의 유치권까지 폐지할 경우 건설업자 등의 반발로 입법의 어려움이 예상되고 그 시행과정에서도 혼란이 발생할 수 있다. 민법개정위원회는 이와 같은 현실적 고려에서 미등기 부동산에 대해서는 유치권을 인정하되 부동산이 등기된 이후에는 한시적으로만 이를 존속시키기로 절충한 것이다.

어쨌든 부동산 유치권 대부분이 미등기 부동산과 관련하여 성립되는 점을 고려하면, 미등기 부동산에 대한 이러한 절충적 접근은 부동산 유치권의 폐해를 전면적으로 극복하는 데 이르지 못한 이번 개정안의 현실적인 한계를 보여주는 것이기도 하다.

다. 동산 및 유가증권에 대한 유치권 존치

동산 및 유가증권에 대해서는 유치권이 그대로 존치되었다. 동산이나 유가증권의 경우에는 어차피 점유가 일반적인 공시방법이므로 점유를 요건으로 하는 유치권을 인정하여도 거래의 안전을 크게 해치지 않기 때문이다. 또한 유치권은 대부분 부동산에 대해 주장되고 있고, 유치권의 폐해 역시 대부분 부동산 유치권에 관하여 발생한다. 그러므로 동산 및 유가증권에 대해 유치권을 존치시키더라도 현실적으로는 별다른 부작용이 예상되지 않는다. 이러한 유치권 존치에 대해서는 민법개정위원회의 논의 과정에서도 별 이견이 제시되지 않았다.

라. 유치권의 채권화 논의

한편 논의 과정에서 유치권자에게 물권이 아니라 채권적인 이행거절권능만을 부여하는 방안도 검토되었다. 그러나 민법개정위원회 내부에서는 유치권을 채권화하는 것을 부담스러워하는 입장이 지배

---

39) 김재형(주 3), 350면, 352면.

적이었다. 가령 '유치권제도를 개정하는 방법으로 물권으로서의 유치권을 삭제하는 방안도 가능할 것이지만, 이에 관한 논의가 충분하지 않고 상대적으로 오랫동안 유치권을 물권으로 인정해 왔기 때문에 현실적으로 이 제도 자체를 폐지하는 것은 민법개정 절차상 어려울 것으로 보인다'거나 '현행 민법상 물권으로 인정되고 있는 유치권은 매우 잘못된 제도가 아니라고 한다면 존치시켜야 할 것이고, 다만 부동산의 경우에는 유치권으로 인하여 거래에 장애가 발생하기 때문에 이 문제를 해결할 방안을 모색해야 한다'는 등의 반대 의견들이 개진되었다.[40]

입법론으로는 이처럼 유치권을 채권화하는 방법도 고려할 수 있다. 실제로 독일이나 오스트리아에서는 유치권을 채권적 권리로 파악한다.[41] 하지만 「유치권 = 물권」이라는 공식은 의용 민법 이래 지금까지 유지되어 왔고, 이에 대해 별 의문이 제기되지 않았다. 그동안의 판례와 학설도 모두 이를 토대로 형성되어 왔다. 유치권의 폐해를 감소시킬 다른 방안이 있다면 굳이 혼란을 무릅쓰고 이러한 토대를 흔들 필요는 없을 것이다.

3. 피담보채권의 구체화

현행 민법 제320조는 유치권의 피담보채권을 '물건이나 유가증권에 관하여 생긴 채권'이라고 규정한다. 유치권의 목적물과 피담보채권 사이의 견련관계에 대하여, 다수설[42]과 판례[43]는 ① 채권이 물건

---

40) 유치권을 채권적 권리로 규정하려면 조문의 위치를 채권편으로 옮겨야 하는데, 이는 합리적이지 못하다는 비판도 제기된 바 있다. 김재형(주 3), 355면.
41) 참고로 독일 민법상 유치권은 기본적으로 채권적 권리이지만, 점유자가 비용상환청구권에 기하여 목적물을 유치하는 경우(제1000조)에는 비용지출 후 그 목적물의 소유권을 취득한 자에게도 이를 주장할 수 있는바(제999조), 다른 채권적 권리와는 구별되는 면이 있다. 윤진수(주 11), 201~202면.
42) 이를 이른바 '2원설'이라고 한다. 2원설의 내용에 대하여는 민법주해 [Ⅵ](주 2), 285~288면; 곽윤직·김재형(주 2), 379~381면 참조.
43) 대법원 2007. 9. 7. 선고 2005다16942 판결.

자체로부터 발생한 경우와 ② 채권이 물건의 반환청구권과 동일한 법률관계 또는 사실관계로부터 발생한 경우에 각각 견련성이 인정된다고 한다(이른바 2원설). 이는 2원설에 기한 독일 민법 제273조와 그 해석론에 영향을 받은 것으로 보인다.[44]

그러나 ② 유형의 경우에도 유치권을 인정하는 것은 문제라는 비판이 제기되어 왔다.[45] 이러한 비판의 논거로는 ② 유형이 '물건이나 유가증권에 관하여 생긴'이라는 명문규정에 포섭되기 어렵다는 점, 유치권을 채권적 권리로 규정하는 독일 민법의 해석론을 우리 민법에 그대로 적용하는 것은 적절하지 않다는 점, 실제로도 대부분 ① 유형, 그것도 지출비용과 관련된 유형(공사대금채권, 필요비나 유익비채권 등)이 문제된다는 점,[46] ② 유형의 경우는 동시이행의 항변권으로 공평을 꾀할 수 있다는 점 등이 제시되었다.[47] 따라서 ① 유형의 경우에만 유치권을 인정해야 한다는 해석론도 개진되었다.[48] 개정안을 마련하는 과정에서도 목적물과 채권 사이의 견련관계를 ① 유형으로 한정하자는 데 대체로 의견이 모아졌다. 다만 구체적으로 이를 법문에 어떻게 표현할 것인가에 대해서는 많은 논의가 있었다.

견련관계에 대한 구체적 표현은 분과위원회 – 실무위원회 – 위원장단 회의를 거치면서 계속 변화가 있었는데, 분과위원회 안은 "… 그 동산에 대한 비용지출로 인한 채권 그밖에 이와 유사한 채권…", 실

---

44) 梁彰洙(주 2), 242면; 양창수·김형석, 민법 Ⅲ 권리의 보전과 담보(박영사, 2015), 326면.

45) 李英俊(주 2), 766~770면; 윤진수, 민법기본판례(홍문사, 2016), 201면.

46) 유치권의 견련관계에 관한 판례는 대부분 목적물에 지출한 비용에 관한 것이다. 대법원 1963. 7. 11. 선고 63다235 판결; 대법원 1979. 3. 27. 선고 77다2217 판결; 대법원 2007. 9. 21. 선고 2005다41740 판결 등 다수. 이동진(주 12), 52면은 대법원이 ① 유형 외의 경우에는 견련성을 부정하고 있다는 점을 지적한다.

47) 윤진수(주 45), 201면; 李英俊(주 2), 766~770면.

48) 車文鎬, "유치권의 성립과 경매", 司法論集, 제42집(2006), 377~378면; 신국미, "留置權의 成立要件으로서의 物件과 債權의 牽聯關係", 財産法研究, 제21권 제1호(2004), 127면 이하.

무위원회 안은 "… 그 동산의 가치를 증가시키거나 유지함으로써 가지게 된 채권[49] 또는 그 동산으로 인하여 입게 된 손해를 배상받을 채권…", 위원장단 안은 "… 그 동산에 대한 비용지출로 인한 채권 또는 그 동산으로 인한 손해배상채권…"이라는 문언을 각각 사용하였고, 위원장단 안이 민법개정위원회의 개정시안으로 확정되었다.

이처럼 유치권의 피담보채권을 그 목적물에 대한 비용 지출로 인한 채권, 그 목적물로 인한 손해배상 채권 두 가지로 한정하는 개정안의 태도에 대해서는 찬성론[50]도 있으나 다음과 같은 비판에 기초한 반대론도 있다.

첫 번째는 개정안이 유치권의 피담보채권으로 인정되는 채권의 범위를 지나치게 축소시켰다는 비판이다. 위 ② 유형, 즉 채권이 물건의 반환청구권과 동일한 법률관계 또는 사실관계로부터 발생한 경우를 배제한 것은 문제라는 비판이다.[51] 이러한 비판을 제기하는 입장에서는 기존에 유치권을 인정받았던 채권자들이 더 이상 유치권을 통하여 보호받을 수 없게 된다는 점, 기존의 판례와 다수설이 지지하던 2원설을 배척하는 것은 법적 안정성에 반한다는 점을 근거로 든다.

두 번째는 개정안이 ① 유형 중 목적물로 인한 손해배상채권을 유치권의 피담보채권으로 규정한 것은 문제라는 비판이다.[52] 그 비판의 근거로 공작물의 점유자 및 소유자의 책임에 대한 민법 제758조

---

49) 이와 관련하여 가치를 감소시킨 경우에도 유치권을 인정할 필요가 있고, 가치의 증가, 유지 또는 감소를 일일이 따져서 유치권의 성립 여부를 판단하는 것이 복잡하다는 이유로 반대 의견이 개진되었고, 그러한 이유로 위원장단 개정시안에서는 이를 "비용지출로 인한 채권"으로 변경한 것이다.

50) 성민섭(주 27), 200면.

51) 오시영(주 34), 113면; 오시영(주 30), 250면 이하; 홍봉주(주 33), 22면.

52) 김미혜(주 28), 175면; 전장헌(주 28), 184면 이하; 오시영(주 34), 123~124면; 오시영, "법무부 민법개정시안 중 유치권에 대한 대안 제시(Ⅲ) ─저당권설정청구권의 법적 성질 및 강제집행절차에 대하여─", 法學論叢, 제33권 제1호(2013. 4), 84면; 이홍렬(주 36), 1131면.

에 의하면 소유자에게는 2차적 책임만 물을 수 있을 뿐인데 개정안에
따르면 소유자에게 1차적 책임을 물을 수 있어 민법 제758조와 충돌
한다거나,[53] 단순한 채권자에 불과한 손해배상채권자에게 채권자평등
원칙에 대한 예외로 독점적 우선권을 부여하는 것은 타당하지 않다거
나,[54] 목적물로 인한 손해배상채권의 범위가 불명확하여 확대해석될
염려가 있다거나,[55] 동물점유자의 책임(민법 제759조)이나 제조물책임
등 불법행위책임이 성립하는 때에는 대부분 부진정연대책임의 법리
가 적용될 것이므로 유치권으로 보호할 필요가 없고, 그 외에는 동산
으로 인한 손해배상채권을 생각하기 어렵다는 점[56] 등을 들고 있다.

　요컨대 첫 번째 비판은 유치권의 피담보채권 범위가 축소되었다
는 비판이고, 두 번째 비판은 ① 유형에 국한된 것이기는 하지만 유
치권의 피담보채권 범위가 불필요하게 확장되었다는 비판이다.

　첫 번째 비판은 유치권의 피담보채권 범위를 넓게 유지하려는 전
제에 서 있다. 그러나 유치권과 같이 대외적으로 공시되지 않으면서
절대적·배타적 효력을 가지는 법정담보물권은 법률이 규정한 범위
내에서만 인정하는 것이 더 바람직한 방향이다. 가령 유치권에 관한
독일 민법 제273조는 제1항에서 ② 유형, 제2항에서 ① 유형에 관하
여 각각 규정하고 있으므로 2원설을 취하는 것이 자연스럽지만, 우리
민법 제320조는 엄격하게 문언만 놓고 보면 ① 유형에 대해서만 규
정하고 있다고 볼 여지가 크기 때문에 이를 ② 유형으로 확장하여 적
용하는 것은 신중하게 해야 한다. 더구나 ② 유형에 대한 유치권을
실제로 인정한 사례가 드물고, 현실적으로 유치권의 폐해가 커져가는
점을 감안한다면, 해석론으로서는 2원설의 채택도 가능하겠지만 입법
론으로서는 개정안의 태도가 더 타당하다.

---

53) 오시영(주 34), 123~124면; 김미혜(주 28), 175면.
54) 오시영(주 34), 124면; 김미혜(주 28), 175면.
55) 전장헌(주 28), 184면.
56) 이홍렬(주 36), 1131면.

두 번째 비판은 여러 가지 논거에 기초하고 있다. 그러나 각각의 논거가 손해배상채권을 피담보채권의 범위에서 배제하기에 충분한 것인지는 의문이다. 우선 물건에 대한 유치적 효력을 주장할 수 있도록 하는 민법 제320조와 손해배상책임을 구할 수 있도록 하는 민법 제758조는 각각 입법목적과 법률효과가 다르기 때문에 서로 충돌하지 않는다. 소유자에게 2차적으로만 손해배상책임을 물을 수 있다고 하여, 그 소유자에게 유치권의 효력까지 주장할 수 없다고 볼 수는 없다. 불법행위책임과 부진정연대책임의 법리로 보호하면 충분하다는 논거 역시 이러한 점에서 보면 타당하지 않다. 또한 손해배상채권자는 그 물건에 내재한 위험이 일종의 비용으로 나타나 손해를 입은 자이므로 마이너스 방향의 비용지출자라고도 평가할 수 있다.[57] 따라서 비용지출자와 마찬가지로 그 손해배상채권에 대해 유치권의 혜택을 받는 것이 정당화될 수 있다. 또한 목적물로 인한 손해배상채권의 범위가 불명확하다는 우려도 과도한 것이 아닌가 생각한다. 오히려 이는 비교적 명확한 개념에 해당하고, 만약 불명확성이 있다면 이는 모든 법 개념에 필연적으로 내재하는 종류의 불명확성일 뿐이다. 참고로 오스트리아 민법 제471조와 독일 민법 제273조는 이를 피담보채권으로 명문화하고 있다.[58]

4. 상법 개정시안

유치권에 관한 민법 조항을 개정함에 따라 유치권에 관한 상법 조항도 개정할 필요성이 생겼다. 상법은 상사유치권의 효력에 대하여는 별도로 규정하고 있지 않고 있어, 상사유치권 역시 민사유치권과

---

57) 양창수·김형석(주 44), 329면.
58) 오스트리아 민법 제471조와 독일 민법 제273조는 각각 유치권의 목적물에 대한 비용지출 또는 그 목적물 인하여 야기된 손해로 인한 채권을 피담보채권으로 규정한다.

동일한 효력을 가지는 것으로 이해되고 있기 때문이다.[59] 상법 개정
은 본래 민법개정위원회의 소관사항이 아니지만, 민법개정위원회는
향후 상법 개정 시 참고할 수 있도록 민법 개정에 연계하여 이루어져
야 할 상법 개정시안을 제시하기로 하였다. 이는 개정안의 일부로 국
회에 제출되지는 않았다.

이 개정시안에서는 상사유치권에 관한 상법 제58조와 제91조에
서 유치권의 대상을 각각 "물건"에서 "동산"으로 바꿈으로써 부동산에
대해서는 상사유치권이 인정되지 않는다는 점을 명확하게 하였다.[60]

현행	개정시안
제58조(상사유치권) 상인간의 상행위로 인한 채권이 변제기에 있는 때에는 채권자는 변제를 받을 때까지 그 채무자에 대한 상행위로 인하여 자기가 점유하고 있는 채무자 소유의 물건 또는 유가증권을 유치할 수 있다. 그러나 당사자간에 다른 약정이 있으면 그러하지 아니하다.	제58조(상사유치권) 상인간의 상행위로 인한 채권이 변제기에 있는 때에는 채권자는 변제를 받을 때까지 그 채무자에 대한 상행위로 인하여 자기가 점유하고 있는 채무자 소유의 동산 또는 유가증권을 유치할 수 있다. 그러나 당사자간에 다른 약정이 있으면 그러하지 아니하다.
제91조(대리상의 유치권) 대리상은 거래의 대리 또는 중개로 인한 채권이 변제기에 있는 때에는 그 변제를 받을 때까지 본인을 위하여 점유하는 물건 또는 유가증권을 유치할 수 있다. 그러나 당사자간에 다른 약정이 있으면 그러하지 아니하다.	제91조(대리상의 유치권) 대리상은 거래의 대리 또는 중개로 인한 채권이 변제기에 있는 때에는 그 변제를 받을 때까지 본인을 위하여 점유하는 동산 또는 유가증권을 유치할 수 있다. 그러나 당사자간에 다른 약정이 있으면 그러하지 아니하다.

59) 민법주해[Ⅵ](주 2), 282면; 주석 민법 물권(3)(주 2), 421면; 곽윤직·김재형(주 2), 377면; 李英俊(주 2), 762면. 한상곤(주 4), 154면. 반대로 상사유치권의 효력이 민사유치권과 다를 수 있다는 견해로는 성민섭(주 27), 196면.
60) 참고로 상사유치권에 관한 상법 제58조의 해석상 상사유치권의 목적물에 부동산이 포함되는지에 대해 논란이 없지 않으나, 판례는 상법 제58조에서 그 목적물을 동산에 한정하지 않고 '물건 또는 유가증권'으로 규정하는 점에 비추어 여기에 부동산이 포함된다고 한다. 대법원 2013. 5. 24. 선고 2012다39769, 39776 판결.

Ⅳ. 미등기 부동산에 대한 유치권자의 저당권설정청구권
(제369조의2)

현행	분과위안	실무위안	위원장단안	개정안
<신 설>	제372조의2(비용지출자 등의 저당권설정청구권) ① 부동산에 대한 비용지출로 인한 채권 그 밖에 이와 유사한 채권이 있는 경우에 채권자는 그 채권을 담보하기 위하여 부동산 소유자를 상대로 그 부동산을 목적으로 한 저당권의 설정을 청구할 수 있다. 다만, 제3자가 선의로 부동산의 소유권을 취득한 경우에는 그러하지 아니하다. ② 제1항의 경우에 채권자는 채권의 변제기로부터 6개월 내에 저당권에 관한 등기를 하거나 그 등기를 청구하는 소를 제기하여야 한다. 다만, 미등기부	제372조의2(부동산 유치권자의 저당권설정청구권) ① 제320조 제2항에 의한 부동산 유치권자는 그 부동산이 등기된 때에는 부동산 소유자에 대해서 그 피담보채권을 담보하기 위하여 그 부동산을 목적으로 한 저당권의 설정을 청구할 수 있다. 유치권이 성립한 후 부동산의 소유권을 취득한 자에 대해서도 또한 같다. ② 제1항의 권리는 채권자가 그 부동산이 등기된 날로부터 6개월 내에 소로써 행사하지 아니하면 소멸한다.	제372조의2(부동산 유치권자의 저당권설정청구권) ① 제320조 제2항에 의한 부동산 유치권자는 그 부동산이 등기된 때에는 부동산 소유자에 대해서 그 피담보채권을 담보하기 위하여 그 부동산을 목적으로 한 저당권의 설정을 청구할 수 있다. 유치권이 성립한 후 부동산의 소유권을 취득한 자에 대해서도 또한 같다. ② 제1항의 권리는 채권자가 그 부동산이 등기된 날로부터 6개월 내에 소로써 행사하지 아니하면 소멸한다.	제369조의2(미등기 부동산에 대한 유치권자의 저당권설정청구권) ① 제320조의2 제1항에 따른 미등기 부동산에 대한 유치권자는 그 부동산이 등기되면 제320조제1항에 따른 채권을 담보하기 위하여 부동산 소유자에 대하여 그 부동산을 목적으로 한 저당권의 설정을 청구할 수 있다. 유치권이 성립한 후 부동산의 소유권을 취득한 자에 대하여도 또한 같다. ② 제1항에 따른 청구권은 유치권자가 부동산이 등기된 날부터 6개월 내에 소(訴)로써 행사하지 아니하면 소멸한다.

동산의 경우에는 채권의 변제기와 소유권보존등기를 한 날 중 늦게 도래한 날로부터 그 기간을 기산한다. ③ 제1항에 따른 저당권설정등기 이전에 채권의 변제기가 도래한 때에는 변제기에 저당권이 설정된 것으로 본다.	③ 제1항에 따른 저당권은 그 채권의 변제기에 설정된 것으로 본다.	③ 제1항에 따른 저당권은 그 채권의 변제기에 설정된 것으로 본다.	③ 제1항에 따른 저당권은 그 채권의 변제기에 설정된 것으로 본다.

1. 개   관

개정안은 부동산 유치권을 폐지하되 미등기 부동산에 대해서는 유치권을 인정하기로 하였다. 그런데 미등기 부동산이 등기된 때에 그 유치권의 운명이 어떻게 되는가가 문제된다. 이 경우 유치권을 그대로 인정하면 유치권자는 충실하게 보호되지만 부동산 유치권의 폐해는 대부분 존속하게 되어 개정 취지가 무색해진다. 특히 상당수의 부동산 유치권은 공사대금청구권 등 등기 이전에 부동산에 지출된 비용과 관련하여 발생하기 때문에 이러한 유치권이 계속 존속하면 제도 개선의 실효성은 크게 떨어진다. 반대로 미등기 부동산이 등기된 때 그 부동산에 대한 유치권이 곧바로 소멸한다고 보게 되면, 유치권자의 지위가 지나치게 약화되는 문제가 있다. 따라서 개정안에서는 유치권을 한시적으로만 존속시키고 그 기간 동안 유치권의 연장선상에서 저당권설정청구권을 행사하여 저당권을 설정하도록 허용하고, 이에 따른 저당권의 효력은 채권의 변제기로 소급하는 것으로 보아 그 범위 내에서 기존 유치권자의 보호를 꾀하였다.

2. 저당권설정청구권의 부여

개정안 제369조의2 제1항에서는 미등기 부동산에 대한 유치권자는 그 부동산이 등기된 때에 부동산 소유자(유치권 성립 후 소유권을 취득한 자 포함)에게 저당권설정을 청구할 수 있다고 규정한다(제2유형 저당권설정청구권).

첫째, 저당권설정등기청구권자는 미등기 부동산에 대한 유치권자이다. 유치권의 성립요건에 대해서는 제320조의2 제1항에서 규정하고 있다. 즉 부동산에 대해 비용지출채권을 가지는 자나 부동산으로 인한 손해배상채권을 가진 부동산 점유자는 그 부동산에 대해 유치권을 행사할 수 있다. 이처럼 저당권설정청구권의 행사 주체는 유치권자이므로 유치권자가 유치권을 상실하였다면 이 권리도 행사할 수 없다. 예를 들어 부동산 점유를 상실하였다면 저당권설정청구권을 행사할 수 없다. 또한 유치권이 채무자의 소멸청구로 소멸한 경우(민법 제324조, 제327조)에도 마찬가지이다.

둘째, 저당권설정등기청구의 상대방은 부동산 소유자이다. 논의 과정에서는 이를 채무자인 부동산 소유자로 한정할 것인가, 아니면 이러한 제한 없이 부동산 소유자로만 할 것인가에 대해 의견 대립이 있었다. 저당권설정청구권의 성격이 채권적 청구권이라는 전제를 채택하여 이를 강조한다면 채무자인 부동산 소유자로 한정하자는 입장이 힘을 얻게 된다. 그러나 결론적으로는 이러한 제한 없이 모든 부동산 소유자를 저당권설정등기청구의 상대방으로 정하였다. 개정안 제369조의2의 저당권설정청구권은 유치권을 대신하여 인정되는 일종의 변형물인데,[61] 현행 민법상 유치권 규정에 따르면 유치권의 대상

---

61) 김재형(주 3), 365면.

이 된 부동산 소유자가 채무자일 것을 요하지 않기 때문이다. 참고로 민법 제666조에서는 도급계약상 수급인의 보수채권을 담보하기 위해 도급인에게 저당권설정청구를 할 수 있다고 규정함으로써 계약상 채무자만 상대방으로 삼고 있으나, 이는 어디까지나 도급계약이라는 계약관계에 있어서 계약 당사자 일방의 채권을 담보하기 위한 것이므로 이러한 태도를 유치권의 경우에도 그대로 적용할 수는 없다. 오히려 개정안 해당 규정은 비용지출자의 비용상환청구권을 담보하기 위한 규정으로서 점유자와 회복자 일반에 대해 규율하는 민법 제203조와 비슷한 성격을 가진다고 보아야 한다.

셋째, 저당권설정청구권의 법적 성질은 청구권이다. 따라서 저당권설정청구권을 행사하였다고 하여 바로 저당권이 설정되는 것이 아니고, 상대방과 저당권설정등기의 공동신청을 하여야 한다. 만약 상대방이 이에 응하지 않으면 그 의사표시에 갈음하는 판결을 받아야 한다. 그런데 이는 유치권자의 지위를 약화시키는 결과를 가져온다. 이러한 이유 때문에 유치권자의 지위를 강하게 보호하기 위해 저당권설정청구권을 형성권으로 보아야 한다는 견해도 있다.[62] 그러나 상대방이 저당권설정청구권의 성립을 다투는 경우에는 장기간 저당권설정등기가 이루어지기 어려운데, 그 기간 동안에는 실체적으로 저당권이 설정되었으나 등기가 이루어지지 않아 공시가 제대로 되지 않는 사태가 발생하게 된다. 기존 유치권의 폐해가 재현되는 것이다. 따라서 등기에 의한 공시를 중시한다면 저당권설정등기가 이루어질 때 저당권이 성립한다고 보아야 한다.

한편 제2유형 저당권설정청구권이 채권적 청구권인지 물권적 청구권인지에 대하여는 견해 대립이 있다.[63] 이 저당권설정청구권이 물

---

62) 오시영(주 52), 74면 이하; 오시영(주 34), 115면 이하; 홍봉주(주 33), 19면.

63) 물권적 청구권으로 보아야 한다는 견해로 윤철홍(주 37), 162면; 윤진수(주 11), 211면. 반면 민법 제666조에 규정한 수급인의 저당권설정청구권과 마찬가지로 채

권인 유치권을 대체하는 권리라는 점, 저당권의 효력도 유치권이 성립하는 변제기로 소급시키는 점, 이 권리는 채무자 아닌 부동산 소유자에 대하여도 행사할 수 있다는 점 등을 고려하면 이 청구권은 물권적인 성격을 가진다고 해야 한다. 이에 대해 물권적 청구권은 물권이 침해되고 있거나 침해될 가능성이 있는 경우에 행사할 수 있는 권리인데, 부동산 소유자가 저당권설정등기를 하지 않고 있는 것이 유치권자의 물권을 침해한다고 볼 수는 없다는 비판도 있다.[64] 이 비판론이 지적하듯 저당권설정청구권이 고유한 의미의 물권적 청구권과 차이가 있는 것은 사실이다. 그러나 저당권설정청구권의 법적 성격을 물권적 청구권이라고 부르는 것은, 꼭 그 청구권이 이러한 고유한 의미의 물권적 청구권에 해당함을 의미하는 표현이라기보다는 물권인 유치권과의 관련성 및 채무자 외의 소유자에 대한 청구가능성을 나타내기 위한 표현이다. 가령 물권적 기대권설의 입장에서 소유권이전등기청구권을 물권적 청구권이라고 부르는 것이나,[65] 공유물분할청구권을 공동소유권에 기한 청구권이라고 이해하는 것[66]과 같은 맥락이다. 그러한 의미에서는 저당권설정청구권을 물권적인 성격의 청구권이라고 부를 수 있을 것이다.

3. 저당권설정청구권의 행사기간

제1항의 저당권설정청구권은 채권자, 즉 유치권자가 부동산이 등기된 날로부터 6개월 내에 소로써 행사하지 않으면 소멸한다. 그리고 저당권설정청구권이 소멸하면 유치권도 소멸한다(개정안 제320조의2

권적 청구권으로 보아야 한다는 견해로는 이홍렬(주 36), 1134면.
64) 오시영(주 52), 73~74면; 장석천·이은규, "민법 유치권 개정 법률안 중 저당권설정청구권에 관한 소고", 財産法硏究, 제32권 제3호(2015. 11), 160면.
65) 金曾漢·金學東, 物權法(博英社, 1996), 98면.
66) 대법원 1981. 3. 24. 선고 80다1888 판결은 이러한 특성 때문에 공유물분할청구권은 공유관계와 별도로 시효로 소멸하지 않는다고 한다.

제2항 제2호).

미등기 부동산에 대하여 유치권이 성립하였더라도 일단 부동산이 등기되면 등기 부동산에 대한 유치권 폐지의 취지에 따라 그 유치권을 계속 존속시킬 수 없다. 따라서 개정안은 그 대용물로서 저당권설정등기청구권을 부여하되 6개월 내에 이를 재판상 행사하지 않으면 그 권리가 소멸되는 것으로 규정함으로써 유치권의 존속기간을 6개월로 제한한 것이다.[67]

물론 유치권자가 저당권설정청구권을 재판 외에서 행사하는 것이 금지되지는 않는다. 이를 통하여 6개월 내에 저당권설정등기가 이루어진다면 이 역시 별다른 문제가 없다. 하지만 6개월 내에 저당권설정등기를 할 수 없는 상황이라면 유치권자로서는 자신의 유치권과 저당권설정등기청구권을 상실하지 않기 위해서 그 기간 내에 재판상 저당권설정청구권을 행사하여야 한다. 이 기간은 제척기간이며, 6개월의 기산점은 부동산 등기시점이다.

개정안 제369조의2 제2항은 저당권설정청구권을 6개월 내에 행사하지 않으면 그 권리가 소멸하는 것으로 규정한다. 이에 대하여는 담보물권의 부종성 법리에 근거한 비판이 제기되고 있다.[68] 비판의 요지는 다음과 같다. 유치권은 담보물권의 일종이므로, 부종성 원칙에 비추어 피담보채권과 그 운명을 같이하는 것이 타당하다. 그런데 개정안에 따르면 미등기 부동산의 유치권자가 6개월 내에 저당권설정청구권을 행사하지 않을 경우 그 유치권은 소멸하게 된다. 이처럼

---

67) 개정안을 마련하는 과정에서는 저당권설정청구권의 행사기간을 3개월로 하자는 의견도 있었으나, 3개월은 너무 짧다는 의견이 힘을 얻어 결국 6개월로 결정되었다. 김재형(주 3), 368면. 6개월이라는 기간이 지나치게 짧다는 비판으로는 김홍엽, "민사유치권 관련 민사집행법 개정안에 대한 비판적 고찰", 成均館法學, 제25권 제4호(2013. 12), 153~154면; 오시영(주 52), 86면 참조.

68) 오시영(주 52), 85~86면; 김상찬·강창보(주 38), 81면. 한편 행사기간이 도과하면 권리가 소멸하는 것이 아니라 권리를 행사할 수 없게 된다고 규정하는 것이 적절하다는 견해로는 김홍엽(주 67), 152면.

피담보채권이 그대로 존재하는데도 담보물권이 소멸하는 것은 담보물권의 부종성 법리에 어긋난다는 것이다. 그러나 담보물권의 부종성 법리로부터 이러한 비판론을 도출할 수 있는지는 의문스럽다. 담보물권의 부종성이란 담보물권이 피담보채권의 존재를 전제로 해서만 존재할 수 있는 담보물권의 성격을 말한다.[69] 이는 피담보채권이 담보물권을 전제로 해서만 존재할 수 있다는 것까지 의미하는 것은 아니다. 따라서 피담보채권이 존재하는데 담보물권이 소멸한다고 하여 담보물권의 부종성 법리에 어긋나는 것은 아니다. 오히려 부동산 유치권을 원칙적으로 폐지하기로 한 개정안의 태도에 비추어 보면, 미등기 부동산이기에 불가피하게 존속된 유치권이 등기 시점으로부터 6개월 내에 저당권설정청구권의 불행사로 소멸하는 것은 당연한 귀결이다. 따라서 위 비판론은 타당하지 않다.

다만 개정안의 해석상 다음과 같은 문제가 남아 있다.[70] 유치권자가 부동산 등기 후 6개월 내에 소로써 저당권설정청구권을 행사하였다면 그에 따른 저당권설정등기가 실제로 이루어질 때까지 유치권은 존속하는가? 또한 이러한 유치권의 존속을 위하여 유치권자는 부동산의 점유를 계속하여야 하는가?

미등기 부동산에 대한 유치권은 종래와 마찬가지로 부동산의 점유를 성립 요건으로 한다(개정안 제320조, 제320조의2 제1항). 또한 미등기 부동산에 대한 유치권은 현행 민법상 유치권 소멸사유[71]가 충족되는 외에도 ① 제369조의2 제1항에 따른 저당권설정등기가 완료되거나, ② 제369조의2 제2항에 따른 저당권설정청구권이 소멸되는 경우에 소멸한다. 그런데 저당권설정청구의 소가 진행 중에는 저당권설

69) 곽윤직·김재형(주 2), 371면; 송덕수(주 2), 757면.
70) 이 점은 2016. 3. 25. 학술대회 당시 지정토론자였던 서울대학교 이계정 교수님께서 지적하여 주신 것이다.
71) 선관주의의무 위반과 유치권 소멸에 관한 제324조 제3항, 담보제공과 유치권 소멸에 관한 제327조, 점유 상실과 유치권 소멸에 관한 제328조 참조.

정등기가 완료된 것도 아니고 저당권설정청구권이 소멸된 것도 아니다. 그러므로 유치권자는 부동산 점유를 계속 유지하여야 유치권을 유지할 수 있다. 저당권설정청구의 소가 상당히 장기간 진행될 수도 있다는 점을 고려하면, 이처럼 계속적인 부동산 점유를 요구하는 것은 이로 인한 폐해를 극복하려고 만든 개정안의 의도와 배치된다. 이에 관해 저당권설정청구의 소를 제기하였다면 저당권설정청구권이 소멸한다고 해석함으로써 이 문제를 극복할 여지도 있겠지만, 저당권설정청구권을 형성권이 아닌 청구권으로 보는 이상 이러한 해석은 받아들이기 어렵다. 참고로 민법개정위원회에서는 저당권설정청구권과 관련하여 저당권 등기명령제도를 신설하자는 논의도 있었지만 결국 받아들여지지 않았다. 만약 저당권 등기명령제도가 신설되었더라면 이러한 문제점은 감소되었을 것이다. 현행 부동산등기법 제90조에 따라 저당권설정등기의 가등기가처분 명령을 받아 단독으로 가등기를 하는 방법은 여전히 열려 있기는 하다. 그러나 가등기가처분에 따른 가등기가 이루어지더라도 이것만으로는 저당권 자체가 등기되었다고 볼 수 없고 저당권설정청구권이 소멸되었다고 볼 수도 없다. 그러므로 여전히 유치권을 유지하기 위해 점유가 필요하다는 문제가 남아 있다.

4. 저당권의 효력

저당권설정청구권의 행사에 따라 이루어진 저당권설정등기가 이루어지면 유치권은 소멸하고(개정안 제320조의2 제2항 제1호) 그 저당권의 효력은 피담보채권의 변제기로 소급한다. 이 점에서 개정안 제369조의2의 저당권설정등기는 등기시점부터 효력을 발생하는 일반적인 저당권설정등기(제1유형 저당권설정등기)와 구별된다. 그 결과 제1항에 따라 뒤늦게 설정된 저당권설정등기의 변제기가 선행 저당권설정등기의 등기시점보다 앞서는 경우에는 전자가 우선하게 된다. 이는 부동산등기의 순위는 그 등기시점을 기준으로 정한다는 일반 원칙에 대한 예외이다. 이러한 개정안의 태도는 등기된 부동산에 대한 유치권의 폐지와 함께 가장 특징적이고 논쟁적인 부분이다.

개정안 제369조의2에 따라 설정된 저당권의 효력발생 시기에 관해서는 저당권 설정시설, 유치권 성립시설, 피담보채권 변제기설 등을 생각할 수 있다.[72] 각각의 입장에는 장단점이 있다. 저당권 설정시설은 일반적인 등기 법리에 합당하지만 기존 유치권자의 보호에는 미흡하다. 유치권 성립시설은 이 저당권이 기존 유치권의 대용물이라는 취지에 가장 잘 부합하지만, 구체적인 유치권 성립 시점을 알기 어렵다는 단점이 있다. 피담보채권 변제기설은 기존 유치권자를 보호하면서 그 기준도 비교적 명확한 반면, 일반적인 등기 법리와 맞지 않고 소급효로 인하여 제3자의 이해관계가 침해되는 부작용이 있다. 어느 한 방안이 절대적으로 옳다고 할 수 없는 이상 이는 입법정책적인 결단이 필요한 문제라고 본다. 민법개정위원회는 그 중 피담보채권 변제기설을 취하였다. 이는 등기 시에 효력이 발생하는 일반적인 물권변동의 원칙에 대한 예외를 설정하여 미등기 부동산의 유치권자를 강하게 보호하되 기준의 명확화를 동시에 꾀하는 입장을 취한 셈이다.

이러한 제2유형 저당권의 소급효 인정에 대해서는 논란의 여지가 없지 않다. 물권은 등기한 때로부터 그 효력이 발생하고, 물권 사이의 우선순위는 등기의 순위에 따른다는 원칙에 대한 예외를 설정한 것이기 때문이다. 또한 현실적으로 피담보채권자와 채무자 사이의 원만한 합의로 저당권설정이 이루어질 가능성이 그리 높지 않으므로 피담보채권자는 결국 저당권설정청구의 소를 제기하는 경우가 많을 텐데, 이러한 소송은 확정판결이 이루어지기까지 장기간 지속될 가능성

---

72) 개정안 발표 후에는 유치권 성립시설이 주장되어 왔다. 오시영(주 52), 73면; 김상찬·강창보(주 38), 84면; 장석천·이은규(주 64), 162면; 홍봉주(주 33), 21면.

이 높다. 그 사이에 등기부상 이해관계를 가지게 되는 제3자들은 그 이후에 등장할 저당권으로 인해 후순위로 밀려날 위험에 처하게 된다. 변제기는 등기 시점에 비해 명확성이 떨어지므로 변제기가 언제인가를 둘러싸고 분쟁이 늘어나고 그에 따르는 분쟁 해결 비용이 증가할 수 있다. 도급인과 수급인이 통모하여 변제기를 앞당길 위험도 있다. 미등기 부동산에 여러 차례 반복적인 비용 투입이 이루어진 경우처럼 변제기가 여럿 있는 경우에 어떤 변제기를 기준으로 저당권의 효력이 발생하는지도 불분명하다. 부동산에 새로운 권리를 설정하려는 제3자의 입장에서는 자신의 정확한 법적 지위를 알기 위해 자기와 무관하게 발생한 비용지출채권의 변제기를 알아내려는 노력을 기울여야 한다. 요컨대 제2유형 저당권에 대하여 소급효를 인정한 것은 거래의 안전성을 해치고 거래비용을 증가시킬 위험이 있고, 부동산 유치권 폐지라는 개정안의 취지를 상당 부분 무색하게 만들 수 있다.

　　그러나 민법개정위원회가 이러한 부작용을 감수하고 피담보채권의 변제기로 저당권의 효력을 소급시키기로 한 것은, 여기에서의 저당권설정등기청구권은 유치권의 대용물로서 가급적 유치권에 가까운 정도의 강한 효력을 부여해 주어야 하고, 이를 위해서는 개정시안처럼 저당권설정등기의 순위를 소급시켜 유치권자를 보호할 필요가 있기 때문이다. 현실적으로는 이를 통해 공사대금채권자의 지위가 급격하게 하락하는 것을 방지함으로써 입법과정에서의 반대를 최소화하고 현장에서의 혼란도 줄이는 효과를 기대하였던 것이다. 또한 이론적으로는 다음과 같이 설명할 수도 있다. 대부분의 부동산 유치권자들은 공사대금채권자와 같은 비용지출채권자이다. 비용지출채권자는 대체로 부동산의 가치를 증가시키거나 최소한 감소된 부동산의 가치를 회복시킨 자이다. 그러므로 그 이후에 부동산에 이해관계를 가지게 된 제3자는 그 비용지출의 혜택을 받는 셈이다. 따라서 그 추가적

인 혜택 부분에 대해 비용지출채권자의 저당권을 우선시키더라도 그
다지 불공평하지 않다. 그 비용상환채권의 액수는 이론적으로 그 가
치증가분을 넘지 않을 것이기 때문이다. 비교법적으로 보더라도, 외
국의 입법례 가운데 담보물권의 효력과 순위를 소급시키는 경우를 찾
아볼 수 있다.73)

　　한편 유치권 성립시설은 저당권설정등기청구권을 유치권의 대용
물로 파악한다는 전제에서 보면 오히려 피담보채권 변제기설보다 더
그 이념에 충실하다는 장점을 가지므로 경청할 만한 견해이다. 하지
만 유치권은 점유 개시와 변제기 도래가 모두 갖추어진 시점에 성립
하는데, 변제기 도래 후 점유 개시가 이루어져 점유 개시 시점을 기
준으로 효력을 정해야 하는 경우에는 점유 개시 시점을 정확히 파악
하기 어렵다는 문제가 있다. 실제로는 점유 개시 시점은 차치하고 점
유 여부조차도 불명확한 경우가 많아 분쟁이 발생하곤 하는 현실에
비추어 보면 이러한 불명확성은 더욱 커진다. 유치권자에게 사실상
우선변제권이 부여된 현행 법제 하에서는 어차피 점유 개시 시점이
그다지 중요한 의미를 가지지 않지만, 기존 유치권자의 우선순위를
정해야 하는 개정안 하에서는 점유 개시 시점이 중요한 의미를 가진
다. 그런데 이처럼 정확히 파악하기 어려운 점유 개시 시점으로 효력
이 소급한다고 보게 되면, 그렇지 않아도 소급효 인정으로 인하여 불
안정해질 수 있는 법률관계를 더욱 불안정하게 만든다. 이 점에서 소
급효가 등장하지 않는 현행 유치권 성립 시점의 문제와 소급효가 핵
심적인 특징을 가지는 저당권 효력 발생 시점의 문제는 동등하게 취
급할 수만은 없다. 물론 변제기에 대해서도 불명확성이 없지는 않겠
지만, 변제기는 일반적으로 채권증서 등을 통하여 확정할 수 있는 반

---

73) 스위스의 법정저당권 제도와 미국의 공사수급인과 재료공급자의 우선특권
　　(Mechanics' and Materialman's Lien) 제도가 있다. 이에 대한 설명으로 윤진수(주
　　11), 212~214면 참조.

면 점유 개시 시점은 사후적으로 이를 확정하기가 어려운 경우가 많고 변제기와 달리 이를 등기사항으로 삼기도 부자연스럽다. 또한 저당권의 효력 발생 시점은 결국 누구에게 어느 정도의 우선순위를 줄 것인가 하는 입법정책의 문제이므로, 소급효 인정으로 인한 불안정성을 최소화한다는 관점에서 보면 유치권의 성립 시점이 아니라 변제기를 기준으로 하는 것도 하나의 가능한 방안이다. 이는 특히 점유 요건이 가지는 의미를 약화시킨 개정안의 전체 취지에 비추어 보아도 그러하다.

이러한 점들을 종합적으로 고려하면 개정안의 태도는 그 한계에도 불구하고 수긍할 수 있다고 생각된다. 다만 소급효로 인하여 발생할 수 있는 법적 불안정성을 줄일 수 있는 입법적 장치가 마련되었더라면 더 좋았을 것이다.[74] 참고로 민법개정위원회는 입법예고 이후 국민은행의 의견[75]을 받아들여 제2유형 저당권설정청구권에 따라 저당권설정등기를 하는 경우 등기상 이해관계 있는 제3자의 승낙을 받도록 하는 부동산등기법 제80조의2를 마련하였으나, 이 조문은 법무부가 국회에 제출한 최종 개정안에는 반영되지 않았다. 이 조문이 최종 개정안에 반영되지 않은 경위는 정확하게 알 수 없으나, 이 조문이 등기상 이해관계 있는 제3자가 승낙절차를 통하여 소급효를 가지는 저당권의 존부와 효력을 다툴 수 있는 기회를 부여하여 저당권의 진정성을 높이는 기능을 수행할 수 있었던 점을 고려하면 개정안에

---

74) 예컨대 적어도 저당권설정청구의 소가 제기된 이후에는 예고등기 제도와 같은 등기상 공시방법을 통하여 제3자에게 이를 알릴 필요가 있는지 검토할 수 있을 것이다. 다만 예고등기는 남용의 폐해 때문에 결국 폐지되었는데, 이러한 폐해가 재연될 가능성도 있다.

75) 국민은행 의견의 요지는 민법 개정안 제369조의2에 따른 저당권설정청구의 경우 유치권자와 채무자가 통모하여 선순위 저당권을 설정할 가능성을 배제할 수 없으므로, 등기부상 이해관계인을 보호할 수 있는 조치가 필요하다는 것이었다. 이러한 의견과 이에 대한 민법개정위원회의 논의 사항은 윤진수(주 11), 219~220면 참조.

반영되지 않은 것은 아쉬운 일이다.

Ⅴ. 유치권자 아닌 채권자의 저당권설정청구권(제369조의3)

현행	실무위안	위원장단안	개정안
<신 설>	제372조의3(유치권자 아닌 채권자의 저당권설정청구권) ① 등기된 부동산에 관하여 제320조 제1항의 채권을 가진 채권자는 그 채권을 담보하기 위하여 변제기가 도래하지 않은 경우에도 부동산 소유자에 대해서 그 부동산을 목적으로 한 저당권의 설정을 청구할 수 있다.	제372조의3(유치권자 아닌 채권자의 저당권설정청구권) ① 등기된 부동산에 관하여 제320조 제1항의 채권을 가진 채권자는 그 채권을 담보하기 위하여 변제기가 도래하지 않은 경우에도 부동산 소유자에 대해서 그 부동산을 목적으로 한 저당권의 설정을 청구할 수 있다.	제369조의3(유치권자 아닌 채권자의 저당권설정청구권) ① 타인의 등기된 부동산에 대한 비용지출로 인한 채권이나 그 부동산으로 인한 손해배상채권을 가진 자는 그 채권을 담보하기 위하여 변제기에 이르지 아니한 경우에도 부동산 소유자에 대하여 그 부동산을 목적으로 한 저당권의 설정을 청구할 수 있다. 다만, 저당권설정청구권이 성립한 후 그 부동산에 대한 소유권을 취득한 제3자에 대하여는 그러하지 아니하다.
	② 부동산유치권자는 유치권이 소멸한 경우에는 제1항의 권리를 행사할 수 있다.	② 부동산유치권을 상실한 채권자는 제1항의 권리를 행사할 수 있다.	② 제1항에 따른 청구권은 제320조의2 제2항 제2호 또는 제328조에 따라 유치권이 소멸된 채권자도 행사할 수 있다.

1. 개 관

개정안에서는 등기된 부동산에 대해 유치권을 폐지하기로 하였다. 그러나 갑자기 유치권자를 일반 채권자의 지위로 전락시키는 것은

너무 급격한 변화인 데다가, 부동산에 대한 비용지출채권이나 그 부동
산으로 인한 손해배상채권을 가진 채권자에게는 그 부동산에 관한 한
일반 채권자보다 강화된 보호를 부여할 필요도 있다. 이에 따라 개정
안 제369조의3에서는 수급인의 도급인에 대한 저당권설정청구권에 관
하여 규정하는 민법 제666조의 예에 따라 저당권설정청구권을 부여함
으로써 채권자 보호와 공시기능의 확보를 동시에 꾀하고 있다.

2. 등기된 부동산에 관한 저당권설정청구권

제1항에서는 등기된 부동산에 관하여 제320조 제1항의 채권을
가지는 채권자에게 저당권설정청구권을 부여한다. 따라서 저당권자와
저당권설정자의 합의를 필요로 하는 일반 저당권과 달리 채권자는 법
률이 정한 요건을 갖춘 한 저당권 설정을 관철시킬 수 있다.[76] 다만
저당권설정청구를 한다고 하여 곧바로 저당권설정이라는 형성적 효
력이 생기는 것이 아니고 상대방이 저당권설정의 실체법적 의무를 부
담할 뿐이다.[77] 이 점에서 여기에서의 저당권설정청구권은 민법 제
666조에서 규정하는 수급인의 도급인에 대한 저당권설정청구권과 그
구조나 내용이 비슷하다. 다만 민법 제666조는 도급계약의 당사자 사
이에서만 적용된다는 점에서 개정안 제369조의3의 경우보다 범위가
한정적이다. 실제로는 많은 경우에 개정안 제369조의3과 민법 제666
조의 적용범위가 겹치게 될 것이다. 이러한 기본적인 사항을 염두에
두고 아래에서는 제1항에 관하여 좀 더 상세하게 살펴본다.

첫째, 제1항은 등기된 부동산에만 적용된다. 미등기 부동산에 대
해서는 개정안 제320조의2에 따라 유치권이 성립할 수 있기 때문이

---

76) 이 점에서 개정안 제369조의3에 따른 저당권은 약정저당권과 법정저당권의 중간
    형태라고 볼 수 있다. 남효순(주 36) 참조.
77) 개정안의 문언 자체만으로는 이 저당권설정청구권의 법적 성격이 명확하지 않다
    고 볼 수 있으나, 민법개정위원회의 논의 과정에서는 이를 형성권이 아니라 청구
    권으로 의도하였다.

다. 한편 미등기 부동산이 등기된 경우에 대해서는 앞서 설명한 개정안 제369조의2가 적용된다.

둘째, 등기된 부동산에 관하여 부동산에 대한 비용지출채권이나 부동산으로 인한 손해배상채권을 가지는 채권자에게만 저당권설정청구권이 부여된다. 즉 객체가 동산이나 유가증권이었다면 유치권을 가졌을 채권자에게 적용되는 것이다. 주로 공사대금채권자나 유익비를 지출한 임차인 등 비용지출채권자에게 적용될 것이다.

셋째, 채권의 변제기가 도래하지 않았어도 저당권설정청구권을 행사할 수 있다. 이 점에서 채권의 변제기 도래를 요건으로 하는 유치권 또는 개정안 제369조의2 소정의 저당권설정청구권의 경우와 구별된다. 본래 유치권은 변제기가 도래한 채권을 담보하기 위한 물권이다. 그러나 유치권은 변제기 도래와 점유 개시로 별도의 등기 없이도 바로 성립하지만, 저당권은 등기설정절차(그리고 공동신청이 여의치 않으면 소송절차)를 거쳐야 비로소 성립한다. 변제기가 도래할 때까지 기다려 비로소 위와 같은 절차를 거치도록 허용한다면 변제기 도래 후 저당권등기 시까지 채권자의 지위가 불안해진다. 변제기 도래를 저당권설정청구의 요건으로 삼지 않은 것은 이러한 면에서 이해할 수 있다.

넷째, 해당 부동산을 점유하고 있지 않아도 저당권설정청구권을 행사할 수 있다. 유치권에는 부동산 점유가 요구되지만 여기에서의 저당권설정청구권은 유치권과 유사한 권리가 아니기 때문이다. 논의 과정에서는 비용지출채권자 등을 일반 채권자보다 강하게 보호하기 위해서는 최소한 부동산 점유라도 요건으로 삼아야 한다는 의견도 있었다. 그러나 저당권설정청구권은 유치권과 성격을 달리하므로 부동산 점유를 요건으로 해야 할 논리필연적인 이유를 찾을 수 없고, 이를 요건으로 하는 경우에는 부동산 가치의 사장이라는 기존 유치권의 폐해를 극복할 수 없다는 점 등을 고려하여 부동산 점유를 요건으로 삼지 않았다.

다섯째, 저당권설정청구권의 상대방은 부동산 소유자이다. 여기에는 채무자 아닌 부동산 소유자도 포함된다. 이 점에서 도급계약상 채무자인 도급인에 대해서만 저당권설정청구권을 행사할 수 있도록 하는 민법 제666조와 구별된다. 이러한 입법태도의 타당성에 대해서는 논란의 여지가 있기는 하다. 하지만 이 저당권설정청구권은 비용을 지출한 점유자의 비용상환청구권을 담보하기 위한 규정으로서 점유자와 회복자 일반에 대해 규율하는 민법 제203조와 연결시킬 수 있다. 여기에서의 회복자는 계약관계의 채무자에 국한되지 않는다. 그렇다면 민법 제666조처럼 상대방을 채무자로만 국한해야 할 필연적 이유는 없다. 또한 실질적으로 보더라도 당해 부동산에 대한 비용지출로 인한 이익은 부동산 소유자에게 귀속되어 있으므로 그가 원래의 채무자이건 아니건 그를 상대방으로 하는 것이 타당하다.

여섯째, 일단 저당권설정청구권이 성립한 후 부동산을 취득한 제3자에게는 저당권설정청구권을 행사할 수 없도록 하였다. 제3자에게도 행사할 수 있도록 입법하는 것도 가능하겠지만, 저당권설정청구권은 대외적으로 공시되지 않고 그 행사기간에도 제한이 없어 그 상대방의 범위에 아무런 제한을 두지 않으면 법적 안정성을 해치게 된다는 점을 고려한 조치이다. 이 점에서 이러한 제한 없이 누구에게나 대항할 수 있는 유치권과 구별된다. 하지만 피담보채권자는 처분금지가처분을 하거나 가등기가처분에 의하여 가등기를 함으로써 부동산의 소유권 변동에도 불구하고 자신의 권리를 보장받을 수 있다.

일곱째, 저당권설정청구권에 의하여 설정된 저당권은 일반 저당권과 효력이 동일하다.[78] 따라서 제2유형 저당권과 달리 피담보채권

---

78) 분과위안 제372조의2는 저당권설정청구권자가 유치권자인 경우와 그 외의 채권자인 경우를 구분하지 않았다. 또한 유치권자가 아닌 채권자에 대하여도 피담보채권의 변제기가 저당권설정등기 시점보다 앞선 경우에는 그 저당권의 효력이 변제기

의 변제기로 효력이 소급하지 않는다. 이 경우 등기순위와 우선순위
가 일치하게 되어 거래의 안전성을 해치지 않게 된다. 개정안에서는
저당권의 효력에 대해서 별도로 규정하고 있지는 않지만 저당권의 일
반적인 법리에 따르면 당연한 결과이다.

　　여덟째, 제2유형 저당권설정청구권과 달리 여기에서는 저당권설정
청구권의 행사기간에 제한이 없다. 다만 이 저당권설정청구권은 채권
적 성격을 가지므로 채권의 일반 소멸시효 기간의 적용을 받게 된다.

3. 미등기부동산에 대해 유치권을 상실한 채권자의 경우

　　제2항은 부동산이 등기된 후 제320조의2 제2항 제2호 또는 제
328조에 의하여 유치권을 상실한 채권자도 제1유형 저당권설정청구
권을 행사할 수 있다고 규정한다.

　　개정안 제320조의2 제2항 제2호는 미등기 부동산 유치권자의 유
치권은 저당권설정청구권이 소멸하면 함께 소멸한다는 내용이다. 이
미 저당권설정등기가 이루어졌다면 그에 따른 보호를 받으면 충분하
지만, 제2유형 저당권설정청구권이 기간 경과를 이유로 소멸하였다면
그는 여전히 제1유형 저당권설정청구권을 행사할 수 있다는 취지이
다. 한편 민법 제328조는 유치권은 점유의 상실로 인하여 소멸한다고
규정한다. 이러한 경우에도 제1유형 저당권설정청구권은 행사할 수
있다.

　　위와 같은 경우 이외에도 유치권이 소멸하는 경우가 있다. 즉 유
치권자가 유치물 점유에 관하여 선량한 관리자의 주의의무를 위반하
거나, 채무자의 승낙 없이 유치물을 사용, 대여 또는 담보제공하는 등

로 소급하는 것으로 하였다. 논의 과정에서 위 분과위안은 유치권 제도를 개선하
는 효과를 거둘 수 없다는 비판을 받았고, 실무위 단계에서 저당권설정청구권자가
유치권자인 경우와 그 외의 채권자인 경우를 달리 규정하게 되었다. 윤진수(주
11), 216면.

의 사유로 채무자가 유치권의 소멸을 청구한 때(제324조)와 채무자가
상당한 담보를 제공하고 유치권의 소멸을 청구한 때(제327조)에도 유
치권이 소멸하게 된다. 실무위 안 및 위원장단 안은 유치권 소멸의
사유를 명시하지 않았기 때문에, 위와 같은 경우에도 유치권을 가졌
던 자가 개정안 제369조의3의 저당권설정청구권을 행사할 수 있는지
가 명확하지 않았다. 민법개정위원회의 최종안에서는 유치권 소멸 후
에도 제1유형 저당권설정청구권을 행사할 수 있는 사유를 ① 제320
조의2 제2항 제2호에 의한 경우, ② 제328조에 의한 경우 두 가지로
한정하였다. 이는 유치권자의 잘못으로 유치권이 소멸되거나, 유치권
자의 피담보채권 만족에 기여하는 상당한 담보가 확보되어 유치권이
소멸된 경우에는 굳이 저당권설정청구권을 인정하지 않겠다는 점을
분명히 밝힌 것이다.

4. 민법 제666조와의 관계

개정안 제369조의3이 마련되면서 민법 제666조의 존치 필요성에
대한 논의가 있었다. 민법 제666조는 부동산공사의 수급인이 그 보수
에 관한 채권을 담보하기 위하여 그 부동산을 목적으로 한 저당권설
정청구권을 행사할 수 있다고 규정한다. 분과위원회에서는 민법 제
666조에서 정하는 "보수에 관한 채권"은 개정시안 제369조의3에서
규정하는 "비용지출에 관한 채권"에 반드시 포함된다고는 볼 수 없다
거나, 설령 양자가 중복되더라도 부동산 수급인들을 보호하고 이들이
가지게 될 불안감을 해소하기 위하여 일단 민법 제666조를 존치하여
야 한다고 본 반면, 실무위원회와 위원장단회의에서는 "보수에 관한
채권"은 "비용지출에 관한 채권"에 해당하므로 민법 제666조가 없더
라도 개정안 제369조의3에 따라 저당권설정청구권을 행사할 수 있다
는 전제에서 민법 제666조는 삭제하는 것이 옳다고 보았다.[79] 전체회
의에서는 토론과 표결 끝에 존치안과 삭제안이 동수를 기록하여 결국

이를 그대로 존치하기로 결정하였다.[80]

VI. 민법 부칙 및 관련 특별법 개정안

1. 민법 부칙

개정안
제1조(시행일) 이 법은 공포 후 1년이 경과한 날부터 시행한다.

제2조(효력의 불소급) 이 법은 종전의 규정에 따라 생긴 효력에 영향을 미치지 아니한다.

제3조(미등기 부동산에 대한 유치권자의 저당권설정 청구권 등에 관한 적용례) ① 제320조의2 및 제369조의2의 개정규정은 이 법 시행 후 미등기 부동산에 대하여 유치권을 취득한 자부터 적용한다.
② 제369조의3제2항의 개정규정은 이 법 시행 후 미등기 부동산에 대하여 제320조의2의 개정규정에 따라 성립한 유치권이 소멸된 경우부터 적용한다.

제4조(유치권자 아닌 채권자의 저당권설정 청구권에 관한 적용례) ① 제369조의3제1항의 개정규정은 이 법 시행 후 발생한 타인의 등기된 부동산에 대한 비용 지출로 인한 채권이나 그 부동산으로 인한 손해배상채권부터 적용한다.
② 제1항에도 불구하고 이 법 시행 당시 타인의 부동산에 대한 비용 지출로 인한 채권이나 그 부동산으로 인한 손해배상채권을 가지고 있는 자로서 부칙 제3조 또는 제5조의 적용 대상자가 아닌 자에 대해서는 제369조의3제1항의 개정규정을 적용한다.

제5조(종전의 부동산 유치권자에 대한 저당권설정 청구권에 관한 특례) ① 제369조의2의 개정규정에도 불구하고 이 법 시행 당시 부동산에 대한 유치권을 가지고 있는 자는 이 법 시행 후 2년 이내에 제369조의2의 개정규정에 따라 저당권설정을 청구할 수 있다. 다만, 다음 각 호의 경우에는 해당 각 호에 규정된 날부터 2년 이내에 제369조의2의 개정규정에 따라 저당권설정을 청구할 수 있다.
1. 미등기 부동산: 그 부동산이 등기된 날

---

79) 개정안 제369조의3의 경우 채무자 아닌 부동산 소유자에게도 저당권설정청구를 할 수 있기 때문에, 민법 제666조의 저당권설정청구권보다 유리한 측면이 있다. 이 점에서 홍봉주(주 33), 18면은 개정안과 같이 제369조의3과 제666조가 병존하게 되면 후자는 거의 이용되지 않을 것이라고 본다.
80) 민법 제666조의 존치에 찬성하는 입장에서는 개정안이 자칫 수급인의 보호를 소홀히 한다는 인상을 줄 수 있다는 점을 우려한 것이 아닌가 생각된다. 윤진수(주 11), 217면.

2. 민사집행법 일부개정법률(201 . . . 법률 제   호로 개정된 것을 말한다) 부칙
제4조에 따라 종전의 규정(201 . . . 법률 제   호로 개정되기 전의 것을 말한다)을
적용하여 진행된 경매절차가 매각 없이 끝난 경우(미등기 부동산에 대한 경매절차 중
그 부동산이 등기되기 전에 경매절차가 매각 없이 끝난 경우는 제외한다): 그 경매절
차가 완료된 날
② 제1항에 따라 제369조의2의 개정규정에 따른 저당권설정 청구를 할 수 있는 경우
로서 해당 저당권설정 청구권의 소멸로 인하여 유치권이 소멸되거나 제328조에 따라
유치권이 소멸된 자는 제369조의3제1항의 개정규정에 따라 저당권설정 청구를 할 수
있다.

개정안 부칙 제1조는 개정법의 시행일에 관하여, 제2조는 이미
발생한 효력에 관하여 각각 규정하는데, 이는 유치권에 국한된 것이
아니라 개정안 전반에 관한 것이다. 개정안에 특유한 규정들은 개정
안 부칙 제3조 내지 제5조이다. 제2조와 제5조에 따르면 이미 성립한
부동산 유치권의 유치권자는 2년의 유예기간 내에 제2유형의 저당권
설정청구권을 행사할 수 있고, 이 권리의 소멸 또는 점유 상실로 인
하여 유치권이 소멸한 후에는 제1유형의 저당권설정청구권을 행사할
수 있다.[81] 2년의 기산점은 법 시행일(등기 부동산의 경우) 또는 소유
권보존등기일(미등기 부동산의 경우)이다.

개정법 시행 전에 이미 존재하던 유치권을 이처럼 일정한 요건
아래 소멸시키는 것이 위헌인지 여부가 문제될 수도 있다. 그러나 민
법개정위원회의 논의 과정에서는 부동산실명법상 기존 명의신탁자의
실명전환 의무규정이나 제정민법 부칙 제10조에 대한 헌법재판소의
결정례에 비추어 이러한 조치가 위헌이 아니라고 보았다.[82]

---

81) 유예기간의 길이에 대해서는 6개월부터 3년까지 여러 의견이 제시되었고, 최종적
    으로는 2년 안과 3년 안을 놓고 표결까지 이루어졌는데 결국 2년으로 결정되었다.
    2년의 유예기간이 지나치게 짧다는 견해로는 오시영(주 34), 128면.
82) 윤진수(주 11), 221면도 같은 취지이다. 부동산실명법에 관한 헌법재판소 2001. 5.
    31. 선고 99헌가18, 99헌바71·111, 2000헌바51·64·65·85, 2001헌바2 결정 및
    제정민법 부칙 제10조에 관한 헌법재판소 1996. 12. 26. 선고 93헌바67 결정 참조.

2. 관련 특별법의 개정안

가. 부동산등기법 개정안

현행	개정안
제75조(저당권의 등기사항) ① 등기관이 저당권설정의 등기를 할 때에는 제48조에서 규정한 사항 외에 다음 각 호의 사항을 기록하여야 한다. 다만, 제3호부터 제8호까지는 등기원인에 그 약정이 있는 경우에만 기록한다. 1. 채권액 2. 채무자의 성명 또는 명칭과 주소 또는 사무소 소재지 3. 변제기(辨濟期) 4. 이자 및 그 발생기·지급시기 5. 원본(元本) 또는 이자의 지급장소 6. 채무불이행(債務不履行)으로 인한 손해배상에 관한 약정 7. 「민법」 제358조 단서의 약정 8. 채권의 조건 ② 등기관은 제1항의 저당권의 내용이 근저당권(根抵當權)인 경우에는 제48조에서 규정한 사항 외에 다음 각 호의 사항을 기록하여야 한다. 다만, 제3호 및 제4호는 등기원인에 그 약정이 있는 경우에만 기록한다. 1. 채권의 최고액 2. 채무자의 성명 또는 명칭과 주소 또는 사무소 소재지 3. 「민법」 제358조 단서의 약정 4. 존속기간 <신 설>	제75조(저당권의 등기사항) ① (현행과 같음) ② (현행과 같음) ③ 등기관은 제1항의 저당권이 「민법」 제369조의2제1항에 따른 저당권인 경우에는 제48조에서 규정한 사항 외에 다음 각호의 사항을 기록하여야 한다. 1. 채권액 2. 채무자의 성명 또는 명칭과 주소 또는 사무소 소재지 3. 「민법」 제369조의2제1항에 따른 저당권이라는 사실 4. 변제기

개정안 제369조의2 제1항에 따른 제2유형 저당권 설정의 효력은 등기 시가 아니라 변제기로 소급하는 이상 이를 등기기록을 통해 공시할 필요가 있다. 따라서 부동산등기법 개정안 제75조 제3항에서는

① 당해 등기가 제369조의2 제1항에 따른 제2유형 저당권임을 표시하고, ② 그 변제기를 기록하도록 하였다.[83] 변제기를 등기에 반드시 기록할 사항으로 규정함으로써, 저당권 설정을 둘러싼 법률관계가 불안정해지는 것을 막고자 한 것이다.[84]

한편 제2유형 저당권의 소급효와 관련하여 설명하였듯이 위원장단 회의에서는 입법예고 이후 제2유형 저당권설정청구권에 따라 저당권설정등기를 하는 경우 등기상 이해관계 있는 제3자의 승낙을 받도록 하는 부동산등기법 제80조의2 개정안을 마련하였으나,[85] 법무부가 국회에 제출한 최종 개정안에는 반영되지 않았다.

나. 민사집행법 개정안

현행	개정안
제88조(배당요구) ① 집행력 있는 정본을 가진 채권자, 경매개시결정이 등기된 뒤에 가압류를 한 채권자, 민법·상법, 그 밖의 법률에 의하여 우선변제청구권이 있는 채권자는 배당요구를 할 수 있다. ② (생 략)	제88조(배당요구) ① 집행력 있는 정본을 가진 채권자, 경매개시결정이 등기된 뒤에 가압류를 한 채권자, <u>「민법」 제369조의2에 따라 저당권설정 청구의 소를 제기한 유치권자(留置權者)</u>, 민법·상법, 그 밖의 법률에 의하여 우선변제청구권이 있는 채권자는 배당요구를 할 수 있다. ② (현행과 같음)

---

83) 개정안 제369조의3에 따른 저당권, 즉 제1유형 저당권은 일반 저당권과 효력이 같으므로, 부동산등기법 개정안 제75조 제3항 제3호 내지 제4호의 사항을 별도로 기록할 필요는 없다.

84) 김재형(주 3), 370면. 한편 이와 관련하여 피담보채권이 가분채권이고 여러 개의 변제기가 있는 경우 어떤 변제기가 등기 대상인지는 해석론으로 해결할 문제이다. 유치권자가 그 중 한 변제기를 선택하여 등기할 수 있다고 생각한다.

85) 이 조문의 내용은 다음과 같다. 최종 개정안은 민법개정위원회가 마련한 개정시안과 조문 번호가 달라졌으므로, 아래 조문의 "민법 제372조의2"는 개정안 제369조의2를 가리키는 것이다.
　제80조의2(이해관계인의 승낙) 민법 제372조의2에 따라 저당권설정등기를 하는 경우에 등기상 이해관계 있는 제3자가 있을 때에는 제3자의 승낙이 있어야 한다.

제90조(경매절차의 이해관계인) 경매절차의 이해관계인은 다음 각호의 사람으로 한다. 1. (생 략) <u>＜신 설＞</u> 2. ～ 4. (생 략)	제90조(경매절차의 이해관계인) 경매절차의 이해관계인은 다음 각호의 사람으로 한다. 1. (현행과 같음) <u>1의2. 「민법」 제369조의2에 따라 저당권 설정 청구의 소를 제기한 유치권자로서 배당을 요구한 채권자</u> 2. ～ 4. (현행과 같음)
제91조(인수주의와 잉여주의의 선택 등) ① (생 략) ② 매각부동산 위의 모든 <u>저당권</u>은 매각으로 소멸된다. ③·④ (생 략) <u>⑤ 매수인은 유치권자(留置權者)에게 그 유치권(留置權)으로 담보하는 채권을 변제할 책임이 있다.</u>	제91조(인수주의와 잉여주의의 선택 등) ① (현행과 같음) ② 매각부동산 위의 모든 <u>저당권과 유치권(留置權)</u>은 매각으로 소멸된다. ③·④ (현행과 같음) <u>＜삭 제＞</u>
제160조(배당금액의 공탁) ① 배당을 받아야 할 채권자의 채권에 대하여 다음 각호 가운데 어느 하나의 사유가 있으면 그에 대한 배당액을 공탁하여야 한다. 1.·2. (생 략) <u>＜신 설＞</u> 3. ～ 6. (생 략) ② (생 략)	제160조(배당금액의 공탁) ① 배당을 받아야 할 채권자의 채권에 대하여 다음 각호 가운데 어느 하나의 사유가 있으면 그에 대한 배당액을 공탁하여야 한다. 1.·2. (현행과 같음) <u>2의2. 「민법」 제369조의2에 따라 저당권 설정 청구의 소를 제기한 유치권자의 채권인 때</u> 3. ～ 6. (현행과 같음) ② (현행과 같음)
제161조(공탁금에 대한 배당의 실시) ① (생략) ② 제1항에 따라 배당을 실시함에 있어서 다음 각호 가운데 어느 하나에 해당하는 때에는 법원은 배당에 대하여 이의하지 아니한 채권자를 위하여서도 배당표를 바꾸어야 한다. 1. <u>제160조제1항제1호 내지 제4호의 사유</u>에 따른 공탁에 관련된 채권자에 대하여 배당을 실시할 수 없게 된 때 2.·3. (생 략) ③·④ (생 략)	제161조(공탁금에 대한 배당의 실시) ① (현행과 같음) ② 제1항에 따라 배당을 실시함에 있어서 다음 각호 가운데 어느 하나에 해당하는 때에는 법원은 배당에 대하여 이의하지 아니한 채권자를 위하여서도 배당표를 바꾸어야 한다. 1. <u>제160조제1항제1호·제2호·제2호의2·제3호 또는 제4호</u>의 사유에 따른 공탁에 관련된 채권자에 대하여 배당을 실시할 수 없게 된 때 2.·3. (현행과 같음) ③·④ (현행과 같음)

제274조(유치권 등에 의한 경매) ① ~ ③ (생 략) <신 설>	제274조(유치권 등에 의한 경매) ① ~ ③ (현행과 같음) ④ 유치권에 의하여 개시된 경매의 목적물인 부동산에 「민법」 제369조의2에 따른 저당권설정의 등기가 마쳐진 경우에는 그 저당권 실행을 위한 경매가 개시된 것으로 보고 경매절차를 계속하여 진행한다.
	부칙 제1조(시행일) 이 법은 공포 후 1년이 경과한 날부터 시행한다. 제2조(효력의 불소급) 이 법은 종전의 규정에 따라 생긴 효력에 영향을 미치지 아니한다. 제3조(부동산 유치권에 대한 민사집행 절차에 관한 적용례) 제88조제1항, 제90조, 제91조, 제160조제1항, 제161조제2항 및 제274조제4항의 개정 규정은 이 법 시행 전에 성립한 부동산 유치권에 대해서도 이 법 시행 후 그 부동산에 경매 신청 등 경매절차가 진행되는 경우에 적용한다. 제4조(민사집행 절차에 관한 경과조치) 이 법 시행 당시 경매 신청 등 경매절차가 진행 중인 부동산에 대해서는 종전의 규정에 따른다.

(1) 경매절차의 배당요구권자 및 이해관계인

민사집행법 개정안은 제88조 제1항의 배당요구권자에 "저당권설정 청구의 소를 제기한 유치권자"를 추가하고, 제90조의 이해관계인에 "저당권설정 청구의 소를 제기한 유치권자로서 배당을 요구한 채권자"를 추가하였다. 민사집행법 개정안 제91조에 의하면 유치권은 매각으로 소멸하므로, 유치권자가 경매절차 내에서 피담보채권을 실현할 수 있도록 배당요구권을 부여하는 한편, 경매절차에 관여할 수 있도록 유치권자를 이해관계인으로 규정한 것이다.[86] 유치권자는 저

---

86) 현행 민사집행법 제90조에 따르면 유치권자는 ① 집행권원을 획득한 경우(제1호),

당권설정 청구의 소를 제기하여야 배당요구를 할 수 있으므로 이러한
조항은 유치권자로 하여금 이러한 소를 제기하도록 강제하는 기능도
있다.

위 두 조항에서는 배당요구권자 및 이해관계인을 "민법 제369조
의2에 따라 저당권설정 청구의 소를 제기한 유치권자"로 하고 있으므
로, 제369조의3의 채권자는 여기에 포함되지 않는다. 제369조의3에
기하여 저당권을 설정한 채권자, 즉 제1유형의 저당권설정을 한 채권
자는 일반 저당권자와 동일하게 보호되므로 이를 별도로 규정하지 않
았다.

(2) 인수주의의 폐지

개정안에 따르면 등기된 부동산의 유치권은 인정되지 않고 미등
기 부동산에 대한 유치권도 한시적으로만 존속한다. 그런데 부동산
경매절차는 그 부동산이 등기된 상태일 것을 전제로 한다. 따라서 부
동산 경매절차에서는 주로 개정안 제369조의2와 제369조의3에 따른
저당권등기가 문제된다. 그런데 저당권은 인수주의가 아니라 소멸주
의의 적용을 받으므로 개정안에 따르면 인수주의는 자연스럽게 소멸
주의로 전환된다. 다만 이미 성립한 유치권이 한시적으로 존속하는
동안 경매절차가 진행되어 완료될 수도 있으므로 유치권 자체에 대한
인수주의를 폐지하고 소멸주의를 채택한 개정안 제91조 제2항은 여
전히 규정의 실익이 있다.[87]

이는 유치권에 관하여 인수주의를 취함으로써 경매절차를 통해

---

② 유치권신고를 한 경우(제4호) 외에는 경매절차의 이해관계인으로 취급되지 않
는다. 그에 따라 유치권자가 경매절차의 바깥에 존재하게 된다는 점이 문제로 지
적되기도 하였다. 홍봉주(주 33), 7~8면; 한상곤(주 4), 161면. 한편 경매절차에서
이해관계인의 권리에 대하여는 김상원 편집대표, 주석 민사집행법 Ⅲ(한국사법행
정학회, 2004), 307~308면(한승 집필 부분).

87) 예컨대 이미 유치권이 성립한 부동산에 대한 소유권보존등기 후 6개월 내에 경매
절차가 완료되는 경우가 그러하다.

부동산을 매수한 자에게 큰 부담을 지우고 이로 인해 부동산 경매가
원활하게 이루어지지 못하던 기존의 폐해를 수정하기 위한 것이다.[88]
법리적으로는 유치권의 효력을 둘러싸고 복잡하게 전개되었던 유치
권의 대항력 문제를 입법적으로 해결하기 위한 것이기도 하다.[89] 이
처럼 민사집행법 개정안이 인수주의를 폐지한 것에 대하여는 긍정적
인 평가가 많다.[90] 유치권자가 인수주의 아래에서 사실상 우선변제권
을 가지던 과거보다 그 지위가 약화되는 것은 사실이지만, 이는 개정
안의 입법적 결단에 따른 불가피한 것이고, 개정안이 의도했던 바이
기도 하다.

(3) 배당금액의 공탁

민사집행법 개정안은 제160조 제1항에 제2호의2를 신설하여, "저
당권설정 청구의 소를 제기한 유치권자의 채권인 때"에 그 채권에 대
해서 배당금액을 공탁하도록 하고, 제161조 제2항 제1호에 위 규정을
포함시켰다.

유치권자로서 저당권설정 청구의 소를 제기하였으나 아직 확정
판결이 나지 않아 저당권설정등기를 하지 못한 경우에는 저당권자로
서 배당을 받을 수 없다. 또한 유치권자는 배당받을 수 있는 자가 아
니므로 유치권자로서 배당받을 수도 없다(민사집행법 제148조 참조).
그렇다고 하여 일단 다른 채권자들에게 배당한 뒤 나중에 저당권설정
등기가 이루어지면 부당이득반환청구를 하게 하는 것도 번잡하다. 따

---

88) 윤진수(주 11), 226면; 김재형(주 3), 377면.
89) 김영희(주 32), 439면은 개정안이 유치권에 관한 소멸주의를 명시적으로 채택함으
    로써 유치권의 대항력 법리는 더 이상 필요하지 않게 될 것이라고 한다. 이정민·
    이점인, "체납처분압류 이후 경매절차 개시 전에 취득한 유치권의 효력에 대한 검
    토—대법원 2014. 3. 20. 선고 2009다60336 전원합의체 판결을 중심으로—", 東亞
    法學, 제64호(2014. 8), 271면; 장창민(주 38), 203면도 같은 취지이다.
90) 오시영(주 34), 133면; 윤철홍(주 37), 15면; 김미혜(주 28), 176면; 성민섭(주 27),
    201, 203면; 한상곤(주 4), 168~169면.

라서 저당권설정 청구의 소를 제기한 유치권자에게는 배당금액을 공탁하게 하여 나중에 이에 기해 저당권설정등기가 이루어지면 유치권자에게 배당하도록 한 것이다.

한편 유치권자가 저당권설정 청구의 소를 제기한 것만으로 배당요구를 할 수 있도록 규정한 것에 대하여는 비판이 제기되기도 하였다. 허위·가장 유치권자일 가능성, 유치권자가 피담보채권의 액수를 부풀려 주장할 가능성을 배제할 수 없다는 것이다.[91] 실무상 위와 같은 유치권자가 배당요구를 할 경우 그 배당액을 확정하기 어렵다는 점도 지적되고 있다.[92] 이러한 비판과 지적에는 타당한 면이 있다. 다만 이러한 문제점은 현행 배당제도 하에서도 발견되고 있다.[93] 즉 위와 같은 문제점이 유치권에서 더 두드러질 수는 있으나 유치권에만 특유한 것이라고는 말하기 어렵다. 이러한 문제점 때문에 유치권자에게 아예 배당요구를 하지 못하도록 하면 유치권자의 보호가 경시되므로 더 큰 문제점을 야기한다. 또한 저당권설정 청구소송에 대한 확정판결이 이루어지면 이에 따라 배당액이 확정되므로 궁극적으로는 위와 같은 허위 주장이나 배당액 산정에 관한 어려움을 극복할 수 있을 것이다. 그러므로 이러한 배당요구 관련 규정은 수긍할 수 있는 입법이라고 생각한다.

(4) 유치권에 의한 경매절차의 진행

민사집행법 개정안 제274조는 유치권에 의한 경매절차가 개시된 다음 민법 개정안 제369조의2에 따라 저당권설정등기가 마쳐진 경우를 다룬다. 일단 유치권자 앞으로 저당권설정등기가 이루어지면, 유치권은 소멸하고 저당권만 존속한다. 따라서 경매절차 개시 후 저당

---

91) 장석천·이은규(주 64), 170면.
92) 김홍엽(주 67), 163면 이하.
93) 예컨대 가압류채권자나 최우선변제권을 가진 소액임차인 등을 중심으로 허위 또는 과장된 배당요구를 하는 사례들이 있다.

권설정등기가 이루어진 경우 그 경매절차는 종료되어야 하는 것이 원칙이다. 그렇다면 이제 저당권자가 된 유치권자로서는 다시 경매개시를 신청하여야 하는 문제가 있다. 민사집행법 개정안 제274조는 이처럼 불필요한 절차가 반복되는 것을 막기 위하여, 위와 같은 경우 저당권 실행을 위한 경매가 개시된 것으로 보아 경매절차를 계속하여 진행하도록 하는 규정이다.[94]

(5) 경과규정

민사집행법 개정안 부칙은 개정법 당시 존재하던 부동산 유치권에 대해서는 개정법을 적용하도록 하고(제3조), 시행일 이전에 경매신청이 이루어진 부동산에 대해서는 종전의 규정을 적용하도록 한다(제4조). 갑작스런 변화로 인한 혼란을 막기 위한 경과규정이다.

국회 법제사법위원회 검토 과정에서 법원행정처는, 민법 개정안의 부칙 제5조는 개정안 시행 당시 이미 유치권을 가지고 있던 자는 등기된 날부터 2년 안에 청구권을 행사할 수 있도록 하여 일정 기간 동안 기존 유치권의 효력을 그대로 인정하면서, 민사집행법 개정안 부칙 제3조는 위와 같은 기존 유치권자라고 하더라도 개정안 시행 후 경매절차가 진행되는 경우에는 개정안의 각종 규정(유치권자의 배당요구, 공탁 등)의 적용을 받도록 하고 있는데, 이러한 민사집행법 개정안의 부칙은 기존의 유치권을 과도하게 제한하는 것이라는 의견을 제출하였다.[95] 그러나 민사집행법 개정안의 각종 규정은 모든 유치권자들에게 적용되는 것이 아니라 저당권설정청구의 소를 제기한 유치권자들에게 적용된다. 즉 민법 개정안의 취지에 따라 저당권에 의한 보호를 받고자 하는 유치권자들에게 적용되는 규정들이다. 그렇다면 이들에게 이러한 저당권적 보호에 부합하는 민사집행법 규정들을 적용하

---

94) 윤진수(주 11), 227면.
95) 법제사법위원회 검토보고서(2013. 12). 국회 의안정보시스템 참조.

는 데에는 큰 문제가 없다고 생각된다.

한편 민법 부칙 제5조 제1항 제2호도 경매절차와 관련된다는 점에 유의한다. 위 규정은 위 민사집행법 개정안 부칙 제4조에 따라 종전의 규정을 적용하여 진행된 경매절차가 매각 없이 끝난 경우 그 경매절차가 완료된 날부터 2년 이내에 제369조의2의 개정규정에 따라 저당권설정을 청구할 수 있다고 규정함으로써 기존 유치권자에게 부여되는 2년의 유예기간의 기산점을 경매절차 완료일로 정하고 있다. 경매절차가 진행되는 기간 동안 위 유예기간이 경과함으로써 경매절차가 매각 없이 끝나자마자 유치권이 소멸하는 것은 유치권자에게 너무 가혹하기 때문이다.

Ⅶ. 결 론

유치권에 관한 민법 개정안은 2013년 7월에 국회에 제출되었으나, 법제사법위원회에서 본격적인 심의가 진행되지 않은 채 머물러 있는 상태이다. 이 개정안이 이번 제19대 국회를 통과할 가능성은 매우 낮다. 임기 만료를 눈앞에 둔 현재의 국회에게는 이러한 복잡한 문제를 다룰 동기나 여력이 없기 때문이다. 그러나 개정안에 담긴 문제의식과 해법, 그리고 이를 계기로 모처럼 꽃핀 활발한 입법론은 국회의 갑갑한 상황과는 무관하게 여전히 주목받을 가치가 있다.96)

유치권은 해석론에 과도하게 기울어진 민법학의 풍토 내에서 최근 가장 활발하게 백가쟁명식의 입법론이 전개된 몇 안 되는 주제이다. 또한 유치권에 관한 개정안은 특정한 외국 법제에 기대지 않고 한국법과 한국적인 현실에 기초하여 만들어낸 몇 안 되는 성과물이기도 하다. 이러한 개정안에 대한 논의가 유치권 제도의 본질과 기능을

---

96) 이선희, "부동산 유치권의 대항력 제한", 민사법학, 제72호(2015. 9), 250, 253면은 개정안의 입법취지가 현행 유치권 제도의 해석론에도 반영될 수 있다고 본다.

이해하고 그 이해에 기초하여 현행 유치권 제도를 제대로 해석하고 운영하는 데에 도움이 됨은 물론이다. 따라서 유치권 제도 개선을 둘러싼 논의는 개정안의 통과 여부와 무관하게 계속되어야 한다. 이 글이 학계와 실무계에서 유치권에 대한 논의를 이어나가는 노력에 조금이나마 기여하기를 소망한다.

▨ 참 고 문 헌

곽윤직 편집대표, 민법주해[Ⅵ] 물권(3)(박영사, 1992).

곽윤직·김재형, 물권법(박영사, 2014).

權龍雨, "物的 擔保制度의 課題와 展望", 現代法學의 課題와 展望(1998).

김미혜, "부동산 유치권 관련 개정안에 대한 몇 가지 제언 —2013년 민법 일
　　부개정법률안을 중심으로", 亞洲法學, 제8권 제1호(2014).

김상원 편집대표, 주석 민사집행법 Ⅲ(한국사법행정학회, 2004).

김상찬·강창보, "부동산 유치권제도의 개선방안 —2012년 민법개정안의 검토
　　를 중심으로—", 法과 定策, 제19권 제2호(2013. 8).

김영희, "유치권이 있는 부동산의 경매와 유치권의 저당권에 대한 대항력 —
　　2013년 1월 16일에 입법예고된 유치권 관련 민사법 개정안에 관한 고
　　찰을 덧붙여—", 민사법학, 제63 - 1호(2013. 6).

김용담 편집대표, 주석 민법 물권(3)(한국사법행정학회, 2011).

김재형, "부동산 유치권의 개선방안 —2011년 민법개정시안을 중심으로—",
　　민사법학, 제55호(2011. 9).

金曾漢·金學東, 物權法(博英社, 1996).

김홍엽, "민사유치권 관련 민사집행법 개정안에 대한 비판적 고찰", 成均館法
　　學, 제25권 제4호(2013. 12).

남효순, "등기된 부동산 유치권 폐지 - 찬성", 법률신문(2013. 3. 25).

노종천, "부동산유치권 등기제도 도입 연구", 土地法學, 제31권 제1호(2015.
　　6).

박혜웅·남기범, "부동산 법원경매에서 유치권이 감정가와 매각가 차이에 미
　　친 영향분석", 한국정책연구, 제11권 제3호(2011).

법무부 민법개정자료발간팀 편, 2004년 법무부 민법 개정안 총칙·물권편(법
　　무부, 2012).

성민섭, "부동산 유치권 제도의 개선을 위한 민법 등 개정법률안에 대하여 — 등기 부동산에 대한 유치권 폐지(안) 등의 재고를 기대하며—", 외법논집, 제38권 제1호(2014. 2).

송덕수, 신 민법강의(박영사, 2015).

신국미, "留置權의 成立要件으로서의 物件과 債權의 牽聯關係", 財産法研究, 제21권 제1호(2004).

梁彰洙, "留置權의 成立要件으로서의 「債券과 物件 간의 牽聯關係」", 民法研究, 제1권(박영사, 1991).

양창수·김형석, 민법 Ⅲ 권리의 보전과 담보(박영사, 2015).

오시영, "법무부 민법개정시안 중 유치권에 대한 대안 제시(Ⅰ) —부동산유치권과 최우선변제권—", 法學論叢, 제32권 제2호(2012. 8).

_____, "법무부 민법개정시안 중 유치권에 대한 대안 제시(Ⅱ) —저당권설정청구권에 대하여—", 法學論叢, 제32권 제3호(2012. 12).

_____, "법무부 민법개정시안 중 유치권에 대한 대안 제시(Ⅲ) —저당권설정청구권의 법적 성질 및 강제집행절차에 대하여—", 法學論叢, 제33권 제1호(2013. 4).

_____, "유치권 관련 민법 개정안에 대한 검토", 강원법학, 제38권(2013. 2).

윤진수, 민법기본판례(홍문사, 2016).

_____, "유치권 및 저당권설정청구권에 관한 민법개정안", 민사법학, 제63-1호(2013. 6).

윤철홍, "유치권의 개정방향", 법학논총, 제31집(2014. 1).

李啓正, "滯納處分押留와 留置權의 效力", 서울대학교 法學, 제56권 제1호(2015. 3).

이동진, "「물권적 유치권」의 정당성과 그 한계", 민사법학, 제49-1호(2010. 6).

이선희, "부동산 유치권의 대항력 제한", 민사법학, 제72호(2015. 9).

이시윤, 신민사집행법(박영사, 2014).

李英俊, 物權法(박영사, 2009).

이정민·이점인, "체납처분압류 이후 경매절차 개시 전에 취득한 유치권의 효력에 대한 검토 —대법원 2014. 3. 20. 선고 2009다60336 전원합의체 판결을 중심으로—", 東亞法學, 제64호(2014. 8).

_____, "허위·가장 유치권 문제와 유치권 등기의 필요성에 대한 검토", 民事法理論과 實務, 제18권 제1호(2014).

이홍렬, "부동산 유치권에 관한 민법개정안의 검토", 비교사법, 제22권 제3호(2015. 11).

장석천·이은규, "민법 유치권 개정 법률안 중 저당권설정청구권에 관한 소고", 財産法研究, 제32권 제3호(2015. 11).

장창민, "부동산유치권에 관한 일고 —2013년 입법예고된 유치권개정안과 관련하여—", 東北亞法研究, 제8권 제1호(2014).

전장헌, "부동산경매절차에서 유치권에 관한 개선방안", 民事執行法研究, 제9호(2013).

정준영·이동진, 부동산 유치권의 개선에 관한 연구, 2009년도 법무부 연구용역과제 보고서.

지원림, 민법강의(홍문사, 2015).

車文鎬, "유치권의 성립과 경매", 司法論集, 제42집(2006).

崔東弘·劉銑鍾, "부동산경매에서 유치권신고의 의무화", 法曹, 제59권 제4호(2010).

한상곤, "민사집행절차에서 본 유치권의 개정안에 대한 고찰", 慶熙法學, 제50권 제1호(2015).

홍봉주, "부동산유치권에 관한 개정안 검토", 일감법학, 제31호(2015. 6).

제 3 장

민법상 구제수단의 다양화:

이행·추완·금지청구권에 관한 민법개정안

김 재 형

I. 서 론

민법상 구제수단은 매우 다양하다. 물권을 보호하기 위한 대표적인 구제수단으로 물권적 청구권이 있고, 채무불이행에 대한 구제수단으로 강제이행과 손해배상 그리고 계약의 해제·해지가 있다. 부당이득반환청구권과 불법행위에 기한 손해배상청구권은 물권을 비롯한 각종 권리와 다양한 형태로 새롭게 등장하는 법적 이익을 보호하는 중요한 구제수단이다. 그 밖에 비용상환청구권 등 여러 구제수단이 민법 여기저기에 흩어져 있고, 추완청구권, 대상청구권, 금지청구권 등 학설이나 판례에서 인정하는 구제수단도 있다.

법무부 민법개정위원회(이하 '위원회'라 한다)는 2009년 2월부터 2014년 2월 17일까지 5년 동안 민법 재산편에 관한 개정안을 마련하였는데, 개정안에 새로운 구제수단들이 포함되어 있다. 특히 위원회는 이행청구, 추완청구권, 대상청구권, 금지청구권에 관한 규정을 신설하기로 하였다. 이러한 개정안은 민법에서 명문의 규정으로 새로운 구제수단을 인정한 것으로서 우리 민법에 큰 변화를 가져올 수 있는 매우 중요한 내용이라고 할 수 있다. 개정안이 통과된다면, 전통적인 구제수단 이외에 여러 새로운 구제수단이 민법에 명문의 규정으로 도입됨으로써, 구제수단은 더욱 다양하게 될 것이다.

　이행청구권은 비교법적 고찰의 주요 주제이다. 대륙법계에서는 이행청구권을 넓게 인정하고 있는 반면, 영미법계에서는 이행청구권, 특히 특정이행(specific performance) 청구를 예외적으로 인정하고 있을 뿐이기 때문이다. 또한 해석론으로 추완청구권이나 금지청구권을 인정할 수 있는지, 입법론으로 이러한 권리를 도입한다면 어떠한 방식으로 도입할 것인지에 관해서는 논란이 많다.

　채권총칙에서 다루는 이행청구권과 추완청구권은 '채무자가 해야 할 일을 하지 않는 경우'에 그 이행이나 추완을 요구하는 청구권인데, 추완청구권은 이행청구권의 일종이라고 할 수 있다. 위법행위에 대한 금지청구권은 '해서는 안 될 일을 하려는 경우'에 그 금지를 요구하는 청구권이다. 이러한 청구권은 서로 명확하게 구별되는 것처럼 보이지만, 작위(作爲) 또는 부작위(不作爲)를 청구하는 것이라는 점에서 공통점 또는 유사점이 있다. 한편 이행청구권이 부작위의 이행을 구하는 경우에는 일정한 행위의 금지를 청구하는 모습으로 나타날 수 있고, 금지청구권은 위법행위를 금지하는 데서 나아가 금지청구를 실현하는 데 필요한 작위를 청구하는 모습을 띠기도 한다.

　법무부 민법개정위원회는 분과위원회 별로 개정시안을 마련하여 최종적으로 전원위원회 또는 전체회의[1]에서 개정안을 확정하였다. 이행청구권과 추완청구권에 관한 개정안은 채무불이행법을 다루는 분과에서 담당하였다.[2] 2010년 제2기 민법개정위원회 채무불이행법

---

[1] 법무부 민법개정위원회는 제1기인 2009년에는 민법개정위원 전원이 개최한 회의를 전원위원회라고 하였으나, 제2기인 2010년부터는 전체회의라는 명칭을 사용하였다.

[2] 법무부 민법개정위원회(위원장 서민 교수)는 제1기(2009년)에는 민법총칙과 담보제도를 다루었고, 채권법에 관한 개정안은 다루지 않았다. 채무불이행법에 관해서는 제2기(2010년) 민법개정위원회 제2분과위원회에서 개정안을 작성하기 시작하

분과위원회에서 분과위원회안을 확정한 것도 있고 그렇지 않은 것도
있었는데, 여기에서 다루고자 하는 이행청구, 추완청구권, 강제이행에
관한 개정안은 당시에 이미 확정되어 있었다.[3] 한편, 위법행위에 대
한 금지청구권에 관한 개정안은 제2기 민법개정위원회 제6분과위원
회(불법행위)에서 담당하였다.[4] 필자는 금지청구권에 관하여 관심이
많았고 인격권에 기한 금지청구권에 관한 개정안을 신설할 것을 제안
한 적이 있었고,[5] 제6분과위원회 회의에 참석하여 인격권에 관한 개

여 제3기(2011년) 민법개정위원회 제4분과위원회, 제4기(2012년) 민법개정위원회
제3분과위원회에서 계속 개정안을 작성하였다. 2013년에는 분과위원회에서 이미
작성한 개정안을 확정하기 위하여 제4기의 후속분과로서 운영되었다. 채무불이행
법을 맡은 분과위원회의 위원들은 분과위원장을 포함하여 매년 6명 또는 7명 정도
로 구성되었다. 분과위원장 송덕수 교수, 위원 김동훈 교수, 김재형 교수, 오종근
교수, 정진명 교수, 박동진 교수(이상 학계), 강승준 부장판사, 문용호 변호사, 안
태용 변호사, 전원열 변호사(이상 실무계)가 참여하였는데, 위원들의 변동이 있었
다. 제2기 민법개정위원회부터는 분과위원회에서 작성한 개정안은 실무위원회(위
원장 윤진수 교수), 분과위원장단 회의(위원장 서민 교수)를 거쳐 민법개정위원회
전체회의에 회부되어 확정되었다. 그 경과에 관하여 상세한 것은 송덕수, "채무불
이행에 관한 민법개정시안", 민사법학, 제60호(2012. 9), 151~155면; 송덕수, "채
무불이행의 요건", 민사법학, 제65호(2013. 12), 207~209면; 김재형, "채무불이행
으로 인한 손해배상에 관한 민법개정안", 민사법학, 제65호(2013. 12), 584면(민법
론 V (2015)에 재수록. 이하 이 책에 따라 인용한다); 김재형, "계약의 해제・해
지, 위험부담, 사정변경에 관한 민법개정안", 서울대학교 법학, 제55권 제4호
(2014. 12), 3면 이하 참조.

3) 필자는 제1기와 제2기 민법개정위원회에서는 담보제도 분과위원회에 있다가 2011
년 제3기 민법개정위원회부터 채무불이행법을 다루는 분과에 합류하여 개정안을
작성하는 과정에 참여하였다. 제3기 민법개정위원회 분과위원회에서는 채무불이
행에 관한 개정안 중 확정되지 않았거나 새롭게 논의하기 시작한 개정안을 작성하
였으나, 제2기에서 확정된 분과위원회안에 관해서는 간략한 보고를 하는 방식으로
진행되었다.

4) 제2기 민법개정위원회 제6분과위원회는 분과위원장 엄동섭 교수, 분과위원 김천
수, 김상중, 이창현 교수(이상 학계), 설범식 부장판사, 김용호 변호사(이상 실무
계)로 구성되었으나, 제3기 민법개정위원회에서는 실무계 위원이 연운희 부장판사
와 안태용 변호사로 교체되었다.

5) 필자는 인격권에 관한 입법제안을 하면서 인격권의 개념을 비롯한 여러 규정을 두
고 인격권 침해에 대한 구제수단의 하나로서 제3조의5를 신설하여 "인격권 침해

정안을 발표하기도 하였다.

이 글에서는 2012년과 2013년 민법개정위원회 전체회의에서 확정된 「이행청구, 추완청구권, 금지청구권에 관한 민법개정안」(이하 '민법개정안' 또는 '개정안'이라 약칭한다)을 소개하고 그 의미를 살펴보고자 한다. 개정안에서 이행청구권과 추완청구권은 채권편의 총칙부분에 규정되어 있고, 금지청구권은 불법행위의 장에 규정되어 있지만, 민법상의 새로운 구제수단으로서 그 공통점과 차이점을 서로 비교하면서 검토하는 것이 그 의미와 내용을 깊이 있게 이해하는 데 도움이 될 것이다.

II. 이행·추완·금지 청구권에 관한 민법개정안 개관

1. 현행법

(1) 민법은 제389조[6]에서 강제이행에 관한 규정을 두고 있을 뿐이고 이행청구, 추완청구권, 금지청구권에 관한 명문의 규정은 없다.

(2) 학설은 이행청구권을 인정하고 있는데,[7] 제389조는 이행청구권을 전제로 한 것으로 볼 수 있다. 그러나 이행의 청구와 강제이행은 구별되므로, 제389조가 이행청구권 자체를 규정한 것은 아니다.

(3) 제214조는 소유물방해배제청구권에 관하여 규정하고 있다. 인격권에 기한 금지청구권에 관해서는 명문의 규정이 없지만, 판례에 의하여 금지청구권이 인정되고 있다.[8] 또한 판례는 위법행위에 대한

에 대한 중지 또는 예방 청구"에 관한 규정을 둘 것을 제안하였으나, 위원회에서 확정된 인격권에 관한 개정안은 제3조의2에서 인격권에 관한 기본 규정을 두는 것에 그쳤다. 김재형, "인격권에 관한 입법제안", 민사법학, 제57호(2011. 12), 41면 이하.

6) 민법의 조항은 법률의 명칭을 기재하지 않고 인용한다.

7) 양창수·김재형, 계약법, 제2판(2015), 428면.

8) 대판 1996. 4. 12, 93다40614(공 1996, 1486); 대판 1997. 10. 24, 96다17851(공 1997, 3574); 대결 2005. 1. 17, 2003마1477(공 2005, 391).

금지청구권도 인정하고 있다.9)

2. 민법개정위원회의 개정안

(1) 민법개정위원회에서 확정한 이행청구, 추완청구권, 금지청구권에 관한 개정안은 다음과 같다.

첫째, 제386조의2(채권자의 이행청구)를 신설하여 채권자는 채무자에 대하여 채무의 이행을 청구할 수 있다는 규정을 둔다.

둘째, 제388조의2(추완청구권)를 신설하여 불완전이행의 경우에 채권자의 추완청구권을 원칙적으로 인정하고, 다만 추완에 과다한 비용을 요하거나 그 밖에 추완을 합리적으로 기대할 수 없는 경우에는 예외적으로 추완청구권을 부정한다.

셋째, 강제이행에 관한 제389조에서 제1항만을 유지하고 제2항부터 제4항까지 모두 삭제한다. 제2항과 제3항은 민사집행에 관한 것이기 때문에, 민사집행법에 맡긴 것이다. 제4항은 강제이행이 손해배상에 영향을 미치지 않는다는 것으로 당연한 조항이라고 보아 삭제한 것이다.

넷째, 제766조의2(금지청구)를 신설하여 위법행위에 대한 금지청구권을 인정하고 그 요건을 정한다.

(2) 2004년 민법개정안을 작성할 당시 제389조를 삭제하고 민사소송법(현재는 민사집행법)에 통합하는 개정 의견이 있었으나, 이 규정은 이행청구권을 긍정한 것으로 그 의미가 적지 않다는 의견이 많아 개정에서 제외되었다.10) 또한 추완청구권과 대체급부청구권을 명문화하는 개정의견11)이 제시된 바 있으나, 최종 개정안에는 포함되지 않

---

9) 대결 2010. 8. 25, 2008마1541(공 2010, 1855).
10) 법무부, 2004년 민법(재산편)개정자료집(2004), 568면.
11) 법무부(주 10), 565면. 당시 양창수 교수의 개정의견은 다음과 같다. ① 채무자가 채무를 불완전하게 이행한 때에는 채권자는 법원에 그 완전한 이행을 청구할 수 있다. ② 이미 행하여진 급부가 추완할 수 있는 것인 경우에 채권자는 그 추완을

왔다.

제764조의2를 신설하여 예방적 부작위청구권을 신설하자는 개정
의견이 있었으나, 이는 장기적 검토 사항으로 미루어졌다. 이 의견이
2013년 민법개정안에서 금지청구에 관한 제766조의2로 실현되었다고
볼 수 있다. 한편, 채권자의 이행청구에 관한 개정안이나 추완청구에
관한 개정안에 관해서는 2004년 민법개정안을 작성할 당시 개정 의
견이 없었다.

(3) 2013년에 확정된 민법개정안에 있는 위 4개의 조항은 2004년
민법개정안에는 없었던 조항들이다. 따라서 이번 민법개정위원회는
2004년 민법개정안에 비하여 매우 적극적으로 개정안을 마련하였다
고 볼 수 있다.

현행법	2004년 민법개정안	2012/2013년 민법개정안
<신설>	개정안 없음	제386조의2(채권자의 이행청구)
<신설>		제388조의2(추완청구권)
제389조(강제이행)		제389조(강제이행)
<신설>		제766조의2(금지청구)

Ⅲ. 이행청구와 강제이행에 관한 개정안과 그 내용

1. 쟁 점

민법개정위원회에서 강제이행에 관한 제389조를 삭제하거나 수
정할 것인지, 이행청구권에 관한 규정을 신설할 것인지 문제되었다.
분과위원회[12]에서 이행청구권에 관한 규정을 신설하고, 강제이행에

청구하여야 한다. 그러나 추완에 과다한 비용을 요하는 경우에는 대체이행을 청구
할 수 있다.
12) 이하 분과위원회는 2010년부터 채무불이행법을 담당했던 분과위원회 또는 불법행

관해서는 삭제하는 방안과 수정하는 방안을 제시하였는데, 실무위원
회, 분과위원장단 회의, 전체회의에서 이행청구권에 관한 조항을 신
설하고 강제이행에 관한 규정을 수정하기로 하였다. 이행청구권에 관
한 규정이 앞에 있지만, 강제이행에 관하여 논의하다가 이행청구권을
신설하기로 한 것이기 때문에, 먼저 강제이행에 관한 규정에 관해서
살펴본 다음에 이행청구권에 관해서 살펴보고자 한다.

2. 강제이행에 관한 제389조의 의미

(1) 채권은 채권자가 채무자에 대하여 일정한 급부를 청구하는
것을 내용으로 하는 권리이다. 따라서 채무자에 대한 청구적 효력(즉
청구력)과 채무자의 급부를 받아서 이를 적법하게 간직할 수 있는 효
력(즉 급부보유력)이 채권의 기본적 효력 또는 최소한도의 법적 효력
이다. 그런데 채무자가 임의로 이행하지 않는 경우에는 국가권력의
활동을 통해서 채무내용의 실현이 강제되는 것이 원칙이다. 그러한
채무의 이행을 보장하는 방법으로 현실적 이행을 강제하는 방법과 손
해를 배상하도록 하는 방법이 있다.13) 따라서 이행청구권은 채권의
청구력에서 도출되는 것이고, 제389조는 채무불이행에 대한 구제수단
중 하나인 현실적 이행의 강제를 정한 것이라고 할 수 있다.

(2) 채무자가 임의로 자신이 부담하는 채무를 이행하지 않는 경
우에 그 채무의 내용 그대로를 국가기관(집행법원 또는 집행관 등의 강
제집행기관) 등의 힘에 의하여 강제적으로 실현하는 것을 강제이행이
라고 한다.

영미법계에서는 계약 위반에 대한 원칙적인 구제수단이 손해배
상이고, 채무의 이행을 강제하는 특정이행(specific performance)은 예
외적으로 인정된다. 이에 반하여 대륙법계에서는 채무불이행에 대한

위법을 담당했던 분과위원회를 가리킨다.
13) 곽윤직, 채권총론, 제6판(2006), 106면.

원칙적인 구제수단으로 강제이행과 손해배상을 병렬적으로 인정하고
있다.

민법 제정당시 법전편찬위원회는 민법전편찬요강에서 강제이행
규정에 관하여 "414조[14] 2항·3항을 삭제하고 민사소송법에 此를 규
정할 것"이라고 정하였다.[15] 이는 만주국 민법[16]과 유사하다. 그러나
민법초안에서는 현행민법 제389조와 마찬가지로 제2항, 제3항을 그
대로 두었다. 민의원 법제사법위원회 민법안심의소위원회는 "현행법
(의용민법을 가리킨다. 필자 주) 제414조와 동일한 취지이나 조문 작성
이 개량되었다"고 하였다.[17]

민법의 기초자는 처음부터 채무불이행에 대한 주요한 구제수단
으로 강제이행과 손해배상을 병존시키고자 하였다고 볼 수 있다. 다
만 법전편찬위원회에서는 의용민법과는 달리 민법에서는 강제이행에
관한 원칙적인 규정만을 두고 집행방법에 관한 내용은 민사소송법에

---

14) 의용민법을 가리키는 것으로 현행 민법 제389조에 해당한다. 의용민법(현재의 일
    본 민법도 마찬가지이다) 제414조는 다음과 같다.
    ① 채무자가 임의로 채무를 이행하지 아니한 때에는 채권자는 그 강제이행을
    청구할 수 있다. 다만, 채무의 성질이 이를 허용하지 아니하는 때에는 그러하지
    아니하다.
    ② 채무의 성질이 강제이행을 허용하지 아니하는 경우에는 그 채무가 작위를
    목적으로 하는 때에는 채권자는 채무자의 비용으로써 제3자에게 이를 하게 하는
    것을 재판소에 청구할 수 있다. 다만 법률행위를 목적으로 하는 채무에 관하여는
    재판으로써 채무자의 의사표시에 갈음할 수 있다.
    ③ 부작위를 목적으로 하는 채무에 관하여는 채무자의 비용으로써 그것을 제각
    하고 또 장래를 위하여 적당한 처분을 하는 것을 청구할 수 있다.
    ④ 전 3항의 규정은 손해배상의 청구를 방해하지 아니한다.
15) 양창수, "민법안의 성립과정에 관한 소고", 민법연구, 제1권(1991), 105면.
16) 만주 민법 제376조는 다음과 같이 규정하고 있다.
    ① 채무자가 임의로 채무의 이행을 하지 않을 때는 채권자는 그 강제이행을 법
    원에 청구할 수 있다. 다만, 채무의 성질이 이것을 허용하지 않을 때에는 그렇지
    않다.
    ② 전항의 규정은 손해배상의 청구에 영향이 없다.
17) 민의원 법제사법위원회 민법안심의소위원회, 민법안심의록, 상권(1957), 233면.

두려고 하였으나, 민법초안에서 의용민법과 동일한 방식으로 규정하되 문구를 수정하였다. 민법초안에 따라 제정된 민법이 시행된 후에 강제이행 규정의 해석론에 관하여 일본에서와 유사한 논란이 발생하였다. 위 규정에 관하여 논란이 있지만 민법개정안을 이해하는 데 필요한 한도에서 간략하게 그 의미를 살펴보고자 한다.

(3) 제389조 제1항 본문은 "채무자가 임의로 채무를 이행하지 아니한 때에는 채권자는 그 강제이행을 법원에 청구할 수 있다."라고 정함으로써, 채무불이행에 대한 구제수단으로 강제이행청구가 원칙적으로 허용된다는 점을 명시하고 있다. 따라서 채권자는 원칙적으로 법원에 채무의 이행을 채무자에게 명할 것, 즉 이행판결을 청구할 수 있다. 이를 소구력(訴求力)이라 한다. 나아가 채권자는 법이 정하는 절차와 방식에 따라 채권의 내용을 강제적으로 실현할 수 있는 실체법상의 권능을 가진다. 이를 강제집행력이라 한다. 제389조 제1항 단서는 "그러나 채무의 성질이 강제이행을 하지 못할 것인 때에는 그러하지 아니하다."라고 정함으로써 채무의 성질을 기준으로 강제이행이 허용되지 않는 예외를 정하고 있다. 따라서 제389조 제1항은 본문에서 채무불이행의 경우에 채권자가 원칙적으로 소구력과 강제집행력을 가진다는 것을 선언하고, 단서에서 강제이행을 청구할 수 없는 예외를 정한 점에서 의미가 있다.[18)]

제389조 제2항, 제3항의 규정은 모두 채권의 강제실행에 관한 것이다. 먼저 제2항 전단에서 "전항의 채무가 법률행위를 목적으로 한 때에는 채무자의 의사표시에 갈음할 재판을 청구할 수 있"다고 하여 의사표시를 하는 채무의 강제이행의 방법을 정한다. 제2항 후단은 "채무자의 일신에 전속하지 아니한 작위를 목적으로 한 때에는 채무자의 비용으로 제삼자에게 이를 하게 할 것을 법원에 청구할 수 있

---

18) 양창수·김재형(주 7), 428면. 동지: 김형석, "강제이행 —특히 간접강제의 보충성을 중심으로—", 서울대학교 법학, 제46권 제4호(2005. 12), 266면, 280면.

다."라고 함으로써, 대체적 작위채무("채무자의 일신에 전속하지 아니한 작위를 목적으로" 하는 채무)에 대하여는 "채무자의 비용으로 제3자에게 이를 하게 할 것" 즉 대체집행의 방법을 인정한다. 제3항은 "그 채무가 부작위를 목적으로 한 경우에 채무자가 이에 위반한 때에는 채무자의 비용으로써 그 위반한 것을 제각하고 장래에 대한 적당한 처분을 법원에 청구할 수 있다."라고 함으로써 부작위채무의 불이행에 대하여 대체집행을 인정하고 있다.

(4) 그런데 제389조는 절차법에 관한 사항을 실체법인 민법에 규정하고 있다는 문제가 있다.[19] 민사집행법에 민사집행에 관한 절차를 규정하고 있는데, 그 집행방법으로 직접강제(제257조 – 259조), 대체집행(제260조, 제262조, 제263조), 간접강제(제261조, 제263조), 의사표시를 하는 채무의 강제이행(제263조 제1항 후단)에 관해서 정하고 있다. 민법 제389조 제2항, 제3항에서 정하고 있는 내용은 제1항에서 정한 강제이행의 구체적인 방법으로 볼 수도 있지만, 민사집행법에서 정한 집행방법과 중첩된다. 민사집행법에서 집행방법을 정하고 있기 때문에, 제389조 제2항, 제3항이 없더라도 별다른 문제가 생기는 것은 아니다.

제389조 제1항에서 정해진 '강제이행'이 직접강제를 의미한다는 견해가 통설이지만,[20] 이는 문언의 표현과 일치하지 않는다. 따라서

---

19) 곽윤직, 채권총론, 신정판(1994), 188면; 김상용, 채권총론(2006), 147면; 김용한, 채권법총론(1988), 184면; 김형배, 채권총론, 제2판(1998), 140면. 또한 법무부(주 10), 566면도 참조. 한편 김형석(주 18), 282면, 283면은 제389조 제2항 전단은 실체법의 의미가 없는 절차규정이나, 제389조 제2항 후단과 제3항은 실체법적 의의를 가지고 있다고 한다.

20) 곽윤직(주 13), 108~109면; 김기선, 한국채권법총론, 제3전정판(1987), 140면; 김대정, 채권총론, 개정판(2007), 583면; 김상용(주 19), 148면; 김용한(주 19), 185면; 김증한·김학동, 채권총론, 제6판(1998), 119면; 김형배(주 19), 137면; 이은영, 채권총론, 제4판(2009), 164면 주1; 장경학, 채권총론(1992), 120면; 곽윤직 편, 민법주해[Ⅸ], 176면(호문혁 집필부분); 박준서 편, 주석민법, 채권총칙(1)(2000), 404면(박해성 집필부분).

민법 제389조에서 강제이행에 관한 규정을 둔 것은 의미가 있지만,
집행방법에 관한 부분은 민사집행법의 관련 규정과 합치하지 않을 뿐
만 아니라 집행방법을 이중으로 규정한 것이라는 문제가 있다.

(5) 제389조 제4항은 강제이행의 청구는 손해배상에 영향을 미치
지 않는다고 규정하고 있는데, 이는 주의적 규정으로서 반드시 필요
한 규정은 아니다.[21]

3. 개정안의 작성경위와 내용

(1) 분과위원회의 논의

분과위원회에서 제389조(강제이행)의 규정을 삭제할 것인지에 관
하여 논란이 있었다.

(가) 강제이행 규정의 필요성

채무불이행의 경우에 채권자가 원칙적으로 손해배상을 청구하도
록 하자는 의견이 있었다.[22] 이는 영미법상 특정이행을 예외적으로
인정하고 있는 것과 마찬가지로 손해배상을 원칙으로 하고 강제이행
을 예외적으로 인정해야 한다는 것이다. 그러나 우리 민법에서 손해
배상을 원칙으로 할 이유가 없기 때문에 이 견해는 채택되지 않았다.
채무를 이행하지 않으려는 자와 채무의 이행을 받으려는 자의 이익
중 무엇을 더 중시해야 하는지 문제되는데, 채권자의 이익을 우선해
야 한다는 것이다.[23]

그런데 채무불이행의 경우 손해배상만 청구할 수 있는 것이 아니
라 이행청구도 할 수 있도록 하기 위해서 '강제이행'에 관한 규정이

21) 곽윤직 편, 민법주해[IX], 181면(호문혁 집필부분); 법무부(주 10), 566면.
22) 2010. 2. 25. 「제2기 민법개정위원회」 제2분과위원회 제2차 회의(김동훈 발언부
분); 2010. 3. 11. 「제2기 민법개정위원회」 제2분과위원회 제3차 회의(김동훈 발언
부분).
23) 2010. 3. 11. 「제2기 민법개정위원회」 제2분과위원회 제3차 회의(오종근, 전원열
발언부분).

있어야 하는 것은 아니다. 가령 독일 민법 제241조와 같이 채권자의
이행청구권에 관한 규정으로 충분하다고 볼 수 있다.[24] 따라서 제389
조는 그 해석을 둘러싸고 여러 혼란을 초래하고 있고 필요성도 없기
때문에 이 규정을 존치할 필요가 없다는 견해가 있었다.[25]

(나) 강제이행 규정의 위치

제389조는 민사집행절차에 관한 규정으로서 실체법인 민법에 있
을 필요성이 있는지 의문이 제기되었다.[26] 제389조는 프랑스 민법[27]
과 일본 민법과 같이 강제이행 규정을 실체법에 규정하고 있다. 그러
나 독일과 같이 실체법에는 채무 이행청구의 근거만 두고 구체적인
수단은 절차법에서 규정하는 방법도 있다. UNIDROIT 국제상사계약
법원칙(제7.2.2조)과 유럽계약법원칙(제9:102조)은 이행청구권에 관한
규정만을 두고 강제이행에 관한 규정을 두고 있지 않다. 한편 강제이
행은 채권에만 해당하는 것은 아니고 물권 등 다른 권리의 실현에도
해당하는 것이기 때문에, 일본의 가토 안[28]과 마찬가지로 민법총칙에

---

24) 독일 민법에는 강제이행에 관한 규정이 없고 제241조 제1항에서 "채권에 의하여
   채권자는 채무자에 대하여 급부를 청구할 수 있다."라고 정하고 있다. 독일 민사소
   송법은 집행방법에 관하여 직접강제(제883조 - 제886조), 대체집행(제887조), 간
   접강제(제888조, 제890조), 의사표시를 명하는 판결(제894조 - 제898조)을 정하고
   있다.
25) 송덕수, "민법개정위원회 제2분과 개정시안", 2010. 6. 24.「제2기 민법 개정위원
   회」제2분과위원회(제10차) 회의자료.
26) 2010. 2. 25.「제2기 민법 개정위원회」제2분과위원회 제2차 회의(송덕수 발언
   부분).
27) 프랑스 민법은 제1142조에서 "모든 작위나 부작위는 채무자의 불이행이 있는 때
   에는 손해배상으로 전화한다."라고 정하고 이행강제에 관한 규정이 없다. 그러나
   제1144조에서 대체적 작위채무의 불이행에 대하여 대체집행을 인정하고, 제1143
   조에서 부작위채무의 경우 채권자는 채무자에게 위반결과의 제거를 청구할 수 있
   고, 채무자의 비용으로 채권자 스스로 제거할 수 있도록 법원이 허락해 줄 것을
   청구할 수 있다고 규정하고 있다.
28) 2006년 4월 일본 나고야대학의 加藤雅信 교수의 주도로 민법개정연구회가 발족하
   였다. 이 연구회는 민법전 개정을 위한 개정조문의 시안을 제시하였는데(이를 '가
   토 안'이라 한다), 가토 안은 권리의 실현을 권리 일반의 문제로 보아 민법총칙에

규정해야 한다고 생각할 수도 있다.

　민법에서 채권자가 법원에 강제이행을 청구할 수 있다는 점을 규정하는 것이 의미가 있다는 점에서 이를 존속시키기로 하였다.29) 다만 민사집행법에 관한 규정과 중복되거나 충돌하는 문제가 발생하기 때문에, 제1항만 존속시키고 제2, 3, 4항을 삭제하기로 하였다.

　(다) 구체적인 개정시안

　분과위원회에서 논의한 개정시안30)은 다음과 같이 2개의 안을 토대로 진행되었다. 제1안은 제373조 앞에 제372조의231)를 신설하여 '채권자의 이행청구'라는 표제로 "채권자는 채무자에 대하여 채무의 이행을 청구할 수 있다."라고 정하고, 제389조를 삭제하는 것이다. 제2안은 제373조 앞에 제372조의2를 제1안과 동일하게 신설하고, 제389조 제1항의 내용을 제389조로 하며, 제2항, 제3항, 제4항은 삭제하는 것이다. 제1안과 제2안 모두 제389조 제2항, 제3항의 내용은 민사집행법에 규정하고, 민사집행법 제260조 제1항의 문구를 조정한다.

　개정시안 제372조의2는 채권의 기본규정이면서 채권에 대한 소권과 강제이행의 근거가 된다. 이것은 독일 민법의 위 조항과 일본의 채권법개정의 기본방침32)과 합치된다. 이 조항에 대해서는 실익이 없

　　권리의 실현이라는 장에서 제108조(임의의 이행)와 제109조(이행의 강제)를 두고 있다.
29) 2010. 2. 25.「제2기 민법개정위원회」제2분과위원회 제2차 회의(전원열, 강승준, 정진명 발언부분); 2010. 3. 11.「제2기 민법개정위원회」제2분과위원회 제3차 회의(오종근 발언부분).
30) 송덕수(주 25).
31) 나중에 조항의 위치를 제386조의2로 바꾸었다.
32) 2006년 10월 7일 內田 貴 동경대 교수(법무성 민사국 참여)를 비롯한 9명의 학자가 발기인으로 참여하여 일본민법(채권법) 개정검토위원회가 발족하였다. 이 위원회에서 제안한 안을 '우찌다 안'이라고 한다. 우찌다 안 [3.1.1.53](채권과 청구력)은 "채권자는 채무자에 대하여 채무의 이행을 구할 수 있다."고 정하고 있다. 이 조항에 관한 제안이유를 보면, 일본의 민법학설 중 다수의 입장을 기초로 하여 정립한 것이고, 동시에 채권의 기본구조에 관한 생각을 나타낸 것이라고 한다. 이러한 종류의 준칙을 군이 민법전에 둘 필요가 있는가 하는 의견이 있을지 모르나,

고 선언적 의미만을 위한 조문이라면 굳이 규정할 필요가 없다는 의
견과 채권의 효력에 관한 원칙규정을 두자는 의견이 양립하여 신설하
는 안과 신설하지 않는 안을 같이 제출하기로 하였다.

　제389조에 관해서는 그대로 두고 표현을 수정하자는 의견, 제2,
3, 4항을 삭제하자는 의견, 전체를 삭제하자는 의견이 있었다. 제389
조에 '강제이행을 할 수 있다'는 원칙을 규정하고 다른 사항은 민사집
행법에 규정하는 제2안과 같이 개정하기로 하되, 현행규정을 유지하
자는 의견도 있었음을 부기하여 제안하기로 하였다. 한편 제2안을 따
르면서도 제372조의2와 제389조를 하나의 조문으로 통합하여 제372
조의2 제1항에 이행청구에 관해서 규정하고, 제2항에 강제이행 청구
에 관해서 규정하는 것이 좋다는 견해도 있었다.[33]

　(2) 실무위원회의 의견

　실무위원회에서는 이행청구에 관한 규정을 신설하고 제389조 제
2항과 제3항을 삭제하는 것에 찬성하지만, 제389조에서 '이행의 청구
와 강제'라는 표제로 이행청구, 추완청구,[34] 강제이행의 청구를 한꺼
번에 규정할 것을 제안하고 있다.[35] 제389조 제3항에서는 현행법 제

　　법률전문가가 아닌 일반시민에게도 알기 쉬운 민법이라는 점에서는 필요하고, 나
　　아가 채권자는 채권의 성립을 주장·입증하기만 하면 채무자에 대하여 이행청구를
　　할 수 있음이 원칙이라는 것을 보여준다는 점에서 법률전문가에게도 의미가 있다
　　고 한다. 법무부, 일본채권법개정의 기본방침(2009), 227~228면. 그러나 그후 논
　　의과정에서 이 조항은 채택되지 않았고 2015년 3월 31일 일본 국회에 제출된 민
　　법개정안에서도 이 조항이 빠져 있다.
33) 2010. 6. 24. 「제2기 민법 개정위원회」 제2분과위원회 제10차 회의(오종근 발언
　　부분).
34) 이에 관해서는 다음 항에서 다룬다.
35) 윤진수, "2분과 개정안(372조의2 - 398조)에 대한 실무위 검토 결과", 2010. 11. 29.
　　분과위원장단 회의자료. 실무위원회가 제안한 개정시안 제389조는 다음과 같다.
　　　① 채권자는 채무자에 대하여 채무의 이행을 청구할 수 있다.
　　　② 채무자가 채무를 불완전하게 이행한 때에는 채권자는 채무이행의 추완
　　을 청구할 수 있다. 그러나 추완에 과다한 비용을 요할 때에는 그러하지 아니
　　하다.

1항을 옮겨 채권의 강제력(집행력)에 대한 규정으로 유지한다는 의견이지만, 이는 집행법의 문제라고 보아 삭제할 수도 있을 것이라고 한다. 제389조 제4항은 강제이행에 관한 절차법 규정이 아니라 이행청구권과 손해배상청구권 사이의 관계에 대한 실체법 규정이기 때문에, 존치하여야 한다고 한다.

(3) 분과위원장단 회의

분과위원장단 회의에서는 제386조의2에서 채권자의 이행청구에 관한 규정을 두고, 제389조에서는 강제이행에 관한 원칙적 규정만을 두기로 하였다. 이것은 분과위원회 개정시안 제2안과 동일한 것이다.

(4) 민법개정위원회 전체회의

전체회의에서 분과위원장단안대로 개정안을 확정하였다. 필자는 이행청구에 관한 제386조의2와 강제이행에 관한 제389조의 관계가 모호하다고 생각하여 이에 관해서 질문을 하기도 하였으나,[36] 개정안의 문제점을 들어 수정제안을 하지는 않았다.

현　　　행	개　정　안
<신　　설>	제386조의2(채권자의 이행청구) 채권자는 채무자에 대하여 채무의 이행을 청구할 수 있다.
<신　　설>	제388조의2(추완청구권) 채무자가 채무를 불완전하게 이행한 때에는 채권자는 채무이행의 추완을 청구할 수 있다. 그러나 추완에 과다한 비용을 요하거나 그 밖에

---

③ 채무자가 임의로 채무를 이행하지 아니한 때에는 채권자는 그 강제이행을 법원에 청구할 수 있다. 그러나 채무의 성질이 강제이행을 하지 못할 것인 때에는 그러하지 아니하다.

④ 제3항의 규정은 손해배상의 청구에 영향을 미치지 아니한다.

36) 2012. 11. 12. 제4기 민법개정위원회 전체회의(제4차) ―채무불이행―.

	추완을 합리적으로 기대할 수 없는 경우 에는 그러하지 아니하다.
제389조(강제이행) ① 채무자가 임의로 채무를 이행하지 아니한 때에는 채권자는 그 강제이행을 법원에 청구할 수 있다. 그러나 채무의 성질이 강제이행을 하지 못할 것인 때에는 그러하지 아니하다. ② 전항의 채무가 법률행위를 목적으로 한 때에는 채무자의 의사표시에 가름할 재판을 청구할 수 있고 채무자의 일신에 전속하지 아니한 작위를 목적으로 한 때에는 채무자의 비용으로 제삼자에게 이를 하게 할 것을 법원에 청구할 수 있다. ③ 그 채무가 부작위를 목적으로 한 경우에 채무자가 이에 위반한 때에는 채무자의 비용으로써 그 위반한 것을 제각하고 장래에 대한 적당한 처분을 법원에 청구할 수 있다. ④ 전3항의 규정은 손해배상의 청구에 영향을 미치지 아니한다.	제389조(강제이행) 채무자가 임의로 채무를 이행하지 아니한 때에는 채권자는 그 강제이행을 법원에 청구할 수 있다. 그러나 채무의 성질이 강제이행을 하지 못할 것인 때에는 그러하지 아니하다.

4. 개정안의 의미와 문제점

(1) 개정안 제386조의2는 채권자의 이행청구권을 새롭게 명시하고 있다. 이 조항은 채권의 의미와 효력을 명확하게 정하고 채권자의 가장 기본적인 구제수단이 이행청구권이라는 점을 밝히고 있다. 이행청구권의 인정 여부는 영미법계와 대륙법계의 가장 중요한 차이점 중의 하나인데, 이 개정안이 통과된다면 민법전에 이행청구권이 매우 선명한 형태로 규정되는 것으로 평가할 수 있다. 이와 같이 이행청구권을 원칙적으로 긍정하는 방식이 채무불이행에 대한 구제로서 손해배상만을 인정하는 방식보다 입법정책적으로도 우월하다고 볼 수 있다. 그것이 '계약은 지켜져야 한다(pacta sunt servanda)'는 법원리 또는

계약준수의 원칙을 더욱 직접적으로 관철하는 방법인 데다가 채권자의 기대와 이익을 충분히 보호하는 것이기 때문이다.

　　그러나 이 조항을 신설했다고 해서 새로운 구제수단이 추가되었다거나 구제수단이 강화되었다고 볼 수는 없다. 이러한 권리는 명문의 규정이 없더라도 채권의 효력으로서 인정될 수 있고, 강제이행에 관한 제389조에서 이행청구권을 도출할 수 있기 때문이다. 다만 이 개정안을 신설함에 따라 강제이행에 관한 제389조에서 이행청구권을 도출할 필요는 없어졌고, 해석론상 논란이 많은 제389조를 존치할 필연적인 이유도 없어졌다.

　　(2) 그런데도 개정안에서는 강제이행에 관한 제389조를 수정하여 존치하고 있으므로, 제368조의2와 제389조를 어떻게 이해할 것인지 문제된다.

　　제386조의2는 이행청구권의 근거이고, 이것이 이행되지 않았을 때 제389조를 통해 강제이행을 청구할 수 있다고 보는 견해가 있을 수 있다. 이 견해는 제386조의2는 채권의 청구력에 관한 것이고, 제389조는 소구력과 강제집행력에 관한 것이라고 보는 것이다.

　　그러나 제386조의2 규정은 채권자가 채무자에게 임의로 이행할 것을 청구하는 근거가 될 뿐만 아니라, 법원에 이행청구의 소를 제기하여 이행판결을 받을 수 있는 근거가 된다. 이는 가령 '손해배상을 청구할 수 있다'는 근거 조문에 기하여 손해배상을 청구하는 소를 제기하여 승소판결을 받을 수 있다는 점에 비추어 보아도 명백하다. 따라서 이행청구권에 관한 규정은 청구력과 소구력의 근거조문이고, 제389조의 강제이행 규정은 강제집행력을 정한 것으로 보는 것이 적절할 것이다.

　　(3) 제389조는 민사집행법의 실체법적 근거조문으로서 민사집행법을 통제하는 긍정적 기능을 한다는 점에서 의미를 찾을 수 있다. 특히 제389조 단서에서 채무의 성질이 강제이행을 하지 못할 것인

때에는 강제이행을 청구하지 못한다고 정한 것은 의미가 있다. 그러
나 물권 등 다른 권리에서는 '청구할 수 있다'는 규정만을 두고 있는
데, 채권에 기한 이행청구권에서만 '청구할 수 있다'는 규정과 '강제이
행을 할 수 있다'는 규정을 병존시키고 있는 것은 균형이 맞지 않는다.

　(4) 이행청구에 관한 제386조의2에서는 배제사유를 정하지 않는
반면, 강제이행에 관한 제389조는 그 배제사유를 정하는 방식이 적절
한 것인지 문제된다. 이행청구권에 기한 소를 제기하는 경우에 강제
이행의 경우와 마찬가지로 채무의 성질 등에 비추어 이를 배척해야
하는 경우가 있다. 가령 채무의 이행이 불가능한 경우, 채무의 내용이
위법한 경우, 채무가 일신전속적인 경우에는 이행청구권이 인정되지
않는다고 보아야 한다. 이러한 경우에는 이행청구권 자체를 배제해야
한다. 이러한 배제사유는 이행청구소송 단계나 강제집행 단계 모두에
공통된 것이다. 따라서 강제이행 규정을 삭제하고 이행청구권에 관한
규정에서 그 배제사유를 통일적으로 정하는 것이 바람직하다.[37]

　그리고 채무자가 채무를 이행하지 않아 채권자가 이행청구권을
행사하는 단계에서는 아무런 배제사유가 없다가, 채무를 불완전하게
이행하여 채권자가 추완청구권을 행사할 수 있는 단계에서 비로소 배
제사유가 생긴다고 보는 것은 합리적이지 않다. 아래 Ⅳ.에서 보듯이
추완청구권을 이행청구권의 일종으로 이해한다면, 이 점에서도 이행
청구권과 추완청구권의 배제사유도 공통적으로 정해야 한다고 볼 수
있다.

　만일 이행청구권, 강제이행, 추완청구권의 배제사유를 공통적으
로 정하는 규정방식을 채택할 경우 이행청구권의 배제사유에서는 이
행불능을 비롯하여 이행을 청구할 수 없는 사유를 좀 더 상세하고 명

37) 강제이행에 관한 규정을 존치하기로 한 이상 이행청구권에 관한 규정을 둘 필요가
　없다는 주장으로는 성승현, "채무불이행법 개정안의 '불완전이행' 개념 도입에 대
　한 단상", 법학논총, 제21집 제3호(조선대학교 법학연구원, 2014), 560~563면.

확하게 규정할 수 있다. 이러한 배제사유를 정하는 데는 다음 항에서
보는 추완청구권의 배제사유나 유럽계약법원칙38) 등의 국제규범 또
는 독일 민법 등의 입법례가 참고가 될 것이다.

Ⅳ. 추완청구권에 관한 개정안과 그 내용

1. 쟁　　점

채권자의 추완청구권을 신설할 것인지 여부, 신설한다면 그 위치
를 어디에 두고 어떠한 형태로 규정할 것인지, 채권자의 추완청구권
뿐만 아니라 채무자의 추완권에 관한 규정도 신설할 것인지에 관하여
논란이 있었다.

2. 현행법상 추완청구권과 추완권의 인정 여부

채무자가 채무를 제대로 이행하지 못한 경우에 채무자의 이행을
보완하는 것을 추완이라고 한다. 가령 목적물에 하자가 있거나 수량
이 부족한 경우에 하자의 보수 또는 완전한 물건의 제공을 요구하거
나 부족분의 추가이행을 요구하는 것이 이에 해당한다. 현행 민법에

---

38) 유럽계약법원칙 제9:102조(비금전채무)
　　(1) 불이행의 상대방은 금전지급 이외의 의무에 대하여 특정이행을 청구할 권
　리가 있으며, 여기에는 결함 있는 이행의 추완청구가 포함된다.
　　(2) 그러나 다음의 경우에는 특정이행을 얻을 수 없다.
　　(a) 이행이 불법이거나 불가능한 경우,
　　(b) 이행이 채무자에게 불합리한 노력이나 비용을 야기하는 경우,
　　(c) 이행이 인적 성질이 있는 용역 또는 작업의 제공을 내용으로 하거나 인
　적 관계에 좌우되는 것인 경우, 또는
　　(d) 불이행의 상대방이 다른 곳으로부터 합리적으로 이행을 얻을 수 있는 경우.
　　(3) 불이행의 상대방은 그가 불이행을 알았거나 알았어야 했을 때로부터 합리
　적 기간 내에 특정이행을 구하지 않으면, 특정이행을 청구할 권리를 상실한다.
　　이에 관해서는 Lando/Beale 편, 김재형 역, 유럽계약법원칙 제1·2부, 박영사
　(2013), 597면 이하 참조.

추완청구권이나 추완권에 관한 명시적인 규정은 없다.

　불완전이행39) 또는 불완전급부40)의 경우에 그 근거를 어디에서
찾든 손해배상청구권이 인정된다는 점은 이견이 없지만,41) 추완청구
권이 현행민법상 인정될 수 있는지에 대해서는 논란이 있다. 통설은
불완전이행의 경우에 추완이 가능하고 또 추완으로써 완전급부를 하
는 것이 여러 사정에 비추어 적법한 채무이행이 되는 때에는 채권자
에게 추완청구권을 인정한다.42) 이러한 추완청구권은 원래의 이행청
구권이 신의칙에 기하여 수정된 형태라고 할 수 있다.43) 그러나 현행
법에서는 추완청구가 인정되지 않는다는 견해가 있었다.44) 채무불이

39) 민법 제390조에서 정하고 있는 "채무의 내용에 좇은 이행을 하지 아니한 때"에는
　　채무불이행의 여러 유형인 이행지체, 이행불능, 이행거절, 불완전이행, 부수적 채
　　무 불이행이 포함된다. 불완전이행이 채무불이행 중에서 이행지체, 이행불능, 이행
　　거절에 속하지 않는 채무불이행을 가리키기 위해서 사용하고 있지만, 불완전이행
　　을 적극적으로 어떻게 파악할 것인지는 논란이 있다. 이에 관한 최근의 논의로는
　　성승현(주 37), 545면 이하 참조. 이 용어는 독일 민법학에서 사용한 개념을 번역
　　한 것이기 때문에, 그 용어의 모국에서 사용되는 용법에 따라 사용해야 한다고 볼
　　수도 있지만, 불완전이행이라는 용어는 독일어의 Schlechterfüllung과는 뉘앙스가
　　다르고, 불완전이행에서 문제되는 사안을 해결하기 위해 주장되었던 적극적 계약
　　침해(positive Vertragsverletzung) 또는 적극적 채권침해(positive Forderungs-
　　verletzung)보다도 넓은 의미를 가지고 있다고 생각할 수 있다.
40) 불완전급부는 급부를 하였으나 그것이 부적절하거나 불완전한 경우를 의미한다.
　　불완전이행과 불완전급부가 동일한 개념인지 논란이 있으나, 정확하게 일치하는
　　개념은 아니다. 민법전에서 급부라는 용어를 사용하고 있지 않아 불완전급부라는
　　용어도 사용하지 않는 것으로 볼 수 있다. 이하에서는 불완전이행이라는 용어를
　　사용하기로 한다.
41) 양창수·김재형(주 7), 387면; 대판 1994. 1. 28, 93다43590(공 1994, 824); 대판
　　2004. 7. 22, 2002다51586(공 2004, 1431); 대판 2015. 6. 24, 2013다522(공 2015,
　　1035).
42) 곽윤직(주 13), 100면; 김상용(주 19), 143면; 김주수, 채권총론(1988), 125면; 양
　　창수·김재형(주 7), 391면; 이은영(주 20), 242면; 황적인, 현대민법론 Ⅲ, 증보판
　　(1987), 118면; 곽윤직 편, 민법주해[Ⅸ], 310면(양창수 집필부분).
43) 곽윤직 편, 민법주해[Ⅸ], 310면(양창수 집필부분).
44) 송덕수, 신민법강의, 제8판(2015), 991면; 2010. 3. 11. 「제2기 민법개정위원회」
　　제2분과위원회 제3차 회의(송덕수 발언부분).

행의 경우에 손해배상을 하고 있는데 제394조에서 손해배상의 방법
은 금전배상이 원칙이므로, 추완청구권은 부정된다고 한다.[45] 이행청
구권은 귀책사유 없이 인정되는 것인데, 채권 성립 이후의 하자에 대
해서도 귀책사유 유무에 상관없이 추완을 청구할 수 있다고 한다면
특정물인도채무자의 선관의무에 관한 제374조와 모순된다는 것이다.

한편 불완전이행의 경우에 채무자도 추완이행을 제공함으로써
'채무의 내용에 좇은 이행'을 할 수 있다. 따라서 채권자가 그러한 추
완의 제공에도 불구하고 전적으로 새로운 완전급부를 고집하여 그 수
령을 거절하면 채권자는 채권자지체의 책임을 부담하게 된다. 결국
그러한 경우에는 채무자는 추완권을 가진다고 할 수 있다.[46]

3. 개정안의 작성경위와 내용

(1) 분과위원회

(가) 개정시안

2010년 분과위원회에서는 논의결과 제390조의 표제를 '채무불이
행의 효과'로 수정하고 추완청구권에 관한 개정시안을 작성하였다.

제1안은 제390조 제2항을 신설하여 "채무자가 채무를 불완전하
게 이행한 때에는 채권자는 손해배상에 갈음하여 혹은 손해배상과 함
께 이행의 추완을 청구할 수 있다. 그러나 추완이 불능하거나 채무자
에게 합리적으로 기대될 수 없는 경우에는 그러하지 아니하다."라고
정할 것을 제안하였다. 불완전이행이라는 용어를 사용할 것인지 불완
전급부라는 용어를 사용할 것인지 문제되는데, 위 개정시안은 '불완
전하게 이행한 때'라는 표현을 사용하고 있다.

제2안은 제1안에 채무자의 추완권을 추가한 것으로 제390조 제3

---

45) 2010. 3. 11. 「제2기 민법개정위원회」 제2분과위원회 제3차 회의(오종근 발언
부분).
46) 양창수·김재형(주 7), 391면.

항에 "채무자가 채무를 불완전하게 이행한 때에는 채권자에게 추완을 제안할 수 있다. 그러나 채무자의 추완이 채무의 이행을 불합리하게 지체시키거나 채권자에게 이익이 없거나 불합리한 부담을 과하는 경우에는 채권자는 이를 거절할 수 있다."라는 규정을 신설한 것이다.

분과위원회는 채권자의 추완청구권을 규정한다는 점에서는 이견이 없지만, 채무자의 추완권을 인정할 것인지 여부에 관하여 2개의 안을 제안한 것이다. 주요한 내용은 다음과 같다.[47]

(나) 채권자의 추완청구권

채무불이행이 있는 경우 채권자에게 일반적으로 인정되는 구제수단으로는 이행청구권, 손해배상청구권, 해제권 등이 있다. 채무자가 급부의무를 불완전하게 이행한 경우, 채권자에게 완전한 이행을 청구할 수 있는 권리, 즉 추완청구권을 인정할 필요가 있다. 채권자는 추완청구권을 행사하지 않고 손해배상을 청구할 수도 있지만, 추완청구권의 행사가 손해배상보다 채권자 또는 채무자의 이익에 보다 적합할수 있다. 현행법상 추완청구권의 인정 여부에 관하여 논란이 있기 때문에, 분과위원회에서 채무자가 채무를 불완전하게 이행한 경우 채권자에게 완전한 이행을 청구할 수 있는 권리가 인정됨을 명확히 하기위해서 추완청구권에 관한 명문규정을 두기로 하였다.[48]

(다) 채무자의 추완권

현행민법에서 채무자의 추완권을 직접적으로 인정하는 규정은 없다. 분과위원회에서 채무자의 추완권을 인정하는 규정을 두자는 의견이 있었는데, 소수의견으로 남았다. 그리하여 채무자의 추완권에 관한 개정시안은 간략하게 소개하고자 한다.

---

47) 오종근, 제3기(2011년) 민법개정위원회 제4분과위원회 회의자료 참조.
48) 개정안을 작성하면서 외국의 입법례나 국제규범에서 추완청구권에 관한 규정을 참고하였다. 이에 관한 비교법적 고찰은 우선 김재형, "종류매매에서 완전물급부청구권의 제한", 비교사법, 제22권 제4호(2015. 11), 1618~1643면 참조.

민법 제395조와 제544조는 채권자가 이행을 갈음하는 손해배상
을 청구하거나, 계약을 해제하기 위해서는 상당한 기간을 정하여 이
행을 최고하도록 하고 있는데, 이러한 규정이 채무자에게 추완할 수
있는 기회를 제공한다고 볼 수 있다. 불완전이행에 대한 구제수단으
로 채권자가 추완을 청구한 경우, 또는 전보배상이나 해제권을 행사
하기에 앞서서 채무자에게 이행이나 추완을 최고한 경우에는, 채무자
가 추완하면 충분하므로 추완권을 인정할 필요가 없을 것이다. 그러
나 불완전이행에도 불구하고 채권자가 추완청구권, 전보배상청구권,
해제권 등 구제조치를 취하지 않는 경우에, 채무자 스스로 채무불이
행 상태를 치유하기 위해서는 추완권을 인정할 필요가 있다.49) 이와
같이 추완은 본래 채무자가 부담하고 있던 이행의무를 실현하는 것이
므로, 손해배상이나 해제보다 당사자들의 이익에 부합한다고 볼 수
있다. 따라서 채권자에게 불합리한 부담이 되지 않는 범위에서 채무
자의 추완권을 인정함이 타당하다. 채권자의 추완청구권을 인정하는
CISG, PICC, PECL, DCFR 역시 채무자의 추완권을 인정하는 별개 규
정을 두고 있다.50) 채무자의 추완이 채권자에게 비용을 발생시키거나
부담이 되는 경우에는 채무자의 추완권을 제한할 필요가 있다.

　이러한 이유로 분과위원회는 채무자의 추완권을 인정하는 규정
을 두고 이 권리가 제한되는 구체적인 기준을 작성하기로 하였다. 이
에 관한 개정시안이 조금씩 바뀌었는데, 최종적으로 논의한 안은 "채
무자는 추완을 하기 전에 추완의 시기 및 내용에 관하여 채권자에게
통지하여야 하며", "채무자의 추완이 채무의 이행을 불합리하게 지체
시키거나 채권자에게 이익이 없거나 불합리한 부담을 과하는 경우"에
는 채권자가 채무자의 추완을 거절할 수 있도록 하는 것이었다.51)

---

49) 법무부, 일본 채권법개정의 기본방침(2009), 233면.
50) 이에 관해서는 김재형(주 48), 1633~1643면 참조.
51) 이러한 제한사유는 CISG 제48조, PICC 제7.1.4조, DCFR Ⅲ.－3:202, 일본민법 채

(라) 규정의 위치와 내용

추완청구권과 추완권을 신설할 경우 그 규정의 위치가 문제된다. 제1안은 제386조의2에서 이행청구권에 관한 규정을 신설하여 이행청구권과 함께 추완청구권, 채무자의 추완권을 규정하는 방안이다.[52] 이는 추완청구권을 이행청구권의 구체화라고 보는 입장이라고 할 수 있다. 제2안은 제390조를 채무불이행의 효과에 관한 일반규정으로 변경하여, 채무불이행의 효과로서 손해배상책임(제1항), 추완청구권(제2항), 추완권(제3항)을 함께 규정하는 방안이다. 이는 추완청구권을 채무불이행(특히 급부의무의 불완전이행)에 따른 효과라고 보고, 채무불이행에 따른 효과로서 손해배상책임을 규정한 제390조에서 손해배상책임과 함께 추완청구권, 추완권을 규정해야 한다는 것이다. 제3안은 제388조의2를 신설하여 '추완청구권 및 추완권'이라는 표제로 독립된 조문을 두는 방안이다.[53]

2010년 분과위원회에서는 제2안을 채택하였다. 이행청구권은 반

권법 개정제안(우찌다 안) 3.1.1.58 등을 참조한 것이다.

52) 이 방안에 따른 개정시안은 다음과 같다.

제386조의2(이행청구권) ① 채권자는 채무자에 대하여 채무의 이행을 청구할 수 있다. 그러나 채무의 이행이 불능하거나 채무의 이행이 채무자에게 합리적으로 기대될 수 없는 경우에는 그러하지 아니하다.

② 채무자가 채무를 불완전하게 이행한 때에는 채권자는 이행의 추완을 청구할 수 있다. 그러나 추완이 불능하거나 채무자에게 합리적으로 기대될 수 없는 경우에는 그러하지 아니하다.

③ 채무자가 채무를 불완전하게 이행한 때에는 추완을 제안할 수 있다. 그러나 채무자의 추완이 채무의 이행을 불합리하게 지체시키거나 채권자에게 이익이 없거나 불합리한 부담을 과하는 경우에는 채권자는 이를 거절할 수 있다.

53) 제388조의2(추완청구권 및 추완권) ① 채무자가 채무를 불완전하게 이행한 때에는 채권자는 채무이행의 추완을 청구할 수 있다. 그러나 추완에 과다한 비용을 요하거나 그밖에 추완을 합리적으로 기대할 수 없는 경우에는 그러하지 아니하다.

② 채무자가 채무를 불완전하게 이행한 때에는 이를 추완할 수 있다. 채무자는 사전에 추완의 시기 및 내용에 관하여 채권자에게 통지하여야 한다. 채권자는 채무자의 추완이 채무의 이행을 불합리하게 지체시키거나 채권자에게 이익이 없거나 불합리한 부담을 과하는 경우에는 이를 거부할 수 있다.

드시 채무불이행을 전제로 하지는 않지만, 추완청구권은 채무불이행
(급부의무의 불완전이행)을 전제로 한다. 따라서 제390조의 표제를 '채
무불이행과 손해배상'이 아니라 '채무불이행의 효과'로 수정하여, 제1
항에서는 현행과 같이 손해배상청구권을 규정하고, 제2항에서 추완청
구권에 관한 규정을 두기로 하였고, 제3항에서 추완권에 관한 규정을
둘 것인지에 관하여 2개의 안을 제시하였다.54) 그러나 2012년 분과
위원회에서는 제3안을 중심으로 논의하였다. 제388조의2에서 추완청
구권만 규정하고 채무자의 추완권에 관한 규정을 두지 않았다.55)

(2) 실무위원회

실무위원회는 2010년 분과위원회의 개정시안에 대하여 추완청구
권이 인정된다는 점만을 명백하게 한다면 일반채무불이행법의 체계
에서 그대로 해석상 인정될 수 있다고 한다. 그런데 개정시안과 같이
제390조와 제395조에 덧붙여 개정을 하는 것이 입법론적으로 바람직
하지 않다고 한다. 따라서 채무불이행으로 인한 손해배상과 함께 추
완청구권을 규정하는 것보다는 추완청구권이 이행청구권의 변형 내
지 연장임을 명시적으로 규정하는 것이 타당하다고 한다.56)

한편 채무자의 추완권을 인정하는 별도의 규정을 둘 필요가 없다

---

54) 채무불이행의 일반적 효과로는 손해배상청구권과 추완청구권 이외에도 계약해제
권이 있으므로, 민법 제390조를 채무불이행의 효과에 관한 일반규정으로 수정한
다면, 계약해제권도 규정할 필요가 있지 않은가라는 문제가 제기될 수 있다. 그러
나 해제권은 모든 채무불이행에서 문제되는 것이 아니라 채권관계의 발생 원인이
계약인 경우에만 문제되므로, 현행처럼 계약총론 부분에서 별도로 규정하는 것이
타당하다.
55) 채무자의 추완권을 규정하자는 의견이 2명, 규정하지 말자는 의견이 5명이었다.
56) 2010년 분과위원회에서는 이행청구권을 제373조의2로 규정하기로 하였는데, 실무
위원회에서는 위 조항을 보충하여 추완청구권을 인정하는 규정을 두어야 한다고
하였다. 그런데 제373조는 물권에 대한 것이므로 채권편에 속하는 규정을 제373조
의2로 두는 것은 어색하고 종래 채권의 효력으로서 강제력을 정하고 있는 제389
조의 위치에 이행청구권에 관한 규정을 함께 두는 것이 타당하다고 하였다. 윤진
수, 회의자료(주 35).

고 하였다. 채권자에게 추완청구권을 인정하는 이상 채무자는 추완의
무를 부담하며, 추완의무를 부담하는 채무자가 추완의 제공을 할 수
있음은 당연하다고 한다. 즉 채무자의 추완권을 인정하는 별도의 규
정을 두지 않아도, 이행의무를 부담하는 채무자가 이행의 제공을 할
수 있다는 규정(제460조)에 의하여 동일한 결론이 당연히 도출된다고
한다.[57]

(3) 분과위원장단 회의

분과위원장단 회의에서 제386조의2에서 이행청구권을 규정하고,
추완청구권에 관해서는 제388조의2에서 규정하며, 제389조에서는 강
제이행만을 정하기로 하였다. 이행청구권에 관해서는 배제사유를 두
지 않기로 하고 추완청구권의 배제사유로는 '추완에 과다한 비용을
요하거나 그밖에 추완을 합리적으로 기대할 수 없는 경우'를 명시하
기로 하였다. 채무자의 추완권은 규정하지 않기로 하였다.

(4) 전체회의

전체회의에서는 분과위원장단 회의에서 정한 대로 추완청구권에
관한 개정안을 확정하였다.

현 행	개 정 안
<신 설>	제388조의2(추완청구권) 채무자가 채무를 불완전하게 이행한 때에는 채권자는 채무이행의 추완을 청구할 수 있다. 그러나 추완에 과다한 비용을 요하거나 그

---

[57] 이에 대하여 오종근 교수는 "채무자의 추완의무는 채권자가 추완청구권을 행사할
때 비로소 발생하는 것이다. 이는 채무자의 본래의 이행의무가 채권자의 이행청구
권 행사 여부와 관계없이 채권관계(가령 계약)의 성립에 의해 발생하는 것과는 구
별된다. 따라서 채무자의 추완권을 인정할지 여부는 채권자의 추완청구권을 인정
하는 것과 별개로 검토되어야 한다."라고 한다. 오종근, 회의자료(주 47) 참조.

현　　　행	개　정　안
	밖에 추완을 합리적으로 기대할 수 없는 경우에는 그러하지 아니하다.

4. 개정안의 의미와 문제점

(1) 개정안은 채무불이행, 그중에서도 불완전이행에 대한 구제수단58)으로 추완청구권을 새롭게 규정하였다. 불완전이행의 경우에 전보배상이나 계약의 해제는 통설과 판례에서 인정되었지만, 추완청구권에 관해서는 논란이 있었다.59) 따라서 개정안에서 불완전이행에 대한 구제수단으로 추완청구권을 명시적으로 인정한 것은 의미가 있다. 명문의 규정이 없는 현 상태에서 그 인정 여부에 관하여 논란이 있는 데다가 실무상 활용빈도가 높지 않다. 개정안대로 입법이 된다면 추완청구권이 훨씬 활발하게 이용될 것이다. 따라서 이론적인 차원을 떠나 실무적으로는 구제수단의 다양화라는 관점에서 중요한 의미가 있다.

(2) 추완청구권에 관한 개정안은 다음과 같은 특징이 있다.

첫째, 채무자가 채무를 불완전하게 이행하였을 것, 즉 불완전이행이 추완청구권의 요건이다(개정안 제388조의2 본문). 학설과 판례에서 제390조의 해석을 통하여 채무불이행의 유형으로 이행지체나 이

---

58) 민법개정안은 민법 제359조를 개정하여 그 제3항에서 불완전이행에 대하여 전보배상청구권을 명시적으로 인정하기로 하였다. 개정안은 불완전이행의 경우 추완을 갈음하는 손해배상을 청구하려면 이행지체의 경우에 전보배상을 청구하기 위한 경우와 유사한 요건을 갖추도록 하였다. 개정안 제544조는 계약의 해제에 관하여 일반조항주의를 채택함으로써 불완전이행의 경우에도 계약을 해제할 수 있다는 명문의 근거규정으로 작동하도록 하였다. 위 개정안에 관한 설명은 우선 김재형, "채무불이행에 관한 민법개정안"(주 2), 214~25면; 김재형, "계약의 해제·해지, 위험부담, 사정변경에 관한 민법개정안"(주 2), 20면 이하 참조.

59) 위 Ⅳ. 2. 참조.

행불능 이외에도 불완전이행과 이행거절 등을 인정했는데, 민법개정안은 학설과 판례를 반영하여 불완전이행과 이행거절을 민법전에 명시적으로 규정하였다는 것[60] 자체로 중대한 의미가 있다. 민법개정안에서 불완전이행에 관한 규정을 두었다고 해서 이것이 채무불이행의 유형을 폐쇄적으로 한정하려고 한 것이라고 볼 수는 없다. 민법개정안의 기본태도는 민법 제390조(그리고 개정안 제544조의2)에서 채무불이행에 관한 일반조항주의('채무에 내용에 좇은 이행을 하지 아니한 때')를 유지하고 이를 전제로 개별조항에서 채무불이행의 각각의 유형에 따른 요건과 효과를 구체적으로 정하려고 한 것으로 보아야 한다. 이러한 개별조항이 적절한지 여부는 위와 같은 기본태도와는 별개의 문제로 검토해야 한다.

우리 민법에 불완전이행 개념을 도입할 필요가 없다는 비판적인 견해가 있다.[61] 그러나 채무불이행의 여러 유형 중에서 추완청구권이 필요한 경우를 정하기 위하여 불완전이행 개념을 채택하였다고 볼 수 있다. 이 개념이 불확정개념이라고 볼 수도 있지만, 불완전이행은 일반적으로 이행을 하였으나 그것이 부적절하거나 불완전한 경우를 의미한다. 대표적으로 하자 있는 물건으로 이행을 한 경우를 들 수 있지만, 이러한 경우에 한정되지 않는다. 이 개념이 독일 민법학에서 유래하였다고 하여 독일과 동일하게 이해해야 하는 것은 아니다. 장차 불완전이행의 의미를 좁게 파악할 것인지, 아니면 넓게 파악할 것인지를 둘러싸고 논란이 생길 수 있다.

둘째, 추완청구권은 이행청구권의 구체화라고 할 수 있기 때문

---

60) 개정안 제388조의2에서 불완전이행의 구제수단으로 추완청구권을 인정하고 있고, 전보배상에 관한 개정안 제395조와 계약의 해제에 관한 개정안 제544조에서 불완전이행과 이행거절을 명시적으로 인정하고 있다.

61) 성승현(주 37), 564면 이하; 성승현, "'불완전이행'과 '부적절한 이행' 개념의 용례에 관한 비교법사학적 고찰", 법학논총, 제35집 제3호(전남대학교 법학연구소, 2015), 125면 이하 참조.

에, 이행청구권이나 강제이행과 마찬가지로 채무자의 고의 또는 과실
은 추완청구권의 요건으로 정하지 않았다. 이 점에서 채무불이행으로
인한 손해배상의 요건과 명확하게 구별된다.

셋째, 추완청구권을 배제하는 사유로 '추완에 과다한 비용을 요
하거나 그 밖에 추완을 합리적으로 기대할 수 없는 경우'를 명시하였
다(개정안 제388조의2 단서). 개정안은 추완청구권의 배제사유를 명시
함으로써 추완청구권의 인정 여부를 둘러싼 분쟁을 해결하는 준거틀
을 마련한 것이다. 추완청구권을 무제한적으로 인정할 수 없는 이상
배제사유를 정한 것은 의미 있는 일이다. 그 배제사유를 어떻게 정할
것인지 논의되었는데, 개정안에서 채택하고 있는 '합리적 기대가능성
기준'은 명확하지 않다는 문제가 있기는 하지만,[62] 현 상황에서 받아
들일 수 있는 기준이라고 생각한다.

추완이 불가능하거나 불법인 경우에도 추완청구권이 배제된다.
이는 이행불능의 경우에 이행청구권이 배제되는 것과 마찬가지이다.
그 밖에 추완에 과다한 비용이 들거나 추완에 대한 합리적 기대가능
성이 없는 경우에도 추완청구권이 배제된다. 추완이 채무자에게 과도
하게 부담이 되는 경우, 채무가 인적 성격을 갖고 있어 추완을 강제
하기 곤란한 경우에 위 배제사유에 해당한다고 보아야 한다. 어떠한
경우에 추완에 대한 합리적 기대가능성이 있는지는 채권자측의 사정
과 채무자측의 사정을 종합적으로 고려하여 양측의 이익을 비교 형량
하는 방식으로 판단해야 한다.

넷째, 추완의 개념이나 판단기준을 명시하지 않고 해석론에 맡겼
다. 추완에는 하자보수뿐만 아니라 하자 없는 물건의 인도도 포함된
다.[63] 따라서 제581조 제2항에서 정하고 있는 완전물급부청구권도

---

62) 이러한 개정안에 대하여 추완청구권의 배제사유가 지나치게 넓다는 비판이 있다.
　　이진기, "민법개정안 채무불이행법에 관한 검토", 민사법학, 제68호(2014. 9), 207면.
63) 이진기(주 62), 205면은 민법개정위원회가 추완을 좁은 의미의 추완, 즉 하자보수

추완청구권에 포함된다고 보아야 한다.

　다섯째, 불완전이행의 경우에 추완청구권과 손해배상청구권은 병존할 수 있다. 채권자는 손해배상을 갈음하여 추완청구권을 행사할 수도 있고, 손해배상과 함께 추완청구권을 행사할 수도 있다. 채무자의 추완에도 불구하고 불완전이행으로 말미암아 여전히 남아있는 손해 또는 불완전이행으로 채권자의 신체나 재산 등에 2차적으로 발생한 손해, 추완을 하기까지 이행이 지체됨으로써 생긴 손해 등의 배상은 추완청구권과 병존할 수 있다. 그러나 추완을 갈음하는 손해배상을 청구하는 경우에는 추완청구권을 행사할 수 없음은 물론이다.

　여섯째, 불완전이행의 경우 전보배상청구권과 추완청구권의 관계가 문제되는데, 이 점은 개정안 제395조 제3항에서 규정하고 있다.[64] 채무자의 불완전이행에 대하여 채권자가 추완을 청구할 수 있는 경우에 채권자는 상당한 기간을 정하여 추완을 최고하였으나 채무자가 그

만으로 보고 있다는 인상이라고 하였다. 그러나 추완에는 하자 없는 물건의 이행도 포함하는 것으로 볼 수 있으므로, 추완 개념을 넓은 의미로 이해해야 할 것이다. 민법개정위원회에서 추완청구권에 관한 개정안을 작성할 당시 독일 민법, 미국 계약법, 일본 채권법개정논의, 유럽계약법원칙 등에서 사용하는 추완 개념을 참고하였는데, 이들 입법례 등에서도 추완 개념을 넓은 의미로 이해하고 있다.

64) 개정안 제395조(전보배상) ① 채무자가 채무의 이행을 지체한 경우에 채권자는 다음 각 호의 사유가 있는 때에는 수령을 거절하고 이행에 갈음하는 손해배상을 청구할 수 있다.

　　1. 채권자가 상당한 기간을 정하여 이행을 최고하였으나 채무자가 그 기간 내에 이행하지 아니하는 경우

　　2. 채권자가 상당한 기간을 정하여 이행을 최고하더라도 그 기간 내에 이행되지 아니할 것이 명백한 경우

　　3. 지체 후 이행이 채권자에게 이익이 없거나 불합리한 부담을 주는 경우

　　② 채무자가 미리 이행하지 아니할 의사를 표시한 경우에는 채권자는 이행기 전에도 이행에 갈음하는 손해배상을 청구할 수 있다.

　　③ 채무자의 불완전이행에 대하여 채권자가 추완을 청구할 수 있는 경우에 제1항을 준용한다.

　　이 개정안에 관해서는 김재형, "채무불이행으로 인한 손해배상에 관한 민법개정안"(주 2), 214~216면.

기간 내에 추완하지 아니하는 경우, 채권자가 상당한 기간을 정하여 추완을 최고하더라도 그 기간 내에 추완되지 아니할 것이 명백한 경우, 추완이 채권자에게 이익이 없거나 불합리한 부담을 주는 경우에 전보배상을 청구할 수 있다. 따라서 불완전이행의 경우 전보배상청구권을 청구하기 전에 추완청구권을 행사하도록 하였기 때문에, 추완청구권의 전보배상청구권에 대한 우위를 정한 것으로 볼 수 있다.

일곱째, 개정안은 추완청구권을 채권총칙편에서 일반적으로 인정하였다는 점에서도 의미가 있다. 이는 추완청구권이 인정되는 범위를 매매나 도급에 한정하지 않고[65] 그 밖의 계약에서도 포괄적으로 인정하고자 한 것이다. 이것은 장기적으로 채무불이행책임과 매도인의 담보책임을 일원적으로 구성하기 위한 단초가 될 수 있다.[66]

여덟째, 채무자의 추완권에 관한 규정을 두지 않았기 때문에, 그 인정 여부와 제한사유에 관해서는 해석론으로 해결해야 할 것이다. 채무자는 채무의 내용에 맞게 이행을 하지 않는 경우에 자신의 채무를 이행하기 위하여 추가적으로 이행을 보완할 수 있지만, 채무자의 추완이 채권자에게 불이익을 초래해서는 안 된다. 따라서 채무자의 추완권을 어떠한 경우에 어느 정도로 제한해야 할 것인지가 중요한 문제가 될 것이다.

(3) 개정안에서 추완청구권과 이행청구권의 관계를 좀 더 긴밀하게 연결시키지 않은 것은 아쉬운 부분이다. 유럽계약법원칙 제9:102조에서는 이행청구권과 추완청구권을 하나의 조항에서 규정하고(제1항), 그 배제사유도 통일적으로 규정하고 있다(제2항).[67] 추완청구권은 이행청구권의 일종이므로, 개정안에 관한 논의과정에서 표명되었

---

65) 이에 대하여 추완청구권은 매도인의 담보책임이나 수급인의 담보책임에서 개별적으로 인정해야 한다는 비판이 있다. 성승현(주 37), 562면.
66) 다만 개정안에서 매도인의 담보책임에 관한 개정안은 포함시키지 않기로 하였다. 김재형, "채무불이행으로 인한 손해배상에 관한 민법개정안"(주 2), 190면.
67) 위 Ⅲ. 4. 참조.

듯이 이행청구권과 추완청구권을 통일적으로 규정하는 것이 바람직
했을 것이다.[68] 개정안에서 이행청구권, 강제이행, 추완청구권을 별
도의 조항으로 각각 다른 방식으로 규정함으로써 이들 사이의 관계에
관하여 논란의 여지가 생겼고 그 요건이나 배제사유도 통일성이 없다
는 문제점이 있다.

(4) 민법 제581조 제2항은 종류매매에서 하자담보책임의 내용으
로 이른바 완전물급부청구권을 인정하고 있다. 개정안이 통과된다면
추완청구권에 관한 규정과 완전물청구권에 관한 규정이 병존하게 된
다. 따라서 종류매매에서 매매목적물에 하자가 있는 경우에 매수인은
완전물급부청구권을 행사할 수도 있고 추완청구권을 행사할 수도 있
다.[69] 따라서 추완청구권과 완전물급부청구권이 중첩적으로 적용되거
나 충돌하는 문제가 생긴다.[70] 이러한 문제는 도급 등 개별계약에서
하자보수청구권 등 추완청구권의 성질을 가진 권리에 관한 규정에서
도 발생한다.

매도인의 담보책임에 관한 개정안을 마련하여 채무불이행책임과
매도인의 담보책임의 관계를 명확하게 정돈할 필요가 있는데, 이 과
정에서 완전물급부청구권이나 하자보수청구권 등 추완청구권에 속하
는 규정들이 서로 충돌하거나 합치되지 않는 경우를 없앨 필요가 있
다. 현재의 개정안이 통과되면, 제581조 제2항의 완전물급부청구권은

68) 동지: 김영두, "추완청구에 관한 민법개정시안의 검토", 법학연구, 제24권 제1호
(연세대학교 법학연구원, 2014. 3), 49~53면.
69) 개정안에 따르면 종류매매에서 매수인이 하자 있는 물건을 수령한 경우에 완전물
급부청구권을 행사할 수 없고 추완청구권만을 행사할 수 있을 것이라는 견해가 있
다. 이진기(주 62), 207면. 이에 반하여 완전물급부청구권에 관한 규정이 추완청구
권에 관한 규정의 특별규정이라는 견해가 있다. 김대정, "2013년「채무불이행법
개정안」에 관한 약간의 검토", 중앙법학, 제17집 제4호(2015), 290면. 그러나 추완
청구권에 관한 개정안이 완전물급부청구권에 관한 규정을 배제하고 있지 않기 때
문에, 두 규정이 병존적·중첩적으로 적용될 수 있다고 생각한다.
70) 이진기(주 62), 207면; 김대정(주 69), 290면.

추완청구권의 일종인데도 그 제한 사유를 정하지 않고 있기 때문에, 추완청구권의 배제사유가 완전물급추청구권에도 적용되는지 문제될 것이다. 현재 판례는 완전물급부청구권을 공평의 이념에 따라 제한할 수 있다고 하는데,[71] 필자는 완전물급부청구권의 제한근거를 신의칙 또는 권리남용금지의 원칙에서 찾아야 한다고 주장하였다.[72] 매수인이 제581조 제2항에 따라 완전물급부청구권을 행사하는 경우에 개정안에서 정한 추완청구권의 배제사유가 유추 적용될 수 있을 것이다.[73] 그러나 제581조 제2항에서도 준용 규정을 두는 방식 등으로 그 권리를 제한하는 사유를 명시적으로 정하거나, 아니면 제581조 제2항을 삭제하고 추완청구권과 완전물급부청구권을 하나의 조항에서 통일적으로 규정하는 것이 바람직하다.

현행법의 해석론으로도 불완전이행의 경우에 채무자에게도 추완권이 인정될 수 있다. 채무자에게 추완을 할 수 있는 권리를 인정하는 것이 분쟁을 조기에 해결하고 분쟁비용을 줄이는 데 기여할 수 있다. 채무자의 추완권을 명확하게 하기 위해서 이에 관한 명시적인 규정을 두는 것이 바람직하지 않았을까 생각한다.

V. 금지청구권에 관한 개정안과 그 내용

1. 쟁   점

불법행위에 대한 구제수단은 손해배상인데, 금지청구권을 새롭게 인정할 것인지 여부, 인정할 경우 어떠한 요건과 효과를 부여할 것인지 여부가 문제되었다.

---

2. 현행법상 금지청구권의 인정 여부

소유권 등 물권에 기해서 방해의 제거 또는 예방을 청구할 수 있다는 점은 민법에서 명문으로 인정하고 있다(제214조 등). 저작권법 등 개별 법률에서 금지청구권을 인정하는 경우도 점차 늘어나고 있다(저작권법 제123조, 부정경쟁방지 및 영업비밀보호에 관한 법률 제4조, 제10조 등). 인격권의 경우에는 법률에 근거규정이 없는 상태에서도 판례가 금지청구권을 인정하였다. 그 이유로 명예나 신용 등 인격권은 그 성질상 일단 침해된 후의 구제수단(금전배상이나 명예회복 처분 등)만으로는 그 피해의 완전한 회복이 어렵고 손해전보의 실효성을 기대하기 어렵다는 점을 들었다.[74]

여기에서 나아가 채권 그 밖의 권리나 이익을 방해하는 경우에도 그 방해의 제거나 예방을 청구할 수 있는지 문제된다. 현행민법이 시행되기 전에 채권에 기한 방해배제가 허용된다고 한 대법원 판결이 있다.[75] 현행민법 시행 이후 법원의 실무는 제3자에 의한 채권침해에 대하여 방해배제청구권을 부정하였다.[76] 가처분 등 보전처분을 신청하려면 피보전권리가 있어야 하는데, 채권에 기하여 제3자에 대해서 금지청구권을 행사할 수 없다는 것이다.[77] 채권에는 물권과는 달리 배타적 효력이 없기 때문에, 채권의 효력으로서 방해배제를 청구할 수 없다는 것이 우리나라의 실무라고 할 수 있었다.

그러나 제3자에 의한 채권침해가 임박한 경우에 그 금지청구를 허용하는 것이 손해배상이라는 사후적인 구제수단보다 효율적이라고 할 수 있다. 따라서 제3자가 채권을 침해하려고 하고 있고, 이를 방치

---

74) 대판 1996. 4. 12, 93다40614(공 1996, 1486); 대판 1997. 10. 24, 96다17851(공 1997, 3574).
75) 대판 1953. 2. 21, 4285민상129(집 1-6, 민 1).
76) 권성 외 5인, 가처분의 연구(1994), 52면.
77) 대판 2001. 5. 8, 99다38699(집 49-1, 민 319).

한다면 회복할 수 없는 손해를 입을 우려가 있는 경우에는 금지청구를 허용해야 할 필요성이 있다. 학설에서도 제3자에 의한 채권침해의 경우에 금지청구권을 인정할 것인지에 관하여 논란이 계속되었다.[78) 필자는 제3자에 의한 채권침해의 우려가 급박한 경우에는 예외적으로 방해예방 또는 금지청구를 인정하여야 한다고 주장한 바 있다.[79)

불법행위에 대한 구제수단으로 금지청구권을 일반적으로 인정할 것인지 문제된다. 독일에서는 채무불이행이나 불법행위로 인한 손해배상은 원상회복이 원칙이고(제249조 제1항), 불법행위의 경우에 소유권에 관한 규정 등 여러 법률 규정을 유추적용하여 부작위청구권을 인정하고 있다.[80) 미국에서는 불법행위를 막기 위하여 형평법상의 금지명령이 이용되는데, 반복적으로 손해가 발생할 우려가 있는 등 일정한 요건을 갖추어야 한다.[81) 우리 민법에서는 불법행위에 대한 구제수단으로 금지청구를 인정하는 규정이 없다. 그러나 입법론으로 불법행위의 구제수단으로 방해예방 또는 금지청구권을 도입하여야 한다는 주장이 있다.[82) 해석론으로 불법행위에 대한 구제수단으로 금지청구권을 인정해야 한다는 주장도 있다.[83) 우리 민법상 불법행위의

78) 채권침해의 경우 방해배제청구권의 인정 여부에 관하여 견해가 대립하고 있고, 이를 인정하는 견해는 다시 물권과 유사하게 방해배제청구권을 넓게 인정하여야 할 것인지, 아니면 부동산임차권 등에 한정하여 이를 인정할 것인지 여부를 둘러싸고 견해가 대립하고 있다. 이에 관해서는 김용한(주 19), 117~118면; 김증한·김학동, 채권각론, 제7판(2006), 72면; 김형배(주 19), 334~340면; 현승종, 채권총론 (1979), 104면; 곽윤직 편, 민법주해[IX], 61~63면 참조.
79) 김재형, "제3자에 의한 채권침해", 민법론 III (2007), 431면.
80) Larenz/Canaris, Lehrbuch des Schuldrechts II/2 (13. Aufl., 1994), §86 I 1, §86 VII; MünchKomm/Wagner (5. Aufl., 2009), Vor §823, Rn. 35.
81) 가령 Prosser & Keeton on Torts (5th ed. 1984), p. 1002.
82) 양창수, "손해배상의 범위와 방법", 민법산고(1998), 256면. 최근의 문헌으로는 김차동, "금지(유지)청구권의 일반근거규정 도입에 관한 연구", 법학논총, 제31집 제4호(2014. 12), 281면 이하.
83) 권영준, "불법행위와 금지청구권", Law & Technology, 제4권 제2호(2008), 55면 이하.

효과는 손해배상인데, 이는 손해를 사후적으로 배상하는 것에 불과하
여 미리 불법행위를 막는 데는 한계가 있다. 그리하여 불법행위를 미
리 막기 위하여 금지청구권을 인정할 필요가 있을 것이다.[84]

　　대결 2010. 8. 25, 2008마1541(공 2010, 1855)은 위법행위에 대한
금지 또는 예방청구권을 인정하였다.

> "경쟁자가 상당한 노력과 투자에 의하여 구축한 성과물을 상도덕
> 이나 공정한 경쟁질서에 반하여 자신의 영업을 위하여 무단으로 이
> 용함으로써 경쟁자의 노력과 투자에 편승하여 부당하게 이익을 얻고
> 경쟁자의 법률상 보호할 가치가 있는 이익을 침해하는 행위는 부정
> 한 경쟁행위로서 민법상 불법행위에 해당하는바, 위와 같은 무단이
> 용 상태가 계속되어 금전배상을 명하는 것만으로는 피해자 구제의
> 실효성을 기대하기 어렵고 무단이용의 금지로 인하여 보호되는 피해
> 자의 이익과 그로 인한 가해자의 불이익을 비교·교량할 때 피해자의
> 이익이 더 큰 경우에는 그 행위의 금지 또는 예방을 청구할 수 있다
> 고 할 것이다."

　　이 결정은 물권 등 소유권이 침해되지 않았는데도 부정한 경쟁행
위에 대하여 금지청구권을 인정하였다는 점에서 선례로서 매우 중요
한 의미가 있다. 이 판결 이후인 2013. 7. 30. 부정경쟁방지 및 영업
비밀의 보호에 관한 법률의 개정으로 제2조 제1호 차목을 신설하여
"그 밖에 타인의 상당한 투자나 노력으로 만들어진 성과 등을 공정한
상거래 관행이나 경쟁질서에 반하는 방법으로 자신의 영업을 위하여
무단으로 사용함으로써 타인의 경제적 이익을 침해하는 행위"를 부정
경쟁행위에 포함시켰다. 따라서 이제는 이 결정에서 다룬 사안은 위
법률이 적용된다는 것이 분명해졌다.[85] 그러나 이러한 부정경쟁행위

---

84) 김재형, 민법판례분석(2015), 427면.
85) 김재형(주 84), 428면.

를 넘어서는 행위에 대하여 금지청구권을 인정하는 규정을 두는 것은 민법개정을 통해서 해결할 수밖에 없다.

3. 개정안의 작성과정과 내용

(1) 분과위원회

금지청구권에 관한 개정시안은 불법행위분과인 제6분과위원회에서 담당하였다. 이 개정시안을 담당한 김상중 교수는 법무부 연구용역보고서[86]에서 불법행위를 규정하는 장에 다음과 같은 규정을 신설할 것을 제시하였다.[87]

제○○○조(금지청구)

① 타인의 위법행위로 인하여 손해를 입거나 입을 염려가 있는 자는 손해배상에 의하여 손해를 충분히 회복할 수 없으며 본조의 권리행사가 필요하다고 판단되는 경우 가해자 또는 가해하려는 자에게 위법행위의 중지 또는 예방을 청구할 수 있다.

② 제1항에 따른 청구권을 행사하는 자는 위법행위에 제공되거나 위법행위로 만들어진 물건의 폐기 또는 그 밖에 적절한 조치를 청구할 수 있다.[88]

이 개정시안은 '타인의 위법행위로 인하여 손해를 입거나 입을 염려가 있는 자'가 금지청구권을 행사할 수 있다고 하고, 금지청구권

---

86) 김상중, "불법행위에 대한 금지청구권 규정의 신설 제안", 민사법학, 제55호(2011. 9), 177면 이하는 이 보고서를 토대로 한 논문으로 분과위원회 개정시안 등이 소개되어 있다. 다음의 설명은 위 논문, 229면 이하를 참조한 것이다.

87) 한편 예비안으로 "① 타인의 위법행위로 인하여 손해를 입거나 입게 될 염려가 있는 자는 상당한 이유가 있는 한 가해자 또는 가해하려는 자에 대하여 위법행위의 중지 또는 예방을 청구할 수 있다. ② 제1항에 따른 청구권을 행사하는 자는 위법행위에 제공되거나 위법행위로 만들어진 물건의 폐기 또는 그 밖에 적절한 조치를 청구할 수 있다."라고 규정할 것을 제안하고 있다.

88) 2010. 12. 1. 「제2기 민법개정위원회」 제6분과위원회 제19차 회의에서는 위 시안과 예비안의 표현을 약간 수정하여 2개의 안으로 제시되었다.

의 일반요건으로 '손해배상에 의하여 손해를 충분히 회복할 수 없으며 본조의 권리행사가 필요하다고 판단되는 경우'를 제안하고 있다. 예비안에서는 '상당한 이유가 있는 한'이라고 하였는데, 이것은 지나치게 포괄적이기 때문에, 위와 같이 요건을 한정하고 있다.

이 개정시안은 금지청구권의 요건으로 ① 법익침해의 임박함, ② 위법한 행위의 존재, ③ 손해배상청구권과의 보완적 측면, ④ 잠재적 가해자에 대한 기대가능하지 않은 곤란함의 회피, 관련 이익형량 등에 따른 효율적 예방목적의 실현가능성 등을 포함해야 하는데, 문언으로 한계가 있어서 위와 같은 제안을 하였다고 한다. 위 ①의 "법익침해의 임박함"은 '염려'라고 표현하고 있고, ②와 관련해서는 위법행위라는 표현을 사용하고 있으며, ③ 손해배상청구권에 대한 금지청구권의 보완적 기능은 "손해배상에 의하여 손해를 충분히 회복할 수 없으며"라는 문언으로 표현하고 있다. ④와 관련해서는 단순하게 "본조의 권리행사가 필요하다고 판단되는 경우"라고 표현하고 있다. 금지청구권의 효과로는 소극적 부작위를 넘어서 위험원의 폐기 등 적극적 행위도 포함할 수 있도록 제2항을 두고 있다.

제3기 민법개정위원회 제6분과위원회는 세 차례의 회의에서 논의하여 문구를 다음과 같이 확정하였다.

제766조의2(금지청구) ① 타인의 위법행위로 인하여 손해를 입거나 입을 염려가 있는 자는 손해배상에 의하여 손해를 충분히 회복할 수 없으며 손해의 발생을 중지 또는 예방하도록 함이 상당한 경우 가해자 또는 가해하려는 자에게 손해발생의 금지를 청구할 수 있다.
   ② 제1항의 금지를 위하여 필요한 경우 손해를 입거나 입을 염려가 있는 자는 가해에 사용되는 물건 등의 폐기 또는 그 밖에 적절한 조치를 청구할 수 있다.

(2) 실무위원회와 분과위원장단 회의

실무위원회와 분과위원장단 회의는 위 개정시안의 문구를 수정하여 전체회의에 상정하였다. 실무위원회는 규정의 위치를 제764조의 2로 옮기고, 제3항으로 "제1항의 청구를 할 수 있는 자는 그 상대방에게 손해의 방지 또는 감축을 위하여 지출한 비용의 상환을 청구할 수 있다."라는 내용을 추가할 것을 제안하였으나, 분과위원장단 회의에서 받아들여지지 않았다.[89]

(3) 전체회의

개정시안의 표현 등에 관하여 논란이 있었으나, 자구를 다듬기로 하고 개정안을 통과시켰다.[90]

필자는 위법행위에 대한 금지청구권을 인정하면서 고의 또는 과실을 요건에서 배제한 것은 적절하지만, 손해를 충분히 회복할 수 없는 경우에만 금지청구권을 인정하는 것이 옳은 것인지에 관하여 의문을 제기하였다. '손해배상에 의한 손해의 회복가능성'은 금지청구권을 판단할 때 하나의 고려요소로 보아야 할 것이지 요건으로 볼 것은 아니기 때문이다.

분과위원회에서 손해배상과 금지청구의 관계에 관해서 금지청구권의 보충성을 전제로 할 것인지 논란이 있었으나, 금지청구권 자체를 받아들이는 것에 대한 약간의 두려움이 있는 상태에서 손해배상과의 관계를 완전히 단절시켜서 규정하는 것은 아무래도 진폭이 클 것으로 생각되어 정책적 타협으로 이와 같은 형태로 개정시안을 마련하였다고 한다.[91]

---

89) 2011. 10. 10. 「제3기 민법개정위원회」위원장단 회의(제8차).
90) 2012. 2. 13. 「제3기 민법개정위원회」 전체회의(제3차) —3기 6분과 개정시안[불법행위]—.
91) 전체회의에서 김상중 교수의 답변.

현 행	개 정 안
<신 설>	제766조의2(금지청구) ① 타인의 위법행위로 인하여 손해를 입거나 입을 염려가 있는 자는 손해배상에 의하여 손해를 충분히 회복할 수 없고 손해의 발생을 중지 또는 예방하도록 함이 적당한 경우에는 그 행위의 금지를 청구할 수 있다. ② 제1항의 금지를 위하여 필요한 경우에는 손해를 입거나 입을 염려가 있는 자는 위법행위에 사용되는 물건의 폐기 또는 그 밖에 적절한 조치를 청구할 수 있다.

4. 개정안의 의의와 문제점

(1) 위법행위에 대한 금지청구권을 규정하기로 한 것은 학설과 판례를 반영한 것이다. 이 규정을 통하여 논란이 많은 여러 문제를 해결할 수 있다. 민법상 구제수단의 다양화라는 측면에서도 상징적인 규정이라고 할 수 있다.

(2) 개정안은 금지청구의 요건을 매우 제한적으로 정하고 있다. 그 요건은 다음과 같다. 첫째, 타인의 위법행위가 있어야 한다. 둘째, 이로 인하여 손해를 입거나 입을 염려가 있어야 한다. 셋째, 손해배상에 의하여 손해를 충분히 회복할 수 없어야 한다. 넷째, 손해의 발생을 중지 또는 예방하도록 함이 적당해야 한다.

위법행위의 판단은 불법행위의 위법성 판단과 동일한 방식으로 한다.[92] 그러나 불법행위에서 일반적으로 요구되는 고의나 과실은 금지청구권의 요건이 아니다. 또한 불법행위로 인한 손해배상은 손해가

---

92) 이에 관한 최근의 문헌으로는 박시훈, "위법행위에 대한 금지청구권의 연구", 민사법학, 제71호(2015. 6), 49면 이하.

발생한 경우에 이를 배상하는 것이지만, 불법행위가 성립하기 전이라
도 방해가 발생하거나 발생할 우려가 있으면 금지청구권이 성립할 수
있다. 위법행위에 대한 금지청구권은 불법행위의 요건, 특히 고의 또
는 과실, 손해의 발생과 같은 요건을 갖추지 않은 경우에도 인정될
수 있다고 보아야 한다.[93] 이러한 측면에서 개정안이 불법행위의 요
건과 구별하여 금지청구권의 요건을 정한 것은 타당하다.

　　그런데 손해배상에 의해서는 손해를 충분히 회복할 수 없는 경우
에 한하여 금지청구권을 인정할 이유가 없다.[94] 기존에 명시적인 법
규정이 없는 상태에서는 금지청구권을 예외적으로, 그리고 보충적으
로 인정할 필요가 있다고 생각할 수 있다. 그러나 민법을 개정하는
마당에 금지청구권의 보충성을 규정할 필요는 없다. '손해의 충분한
회복 불가능' 요건은 법관으로 하여금 불필요하게 판단의 부담을 늘
리는 결과가 될 것이다. 또한 사후적으로 손해배상을 통하여 손해를
충분히 회복할 수 있는 경우라고 하더라도 금지청구를 통하여 손쉽게
위법행위를 막을 수 있는 경우라면 굳이 금지청구를 부정할 이유가
없다. 금지청구권이 남용될 위험이 있다고 생각할 수 있지만, 이것은
위 네 번째 요건인 '적당성 요건'으로 통제하는 것으로 충분할 것이다.

　　(3) 금지청구권의 효과는 위법행위의 금지이다. 나아가 이러한
금지를 위하여 필요한 경우에는 위법행위에 사용되는 물건의 폐기 또
는 그 밖에 적절한 조치를 청구할 수 있도록 하였다. 개정안이 위법
행위의 금지에서 나아가 위법행위에 사용되는 물건의 폐기 등을 청구
할 수 있도록 한 것은 특별법상의 관련 조항과 동일한 맥락이긴 하지
만 매우 전향적인 입법이라고 할 수 있다.

---

93) 김재형(주 84), 429면.
94) 김차동, "금지청구권의 요건사실에 관한 법경제학적 검토", 법경제학연구, 제7권
　　제1호(2010. 6), 103~104면; 김현수, "불법행위에 대한 금지청구권의 요건", 법학
　　논고, 제39집(경북대학교 법학연구원, 2012. 6), 623면.

(4) 이 개정안이 통과된다면 위법행위에 대한 금지청구권이 민법에 규정을 두고 있는 소유물방해배제청구권, 판례에 의하여 인정되는 인격권에 기한 금지청구권, 특별법에 의하여 인정되는 금지 또는 정지청구권 등과 어떠한 관계에 있는지 문제된다. 민법이나 특별법에서 정하는 방해배제청구권이나 금지청구권은 손해배상에 의한 회복이 불가능한지 여부와 무관하게 인정된다. 따라서 이 개정안이 통과되더라도 민법 등 여러 법률에 있는 방해배제청구권이나 금지청구권에 관한 개별 규정을 적용하거나 유추 적용할 필요성이 남는다. 왜냐하면 이 개정안은 금지청구권의 요건을 엄격하게 제한하였기 때문이다. 그러한 개별 규정으로 해결할 수 없는 경우에 이 개정안에 따라 위법행위에 대한 금지청구권이 인정되지만, 이 개정안은 손해배상에 의한 회복이 불가능한 경우에 한하여 적용될 것이다.

Ⅵ. 맺음말: 비교와 시사

1. 이행청구권과 추완청구권은 채권총칙에, 금지청구권은 불법행위의 장에 있어서 서로 비교하거나 나란히 다루는 경우를 찾을 수 없다. 그러나 이 세 청구권을 비교해 보면 몇 가지 의미 있는 시사점을 찾을 수 있다.

먼저 이행청구권, 추완청구권, 금지청구권에 관한 개정안을 비교해 보면 다음 표와 같이 정리할 수 있다.

	이행청구권	추완청구권	금지청구권
위치	채권총칙(제386조의2. 강제이행은 제389조)	채권총칙(제388조의2)	불법행위(제766조의2)
근거	채권	불완전이행	위법행위

	이행청구권	추완청구권	금지청구권
발생요건	채권 (강제이행의 요건은 채무불이행)	채무자가 채무를 불완전하게 이행할 것	① 위법행위 ② 손해를 입거나 입을 염려가 있을 것 ③ 손해배상에 의하여 손해를 충분히 회복할 수 없을 것 ④ 손해의 발생을 중지 또는 예방하도록 함이 적당할 것
배제사유	없음 (채무의 성질이 강제이행을 하지 못할 것인 때에는 강제이행 배제)	추완에 과다한 비용을 요하거나 그 밖에 추완을 합리적으로 기대할 수 없는 경우	없음
효과	채무의 이행 청구	추완 청구	① 위법행위의 금지 청구 ② 금지를 위하여 필요한 경우에는 위법행위에 사용되는 물건의 폐기 또는 그 밖에 적절한 조치 청구

2. 이행청구권, 추완청구권, 금지청구권에 관한 개정안은 모두 신설된 조항이다. 그 근거나 요건에 관하여 해석론상 논란이 있기는 하지만, 현행법의 해석론에서도 대체로 이 세 청구권을 긍정하고 있다. 이러한 해석론은 입법에 앞서서 민법상 구제수단의 다양화를 지향한 것으로 볼 수 있다. 그러나 명문의 규정이 없는 상태에서 권리를 인정할 경우에는 가급적 좁은 범위에서 권리를 인정하려는 태도를 쉽게 발견할 수 있다. 이행청구권에 관해서는 강제이행에 관한 제389조에서 근거를 찾을 수도 있지만, 추완청구권과 금지청구권은 현행 민법의 규정에 명시적인 근거가 없기 때문에, 활용도가 매우 낮았다고 볼 수 있다. 위 세 권리를 인정하는 규정을 신설하는 민법개정안은 현재까지의 학설과 판례의 발전을 승인하고 민법상 구제수단을 더욱 다양화하고 실효성이 있는 것으로 만드는 데 기여할 것이다.

위와 같은 권리를 포함하여 다양한 새로운 구제수단이 민법개정

안으로 채택된 것을 보면, 민법개정위원들이 대체로 민법상 구제수단
을 다양화하는 데 묵시적으로 찬성하거나 수긍하였다고 볼 수 있다.
그 이유는 어디에 있을까? 구제수단의 다양화는 올바른 방향인가? 결
국 구제수단의 다양화는 사회생활을 하는 시민들이, 계약을 체결하고
법률관계를 맺는 당사자들이 원하는 바이기 때문일 것이다. 이제는
민법을 제정할 당시에 마련했던 구제수단으로는 자신의 욕구를 충족
시킬 수 없는 단계에 이르렀다고 볼 수 있다.

　　구제수단이 다양해지면 명확성이 떨어진다고 볼 수 있다. 여러
구제수단 사이에 충돌이 생길 수 있고 그 관계를 제대로 조정하지 못
하면 혼란과 부조화가 나타난다. 그러나 그것이 다양한 구제수단을
막을 이유가 되지는 못한다. 구제수단 사이의 조정은 새로운 과제일
뿐이다.

　　3. 개정안에서 이행청구권의 요건은 매우 단순하다. 이행청구권
은 채권의 효력으로 당연히 인정되는 권리라고 할 수 있지만, 이 개
정안은 - 이 조항이 소구력을 포함하는 것이라고 이해하는 필자의
견해에서는 - 영미법계와는 정반대로 이행청구권을 원칙적으로 인정
하는 대륙법계의 특징을 선명하게 표현하고 있다. 이 조항에서 이행
청구의 배제사유를 명시하지 않고 있기 때문에, 해석을 통하여 또는
제389조 단서를 끌어와서 배제사유를 인정해야 할 것이다.

　　추완청구권은 불완전이행에 대한 구제수단으로 인정되고 있다.
불완전이행이 민법전에 명시된 것만으로도 학설과 판례의 발전을 입
법에 반영했다는 점에서 의미가 있는데, 불완전이행의 경우에 손해배
상, 계약 해제와 함께 추완청구권이 새로운 구제수단으로 명시적으로
인정되었다는 점에서 중대한 의미가 있다. 추완청구권에는 이행청구
권과 달리 배제사유를 명시하고 있다. 추완청구권을 이행청구권의 일
종으로 보는 맥락에서는 개정안 사이에 불균형이 있다고 볼 수 있다.
추완청구권의 배제사유를 이행청구권을 해석·적용하는 단계에서 고

려하거나 유추의 방법으로 균형을 찾을 수 있을지 문제될 것이다.

새로운 구제수단의 대표격이라고 할 수 있는 것은 금지청구권이다. 그런데 금지청구권의 요건은 매우 복잡하다. 손해배상에 의하여 손해를 충분히 회복할 수 없는 경우에 한하여 금지청구권이 인정된다. 위법행위에 대해서 손해배상으로 먼저 해결하고 손해배상으로 해결되지 않는다고 판단되는 경우에만 금지청구를 할 수 있도록 하였다. 나아가 손해의 발생을 예방하는 데 적당해야 한다.

이 세 권리를 비교하면 이행청구권의 요건은 지나칠 만큼 단순하다. 예외가 인정되지 않는다. 다만 강제이행 규정에서 정한 예외가 이행청구권을 제약하는 기능을 할 수 있지만, 그러한 취지가 규정 자체에 드러나지 않는다. 추완청구권은 명시적인 예외규정을 두고 있다. 금지청구권은 요건 자체가 엄격하다. 세 권리의 인정요건이 각각 달라야 한다는 입법론적 결단은 해석론이나 비교법적 연구의 산물이지만, 그 정당성에 관해서 의문이 제기될 수 있다.

계약이든 불법행위든 그 근거가 어떠하든지 채권이 발생하면 무조건 채권자가 이행을 청구할 수 있도록 하는 것이 정당한가? 이행청구권을 원칙적으로 긍정하는 입법이 손해배상을 원칙적 구제수단으로 정하는 방식에 비하여 우월하다고 볼 수 있지만, 이행청구의 인정 여부를 둘러싸고 정반대의 출발점에 있는 대륙법계와 영미법계의 사고는 조화를 이룰 수 없을까? 위법행위가 발생할 우려가 있는데도 보충적·예외적으로만 금지하려는 태도는 현 상황에서 과도기적으로 인정되는 것이라고 보아야 할까? 채권자의 이행청구권을 예외 없이 인정하면서 금지청구권을 예외적으로 허용하는 것은 모순되는 것이 아닐까? 이러저러한 의문이 이어진다.

※ 참 고 문 헌

곽윤직, 채권총론, 신정판(1994); 제6판(2006).

곽윤직 편집대표, 민법주해[Ⅸ](1995).

권 성 외 5인, 가처분의 연구(1994).

권영준, "불법행위와 금지청구권", Law & Technology, 제4권 제2호(2008).

김기선, 한국채권법총론, 제3전정판(1987).

김대정, "2013년 「채무불이행법 개정안」에 관한 약간의 검토", 중앙법학, 제
    17집 제4호(2015).

_____, 채권총론, 개정판(2007).

김상용, 채권총론(2006).

김상중, "불법행위에 대한 금지청구권 규정의 신설 제안", 민사법학, 제55호
    (2011. 9).

김영두, "추완청구에 관한 민법개정시안의 검토", 법학연구, 제24권 제1호(연
    세대학교 법학연구원, 2014. 3).

김용한, 채권법총론(1988).

김재형, "계약의 해제·해지, 위험부담, 사정변경에 관한 민법개정안", 서울대
    학교 법학, 제55권 제4호(2014. 12).

_____, 민법판례분석(2015).

_____, "인격권에 관한 입법제안", 민사법학, 제57호(2011. 12).

_____, "제3자에 의한 채권침해", 민법론 Ⅲ (2007).

_____, "종류매매에서 완전물급부청구권의 제한", 비교사법, 제22권 제4호
    (2015. 11).

_____, "채무불이행으로 인한 손해배상에 관한 민법개정안", 민사법학, 제65
    호(2013. 12).

김주수, 채권총론(1988).

김증한·김학동, 채권각론, 제7판(2006).

_____, 채권총론, 제6판(1998).

김차동, "금지(유지)청구권의 일반근거규정 도입에 관한 연구", 법학논총, 제31집 제4호(2014. 12).

_____, "금지청구권의 요건사실에 관한 법경제학적 검토", 법경제학연구, 제7권 제1호(2010. 6).

김현수, "불법행위에 대한 금지청구권의 요건", 법학논고, 제39집(경북대학교 법학연구원, 2012. 6).

김형배, 채권총론, 제2판(1998).

김형석, "강제이행 ―특히 간접강제의 보충성을 중심으로―", 서울대학교 법학, 제46권 제4호(2005. 12).

박시훈, "위법행위에 대한 금지청구권의 연구", 민사법학, 제71호(2015. 6).

박준서 편, 주석민법, 채권총칙(1), 2000.

법무부, 2004년 민법(재산편)개정자료집(2004).

_____, 일본 채권법개정의 기본방침(2009).

성승현, "'불완전이행'과 '부적절한 이행' 개념의 용례에 관한 비교법사학적 고찰", 법학논총, 제35집 제3호(전남대학교 법학연구소, 2015).

_____, "채무불이행법 개정안의 '불완전이행' 개념 도입에 대한 단상", 법학논총, 제21집 제3호(조선대학교 법학연구원, 2014).

송덕수, 신민법강의, 제8판(2015).

_____, "채무불이행에 관한 민법개정시안", 민사법학, 제60호(2012. 9).

_____, "채무불이행의 요건", 민사법학, 제65호(2013. 12).

양창수, "민법안의 성립과정에 관한 소고", 민법연구, 제1권(1991).

_____, "손해배상의 범위와 방법", 민법산고(1998).

양창수·김재형, 계약법, 제2판(2015).

이은영, 채권총론, 제4판(2009).

이진기, "민법개정안 채무불이행법에 관한 검토", 민사법학, 제68호(2014. 9).

장경학, 채권총론(1992).

현승종, 채권총론(1979).

황적인, 현대민법론 Ⅲ, 증보판(1987).

Lando/Beale 편, 김재형 역, 유럽계약법원칙 제1·2부(2013).

Larenz/Canaris, *Lehrbuch des Schuldrechts* Ⅱ/2, 13. Aufl. (1994).

MünchKomm/Wagner (5. Aufl., 2009).

Prosser & Keeton on Torts, 5th ed. (1984).

<민법개정위원회 회의자료>

2010. 2. 25. 「제2기 민법개정위원회」 제2분과위원회 제2차 회의.

2010. 3. 11. 「제2기 민법개정위원회」 제2분과위원회 제3차 회의.

2010. 6. 24. 「제2기 민법 개정위원회」 제2분과위원회 제10차 회의.

2010. 11. 29. 「제2기 민법 개정위원회」 분과위원장단 회의.

2010. 12. 1. 「제2기 민법 개정위원회」 제6분과위원회 제19차 회의.

2011. 10. 10. 「제3기 민법개정위원회」 위원장단 제8차 회의.

2012. 2. 13. 「제3기 민법개정위원회」 전체회의(제3차) — 3기 6분과 개정시안[불법행위]—.

2012. 11. 12. 「제4기 민법개정위원회」 전체회의(제4차) —채무불이행—.

제 4 장

계약의 해제·해지, 위험부담, 사정변경에 관한 민법개정안

김 재 형

I. 서 론

민법 제3편 채권편에서 규정하고 있는 계약의 해제와 해지는 계약이 종료되는 대표적인 사유이다. 위험부담도 쌍무계약에 따른 채무의 소멸에 관한 것으로 계약의 종료와 밀접한 관련이 있다. 또한 학설과 판례에서는 사정변경을 이유로 한 계약의 해제 또는 해지를 인정하고 있다. 이러한 계약의 종료 또는 해소에 관한 규정이나 법리는 민법전 채권편의 계약총칙에서 핵심적인 부분을 차지하고 있다.

2009년 2월 출범한 법무부 민법개정위원회는 재산편에 관한 개정안을 마련하였는데, 2014년 2월 17일 민법개정위원회 전체회의를 끝으로 5년 동안의 민법개정작업을 마무리하였다. 여기에 민법전의 중요한 부분을 차지하고 있는 계약의 해제·해지, 위험부담, 사정변경에 관한 개정안이 포함되어 있음은 물론이다. 개정안에서 이러한 제도들은 크게 변화하였다. 먼저 해제의 요건에 관하여 일반조항을 도입하고 그 요건에서 귀책사유를 배제하였다. 그리고 계속적 계약의 해지와 사정변경의 원칙을 명문화하였다. 이러한 개정안은 우리 민법에서 중요한 변화라고 할 수 있다.

계약의 해제·해지, 위험부담, 사정변경에 관한 개정안은 채무불이행법을 다루는 분과에서 담당하였다.[1] 필자는 제1기와 제2기 민법개정위원회에서는 담보제도 분과위원회에 있다가 2011년 제3기 민법개정위원회부터 채무불이행법을 다루는 분과에 합류하여 개정안을 작성하는 과정에 참여하였다. 그 중요한 이유 중의 하나는 필자가 초안을 작성했던 채권자취소권에 관한 개정안을 위 분과위원회에서 다루기로 하였기 때문이다. 그런데 위 분과위원회에서 채무불이행법에 관한 여러 개정시안이 한창 논의 중이었기 때문에, 위 분과위원회에서 채권자취소권에 관한 개정시안을 보고할 기회는 뒤로 미뤄졌고[2] 필자는 채무불이행법에 관한 분과위원회안을 작성하거나 이미 작성

---

1) 법무부 민법개정위원회(위원장 서민 교수)는 제1기(2009년)에는 민법총칙과 담보제도를 다루었고, 채권법에 관한 개정은 다루지 않았다. 채무불이행법에 관해서는 제2기(2010년) 민법개정위원회 제2분과위원회에서 개정안을 작성하기 시작하여 제3기(2011년) 민법개정위원회 제4분과위원회, 제4기(2012년) 민법개정위원회 제3분과위원회에서 계속 개정안을 작성하였다. 2013년에는 분과위원회에서 이미 작성한 개정안을 확정하기 위하여 제4기의 후속분과로서 운영되고 있다. 채무불이행법을 맡은 분과위원회의 위원들은 분과위원장을 포함하여 매년 6명 또는 7명 정도로 구성되었다. 분과위원장 송덕수 교수, 위원 김동훈 교수, 김재형 교수, 오종근 교수, 정진명 교수, 박동진 교수(이상 학계), 강승준 부장판사, 문용호 변호사, 안태용 변호사, 전원열 변호사(이상 실무계)가 참여하였는데, 위원들의 변동이 있었다. 분과위원회에서 작성한 개정안은 실무위원회(위원장 윤진수 교수), 분과위원장단 회의(위원장 서민 교수)를 거쳐 민법개정위원회 전체회의에 회부되어 확정되었다. 그 경과에 관하여 상세한 것은 송덕수, "채무불이행에 관한 민법개정시안", 민사법학, 제60호(2012. 9), 151~155면; 송덕수, "채무불이행의 요건", 민사법학, 제65호(2013. 12), 207~209면; 김재형, "채무불이행으로 인한 손해배상에 관한 민법개정안", 민사법학, 제65호(2013. 12), 584면 참조. 이하 분과위원회는 2010년부터 채무불이행법을 담당했던 위 분과위원회를 가리킨다.
2) 위 분과위원회에서 2011년에 채권자취소권에 관한 개정안을 다룰 기회가 없었고, 2012년 민법개정위원회 제3기 제3분과(채권 1분과)위원회에서 비로소 위 개정안을 다루게 되었다. 이에 관해서는 김재형, "채권자취소권에 관한 민법개정안 ―개정안에 관한 기본구상과 민법개정위원회의 논의 과정을 중심으로―", 민사법학, 제68호(2014. 9), 48면.

되어 있었던 ─그중 일부는 확정되어 있었다─ 개정시안을 수정하는 일을 하게 되었다. 특히 논란이 많았던 계약의 해제, 위험부담, 사정변경에 관해서는 필자가 분과위원회에서 개정시안을 제안하였고 그 중 상당부분이 분과위원회안으로 채택되었다.

이 글에서는 2012년과 2013년 민법개정위원회 전체회의에서 확정된「계약의 해제·해지, 위험부담, 사정변경에 관한 민법개정안」(이하 '민법개정안' 또는 '개정안'이라 약칭한다)을 소개하고 그 의미를 살펴보고자 한다. 다른 분과위원들이 위 개정안 중 일부에 관하여 논문을 발표하기도 하였다.3) 위 개정안은 계약총론에서 가장 중요한 부분을 차지하고 있으며, 개정안을 작성하는 과정에서 서로 영향을 주고받았다. 즉, 계약의 해제와 해지는 밀접한 관계에 있고 해지 요건에 관한 개정안에서 해제 요건을 준용하였다. 계약의 해제와 위험부담은 서로 중첩되는 부분이 있어 위험부담을 해제로 통일할 것인지 여부가 주요 쟁점으로 되었다. 사정변경의 경우에는 그 효과로서 계약의 수정 또는 해제·해지가 인정되어 계약의 해제·해지와 밀접한 관계가 있다. 따라서 위 개정안들을 그 관련성에 주목하여 함께 살펴보는 것은 의미 있는 일이다. 특히 이 글에서는 개정안의 작성과정에 초점을 맞추어 개정안을 맨 처음 준비했던 분과위원회에서 개정안을 작성하는 과정에서 무슨 생각을 하였는지를 돌이켜보고, 민법개정위원회 전체회의에서 개정안이 확정되기까지 여러 단계를 거쳐 수정된 내용을 조감해보고자 한다.

민법개정위원회의 임무는 이론적인 탐구를 하는 것이 아니라 민법개정안을 작성하는 것이었다. 이 글에서 다루는 내용은 이론적으로

---

3) 김동훈, "계약해제의 요건에 관한 민법규정의 개정론", 민사법학, 제55호(2011. 9), 235면 이하; 김동훈, "채무불이행의 효과 ─ 계약의 해제", 민사법학, 제65호(2013. 12), 385면 이하; 정진명, "계약해제·해지 및 그 효과", 민사법학, 제55호(2011. 9), 259면 이하.

나 실무적으로 관심이 많은 부분으로, 개정안을 작성하는 과정에서도
논란이 많았다. 따라서 계약의 해제와 해지, 위험부담, 사정변경에 관
한 민법개정안이 어떻게 만들어졌는지 그 작성과정을 따라가면서 돌
이켜 보는 것은 중요한 의미가 있다. 개정안을 작성하는 단계에서 우
리나라의 학설과 판례는 물론이고 다른 나라의 입법례나 국제기구 등
의 여러 규정이나 비교법적 연구를 참고하였다. 특히 독일 민법, 프랑
스 민법, 일본 민법과 일본 채권법개정시안, 중국 합동법, 국제물품매
매계약에 관한 국제연합 협약,4) UNIDROIT 국제상사계약원칙,5) 유
럽계약법원칙,6) 유럽공통참조기준초안7) 등의 조문은 대부분의 개정
안을 작성하거나 논의를 할 때마다 소개되었다. 우리나라의 학설과
판례를 토대로 개정안을 작성하는 경우에도 조문 형태로 되어 있는
외국의 입법례는 개정안을 작성할 때 매우 편리하게 이용할 수 있기
때문이다. 민법개정안을 소개하면서 이러한 부분도 다루어야겠지만, 이
러한 내용은 담당 분과위원이 발표한 논문이나 법무부에서 발간하였거
나 발간할 예정인 자료집8) 등에 미루고 여기에서는 2004년 민법개정
안9) 또는 민법개정위원회 분과위원회의 논의부터 시작해서 전체회의
에서 개정안을 확정하기까지의 과정을 중심으로 다루고자 한다.10)

---

4) United Nations Convention on Contracts for the International Sale of Goods, 'CISG'라는 약칭을 사용하는데, 이하에서 '유엔통일매매법'이라고 한다.
5) UNIDROIT Principles of International Commercial Contracts, 'PICC'라는 약칭을 사용한다.
6) Principles of European Contract Law, 'PECL'이라는 약칭을 사용한다.
7) Draft Common Frame of Reference, 'DCFR'이라는 약칭을 사용한다.
8) 가령 법무부 민법개정자료발간팀 편, 2013년 법무부 민법개정시안 채권편(上), (下), 2013.
9) 법무부는 1999년 2월 민법개정특별분과위원회를 구성하여 2004년 6월 민법 재산편 개정 법률안을 마련하였고 이를 정부안으로 10월 21일 국회에 제출하였다. 그러나 이 법안은 국회에서 심의를 하지 못한 채 국회의원의 임기만료로 폐기되었다.
10) 민법개정위원회에서 위원들이 작성한 각종 회의자료를 토대로 회의를 하였고, 회의가 끝나면 법무부 법무심의관실에서 회의일지와 속기록을 작성하고 있다. 그러나 회의자료, 회의일지, 회의록은 현재 일부만이 공간되어 있는데, 이 글에서는 공

Ⅱ. 계약의 해제·해지, 위험부담, 사정변경에 관한 민법개정 안 개관

1. 현행 민법의 규정

위험부담과 계약의 해제·해지에 관해서는 현행 민법 제3편 채권 제2장 계약에서 정하고 있다. 그중 위험부담은 제2관 계약의 효력 부분에서 2개의 조문(제537조와 제538조)[11])을 두고 있고, 계약의 해제·해지는 제3관 계약의 해지, 해제 부분에서 11개 조문(제543조에서 제553조까지)을 두고 있다. 위 조문 중에서 개정대상이 된 조문은 다음과 같다.

제537조는 '채무자위험부담주의'라는 표제로 쌍무계약의 당사자 일방의 채무가 당사자 쌍방의 책임 없는 사유로 이행할 수 없게 된 때에는 채무자는 상대방의 이행을 청구하지 못한다고 정하고 있다. 제544조에서 제546조까지는 해제의 요건에 관하여 이행지체, 정기행위, 이행불능으로 나누어 규정하고 있다.[12]) 제546조에서는 채무자의 책임 있는 사유로 이행불능인 경우 해제를 인정하고 있는 반면에, 제544조와 제545조에서는 채무자의 귀책사유(유책사유)를 요건으로 정하고 있지 않다. 그러나 제544조의 경우에도 채무자의 귀책사유를 요건으로 하는 것이 다수설이다. 제548조에서는 해제의 효과를 정하고 있고, 제553조에서는 해제권자의 고의나 과실로 계약의 목적물이 훼

간되지 않은 자료도 참고하였다.
11) 이하 민법의 조문은 법률의 명칭을 기재하지 않고 조문만을 인용한다.
12) 매도인의 담보책임에 관해서는 제3편 채권 제2장 계약 제3절 매매 부분에서 규정하고 있는데, 그 구제수단으로 계약의 해제와 손해배상 등이 인정되고 있다. 분과위원회에서 오종근, 민법상 담보책임법 개정안 연구, 2010년 법무부 연구용역보고서를 토대로 채무불이행책임과 매도인의 담보책임을 가급적 통일적으로 규정하려고 하였으나, 분과위원장단 회의와 전체회의에서 개정하지 않기로 하여 이 부분에 관한 민법개정위원회의 개정안은 마련되지 않았다.

손된 경우 등 일정한 사유가 발생한 경우에 해제권이 소멸한다고 정하고 있다.

한편 계속적 계약에서 언제 어떠한 요건에서 해지가 인정되는지에 관하여 일반 규정이 없고, 개별 규정에서 해지권에 관하여 정하고 있을 뿐이다. 그러나 위와 같은 명시적인 규정이 없는 경우에도 계속적 계약의 해지가 인정될 수 있다.

2. 민법개정위원회의 개정안

민법개정위원회 분과위원회에서는 위험부담과 계약의 해제·해지에 관한 조문들을 검토하여 개정안을 마련하였는데, 전체회의에서 위에서 본 조문들을 개정하고 사정변경, 계속적 계약에 관한 조문을 신설하기로 하였다. 개정 또는 신설 조항은 다음과 같다.

(1) 제537조의 표제를 '채무자의 위험부담'으로 수정하고 계약의 해제와의 관계, 대상청구권과의 관계를 정한 조항을 신설한다. 먼저 이 규정에 따라 채무자의 위험부담으로 채무가 소멸되더라도 상대방의 계약 해제에 영향을 미치지 않는다는 명시적인 조항을 두고(제2항), 대상청구권(개정안 제399조의2 제1항)에 따라 이익의 상환을 청구하는 경우에는 채무자는 상대방의 이행을 청구할 수 있도록 하며 이 경우에 상환할 이익의 가치가 본래의 채무보다 작으면 상대방의 채무는 그에 비례하여 감소한다는 조항을 둔다(제3항).

(2) 제538조의2(사정변경)를 신설하여 사정변경을 이유로 하는 계약의 수정, 해제 또는 해지를 인정한다.

(3) 계약의 해제 요건을 정하고 있는 제544조, 제545조, 제546조를 통합하여 제544조(채무불이행과 해제)에서 채무불이행으로 인한 해제 요건을 통일적으로 규정한다. 해제의 요건에서 채무자의 귀책사유를 삭제하고 "채무불이행이 경미하여 계약의 목적달성에 지장이 없는

경우"에는 계약을 해제할 수 없도록 하고(제1항), 최고 불요사유를 4 가지로 나누어 규정하였다(제2항). 또한 이행거절을 포함하여 이행기 전의 불이행을 해제사유로 명시하고(제3항), 채권자에게 주로 책임이 있는 경우 등에는 계약을 해제할 수 없다고 정하였다(제4항).

(4) 제544조의2(계속적 계약의 해지)를 신설하여 계속적 계약의 해지 근거와 사유를 명시하였다.

(5) 제548조(해제의 효과, 원상회복의무)를 개정하여 목적물을 반환하는 경우에 수취한 과실도 반환하도록 하였으며(제2항), 목적물이나 과실을 반환할 수 없거나 목적물로부터 수취한 이익이 있는 때에는 그 가액을 반환하도록 하되, 상대방에게 책임 있는 사유로 반환할 수 없는 경우에는 반환대상에서 제외하였다(제3항).

(6) 제553조(훼손 등으로 인한 해제권의 소멸)를 삭제하였다.

2004년 민법개정안에서는 제544조, 제545조, 제546조를 삭제하고 제544조의2(채무불이행과 해제), 제544조의3(채무불이행과 해지), 제544조의4(사정변경과 해제·해지)를 신설하기로 하였다.13) 이것은 2012년과 2013년에 확정된 민법개정안에서 위 (2), (3), (4)에 관한 부분에 반영되어 있으나, 그 내용이나 표현이 크게 달라졌다. 위 (1), (5), (6), 즉 위험부담과 해제의 효과에 관한 부분은 2004년 민법개정안에는 없었으나, 2012년과 2013년에 확정된 민법개정안에 포함된 것이다.

---

13) 용어의 변경에 관한 것으로 제543조 등에서 '해지, 해제'로 되어 있는 것을 순서를 바꾸어 '해제, 해지'로 수정하기로 하였다. 또한 매도인의 담보책임에 관한 규정 중에서 제575조부터 제582조까지의 개정안이 포함되어 있다. 그러나 이번 민법개정안에서는 이러한 개정을 하지 않기로 하였다.

현행법	2004년 민법개정안	2012/2013년 민법개정안
제537조(채무자위험부담주의)	제537조 개정안 없음	제537조(채무자의 위험부담) 제538조의2(사정변경)
제544조(이행지체와 해제) 제545조(정기행위와 해제) 제546조(이행불능과 해제)	[제544조, 제545조, 제546조 삭제] 제544조의2(채무불이행과 해제) 제544조의3(채무불이행과 해지)	[제544조, 제545조, 제546조 삭제] 제544조(채무불이행과 해제) 제544조의2(계속적 계약의 해지)
제548조(해제의 효과, 원상회복의무) 제553조(훼손 등으로 인한 해제권의 소멸)	제544조의4(사정변경과 해제·해지) 제548조 개정안 없음 제553조 개정안 없음	제548조(해제의 효과, 원상회복의무) [제553조 삭제]

특히 개정안을 작성하는 과정에서 해제의 요건에 관해서는 총 11개나 되는 안을 작성하여 논의하였는데, 이는 민법개정위원회에서 가장 많은 안을 작성한 조문이라고 할 수 있다. 해제의 요건에 관한 개정안에 따를 경우 위험부담과의 관계를 재정립할 필요가 있는데, 이와 관련하여 위험부담에 관한 규정을 아예 삭제할 것인지 여부에 관해서도 구체적인 안을 작성하여 논의하기도 하였다. 사정변경에 관해서도 많은 논란 끝에 개정안이 확정되었다.

Ⅲ. 계약의 해제·해지에 관한 개정안

계약의 해제·해지에 관한 개정안을 조문순서대로 보면, 해제의 요건, 계속적 계약의 해지, 해제의 효과에 관한 것이다. 위 순서대로 항목을 나누어 살펴보고자 한다.

1. 계약 해제의 요건

가. 쟁 점

계약의 해제에 관해서는 종래부터 입법론적으로 논란이 많았다. 민법개정위원회에서 해제의 요건을 대폭 수정하는 것은 예정되어 있었다고 볼 수 있다.

민법개정위원회에서 계약 해제의 요건에 관하여 일반조항주의로 전환하고 귀책사유를 요건으로 하지 않는 것에 관해서는 쉽게 합의가 이루어졌다. 그러나 해제의 요건에서 본질적 불이행 개념을 도입할 것인지에 관해서는 논란이 많았다. 이 개념을 채택하는 방안이 검토되었으나, 해제의 요건에 관한 현행 민법의 태도를 유지하되 경미한 채무불이행을 해제할 수 없는 사유로 정하는 방식으로 규정을 만들었다. 또한 최고와 관련해서는 해제의 실질적 요건과 절차적 요건을 구분해서 정하기로 하였다. 이행거절 또는 이행기 전의 불이행에 관한 규정을 두기로 하였는데, 해제의 경우와 전보배상의 경우에 그 요건이 다소 달라졌다. 이처럼 해제의 요건에 관해서는 입법과정에서 다양한 쟁점이 있었고, 이 쟁점들은 서로 연결되어 있었다.

나. 개정안의 작성과정

(1) 2004년 민법개정안

2004년 민법개정안은 제544조의2(채무불이행과 해제)에서 다음과 같이 정하고 있었다.

① 채무자가 채무의 내용에 좇은 이행을 하지 아니한 때에는 채권자는 상당한 기간을 정하여 그 이행을 최고하고 그 기간 내에 이행하지 아니한 때에는 계약을 해제할 수 있다. 그러나 채무자의 고의나 과실없이 그 이행이 이루어지지 아니한 때에는 그러하지 아니하다.

② 채권자는 다음 각호에 해당하는 때에는 제1항의 최고를 하지
아니하고 계약을 해제할 수 있다.

　　1. 채무의 이행이 불능하게 된 때

　　2. 채무가 이행되지 아니할 것이 명백하게 예견되는 때

　　3. 계약의 성질 또는 당사자의 의사표시에 의하여 일정한 시일
또는 일정한 기간 내에 이행하지 아니하면 계약의 목적을 달성할 수
없을 경우에 채무자가 그 시기에 이행하지 아니한 때

위 개정안은 채무불이행으로 인한 해제에 관하여 일반조항을 두
었다는 점에서 의미가 있다. 그런데 위 개정안에서는 채무자의 고의
나 과실이 없는 경우에는 계약을 해제할 수 없도록 하였는데, 이 점
에 관하여 논란이 많았다. 계약 해제의 경우에는 손해배상의 경우와
달리 귀책사유를 요건으로 할 필요가 없다는 비판이 많았다.[14] 필자
도 위 개정안에 대해서는 비판적인 의견을 밝힌 적이 있다.[15]

(2) 2012년 민법개정안

(가) 민법개정위원회 제2기(2010) 제2분과위원회

민법개정위원회 제2기(2010) 제2분과위원회에서 채무불이행에 관
한 개정안을 담당하였다. 위 분과위원회에서 계약 해제의 요건 부분

---

14) 정종휴, "민법개정안 채권편에 대한 소감", 법무부 편, 민법(재산편)개정 공청회,
　　2001. 12, 199면; 안법영, "2001년 법무부 민법개정시안에 관한 소고", 고려법학,
　　제38호(2002), 193~197면; 황적인 외 29인, 민법개정안의견서, 삼지원, 2002,
　　98~104면, 314면 참조.

15) 김재형, "계약의 해제와 손해배상의 범위", 민법론 Ⅱ, 박영사, 2004, 70면(채무불
　　이행을 이유로 계약을 해제하기 위한 요건으로 채무자의 책임 있는 사유를 요구하
　　는 것은 유엔통일매매법, 유럽계약법원칙 등 국제적인 추세에도 반한다. 2002년 1
　　월 1일부터 시행되고 있는 독일 개정 민법도 계약의 해제에는 귀책사유를 요건으
　　로 하고 있지 않다. 세계적인 추세를 항상 따라야 하는 것은 아니지만, 이에 명백
　　하게 반하는 방향으로 개정할 필요는 없다. 현행 민법의 규정을 그대로 두든지, 아
　　니면 계약해제의 요건에서 귀책사유를 배제하는 방향으로 개정안을 수정하여야
　　할 것이다).

을 담당한 김동훈 교수가 작성한 개정시안을 토대로 논의를 시작하였
다.16)

이 개정시안은 계약 해제의 요건을 채무불이행의 유형에 따라 구
분하지 않고 해제에 관한 일반규정을 도입한다는 점에서 2004년 민
법개정안과 동일하다. 그러나 중대한 채무불이행이 있을 경우에 한하
여 해제가 가능하고 귀책사유에 관한 단서를 두지 않아 해제를 채무
자의 귀책사유와 단절하고자 하였다는 점(개정시안 제544조)에서 2004
년 민법개정안과는 완전히 다르다. 이와 같은 전환에는 CISG를 비롯
한 최근의 입법례 등이 결정적인 영향을 미쳤는데, 해제에 대한 기본
적 태도가 바뀐 것으로 볼 수 있다. 계약의 해제는 채무자에 대한 제
재수단이 아니라 당사자들을 목적달성이 어려워진 계약의 구속력으
로부터 벗어날 수 있게 해주는 제도라는 것이다.

그리고 개정시안 제545조에서는 해제를 위하여 최고가 필요한
경우와 그렇지 않은 경우를 정하고 있다. 이행지체의 경우에 최고 요

---

16) 김동훈, "계약해제의 요건에 관한 개정시안", 민법개정위원회 제2기 제2분과위원
   회 회의자료(2010. 10. 21).
   제544조(채무불이행과 해제) 당사자의 일방이 채무의 내용에 좇은 이행을 하지
   아니한 때에는 상대방은 그 불이행이 중대한 경우에 한하여 계약을 해제할 수 있다.
   제545조(최고와 해제) ① 당사자 일방이 그 채무를 이행하지 아니하는 때에는
   상대방은 상당한 기간을 정하여 그 이행을 최고하고 그 기간 내에 이행하지 아니
   한 때에는 계약을 해제할 수 있다.
   ② 당사자 일방이 채무의 내용에 적합하지 않은 이행을 한 경우에는 상대방은 상
   당한 기간을 정하여 최고하고 그 기간 내에 이행의 추완이 없을 때에는 계약을
   해제할 수 있다. 단 일방의 이행의 부적합이 사소한 경우에는 그러하지 아니하다.
   ③ 상대방은 다음 각 호의 경우에는 제1항과 제2항의 최고를 하지 아니하고 계약
   을 해제할 수 있다.
     1. 일방이 이행을 명백하고 종국적으로 거절하는 때
     2. 계약의 성질 또는 당사자의 의사표시에 의하여 일정한 시일 또는 일정한
   기간 내에 이행하지 아니하면 계약의 목적을 달성할 수 없을 경우에 당사자 일방
   이 그 시기에 이행하지 아니한 때
     ④ 상대방은 해제의 요건이 충족될 것이 명백한 경우에는 이행기 전이라도 계
   약을 해제할 수 있다.

건을 둔 것은 현행 민법의 제544조 본문을 승계한 것이고, 불완전이
행의 경우에는 추완을 최고하고 해제할 수 있도록 하였다. 최고를 하
지 않고 해제할 수 있는 경우로는 현행민법 제545조를 승계하여 정
기행위에 관한 규정을 두고, 제544조 단서에 근거를 두고 있는 이행
거절의 경우를 정하고 있다. 또한 '이행기 전의 해제'에 관한 개정안
을 두고 있다.

　위 개정시안 제544조에 대해서는 '중대한 불이행' 요건을 본문으
로 할지 단서로 할지 검토할 필요가 있고, 개정시안 제545조에 대해
서는 제1항과 제2항을 통합하여 규정하고 부수의무 위반도 포함하여
모든 채무불이행을 포괄할 필요가 있으며, 제3항에서 최고 불요사유
로 이행불능을 추가해야 한다는 등의 의견이 있었다.[17) 그 후 위 분
과위원회에서 논의를 거쳐 다음과 같이 개정안을 마련하였다.[18)

　제544조(채무불이행과 해제) ① 당사자 일방이 채무를 이행하지 아
니하고 이행기가 도과한 때에는 상대방은 상당한 기간을 정하여 그
이행을 최고하고 그 기간 내에 이행하지 아니한 때에는 계약을 해제
할 수 있다.
　② 당사자 일방이 채무의 내용에 적합하지 않은 이행을 한 경우에
는 상대방은 상당한 기간을 정하여 최고하고 그 기간 내에 이행의 추
완이 없을 때에는 계약을 해제할 수 있다. 단 일방의 이행의 부적합
이 사소한 경우에는 그러하지 아니하다.
　③ 상대방은 다음 각 호의 경우에는 제1항과 제2항의 최고를 하지
아니하고 계약을 해제할 수 있다.
　　1. 채무의 이행이 불능하게 된 때
　　2. 채무가 이행되지 아니할 것이 명백하게 예견되는 때
　　3. 계약의 성질 또는 당사자의 의사표시에 의하여 일정한 시일

또는 일정한 기간 내에 이행하지 아니하면 계약의 목적을 달성할 수
없을 경우에 당사자 일방이 그 시기에 이행하지 아니한 때

분과위원회의 위 개정안에서는 해제의 요건에 관한 조항을 1개
의 조문으로 통합하였고, 해제의 요건에 관한 규정의 본문에서 중대
한 불이행 개념을 사용하지 않는 대신 사소한 부적합의 경우에 해제
할 수 없다는 내용이 추가되었다(제2항 단서). 그리고 최고 불요사유
로 이행불능이 추가되었다.

(나) 민법개정위원회 제3기(2011) 제4분과위원회

민법개정위원회 제3기에는 채무불이행에 관한 개정안을 담당하
는 분과가 제4분과위원회로 바뀌었다.[19] 김동훈 교수는 위 개정시안
을 민사법학회 하계학술대회에서 발표한 후 학술대회에서 나온 의견
을 분과위원회에서 소개하였다. 특히 중대한 불이행 개념에 관하여
논란이 있었는데, 그것을 수용하는 것은 곤란하다고 하였다. 또한 채
권자의 귀책사유로 인한 해제권의 배제에 관하여 명문의 규정[20]을
두자고 하였다.[21] 이를 토대로 개정시안을 수정하여 제안하였다.[22]

---

19) 필자는 제3기부터 채무불이행을 담당하는 분과위원회로 옮겼기 때문에(주 1 참
조), 이때부터 해제의 요건에 관한 개정안을 작성하는 회의에 참여하였다.
20) 제4항을 신설하여 "해제사유의 발생이 채권자의 귀책사유에 기한 경우에는 채권
자의 해제권은 배제된다."라고 정하자는 것이다.
21) 김동훈, "계약해제의 요건에 관한 민사법학회 발제 개정안에 대한 비판들과 그 수
용여부", 민법개정위원회 제3기 제4분과위원회 회의자료(2011. 7. 7).
22) 김동훈, "계약해제의 요건에 관한 개정시안(제4차)", 민법개정위원회 제3기 제4분
과위원회 회의자료(2011. 9. 8)에서는 다음과 같은 개정안을 제안하고 있다.
   제544조(채무불이행과 해제) ① 당사자 일방이 채무의 내용에 좇은 이행을 하
지 아니한 때에는 상대방은 상당한 기간을 정하여 그 이행 또는 추완을 청구하고
그 기간 내에 이행 또는 추완이 이루어지지 아니하는 때에는 계약을 해제할 수
있다. 다만 일방의 채무불이행이 경미하여 계약의 목적달성에 지장이 없는 경우
에는 그러하지 아니하다.
   ② 상대방은 다음 각 호의 경우에는 최고를 하지 아니하고 계약을 해제할 수 있다.
     1. 채무의 이행이 불능하게 된 때
     2. 채무자가 미리 이행하지 아니할 의사를 표시한 경우 또는 채권자가 상당

한편 필자는 다음과 같이 해제의 요건에 관한 개정안을 제안하
였다.[23]

제544조(채무불이행과 해제) ① 당사자 일방이 채무의 내용에 좇은
이행을 하지 아니한 때에는 상대방은 계약을 해제할 수 있다. 다만
[채무불이행이 경미하여 계약의 목적달성에 지장이 없는 경우] 또는
채무불이행이 상대방의 책임있는 사유로 인한 경우에는 그러하지 아
니하다.

② 제1항에 따라 계약을 해제하기 위해서는 상대방이 상당한 기간
을 정하여 그 이행을 최고하고 그 기간 내에 이행이 되지 아니하여야
한다. 다만, 다음 각 호의 경우에는 그러하지 아니하다.

1. 채무의 이행이 불능하게 된 때

2. 당사자 일방이 미리 이행하지 아니할 의사를 표시한 경우 또
는 상대방이 상당한 기간을 정하여 이행을 최고하더라도 그 기간내
에 이행이 되지 아니할 것이 명백한 경우

3. 계약의 성질 또는 당사자의 의사표시에 의하여 일정한 시일
또는 일정한 기간 내에 이행하지 아니하면 계약의 목적을 달성할 수
없을 경우에 당사자의 일방이 그 시기에 이행하지 아니한 때

③ 제2항 단서 제2호의 경우에 상대방은 이행기 전에도 계약을 해
제할 수 있다.

필자의 제안은 해제의 요건에 관한 그동안의 논의를 반영하되 표

한 기간을 정하여 이행을 최고하더라도 그 기간 내에 이행이 이루어지지 아니할
것이 명백한 경우

3. 계약의 성질 또는 당사자의 의사표시에 의하여 일정한 시일 또는 일정한
기간 내에 이행하지 아니하면 계약의 목적을 달성할 수 없을 경우에 당사자의 일
방이 그 시기에 이행하지 아니한 때

4. 기타 최고없는 해제를 정당화할 만한 특별한 사정이 있는 경우

③ 제2항 제2호의 경우에 채권자는 이행기 전에도 계약을 해제할 수 있다.

④ 당사자 일방의 채무불이행이 채권자의 책임있는 사유에 기한 경우에는 채권
자는 계약을 해제할 수 없다.

23) 김재형, "해제의 요건에 관한 개정안", 민법개정위원회 홈페이지 게시(2011. 9. 22).

현을 간결하게 하고자 한 것이었다. 첫째, 조문의 체계와 관련해서는 제1항에서 채무불이행에 관한 일반조항을 두면서 단서에서 해제권 배제사유를 정하고, 제2항에서 최고가 필요한 경우와 필요하지 않은 경우를 두며, 제3항에서 이행기 전의 해제에 관한 규정을 둘 것을 제안하였다. 이것은 해제의 실질적 요건과 절차적 요건을 제1항과 제2항으로 구분함으로써 요건을 이해하기 쉽게 하고자 한 것이다. 둘째, 해제권 배제사유 중 "채무불이행이 경미하여 계약의 목적달성에 지장이 없는 경우"는 중대한 불이행 개념을 도입하는 데 부담이 있기 때문에 이를 변형시켜 해제의 소극적 요건으로 도입한 것이다. 특히 계약의 목적달성이라는 표현을 사용하여 매도인의 담보책임에 기한 해제 요건과 정합성을 갖도록 하였다. 이것은 해제의 소극적 요건이기 때문에, 다른 규정과의 정합성 문제를 피하거나 적어도 완화시킬 수 있다. 셋째, 제1항 단서에서 해제권 배제사유로 "채무불이행이 상대방의 책임있는 사유로 인한 경우"를 정하고 있는데, 이를 본문과 대비하여 읽을 때 계약의 해제 요건에서 채무자의 귀책사유와 절연하였다는 점이 드러날 수 있도록 하였다. 넷째, 이행기 전의 해제 요건에 "당사자 일방이 미리 이행하지 아니할 의사를 표시한 경우 또는 상대방이 상당한 기간을 정하여 이행을 최고하더라도 그 기간 내에 이행이 되지 아니할 것이 명백한 경우"라고 정함으로써 이행기 전에 해제할 수 있는 사유를 이행거절에 한정하지 않고 이행기 전의 불이행으로 포괄적으로 규정하였다. 이것은 전보배상에 관한 개정안 제395조와 통일적으로 규정하려고 한 것이다.

　　그 후 분과위원회에서 최고절차를 별도의 항으로 할 것인지, 해제권 배제사유를 별도의 항으로 할 것인지, 최고절차와 해제권 배제사유를 하나의 항에서 정할 것인지에 관하여 다시 3개의 개정안을 작성하여 논의하였고,24) 개별 조항의 표현을 다듬어 다음과 같이 분과

---

24) 김동훈, "계약해제의 요건에 관한 개정시안(제5차)", 민법개정위원회 제3기 제4분

위원회안을 확정하였다.

제544조(채무불이행과 해제)

① 당사자 일방이 채무의 내용에 좇은 이행을 하지 아니한 때에는 상대방은 계약을 해제할 수 있다. 다만 일방의 채무불이행이 경미하여 계약의 목적달성에 지장이 없는 경우에는 그러하지 아니하다.

② 제1항에 따라 계약을 해제하기 위해서는 상대방은 상당한 기간을 정하여 이행을 최고하고 그 기간 내에 이행이 되지 아니하여야 한다. 그러나 다음 각 호의 경우에는 최고를 요하지 아니한다.

1. 채무의 이행이 불능하게 된 때

2. 채무자가 미리 이행하지 아니할 의사를 표시한 경우 또는 채권자가 상당한 기간을 정하여 이행을 최고하더라도 그 기간 내에 이행이 이루어지지 아니할 것이 명백한 경우

3. 계약의 성질 또는 당사자의 의사표시에 의하여 일정한 시일 또는 일정한 기간 내에 이행하지 아니하면 계약의 목적을 달성할 수 없을 경우에 당사자의 일방이 그 시기에 이행하지 아니한 때

③ 제2항 제1호와 제2호의 경우에 채권자는 이행기 전에도 계약을 해제할 수 있다.

④ 당사자 일방의 채무불이행이 채권자의 책임있는 사유에 기한 경우에는 채권자는 계약을 해제할 수 없다. 채권자의 수령지체 중에 당사자 쌍방의 책임없는 사유로 채무불이행이 발생한 때에도 같다.

위 분과위원회안을 확정하는 단계에서 세부적인 변경사항이 있었으나, 결국 필자의 제안과 유사하게 결론이 내려졌다. 즉, 해제의 실질적 요건과 절차적 요건을 분리하고, 해제권 배제사유로 경미한 불이행 개념을 도입하였으며, 이행기 전의 해제를 포괄적으로 정하였다. 다만 해제권 배제사유 중 하나인 "채권자의 책임있는 사유에 기한 경우"를 제1항 단서가 아니라 제4항으로 옮기고 "수령지체 중에

과위원회 회의자료(2011. 10. 6).

당사자 쌍방의 책임없는 사유로 채무불이행이 발생한 때"를 추가하였다.

(다) 실무위원회와 분과위원장단 회의

실무위원회에서는 위 분과위원회안 중 일부를 수정할 것을 제안하고 있다.25) 제2항 제4호에서 최고 불요사유로 "그 밖에 지체 후 이행 또는 추완이 채권자에게 이익이 없거나 불합리한 부담을 주는 경우"를 추가하였다. 제3항에서 이행기 전 해제가 가능한 사유를 "채무의 이행이 불능하거나 채무자가 미리 이행하지 아니할 의사를 표시한 경우"로 한정하여 "채권자가 상당한 기간을 정하여 이행을 최고하더라도 그 기간 내에 이행이 이루어지지 아니할 것이 명백한 경우"에는 이행기 전의 해제를 할 수 없도록 하였다. 또한 제4항에서 "채권자의 책임있는 사유"를 "채권자에게 전적으로 또는 주로 책임있는 사유"로

---

25) 제544조(채무불이행과 해제)

① 당사자 일방이 채무의 내용에 좇은 이행을 하지 아니한 때에는 상대방은 계약을 해제할 수 있다. 다만 일방의 채무불이행이 경미하여 계약의 목적달성에 지장이 없는 경우에는 그러하지 아니하다.

② 제1항에 따라 계약을 해제하기 위해서는 상대방은 상당한 기간을 정하여 이행을 최고하고 그 기간 내에 이행이 되지 아니하여야 한다. 그러나 다음 각 호의 경우에는 최고를 요하지 아니한다.

　1. 채무의 이행이 불능하게 된 때

　2. 채무자가 미리 이행하지 아니할 의사를 표시한 경우 또는 채권자가 상당한 기간을 정하여 이행을 최고하더라도 그 기간 내에 이행되지 아니할 것이 명백한 경우

　3. 계약의 성질 또는 당사자의 의사표시에 의하여 일정한 시일 또는 일정한 기간 내에 이행하지 아니하면 계약의 목적을 달성할 수 없을 경우에 당사자의 일방이 그 시기에 이행하지 아니한 때

　4. 그 밖에 지체 후 이행 또는 추완이 채권자에게 이익이 없거나 불합리한 부담을 주는 경우

③ 채무의 이행이 불능하거나 채무자가 미리 이행하지 아니할 의사를 표시한 경우에는 채권자는 이행기 전에도 계약을 해제할 수 있다.

④ 당사자 일방의 채무불이행이 채권자에게 전적으로 또는 주로 책임있는 사유에 기한 경우에는 채권자는 계약을 해제할 수 없다. 채권자의 수령지체 중에 당사자 쌍방에게 책임없는 사유로 채무불이행이 발생한 때에도 같다.

수정하였다.

분과위원장단 회의에서 제4항의 표현을 "채권자에게 주로 책임 있는 사유"로 수정하는 사소한 자구 수정을 하여 다음과 같은 안을 전체회의에 상정하였다.

제544조(채무불이행과 해제)

① 당사자 일방이 채무의 내용에 좇은 이행을 하지 아니한 때에는 상대방은 계약을 해제할 수 있다. 그러나 일방의 채무불이행이 경미하여 계약의 목적달성에 지장이 없는 경우에는 그러하지 아니하다.

② 제1항에 따라 계약을 해제하기 위해서는 상대방은 상당한 기간을 정하여 이행을 최고하고 그 기간 내에 이행이 되지 아니하여야 한다. 그러나 다음 각 호의 경우에는 최고를 요하지 아니한다.

　　1. 채무의 이행이 불능하게 된 때

　　2. 채무자가 미리 이행하지 아니할 의사를 표시하거나 그 밖에 채권자가 상당한 기간을 정하여 이행을 최고하더라도 그 기간 내에 이행되지 아니할 것이 명백한 때

　　3. 계약의 성질 또는 당사자의 의사표시에 의하여 일정한 시일 또는 일정한 기간 내에 이행하지 아니하면 계약의 목적을 달성할 수 없을 경우에 당사자의 일방이 그 시기에 이행하지 아니한 때

　　4. 지체 후의 이행 또는 추완이 채권자에게 이익이 없거나 불합리한 부담을 주는 때

③ 채무의 이행이 불능하거나 채무자가 미리 이행하지 아니할 의사를 표시한 경우에는 채권자는 이행기 전에도 계약을 해제할 수 있다.

④ 당사자 일방의 채무불이행이 채권자에게 주로 책임 있는 사유에 기한 경우에는 채권자는 계약을 해제할 수 없다. 채권자의 수령지체 중에 당사자 쌍방에게 책임 없는 사유로 채무불이행이 발생한 때에도 같다.

(라) 민법개정위원회 제4기(2012년) 전체회의

2012. 6. 27. 개최된 「제4기 민법개정위원회」 제2차 전체회의에서 개정안을 논의하였다. 첫째, 제1항의 규정방식과 관련하여 단서에서 경미한 불이행을 해제권 배제사유로 정하지 말고 본문에서 중대한 불이행 또는 계약의 목적달성 불능을 규정하자는 의견이 있었다. 현재의 판례26)에 따르면 계약을 해제하기 위한 요건으로 주된 채무를 이행하지 않았다는 점에 관한 증명책임이 채권자에게 있으나, 위 개정안에 따르면 채무자가 단서에 해당하는 사유를 증명해야 하기 때문에 증명책임이 전환된다는 것이다. 해제의 요건에 관한 현행 규정에서 적극적 요건으로 '채무를 이행하지 아니하는 때'(제544조) 또는 '이행이 불능하게 되는 때'(제546조)라고만 정하고 있다. 따라서 위와 같은 판례를 증명책임에 관한 것으로 보아야 하는지에 관하여 의문이 제기되기도 하였다. 개정안 제544조 제1항 본문의 표현은 현행법의 표현과 같이 해제의 적극적 요건으로 채무불이행을 정한 것이기 때문에 자연스럽게 받아들여질 수 있고 세세한 조정은 해석론에 맡긴 것으로 볼 수도 있다. 전체회의에서 이 점에 관하여 표결을 하였는데, 12 대 8로 원안을 채택하기로 결정하였다.

둘째, 분과위원장단안 제3항에 대해서는 분과위원회안과 달리 "이행기에 이행되지 아니할 것이 명백한 때"에 이행기 전 해제를 할 수 없게 될 뿐만 아니라 문언상으로는 경미한 불이행을 해제사유에서 배제한 제1항이 적용되지 않는다는 문제점이 지적되었다. 분과위원회

---

26) 민법 제544조에 의하여 채무불이행을 이유로 계약을 해제하려면, 당해 채무가 계약의 목적 달성에 있어 필요불가결하고 이를 이행하지 아니하면 계약의 목적이 달성되지 아니하여 채권자가 그 계약을 체결하지 아니하였을 것이라고 여겨질 정도의 주된 채무이어야 하고 그렇지 아니한 부수적 채무를 불이행한 데에 지나지 아니한 경우에는 계약을 해제할 수 없다. 대판 2001. 11. 13, 2001다20394, 20400(공 2002, 37); 대판 1968. 11. 5, 68다1808(집 16-3, 민 160); 대결 1997. 4. 7, 97마 575(집 45-2, 민 67).

안은 이행불능, 이행거절, 그리고 '최고해도 이행하지 않을 것이 명백
할 경우'라는 3가지 경우 중 세 번째 경우를 해제사유로 추가하는 것
이었는데, 이를 수정안으로 제안하였다. 이에 관해서는 8 대 12로 수
정안이 채택되었다.

셋째, 제2항 제2호와 관련하여 분과위원회안에서는 두 사유를
'경우 또는'이라 하여 병렬적으로 표현하였으나 분과위원장단안에서
'그 밖에'라는 표현으로 바꾼 것에 대해서도 논의하였는데, 분과위원
회안을 채택하기로 하였다.

결국 전체회의에서는 제2항과 제3항을 수정하여 민법개정위원회
의 개정안을 다음과 같이 확정하였다.

현 행	개 정 안
제544조(이행지체와 해제) 당사자 일방이 그 채무를 이행하지 아니하는 때에는 상대방은 상당한 기간을 정하여 그 이행을 최고하고 그 기간내에 이행하지 아니한 때에는 계약을 해제할 수 있다. 그러나 채무자가 미리 이행하지 아니할 의사를 표시한 경우에는 최고를 요하지 아니한다.	제544조(채무불이행과 해제) ① 당사자 일방이 채무의 내용에 좇은 이행을 하지 아니한 때에는 상대방은 계약을 해제할 수 있다. 그러나 일방의 채무불이행이 경미하여 계약의 목적달성에 지장이 없는 경우에는 그러하지 아니하다. ② 제1항에 따라 계약을 해제하기 위해서는 상대방은 상당한 기간을 정하여 이행을 최고하고 그 기간 내에 이행이 되지 아니하여야 한다. 그러나 다음 각 호의 경우에는 최고를 요하지 아니한다. 1. 채무의 이행이 불능하게 된 때 2. 채무자가 미리 이행하지 아니할 의사를 표시하거나 채권자가 상당한 기간을 정하여 이행을 최고하더라도 그 기간 내에 이행되지 아니할 것이 명백한 때 3. 계약의 성질 또는 당사자의 의사표시에 의하여 일정한 시일 또는 일정한
제545조(정기행위와 해제) 계약의 성질 또는 당사자의 의사표시에 의하여 일정한 시일 또는 일정한 기간내에 이행하지 아니하면 계약의 목적을 달성할 수 없을 경우에 당사자일방이 그 시기에 이행하지 아니한 때에는 상대방은 전조의 최고를 하지 아니하고 계약을 해제할 수 있다.	
제546조(이행불능과 해제) 채무자의 책임 있는 사유로 이행이 불능하게 된 때에는	기간 내에 이행하지 아니하면 계약의 목

채권자는 계약을 해제할 수 있다.	적을 달성할 수 없을 경우에 당사자의 일방이 그 시기에 이행하지 아니한 때 4. 지체 후의 이행 또는 추완이 채권자에게 이익이 없거나 불합리한 부담을 주는 때 ③ 채무의 이행이 불능한 경우 또는 채무자가 미리 이행하지 아니할 의사를 표시하거나 이행기가 도래하더라도 채무가 이행되지 아니할 것이 명백한 경우에는 채권자는 이행기 전에도 계약을 해제할 수 있다. ④ 당사자 일방의 채무불이행이 채권자에게 주로 책임 있는 사유에 기한 경우에는 채권자는 계약을 해제할 수 없다. 채권자의 수령지체 중에 당사자 쌍방에게 책임 없는 사유로 채무불이행이 발생한 때에도 같다.

(마) 소   결

2010년 분과위원회에서 해제의 요건에 관한 개정시안을 작성하기 시작한 때부터 2012년 전체회의에서 개정안을 확정하기까지 약 11개의 안이 작성되었다. 이번 개정위원회에서 가장 많은 개정안이 작성된 것으로 보인다. 전체회의에서 최종적으로 확정된 개정안도 커다란 의심 없이 받아들여진 것이 아니라 상당한 논란 끝에 통과된 것이다. 여러 안들을 종합해볼 때 중대한 불이행 개념을 채택할 것인지, 아니면 변형된 형태로 반영할 것인지가 핵심적인 문제였다고 볼 수 있다. 분과위원회에서 초기에 논의할 때 중대한 불이행 개념을 채택하자는 의견이 있었으나, 이를 받아들일 수 없다는 것이 대체적인 의견이었다. 이것이 분과위원장단 회의까지 그대로 유지되었다. 그러나 전체회의에서 목적달성 불능 개념을 해제의 요건을 정하는 조항의 본문에 정하자는 안이 수정안으로 제안되었다. 원안이 12 대 8로 통과

되었으니, 목적달성 불능을 해제의 요건으로 전면에 내세우자는 의견
이 매우 많았다고 볼 수 있다. 해제의 요건에 관해서는 중대한 불이
행 개념을 둘러싸고 새로운 논의가 전개될 가능성도 적지 않다고 볼
수 있다.

다. 개정안의 의미와 주요 내용

개정안에서 해제의 요건이 크게 바뀌었음을 알 수 있다. 이 점은
현행 민법과 비교해 보아도 그러하고 2004년 민법개정안과 비교해
보아도 그러하다.

(1) 해제의 실질적 요건(제1항)
(가) 일반조항주의의 채택

현행법에서는 해제의 요건을 제544조, 제545조, 제546조에서 정
하고 있으나, 개정안에서는 위 규정을 모두 삭제하고 제544조에서 채
무불이행에 관한 일반조항을 규정하기로 하였다. 개정안 제544조는
채무불이행으로 인한 손해배상책임에 관한 제390조에 대응하는 규정
으로, 해제의 요건을 손해배상책임의 요건과 동일하게 '채무의 내용
에 좇은 이행을 하지 아니한 때'로 정하고 있다. 이 점은 2004년의 개
정안과 마찬가지이다. 현행 민법에서 정하고 있는 이행지체와 이행불
능뿐만 아니라 불완전이행이나 이행거절 등 새로운 유형의 채무불이
행도 위 개정안에서 정한 채무불이행에 포함된다.

(나) 귀책사유와 절연

현행법에서는 계약해제의 요건에서 귀책사유를 정하고 있는 규
정(제546조)이 있으나, 개정안에서 계약해제의 요건에서 귀책사유를
배제하였다. 2004년도의 개정안에서는 채무불이행으로 인한 손해배
상책임과 마찬가지로 채무자의 귀책사유를 해제의 요건에 포함시켰
다. 그러나 이번 개정안에서는 해제의 요건에서 귀책사유를 포함시키

지 않았다. 이 점에서 2004년 개정안과 크게 달라졌다.

다만 제4항에서 채권자에게 주로 책임 있는 사유로 채무불이행이 발생한 경우 등에는 해제할 수 없도록 하는 규정을 신설하였다. 이와 같은 취지의 입법례로는 독일 민법 제323조 제6항이 있다. 해제 사유에 대하여 채권자가 전적으로 또는 압도적으로 책임이 있는 경우 등에는 해제가 배제된다는 것이다.27) 채권자에게 책임 있는 사유로 채무를 이행할 수 없는 경우에는 제538조28)에 따라 채무자가 상대방 의 이행을 청구할 수 있는데, 이러한 경우에 채권자가 계약을 해제할 수 없도록 한 것이다.

(다) 경미한 불이행의 배제

해제의 요건으로 중대한 불이행 개념을 채택할 것인지 논의하였 으나, 개정안에서 이를 채택하지 않고 그 대신 "일방의 채무불이행이 경미하여 계약의 목적달성에 지장이 없는 경우"에는 해제를 할 수 없 도록 하였다. 개정안 제544조 제1항 단서에서 "일방의 채무불이행이 경미하여 계약의 목적달성에 지장이 없는 경우"에 해제권을 배제한 것은 중대한 불이행 요건을 소극적으로나마 해제의 요건으로 도입한 것이라고 볼 수 있다.29)

유엔통일매매법, 국제상사계약원칙, 유럽계약법원칙, 유럽 공통

---

27) 그 의미에 관해서는 김동훈, "채무불이행의 효과 — 계약의 해제"(주 3), 389~402 면. 이 논문은 해제의 요건을 비교법적으로 크게 국제적 입법형(CISG, PICC, PECL)과 독일형으로 대별할 수 있다고 하고, 해제의 요건에 관한 개정시안은 적절 한 절충형을 취하고 있다고 한다. 즉 "국제적 입법형의 '본질적 불이행'이라는 개 념을 제1항의 단서에서 소극적으로 수용하고 있으며 제2항에서는 최고제도를 중 심으로 하여 원칙과 예외를 정서한 것은 독일법의 모범에 가깝다고 볼 수 있다. 그리고 종래 판례상 확립되어온 '이행기 전의 해제'의 법리를 구체화하여 규정한 것은 진일보한 것이라고 평가될 수 있다."라고 한다.
28) 제538조에서는 "채권자의 책임있는 사유로 이행할 수 없게 된 때"라고 정하고 있 으나, 위 개정안에서는 "당사자 일방의 채무불이행이 채권자에게 주로 책임 있는 사유에 기한 경우"라고 정하고 있다.
29) 김동훈, "채무불이행의 효과 — 계약의 해제"(주 3), 403면.

참조기준에서 '본질적(fundamental) 불이행' 또는 '중대한(material) 불이행'을 해제 요건으로 정하고 있다. 분과위원회에서 개정안을 작성하는 단계에서 중대한 불이행 개념을 채택할 것인지 논의하였다. 그런데 이 개념이 명확한 것은 아니다. 유럽계약법원칙에서 정하는 본질적 불이행에 관해서 살펴보자. 유럽계약법원칙 제8:103조는 본질적 불이행을 다음과 같이 정하고 있다.

"다음의 경우에는 의무의 불이행이 계약에 대하여 본질적이다.
(a) 의무의 엄격한 준수가 계약의 핵심에 해당하는 경우, 또는
(b) 불이행이 불이행의 상대방으로부터 계약상 기대할 수 있는 것을 중대하게 박탈하는 경우. 다만 불이행자가 그 결과를 예견하지 못하였고, 합리적으로 예견할 수 없었던 때에는 그러하지 아니하다. 또는
(c) 불이행이 고의적이고, 이로 인하여 불이행의 상대방이 불이행자의 장래 이행을 기대할 수 없다고 믿을 만한 이유를 제공하는 경우."

유럽계약법원칙에서 본질적 불이행은 세 가지 내용을 포함하고 있다. 계약상 의무의 엄격한 준수가 계약의 핵심에 해당하는 경우, 불이행으로 인한 결과가 중대한 경우, 고의적인 불이행의 경우이다.[30] 그러나 CISG에는 제8:101조 제3항에서와 같은 고의적인 불이행에 대한 규정이 없다. 따라서 중대한 불이행 개념을 채택한 경우에 그 의미를 명확하게 할 필요가 있다.

또한 계약의 해제에서 중대한 불이행 개념을 채택할 경우 해제 이외의 다른 규정에서도 중대한 불이행 개념을 채택할 것인지 문제된다.[31] CISG나 유럽계약법원칙에서 본질적 불이행 개념을 계약의 해제에서뿐만 아니라 다른 규정에서도 채택하고 있기 때문이다.

---

30) 이에 관해서는 Lando/Beale 편, 김재형 역, 유럽계약법원칙 제1·2부, 박영사, 2013, 552면 이하.
31) 또한 이재목, "법정해제의 귀책사유에 관한 국제적 동향과 우리 민법에서의 논의", 인권과 정의, 제356호(2006. 4), 160면도 참조.

개정안 제1항 단서에서 '계약의 목적달성'이라는 표현은 정기행위에 관한 해제를 정한 현행 민법 제545조와 매도인의 담보책임에 기한 해제에 관한 요건에서 따온 것이다. 여기에 채무불이행이 경미할 것을 추가하였다. 이 개정안에 따르면 채무불이행이 경미하고 계약의 목적달성에 지장이 없는 경우에는 해제할 수 없다. 본문에서 규정할 것인지 논의했던 '중대한 불이행' 개념을 뒤집어서 '경미한 채무불이행' 개념을 사용하고 여기에 매도인의 담보책임에서 해제권의 인정 여부를 판단하는 기준이 되는 '계약의 목적달성' 요건을 합친 것이다. 이 요건을 해석하는 데 유럽계약법원칙 등에서 정하고 있는 중대한 불이행 또는 본질적 불이행 개념이나 매도인의 담보책임에서 정하고 있는 계약의 목적달성 기준이 참고가 될 수 있다.

가령 채무불이행이 경미한 것인지 여부에 관하여 그 의미를 객관적으로 파악할 것인지, 아니면 주관적으로 파악할 것인지 문제된다. 유럽계약법원칙 등에서 중대한 불이행 또는 본질적 불이행 개념은 두 가지를 포괄하고 있다. 따라서 객관적으로 보아 채무불이행의 내용이나 정도가 경미한 경우에 개정안에서 말하는 경미한 불이행 개념에 포섭될 것이다. 그러나 객관적으로 볼 때 경미한 불이행 사유라고 하더라도 계약의 당사자들이 그것을 반드시 이행하고 그 불이행시에 계약을 해제하기로 한 내용이라면 경미한 불이행이 아니라 중대한 불이행이라고 볼 수도 있다.

그런데 전체회의에서 단서의 규정을 본문으로 옮기자는 수정안도 상당한 지지를 받았다. 수정안이 채택되지는 않았지만, 해제의 요건을 강화하자는 주장이 상당한 설득력을 가진 것으로 볼 수 있다.

(2) 해제의 절차적 요건: 최고절차와 그 예외

개정안 제2항은 계약의 해제를 위하여 최고가 필요하다는 점을 원칙으로 하되 단서에서 최고가 필요하지 않은 경우를 상세하게 정하

였다. 제1항에서는 최고에 관한 실체적 요건을 정하였다면 제2항에서
는 절차적 요건을 정한 것이라고 볼 수 있다. 계약 해제의 요건으로
최고절차를 둔 것은 현행 민법 제544조, 2004년 개정안과 마찬가지이
다. 비교법적으로 볼 때에는 기본적으로 독일 민법의 태도와 유사하다.

규정의 형식에서 특징적인 점은 해제의 실질적 요건과 절차적 요
건을 제1항과 제2항으로 분리한 것이다. 해제의 요건을 한 조문에서
정할 경우에 문장이 길어지고 그 내용을 파악하기 어렵다. 그리하여
해제의 요건을 일목요연하게 알 수 있도록 하기 위하여 그 요건을 두
조항으로 분리하여 정한 것이다. 법률요건을 정할 때 한 조항에서 정
하는 것이 바람직할 수 있으나, 요건이 복잡한 경우에는 굳이 한 조
항에서 모든 요건을 정할 필요는 없고 적절하게 요건을 분리하여 정
하는 것이 나을 수 있다.

계약의 해제에서 최고 불요사유는 전보배상에 관한 개정안 제
395조와 유사하다. 그런데 이행불능의 경우에는 채권자는 채무자에게
이행을 최고할 필요 없이 계약을 해제할 수 있다. 원시적 불능의 경
우에도 계약이 무효로 되지 않기 때문에, 원시적 불능이든 후발적 불
능이든 계약을 해제할 수 있다.[32] 한편 제537조에 따르면 쌍방의 귀
책사유 없이 이행불능인 경우에 위험부담의 문제가 발생한다. 그리하
여 위험부담에 관한 규정을 삭제할 것인지 논란이 많았다. 이에 관해
서는 아래 Ⅳ에서 다루고자 한다.

(3) 이행기 전의 불이행

제3항에서 '이행기 전의 해제'에 관하여 규정을 신설하였다. 그
요건을 이행불능과 이행거절로 한정할 것인지 논란이 있었다. 판례는

---

32) 다만 "채무의 이행이 불능하게 된 때"(제2조 제1호)라는 표현을 사용하고 있는데,
   이것은 후발적 불능을 가리키는 것처럼 보이기 때문에 적절한 표현이 아니라고 생
   각할 수 있다. "채무를 이행할 수 없는 경우"라는 표현으로 수정하는 것이 좋을 것
   이라고 생각한다.

"계약상 채무자가 계약을 이행하지 아니할 의사를 명백히 표시한 경우에 채권자는 신의성실의 원칙상 이행기 전이라도 이행의 최고 없이 채무자의 이행거절을 이유로 계약을 해제하거나 채무자를 상대로 손해배상을 청구할 수 있"다고 한다.33) 그러나 이행기 전의 불이행은 이행불능과 이행거절만 포함되는 것이 아니고 불이행이 명백하게 예견된 경우를 포괄하는 개념이다.34) 즉, 채무자가 이행거절의 의사를 표시한 경우뿐만 아니라 최고를 하더라도 이행되지 않을 것이 명백한 경우는 이행기 전의 불이행으로 취급하여야 한다. 이행기가 되더라도 이행할 수 없으리라는 것이 명백하게 예견되는 경우에는 이행기 도래 전이라도 계약을 해제할 수 있다고 보아야 할 것이다.

(4) 소 결

위에서 본 바와 같이 채무불이행의 유형에 따라 해제 요건을 정하는 대신 해제의 요건에 관한 일반조항을 두는 것에 관해서는 별다른 이견이 없었다. 귀책사유를 해제 요건에서 배제하기로 한 것에 관해서도 쉽게 합의가 이루어졌다. 그러나 중대한 불이행 개념 등에 관해서는 논란이 있었다. 아직 이에 관한 논의는 거의 없으나, 입법절차가 본격화되면서 이에 관한 논의가 계속될 수도 있을 것이다.

2. 계속적 계약의 해지

가. 쟁 점

계약의 해지는 계약의 효력을 장래에 향하여 소멸시키는 행위로서, 소급효가 있는 해제와 구별된다. 민법에는 해지의 요건에 관한 일반규정이 없고 개별적인 계약에서 해지권을 정하는 규정들이 산재해 있다.35)

---

33) 대판 2005. 8. 19, 2004다53173(공 2005, 1498).
34) 독일 민법 제323조 제4항, 유럽계약법원칙 제9:304조 등. 이에 관해서는 김재형 역(주 30), 630면 이하 참조.
35) 일반적으로 해지권은 통상해지권과 비상해지권으로 구분하고 있다. 계속적 계약

해지권은 계속적 계약의 중요한 특성이다. 계속적 계약에서는 일시적 계약에 비하여 고도의 신뢰에 기초한 협력이 요구된다. 이를 기대할 수 없는 객관적 사유 또는 당사자 일방의 배신적 행태가 있는 경우에 쌍방 또는 상대방은 계약을 해지하여 계약관계를 일방적으로 장래를 향하여 소멸시킬 수 있는 권한을 가진다고 할 수 있다.36) 해지권을 인정하는 명시적인 규정이 없는 경우에도 계약의 해지가 인정될 수 있다. 대법원은 일찍부터 계속적 보증계약에서 보증인이 그 보증을 해지할 만한 상당한 이유가 있는 경우에 원칙적으로 해지권을 인정하였다.37) 그 후 계속적 계약의 해지를 인정하는 판결들이 상당수 나왔다. 판례는 "계속적 계약은 당사자 상호간의 신뢰관계를 그 기초로 하는 것이므로, 당해 계약의 존속 중에 당사자의 일방이 그 계약상의 의무를 위반함으로써 그로 인하여 계약의 기초가 되는 신뢰관계가 파괴되어 계약관계를 그대로 유지하기 어려운 정도에 이르게 된 경우에는 상대방은 그 계약관계를 막바로 해지함으로써 그 효력을 장래에 향하여 소멸시킬 수 있다"고 한다.38) 계속적 계약에서 당사자

은 존속기간의 만료로 종료되지만, 존속기간의 정함이 없는 경우에는 당사자가 통상 계약을 언제라도 해지할 수 있다. 소비대차(제603조 제2항), 임대차(제635조 제1항), 고용(제660조 제1항), 임치(제699조), 사용대차(제613조 제2항 단서)에서 이와 같은 해지권을 규정하고 있다. 이를 통상해지권 또는 임의해지권이라고 한다. 한편 계속적 계약에서 존속기간이 정해져 있어도 중요한 이유가 있으면 해지할 수 있다. 이를 비상해지권 또는 특별해지권이라고 한다. 먼저 민법에서 "부득이한 사유"가 있는 경우에 해지권을 인정하고 있는데, 고용에 관한 제661조, 임치에 관한 제698조, 위임에 관한 제689조 제1항을 들 수 있다. 그리고 당사자의 사망이나 파산 등 일정한 사유가 발생한 경우에 해지를 인정하는 규정들이 있다(제614조, 제627조, 제617조, 제690조). 또한 민법은 일정한 형태의 채무불이행을 이유로 계속적 계약의 해지를 인정하는 경우도 있다(제610조 제3항, 제654조, 제625조, 제640조, 제657조 제3항, 제658조 제2항).

36) 양창수·김재형, 계약법, 박영사, 2010, 537~538면.
37) 대판 1978. 3. 28, 77다2298(집 26-1, 민 237).
38) 대판 1995. 3. 24, 94다17826(공 1995, 1715); 대판 2002. 11. 26, 2002두5948(공 2003, 242); 대판 2010. 10. 14, 2010다48165.

사이의 신뢰관계가 파괴되어 계약의 존속을 더 이상 기대할 수 없는 경우에는 해지권이 발생한다고 보아야 한다. 이러한 경우에 해지를 하는 데 최고를 할 필요는 없다.

　민법에서 계약의 해제의 경우와 마찬가지로 해지의 요건에 관하여 일반규정을 둘 것인지, 아니면 현행대로 해지의 요건은 개별규정에 맡길 것인지 문제된다. 해지의 요건에 관한 일반규정을 둔다면, 그 요건을 어떻게 정할 것인지, 특히 해지의 유형을 어떠한 방식으로 규정할 것인지 문제된다.

나. 개정안의 작성과정
(1) 2004년 민법개정안

2004년 민법개정안은 제544조의3(채무불이행과 해지)에서 다음과 같이 정하고 있었다.

　① 계속적 계약관계에서 채무자가 채무의 내용에 좇은 이행을 하지 아니하여 장래의 계약이행이 의심스러운 경우에는 채권자는 상당한 기간을 정하여 그 이행을 최고하고 그 기간내에 이행이 이루어지지 아니한 때에는 약정된 계약기간에 불구하고 계약을 해지할 수 있다. 그러나 채무자의 고의나 과실 없이 그 이행이 이루어지지 아니한 때에는 그러하지 아니하다.
　② 제1항의 경우에 채무자의 중대한 채무불이행으로 인하여 계약을 유지할 수 없는 부득이한 사유가 있는 때에는 채권자는 최고를 하지 아니하고 계약을 해지할 수 있다.

　위 개정안은 채무불이행으로 인한 해지 요건에 관한 일반규정을 두면서 그 유형을 2가지로 구분하여 정하고 있다. 먼저 "계속적 계약관계에서 채무자가 채무의 내용에 좇은 이행을 하지 아니하여 장래의 계약이행이 의심스러운 경우"에는 최고절차를 요건으로 정하고 있다.

또한 채무자의 고의나 과실을 요건으로 하고 있다. 다음으로 "채무자의 중대한 채무불이행으로 인하여 계약을 유지할 수 없는 부득이한 사유가 있는 때"에는 최고를 하지 않고 계약을 해지할 수 있도록 하였다.

위 개정안을 작성할 당시 계속적 계약의 해지에서 채무자의 귀책사유를 소극적 요건을 규정한 것에 대하여 비판하는 견해가 있었다.[39] 특히 2002년 독일의 채권법 개정 당시 신설된 독일 민법 제314조를 참고하여 개정안을 마련하여야 한다고 하였다.[40]

(2) 2012년 민법개정안

(가) 민법개정위원회 제2기(2010) 제2분과위원회

계약의 해지에 관한 개정시안은 민법개정위원회 제2기(2010) 제2분과위원회에서 담당하였다. 위 분과위원회는 정진명 교수가 작성한 개정시안을 토대로 논의를 하였다.[41] 해지에 관한 일반규정을 두고 그 요건에서 고의 또는 과실을 삭제하자는 의견이 많았다. 그러나 해지에 관한 일반규정을 두는 것이 문제를 해결하는 데 도움이 되지 않는다는 이유로 규정의 신설에 반대하는 의견도 있었다. 그러나 위 분과위원회에서 결론을 내지는 못하여 다시 개정시안을 작성하여 논의

---

39) 안법영(주 14), 197면.
40) 안법영(주 14), 199~200면. 또한 안법영, "개정 독일민법의 해제·해지법의 일별 —우리 민법전의 개정시안에 관한 논의에 부쳐서—", 비교사법, 제9권 3호(2002. 10), 36~38면.
41) 정진명, "민법개정위원회 제2분과 개정시안 — 제544조의3(채무불이행과 해지)", 민법개정위원회 제2기 제2분과위원회 회의자료(2010. 12. 2. 제19차 회의일지 첨부).
  제544조의3(채무불이행과 해지) ① 계속적 계약관계에서 신뢰관계가 파괴되는 등 계약의 존속을 기대할 수 없을 정도로 중대한 사유가 있는 때에는 당사자 일방은 계약을 해지할 수 있다.
  ② 계속적 계약관계에서 당사자 일방의 채무불이행으로 인하여 장래의 계약이행이 의심스러운 때에는 채권자는 상당한 기간을 정하여 그 이행을 최고하고, 그 기간 내에 이행이 이루어지지 아니한 때에는 계약을 해지할 수 있다.

하기로 하였다.[42)]

(나) 민법개정위원회 제3기(2011) 제4분과위원회

민법개정위원회 제3기(2011) 제4분과위원회에서는 논의결과 다음
과 같은 개정시안을 마련하였다.[43)]

> 제544조의3(계속적 계약관계와 해지) ① [제1안] 계속적 계약관계
> 에서 당사자 일방이 채무의 내용에 좇은 이행을 하지 아니하여 장래
> 의 계약이행이 의심스러운 때에는 상대방은 상당한 기간을 정하여
> 그 이행을 최고하고, 그 기간 내에 이행이 이루어지지 아니한 때에는
> 계약을 해지할 수 있다. [제2안] 계속적 계약관계에서 당사자 일방의
> 채무불이행으로 인하여 …[이하 동일]
> ② 계속적 계약관계에서 계약의 존속을 기대할 수 없을 정도로 중
> 대한 사유가 있는 때에는 당사자 일방은 최고를 하지 아니하고 계약
> 을 해지할 수 있다.

이 개정시안은 제1항에 관하여 2개의 시안을 제시하고 있다. 제1
안은 2004년 민법개정안과 동일한 표현을 사용하고 있지만, 단서를
삭제하여 해지의 요건에서 고의 또는 과실을 문제삼고 있지 않다. 제
2안은 최고 없이 계약을 해지할 수 있는 사유를 '계약의 존속을 기대
할 수 없는 중대한 사유'라고 정하고 있다. 해지의 요건에서 '신뢰관
계의 파괴'를 명시할 것인지 논란이 있었는데, 분과위원회에서 이를
삭제하기로 하였다.

2004년 민법개정안과 달라진 사항은 다음과 같다. 첫째, 표제에
서 '계속적 계약관계'라는 표현을 사용하였다. 둘째, '중대한 불이행'
이 있어야만 계약을 해지할 수 있는 것은 아니고 '계약의 존속을 기

---

42) 민법개정위원회 제2기 제2분과위원회 제19차 회의일지(2010. 12. 2); 민법개정위
　　원회 제2기 제2분과위원회 제20차 회의일지(2010. 12. 16).
43) 민법개정위원회 제3기 제4분과위원회 제13차 회의일지(2011. 9. 22).

대할 수 없을 정도로 중대한 사유'가 이 조항에 따른 해지의 요건이
다. 셋째, 고의 또는 과실은 해지의 요건이 아니다. 넷째, 계약에 관
한 조항이기 때문에 '채권자'와 '채무자'라는 용어 대신 '당사자 일방'
과 '상대방'이라는 용어를 사용하고 있다.

이 개정시안에 대해서는 독일 민법 제314조[44]와 비교하면서 개
정시안의 내용을 비판하는 견해가 있었다.[45] 해지의 요건은 "계약의
존속을 기대할 수 없을 정도로 중대한 사유가 있는 때"이어야 하는
데, 제1항에서 해지의 요건으로 "장래의 계약이행이 의심스러운 때"
라는 불명확한 표현을 사용하였고, 각 조항의 적용범위에 문제가 있
다는 것이다. 이 견해는 다음과 같은 수정 제안을 하였다.[46] 첫째, 해
지의 요건을 채무불이행의 경우(제1항)와 그 밖의 경우(제2항)로 나
누어 규정한다. 채무불이행의 경우에는 다시 최고가 필요한 경우와
최고가 필요하지 않는 경우를 명시한다. 제2항의 경우에는 최고가
필요하지 않다고 명시한다. 둘째, 제1항과 제2항에서 모두 해지의
요건으로 "채무불이행으로 인해 계약의 계속을 기대할 수 없을 것"
을 명시한다. 셋째, 독일 민법 제314조 제3항처럼 해지권의 행사기

---

44) 독일 민법 제314조(중대한 사유로 인한 계속적 채권관계의 해지)
    (1) 각 계약당사자는 중대한 사유를 이유로 해지기간을 두지 않고 계속적 채권
    관계를 해지할 수 있다. 개별적인 사건의 모든 사정을 고려하고 양당사자의 이익
    을 형량하여 해지하는 당사자에게 약정된 종료시기 또는 해지기간의 경과까지 계
    약관계의 존속을 기대할 수 없는 경우에는 중대한 사유가 있다.
    (2) 중대한 사유가 계약상 의무의 위반에 있는 경우에는, 그 시정을 위하여 정
    해진 기간이 지나거나 최고가 효과가 없었던 때에 비로소 해지가 허용된다. 제
    323조 제2항 제1호와 제2호가 준용된다. 양당사자의 이익을 형량하여 즉시 해지
    를 정당화하는 특별한 사정이 있는 경우에도 그 시정을 위한 기간의 지정과 최고
    를 할 필요가 없다.
    (3) 해지권자는 해지사유를 안 후 적당한 기간 내에만 해지할 수 있다.
    (4) 손해배상을 청구할 권리는 해지에 의해 배제되지 않는다.
45) 최흥섭, "계약의 해제 및 해지에 관한 민법개정시안(2011년 6월)에 대한 검토와
    제안", 비교사법, 제18권 4호(2011), 1058면.
46) 최흥섭(주 45), 1059면.

간을 규정한다. 이 제안은 2004년 민법개정안에 대한 비판[47]과 유사
하기는 하지만, 분과위원회에서 이를 충분히 검토하여 반영할 기회가
없었다.

(다) 실무위원회

실무위원회에서는 분과위원회와 마찬가지로 계약의 해지에 관한
일반규정을 두는 것에 찬성하였다. 그리고 채무불이행뿐만 아니라 당
사자 사이에 계약의 존속을 기대할 수 없을 정도로 중대한 사유가 있
는 때에도 해지를 인정하는 것에도 찬성하였다. 다만 조항의 표현을
다음과 같이 수정할 것을 제안하였다.

> 제544조의2(계속적 계약관계와 해지) ① 계속적 계약관계에서 당사
> 자 일방이 채무의 내용에 좇은 이행을 하지 아니한 때에는 상대방은
> 계약을 해지할 수 있다. 이 경우에는 제544조 제1항 단서 및 제2항
> 내지 제4항을 준용한다.
> ② 제1항 이외의 사유로 계약관계의 존속을 기대할 수 없는 때에
> 는 당사자 일방은 계약을 해지할 수 있다.

위 제1항은 채무불이행을 이유로 하는 해지의 경우에도 최고를
요하는 경우와 그렇지 않은 경우를 나누어 규정하여 해제에 관한 제
544조 제2항을 준용하도록 하였다. 또한 채무불이행의 정도에 관하여
분과위원회안은 "장래의 계약이행이 의심스러운 때"를 요구하고 있으
나, 실무위원회안에서는 이를 삭제하고 해제의 요건에 관한 제544조
제1항 단서[48]와 제2 내지 4항을 준용하고 있다. 따라서 채무불이행으
로 인한 해지의 요건은 채무불이행으로 인한 해제의 요건과 유사하게
되었다. 또한 제2항은 채무불이행 이외의 사유를 원인으로 하는 때에

---

47) 이에 관해서는 위 주 40 참조.
48) "그러나 일방의 채무불이행이 경미하여 계약의 목적달성에 지장이 없는 경우에는
그러하지 아니하다."

만 적용되는 것으로 규정하고 있다.

(라) 분과위원장단 회의

분과위원장단 회의는 표현을 다시 다음과 같이 수정하였다.

> 제544조의2(계속적 계약의 해지) ① 계속적 계약의 당사자 일방이
> 채무의 내용에 좇은 이행을 하지 아니한 때에는 상대방은 계약을 해
> 지할 수 있다. 이 경우에는 제544조 제1항 단서 및 제2항 내지 제4항
> 을 준용한다.
> ② 제1항 이외의 중대한 사유로 계약의 존속을 기대할 수 없는 때
> 에는 당사자 일방은 계약을 해지할 수 있다.

분과위원장단 회의에서는 민법에 '계속적 계약관계'라는 표현을
사용하고 있지 않아 '계속적 계약'으로 수정하였다. 그리고 제2항의
해지사유에서 '중대한 사유'라는 표현을 사용하였는데, 이는 분과위원
회안에서와 마찬가지로 채무불이행이 없는 경우 계약을 해지하려면
계약의 존속을 기대할 수 없어야 할 뿐만 아니라 '중대한 사유'가 있
어야 한다는 점을 명시하기로 한 것이다. 논의과정에서 채무불이행
외에 중대한 사유가 있는 경우에 해지를 인정하는 것(제2항)에 대하여
반대하는 견해도 있었으나, 신뢰관계의 파괴와 같은 경우에는 채무불
이행이 아니더라도 해지를 인정할 수 있는 규정이 필요하다고 하였
다. 또한 제2항에서 채무불이행 이외의 경우로 한정하는 것에 반대하
는 견해도 있었다. 채무불이행의 경우에도 제2항을 적용할 필요가 있
다는 것이다. 그러나 그러한 경우를 생각하기 어렵다는 이유로 제2항
은 채무불이행 이외의 경우로 한정하였다.

(마) 민법개정위원회 제4기(2012년) 전체회의

민법개정위원회 전체회의에서는 계속적 계약의 해지에 관한 규
정을 신설하는 것에는 쉽게 합의가 이루어졌다. 그러나 제2항을 어떻

게 규정할 것인지에 관해서는 논란이 있었다. 필자는 제2항에서 '제1
항 이외의 중대한 사유로'는 채무불이행 이외의 중대한 사유로 해석
될 수 있으므로, '제1항 이외의'라는 표현을 삭제하는 것이 나을 것이
라고 주장하였으나, 채무불이행의 경우에 제1항으로 해결되지 않는
경우가 없을 것이라고 하여 받아들여지지 않았다. 결국 전체회의에서
는 분과위원장단 회의에서 제안된 대로 다음과 같이 계속적 계약의
해지에 관한 규정을 두기로 하였다.[49)

현　　　행	개　정　안
<신설>	제544조의2(계속적 계약의 해지) ① 계속적 계약의 당사자 일방이 채무의 내용에 좇은 이행을 하지 아니한 때에는 상대방은 계약을 해지할 수 있다. 이 경우에는 제544조 제1항 단서 및 제2항 내지 제4항을 준용한다. ② 제1항 이외의 중대한 사유로 계약의 존속을 기대할 수 없는 때에는 당사자 일방은 계약을 해지할 수 있다.

다. 개정안의 의미와 주요 내용

(1) 의　　　의

개정안은 계약의 해제에 관한 제544조에 이어 제544조의2를 신
설하여 계속적 계약의 해지 요건에 관한 일반조항을 두었다. 제1항에
서는 계속적 계약의 당사자 일방이 채무의 내용에 좇은 이행을 하지
아니한 때에 상대방이 계약을 해지할 수 있다고 정하면서 계약의 해
제에 관한 요건을 준용하도록 하였다. 이를 채무불이행으로 인한 해
지라고 할 수 있다. 제2항에서는 제1항 이외의 중대한 사유로 계약의

---

49) 민법개정위원회 제4기 제2차 전체회의일지(2012. 6. 27).

존속을 기대할 수 없는 때에도 당사자 일방은 계약을 해지할 수 있도록 하였다.50) 이를 '중대한 사유로 인한 해지'라고 할 수 있다.

(2) 채무불이행으로 인한 해지

(가) 개정안 제544조의2 제1항은 채무불이행으로 인한 해지 요건을 정하면서 해제의 요건에 관한 제544조를 준용하고 있다. 채무불이행으로 인한 해지 요건을 해제의 요건과 동일하게 규정한 것이다.

개정안 제544조의2 제1항에서 제544조의 여러 조항을 준용하는 것은 다음과 같은 의미가 있다. 먼저 개정안 제544조는 일시적 계약이든 계속적 계약이든 구분하지 않고 적용된다. 따라서 계속적 계약의 경우 채무불이행이 있으면 제544조에 따라 계약을 해제할 수도 있고 계속적 계약에 관한 제544조의2 제1항에 따라 계약을 해지할 수도 있다. 이 경우 계약적 계약에서 계약을 해지하기 위한 요건은 해제 요건과 동일하다. 따라서 계속적 계약의 해지에서도 최고가 필요한 경우와 필요하지 않는 경우로 구분되고(개정안 제544조 제2항 준용), "일방의 채무불이행이 경미하여 계약의 목적달성에 지장이 없는 경우"에는 해지가 허용되지 않는다(개정안 제544조 제1항 단서 준용). 이행기 전에도 이행거절 등 채무불이행을 이유로 해지할 수 있다는 점도 해제의 경우와 마찬가지이다(개정안 제544조 제3항 준용). 당사자 일방의 채무불이행이 채권자에게 주로 책임 있는 사유에 기한 경우에는 채권자는 계약을 해지할 수 없다. 채권자의 수령지체 중에 당사자 쌍방에게 책임 없는 사유로 채무불이행이 발생한 때에도 같다(개정안 제544조 제4항 준용).

(나) 계속적 계약에서 해지에 관한 개별 규정이 없는 경우에 해제의 일반조항인 제544조 내지 제546조를 적용하여 해지할 수 있는지 문제되고 있다. 종래의 학설은 해제권의 일반조항인 제544조 내지

---

50) 그 의미에 관해서는 김동훈, "채무불이행의 효과 — 계약의 해제"(주 3), 409~413면.

제546조의 규정이 계속적 계약에 적용되지 않는다고 한다.[51] 또한 계속적 계약의 특징이 당사자의 신뢰관계를 기초로 하는 것이므로, 그 관계가 함부로 종료되어서는 안 되기 때문에 당해 계약의 목적달성 여부, 당사자 사이의 신뢰관계의 파괴 여부가 해지권의 발생 여부를 판단하는 기준이 될 것이라는 견해가 있었다. 이 견해는 계속적 계약은 장기간의 존속기간에 걸친 당사자간의 신뢰관계가 그 기초로 되므로, 비록 채무불이행의 경우에도 당사자간의 신뢰관계가 더 이상 유지되기 어려운 경우에 해지권을 행사할 수 있다고 한다.[52]

그러나 개정안은 채무불이행의 경우에 계약을 해지할 수 있다고 정하고 그 요건을 해제의 경우와 동일하게 정함으로써, 위와 같은 학설과는 정반대의 태도를 취한 것이다. 그리하여 개정안에서 해제와 해지를 동일한 방식으로 규정한 것에 대해서는 검토의 여지가 있다는 견해가 있다.[53] 이 견해는 해제와 해지의 차이점을 강조한다.[54] 먼저 해지는 해제와 달리 계속적 채권관계의 당사자에게 인정되는 일종의 '자유 또는 권한'이라고 한다.[55] 계속적 채권관계에서는 기간의 정함이 있는 경우에도 '부득이한 사유'가 있으면 계약을 해지할 수 있다. 또한 해지의 경우에는 최고가 아니라 해지통고의 법리가 적용되는데, 이것은 해지의 통고가 있은 뒤부터 해지의 효력이 발생하기까지는 일정한 기간이 지나야 하는 것을 원칙으로 한다. 이는 상대방에게 계약관계의 소멸에 대비할 수 있도록 하기 위한 것이다. 다만 예외적으로 긴급한 경우에는 바로 채권관계를 소멸시키는 즉시해지가 인정될 수 있다.[56]

---

51) 곽윤직 편, 민법주해[Ⅷ], 1997, 265면(김용덕 집필부분).
52) 조일윤, "민법개정안 제544조의3(채무부이행과 해지)의 재검토", 민사법이론과 실무, 제8권 제1호(2004. 6), 81~82면.
53) 김동훈 "채무불이행의 효과 — 계약의 해제"(주 3), 410면.
54) 김동훈, "민법개정시안(2004년)의 계약해제·해지규정에 대한 검토", 민법개정안 의견서(주 14), 191면.
55) 김형배, 채권각론[계약법], 신정판, 박영사, 2001, 265면.
56) 김형배(주 55), 264면.

따라서 해지의 경우에 해제를 위한 최고 법리를 동일하게 적용하는 것이 혼란을 초래할 수 있다고 한다.

개정안은 계속적 계약에서 채무불이행이 발생하면 계약의 해지를 인정하고 계속적 계약의 특수성은 제2항에서 정하는 중대한 사유로 인한 해지에 반영하는 것으로 충분하다고 본 것이다.

(3) 중대한 사유로 인한 해지

(가) 제2항에서 중대한 사유로 인한 해지 사유를 정하고 있다. 2004년 민법개정안에서는 채무불이행이 있는 경우에 한하여 계약의 해지를 인정하였는데, 이 개정안에서는 채무불이행이 없는 경우에도 중대한 사유가 있으면 계약을 해지할 수 있도록 하였다.

위 개정안의 표현은 특히 '중요한 이유에 의한 계속적 채권관계의 해지'에 관하여 정하고 있는 독일 민법 제314조의 영향을 받았다고 볼 수 있다. 독일 민법의 위 규정은 계속적 계약관계의 당사자는 중대한 사유가 있는 경우에는 계약관계를 해지할 수 있다고 정하고 있다. 또한 개별적인 경우의 모든 사정을 고려하고 양당사자의 이익을 형량하여 계약관계의 존속을 기대할 수 없는 때에 중대한 사유가 있다고 정하고 있다. 이를 변형하여 개정안 제2항이 성안되었다고 보아도 좋을 것이다.

(나) 제2항에 따른 해지의 경우에는 제1항과는 달리 해제에 관한 규정을 준용하지 않았다.[57] '중대한 사유로 계약의 존속을 기대할 수 없는 때'에 해당하면 최고를 할 필요 없이 해지를 할 수 있도록 한 것이다. 최고는 계약의 유지나 존속을 위한 것인데, 계약의 존속을 기대할 수 없는 상태에서는 최고를 하는 것이 의미가 없기 때문이다.

(다) 민법은 고용과 임치에 관한 개별 규정에서 '부득이한 사유'가 있는 경우에 해지권을 인정하고 있다(제661조, 제698조). 조합의 경

---

57) 김동훈 "채무불이행의 효과 — 계약의 해제"(주 3), 413면.

우에는 부득이한 사유로 인한 해산청구를 인정하고 있다(제720조).[58]
판례는 제661조의 '부득이한 사유'는 고용계약을 계속하여 존속시켜
그 이행을 강제하는 것이 사회통념상 불가능한 경우를 말하고, 고용
은 계속적 계약으로 당사자 사이의 특별한 신뢰관계를 전제로 하므로
고용관계를 계속하여 유지하는 데 필요한 신뢰관계를 파괴하거나 해
치는 사실도 부득이한 사유에 포함되며, 따라서 고용계약상 의무의
중대한 위반이 있는 경우에도 부득이한 사유에 포함된다고 한다.[59]
또한 민법 제720조의 '부득이한 사유'라 함은 경제계의 사정변경에
따른 조합 재산상태의 악화나 영업부진 등으로 조합의 목적달성이 매
우 곤란하다고 인정되는 객관적인 사정이 있거나 조합 당사자 간의
불화·대립으로 인하여 신뢰관계가 파괴됨으로써 조합업무의 원활한
운영을 기대할 수 없는 경우를 말한다고 한다.[60] 위와 같이 공동사업
의 계속이 현저히 곤란하게 된 이상 신뢰관계의 파괴에 책임이 있는
당사자, 즉 유책당사자도 조합의 해산청구권이 있다.[61]

　따라서 부득이한 사유에는 계약의 존속이 불가능한 경우뿐만 아
니라 신뢰관계의 파괴나 중대한 의무 위반 등이 포함된다. 특히 조합
계약에 관한 판례에서 신뢰관계가 파괴되어 조합업무의 원활한 운영
을 기대할 수 없는 경우를 포함하고 있다. 이는 개정안 제2항에 나오

---

58) 조합의 해산청구는 조합이 소멸하기 위하여 그의 목적인 사업을 수행하기 위한 적
　　극적인 활동을 중지하고 조합재산을 정리하는 단계에 들어가는 것이다. 이에 관해
　　서는 조합의 해산에 관한 규정이 적용되고, 계약의 해제나 해지에 관한 규정이 적
　　용되지 않는다. 대판 1994. 5. 13, 94다5157(공 1686) 등 다수의 판결이 있다. 곽
　　윤직 편, 민법주해[XVI], 1997, 38면(김재형 집필부분). 그러나 계약의 해지와 조
　　합의 해산은 법률관계를 종료시키는 것이라는 점에서 유사한 측면이 있다.
59) 대판 2004. 2. 27, 2003다51675(공 2004, 548).
60) 대판 1991. 2. 22, 90다카26300(집 39-1, 민 195); 대판 1993. 2. 9, 92다21098(공
　　1993, 935); 대판 1997. 5. 30, 95다4957(집 45-2, 민 204); 대판 2007. 11. 15,
　　2007다48370.
61) 대판 1991. 2. 22, 90다카26300(집 39-1, 민 195); 대판 1993. 2. 9, 92다21098(공
　　1993, 935); 곽윤직 편, 민법주해[XVI], 1997, 167면(김재형 집필부분).

는 '계약의 존속을 기대할 수 없는 때'라는 표현과 유사하다. 부득이한 사유에 관한 판례 법리는 중대한 사유를 판단하는 데도 영향을 미칠 것이다. 다만 부득이한 사유와 중대한 사유는 용어가 다르기 때문에 그 의미에 어떠한 차이가 있는지를 탐구할 필요가 있음은 물론이다.

(라) 개정안에서는 제2항이 채무불이행의 경우에는 적용되지 않는다는 점을 명시하고 있다. 제2항은 독일 민법 제343조 제1항이 중대한 사유를 이유로 계속적 채권관계의 해지를 인정한 것과 유사하지만, 독일 민법의 위 규정은 채무불이행에 속하는지 여부와 무관하게 적용되는 데 반하여 위 개정안은 채무불이행 이외의 경우에만 적용된다는 점에서 차이가 있다. 즉, 채무불이행의 경우에는 제1항을 적용하는 것으로 충분하고 제1항과 제2항을 명확하게 구분한 것이다. 그러나 이와 같이 채무불이행의 경우를 배제할 필요는 없지 않은가 생각한다. 즉, 중대한 사유로 계약의 존속을 기대할 수 없으면 다른 사유를 불문하고 최고 없이 해지할 수 있다고 보아야 할 것이다. 이처럼 규정하더라도 별다른 문제는 없을 것이다. 또한 채무불이행의 경우에 최고 없이 해지할 수 있는 사유(제1항)에 해당하는지 모호하지만, 계약의 존속을 기대할 수 없다고 보아 최고 없이 해지를 인정하는 것이 바람직한 경우도 있을 것이다.

(4) 해지 요건에서 귀책사유 배제

2004년 민법개정안은 채무불이행으로 인한 해지 요건으로 채무자의 고의나 과실을 요구하였다. 그러나 이번 개정안에서는 2004년 민법개정안과 달리 계약의 해지에 채무자의 고의 또는 과실을 요건으로 하지 않았다(제1항). 이는 계약의 해제에서 귀책사유를 요건으로 하지 않은 것과 같은 취지이다. 다만 채무불이행이 채권자에게 주로 책임 있는 사유에 기한 경우에는 채권자는 계약을 해지할 수 없다(제544조 제4항 준용). 한편 제2항에서는 채무불이행 이외의 중대한 사유

로 계약의 존속을 기대할 수 없는 경우에는 제2항에 따라 유책당사자
도 계약을 해지할 수 있다고 보아야 한다. 이 경우에는 제544조 제4
항도 준용되지 않는다.

3. 계약 해제의 효과

가. 쟁   점

해제의 효과에 관해서는 이론적으로 중요한 논쟁이 있다.[62] 다수
설[63]과 판례[64]는 직접효과설을 따르고 있다. 즉, 해제에 의하여 계약
상의 채권채무가 소급적으로 소멸한다고 한다. 이에 대하여 계약의
해제는 장래에 대해서만 효력이 발생한다는 청산관계설이 유력하게
주장되고 있다.[65] 서구의 여러 입법례나 국제적 모델법은 해제의 효
과로서 장래효만을 인정하고 있다.[66] 이 문제에 관하여 입법적인 해
결책을 제시할 것인지를 검토할 필요가 있다. 즉, 계약해제의 효과에
관하여 청산관계설을 도입할 것인지, 해방효에 관한 규정을 둘 것인
지 여부가 문제된다.

한편, 현행민법은 계약 해제의 효과로서 원상회복의무만을 규정
하고 있을 뿐이고 그 반환범위에 관하여 구체적으로 정하고 있지 않
다. 따라서 원상회복이 무엇을 의미하는지에 따라 그 반환범위가 결
정될 것이다. 계약 해제의 효과로서 원상회복은 계약이 체결되지 않

---

62) 이에 관해서는 우선 양창수, "해제의 효과에 관한 학설들에 대한 소감", 민법연구,
    제3권, 박영사, 1995, 278면; 김재형(주 15), 71면.
63) 곽윤직, 채권각론, 제6판, 박영사, 2003, 119면 등 다수.
64) 대판 1977. 5. 24, 75다1394(집 25 - 2, 민 44).
65) 대표적으로는 김형배(주 55), 235~239면.
66) 영국이나 미국 등 보통법 국가에서는 해제의 소급효를 부정하고 있고, 프랑스법에
    서는 해제의 소급효를 인정하고 있다. 김재형 역(주 30), 645면. 독일에서는 학설
    과 판례가 해제의 효과에 관하여 장래효를 인정하였는데, 2002년 개정 독일 민법
    제346조는 이를 명시하였다. 유엔통일매매법 제81조 제1항, UNIDROIT 국제상사
    계약원칙 제7.3.6.조 제2항; 유럽계약법원칙 제9:305조 제1항; 유럽 공통참조기준
    Ⅲ - 제3:509조 제4항도 해제의 장래효를 명시하고 있다.

앉던 것과 같은 상태로 만드는 것이라고 할 수 있지만, 그 의미가 명확한 것은 아니다. 또한 현행민법은 해제의 효과로서 금전을 반환할 경우에는 받은 때부터 그 이자를 붙여 반환하여야 한다고 정하고 있다(제548조 제2항). 그러나 금전이 아닌 물건을 반환할 때에는 그 과실이나 이익도 반환되는지 여부에 관해서는 아무런 규정이 없다. 판례는 원물반환 이외에 가액배상을 인정하고 있는데, 이에 관한 근거규정을 마련할 것인지 문제된다.

해제의 효과에 관한 개정안을 작성하는 과정에서 근본적인 변화를 꾀하지는 않았다. 해방효에 관한 규정이나 청산관계설에 따른 규정은 도입하지 않기로 일찌감치 결론을 내렸다. 개정안에서 해제로 인한 반환범위 등에 관하여 간략하게 수정하는 등 비교적 미세한 변화가 있을 뿐이다.

나. 개정안의 작성과정

(1) 2004년 민법개정안

당시 개정위원회에서 해제의 효과에 관한 규정을 개정할 필요가 있다는 의견이 있었다. 원상회복의 구체적인 내용을 규정하여야 한다는 의견도 있었고, 제3자의 범위를 선의인 경우로 한정하여야 한다는 의견도 있었다. 그러나 청산관계설의 도입은 시기상조이고 현 상태를 유지하는 것이 필요하다고 하여 해제의 효과에 관한 규정은 개정에서 제외되었다.[67)]

(2) 2012년 민법개정안

(가) 민법개정위원회 제2기 제2분과위원회

2004년 민법개정위원회에는 해제의 효과에 관한 개정안이 없었다. 제2기 민법개정위원회(2010) 제2분과위원회에서 계약해제의 효과

---

67) 법무부, 민법(재산편) 개정자료집, 법무자료 제260집, 2004, 845~6면.

를 담당한 정진명 교수가 작성한 개정시안68)을 토대로 개정안에 관한 논의를 시작하였다. 위 분과위원회의 다수의견은 다음과 같다.

첫째, 제548조 제1항을 "계약이 해제된 경우 각 당사자는 자신의 채무를 면한다."라고 개정하여 해방효에 관한 규정을 둘 것인지 논의하였으나, 현행대로 유지하기로 한다.69) 제548조 제1항 단서의 의미에 관하여 논란이 있지만, 이에 관한 판례가 문제가 있는 것이 아닌 상태에서 근본적인 변화를 가져오는 개정을 하지 않기로 한 것이다. 둘째, 원상회복의 범위를 명확하게 하기 위하여 제2항을 "제1항의 원상회복의무는 수취한 이익 및 그 과실에 대하여도 미친다."라고 개정한다. 셋째, 가액상환에 관하여 명시적인 규정을 둔다. 그 방안으로는 개정시안 제548조의2(해제의 효과, 가액상환)를 신설하여 "원상회복의 경우에 각 당사자는 상대방으로부터 받은 목적물을 반환할 수 없는 때에는 그 가액을 상환하여야 한다. 다만, 가액상환의무의 상대방에게 책임있는 사유로 목적물이 멸실 또는 훼손된 경우에는 그러하지 아니하다."로 한다. 넷째, 가액상환의무가 소멸하는 경우에 관한 명시

---

68) 개정시안 제548조(해제의 효과)
  ① 당사자 일방이 계약을 해제한 때에는 각 당사자는 그 상대방에 대하여 원상회복의 의무가 있다. 그러나 제3자의 권리를 해하지 못한다.
  ② 채무자는 다음 각호의 경우에는 원상회복에 갈음하여 그 가액을 상환하여야 한다.
    1. 취득한 급부의 성질상 그 반환이나 인도를 할 수 없게 된 때
    2. 수령한 목적물이 소비, 양도되거나 또는 가공, 개조된 때
    3. 수령한 목적물이 멸실 또는 현저히 훼손된 때, 단 목적물의 용도에 좇은 사용에 의하여 훼손된 경우에는 그러하지 아니하다.
  ③ 가액상환의무는 다음 각호의 경우에는 소멸한다.
    1. 목적물의 멸실, 훼손이 채권자의 책임있는 사유에 의한 때
    2. 목적물의 가공, 개조시에 해제의 원인이 된 하자를 알게 된 때
    3. 법정해제권의 경우 채권자는 그 목적물에 대하여 자기재산과 동일한 주의를 하였음에도 멸실, 훼손된 때
    − 제553조 삭제
69) 민법개정위원회 제2기 제2분과위원회 제19차 회의일지(2010. 12. 2).

적인 규정을 둔다. 그러나 개정시안의 표현에 대해서는 결론을 내지
못하였다.70) 다섯째, 현행 민법 제553조(훼손 등으로 인한 해제권의 소
멸)를 삭제할 것인지에 관하여 의견이 대립하였다. 이 규정은 독일 민
법 개정 전의 제350조, 제351조의 영향을 받은 것인데, 2002년 채권
법 개정당시 위 규정들이 삭제되었다. 이에 따라 우리 민법 제553조
를 삭제하여 목적물의 멸실 등의 경우에 가액상환으로 해결하여야 한
다는 제안이 있었다. 그러나 제553조의 존치 여부는 정책적인 문제이
고, 일본 민법개정안【3.1.1.83.】제2항, 유엔통일매매법 제82조 제1항
도 민법 제553조와 같은 취지라는 견해가 다수의견이었다. 그리하여
분과위원회는 이 규정을 존치하는 안을 1안으로 하고, 삭제하자는 의
견이 있음을 부기하기로 하였다.71)

해제의 효과에 관한 민법개정위원회 제2기 제2분과위원회의 개
정안은 세부적으로 결정하지 않은 사항을 일부 남겨놓기는 했지만 중
요한 내용은 정해졌다고 볼 수 있다.

(나) 제3기 민법개정위원회(2011) 제2분과위원회72)

민법개정위원회 제3기 제2분과위원회에서는 민법개정위원회 제2
기 제2분과위원회에서 위 (가)와 같이 결정된 사항을 토대로 개정시

---

70) 민법개정위원회 제2기 제2분과위원회 제22차 회의일지(2011. 1. 20)에서 논의했
    던 시안은 다음과 같다.
    ③ 가액상환 의무는 다음 각호의 경우에는 소멸한다.
      1. 목적물의 멸실, 훼손이 채권자의 책임있는 사유에 의한 때
      2. 목적물의 가공, 개조시에 해제의 원인이 된 하자를 알게 된 때
      3. 법정해제권의 경우 채권자는 그 목적물에 대하여 자기재산과 동일한 주의
      를 하였음에도 멸실, 훼손된 때(삭제 고려)
71) 민법개정위원회 제2기 제2분과위원회 제18차 회의일지(2010. 11. 4); 민법개정위
    원회 제2기 제2분과위원회 제19차 회의일지(2010. 12. 2); 민법개정위원회 제2기
    제2분과위원회 제20차 회의일지(2010. 12. 16); 민법개정위원회 제2기 제2분과위
    원회 제21차 회의일지(2011. 1. 6); 민법개정위원회 제2기 제2분과위원회 제22차
    회의일지(2011. 1. 20).
72) 민법개정위원회 제3기 제4분과위원회 제13차 회의일지(2011. 9. 22).

안을 확정하였다. 먼저 이익과 과실의 반환에 관하여 수취한 이익과
과실의 반환만을 인정할 것인지, 아니면 과실로 인하여 수취하지 못
한 이익과 과실의 반환도 인정할 것인지 논란이 있었다. 계약이 해제
되면 계약이 체결되지 않았던 상태로 회복되어야 하는데, 과실로 수
취하지 못한 이익과 과실도 반환해야 한다는 의견도 강하게 제기되었
다. 그러나 다수의견은 수취한 이익과 과실의 반환만을 인정하기로
명시하였다. 분과위원회안은 다음과 같다.

> 제548조(해제의 효과, 원상회복의무) ① 현행규정과 동일
> ② 제1항에 따라 금전을 반환하여야 할 경우에는 그 받은 날부터
> 이자를 붙여 반환하여야 하고, 목적물을 반환하여야 할 경우에는 그
> 로부터 수취한 이익 및 과실도 반환하여야 한다.
> 제548조의2(가액반환) 원상회복의 경우에 각 당사자는 상대방으로
> 부터 받은 목적물을 반환할 수 없는 때에는 그 가액을 반환하여야 한
> 다. 다만, 상대방의 책임 있는 사유로 목적물을 반환할 수 없는 경우
> 에는 그러하지 아니하다.

(다) 실무위원회

실무위원회에서는 목적물로부터 수취한 이익 및 과실에 대한 반
환의무를 규정하고 있는 것에는 찬성한다. 그러나 제2항에서는 과실
의 반환에 관해서만 규정하고 이익에 관해서는 가액반환에 관한 제3
항에서 규정하고 있다. 수취한 이익은 원물반환의 문제가 아니라 가
액반환의 문제라는 것이다. 그리고 제4항에서 통상 수취할 수 있었던
이익 및 과실에 관하여 제3항 본문을 준용하되, 채무불이행으로 인한
해제권자는 해제 사유가 있음을 알았을 때부터 반환의무가 있다고 규
정하였다. 그 규정 방안은 다음과 같다.

> ② 제1항에 따라 금전을 반환하여야 할 경우에는 그 받은 날부터

이자를 붙여 반환하여야 하고, 목적물을 반환하여야 할 경우에는 그
로부터 수취한 과실도 반환하여야 한다.

　③ 각 당사자가 상대방으로부터 받은 목적물 및 그로부터 수취한
과실을 반환할 수 없거나 목적물로부터 수취한 이익이 있는 때에는
그 가액을 반환하여야 한다. 그러나 상대방에게 책임 있는 사유로 반
환할 수 없는 경우에는 그러하지 아니하다.

　④ 제3항 본문은 통상 수취할 수 있었던 이익 및 과실에 관하여
준용한다. 그러나 채무불이행으로 인한 해제권자는 해제 사유가 있
음을 알았을 때부터 반환의무가 있다.

　그리고 제553조를 삭제하기로 하였다. 목적물의 반환불능이 해제
권자의 귀책사유로 인한 경우에도 해제권이 소멸된다고 하는 것은 문
제가 있다고 한다. 이러한 경우 반환할 수 없게 된 목적물의 가치와
상대방으로부터 반환받아야 할 반대급부의 가액이 반드시 대등하다
고 볼 수는 없는데, 해제권자에게 귀책사유가 있다는 이유만으로 자
신의 반환청구권을 행사할 수 없게 된다는 것은 문제가 있고, 또한
고의 또는 과실이 있는 경우인지 여부에 대한 판단이 쉽지 않다고 한
다. 따라서 새로운 독일 민법과 같이 해제권 배제 사유에 대한 규정
을 없애고, 해제권자가 목적물을 반환할 수 없게 된 경우에는 귀책사
유 유무를 불문하고 항상 가액반환을 하는 것을 조건으로 하여 해제
권을 인정하는 것이 합리적이라고 한다.

　(라) 분과위원장단 회의

　분과위원장단 회의에서는 개정안 제548조 제4항을 "제3항 본문
은 통상 수취할 수 있었던 이익 및 과실에 관하여 준용한다."라고만
규정하고 단서는 삭제하기로 하였다. 또한 제553조를 삭제하기로 하
였다.73)

───────────────
73) 민법개정위원회 제4기 제5차 분과위원장단 회의일지(2012. 6. 4).

(마) 민법개정위원회 전체회의

민법개정위원회 전체회의에서는 분과위원장단 회의에서 회부한 개정시안에 관하여 논란이 있었다. 주요한 내용은 다음과 같다. 첫째, 수취한 과실의 반환에 관해서는 제2항에서, 수취한 이익에 관해서는 제3항에서 규정할 필요가 있는지 여부이다. 수취한 이익도 과실과 같이 반환하여야 한다고 정하면 된다는 의견과 이익은 원물반환이 아닌 가액반환의 대상이기 때문에 따로 규정해야 한다는 의견이 있었다. 둘째, 제4항에서 제3항 본문만을 준용하고 단서를 준용하지 않는 것에 관해서는 수취할 수 있었던 이익과 과실의 경우에는 제3항 단서가 문제되는 경우가 없다는 의견이 있었다. 제4항의 신설 여부에 관하여 표결을 하였는데, 9 대 8로 부결되었다.[74]

현　　　행	개　정　안
제548조(해제의 효과, 원상회복의무) ① 당사자 일방이 계약을 해제한 때에는 각 당사자는 그 상대방에 대하여 원상회복의 의무가 있다. 그러나 제3자의 권리를 해하지 못한다. ② 전항의 경우에 반환할 금전에는 그 받은 날로부터 이자를 가하여야 한다.	제548조(해제의 효과, 원상회복의무) ① 당사자 일방이 계약을 해제한 때에는 각 당사자는 그 상대방에 대하여 원상회복의 의무가 있다. 그러나 제3자의 권리를 해치지 못한다. ② 제1항에 따라 금전을 반환하여야 할 경우에는 그 받은 날부터 이자를 붙여 반환하여야 하고, 목적물을 반환하여야 할 경우에는 그로부터 수취한 과실도 반환하여야 한다 ③ 각 당사자가 상대방으로부터 받은 목적물 또는 그로부터 수취한 과실을 반환할 수 없거나 목적물로부터 수취한 이익이 있는 때에는 그 가액을 반환하여야 한다. 그러나 상대방에게 책임 있는 사유

---

74) 민법개정위원회 제4기 제2차 전체회의일지(2012. 6. 27).

	로 반환할 수 없는 경우에는 그러하지 아니하다.
제553조(훼손등으로 인한 해제권의 소멸) 해제권자의 고의나 과실로 인하여 계약의 목적물이 현저히 훼손되거나 이를 반환할 수 없게 된 때 또는 가공이나 개조로 인하여 다른 종류의 물건으로 변경된 때에는 해제권은 소멸한다.	<삭제>

다. 개정안의 의미와 주요 내용

(1) 해제의 효과에 관하여 직접효과설에 따라 해제의 소급효를 인정할 것인지, 청산관계설에 따라 해제의 소급효를 부정할 것인지 논란이 있다. 이에 관해서는 명시적인 규정을 두지 않았다. 따라서 해제의 효과에 관한 개정안은 현행의 법상황에 근본적인 변화를 초래하지는 않고 미세한 변화가 있을 뿐이다. 즉, 해제의 효과에 관하여 기존의 규정을 유지하면서 해석이나 판례에 의하여 해결하고 있는 문제를 명문화하고, 논란이 있었던 해제권 소멸에 관한 제553조를 삭제한 것이다.

(2) 계약을 해제하면 당사자들은 아직 이행하지 않은 계약상의 의무로부터 해방된다. 이를 해방효라고 한다. 이에 관한 명문의 규정을 둘 것인지 검토하였으나, 이에 관한 규정을 두지 않기로 하였다. 이에 관한 규정을 두는 것이 실질적으로 큰 의미가 없고, 해제의 효과에 관한 이론적인 문제, 직접효과설과 청산관계설 중 어느 한쪽을 선택해야 하는 문제를 피하고자 했기 때문이다.

(3) 원상회복에 관하여 현행 규정은 이자의 반환에 관해서만 규정하고 있을 뿐이고, 과실이나 이익의 반환 문제나 가액반환 문제를 정하고 있지 않다. 그러나 개정안은 원물반환과 가액반환을 구분하고 과실과 이익의 반환에 관한 명시적인 규정을 두었다. 즉 개정안 제

548조 제2항은 목적물을 반환하여야 할 경우에 그로부터 수취한 과실도 반환하도록 하였다. 또한 제3항에서 목적물 또는 과실을 반환할 수 없거나 목적물로부터 수취한 이익이 있는 때에는 원칙적으로 가액을 반환하도록 하였다.75) 그러나 수취하지 못한 이익이나 과실에 관해서는 명시적인 규정을 두지 않았다.

(4) 목적물 훼손 등의 경우에 해제권이 소멸된다는 제553조의 규정을 삭제하였다.76) 비교법적으로 보면, 이와 같은 규정을 두고 있는 경우도 있고 그렇지 않은 경우도 있다.77) UNIDROIT 국제상사계약원칙, 유럽계약법원칙, 유럽 공통참조기준 등에서는 위와 같은 규정을 두고 있지 않다. 이와 같이 하는 것이 해제권의 발생에 관한 규정이 명확해지는 장점이 있고, 목적물 훼손 등의 경우에 해제를 인정하면서 가액반환으로 해결하는 것으로 충분할 것이다.

Ⅳ. 위험부담에 관한 개정안

1. 쟁   점

해제의 요건에 관한 개정안 제544조에 따르면, 채무자의 귀책사유는 계약해제의 요건이 아니다. 그런데 채무자에게 귀책사유가 없는 경우에 위험부담에 관한 민법 제537조, 제538조가 적용된다. 따라서 해제의 요건과 위험부담의 관계를 어떻게 해결할 것인지 문제된다.

---

75) 수취한 과실은 제2항에서 규정하고 수취한 이익은 제3항에서 규정하고 있는데, 한 조문에서 규정하는 것이 간편할 것으로 생각된다.
76) 그 의미에 관해서는 김동훈, "채무불이행의 효과 — 계약의 해제"(주 3), 404~408면.
77) 이러한 규정을 두고 있는 경우로는 덴마크, 핀란드, 스웨덴, 그리스, 유엔통일매매법이 있고, 오스트리아, 프랑스, 네덜란드, 2002년 개정 이후의 독일 민법은 이와 같은 규정을 두고 있지 않다. 김재형 역(주 30), 647면 참조.

2. 개정안의 작성과정

(1) 2012년 분과위원회에서는 이 문제를 해소하기 위하여 위험부담에 관한 규정과 해제 규정을 일원화하기로 하였다. 그리하여 제537조와 제538조를 삭제하고 제543조 제2항으로 자동해제 조항을 신설하며, 제544조 제5항에 제538조 제2항에 해당하는 조항을 신설하기로 하였다. 그 과정에서 논의되었던 주요 내용은 다음과 같다.

위험부담제도의 개정방향에 관해서는 여러 방안을 검토하였다. 이를 정리하면 크게 다음 두 방식이다. 하나는 위험부담제도를 폐지하고 해제제도로 일원화하는 방안(해제 일원설)이고, 다른 하나는 위험부담제도와 해제제도를 병존시키고 채권자에게 선택권을 인정하는 방안(해제 위험부담 병존설)이다. 이 문제에 관하여 민법개정위원회 제4기 제3분과위원회 제8차 회의(2012. 6. 21)에서 심층적으로 논의하여 결정하였다.

먼저 위험부담 규정을 단순히 삭제하자는 견해는 해제제도가 귀책사유와 절연되는 길을 택함으로써 위험부담의 법리는 해제제도 안에 포섭된다고 한다. 위험부담에 관한 규정과 계약해제에 관한 규정이 중첩되는 부분이 많기 때문에, 어느 한쪽으로 일원화하는 것이 바람직하다. 그러나 위험부담에 관한 규정을 단순히 삭제하는 방안에 따르면 당사자 쌍방의 책임 없는 사유로 채무를 이행할 수 없는 경우에 계약이 존속하게 되고, 이 경우에 당사자들이 개정안 제544조에 따라 계약을 해제할 수도 있고 그렇지 않을 수도 있다. 따라서 이 방안에 따르면 법률관계가 불명확하게 된다는 단점이 있다.

필자는 해제 일원설이 타당하다고 보아 위험부담에 관한 규정을 삭제하되, 자동해제조항을 도입하는 방안을 제안하였다. 채무자에게 귀책사유가 없는 사유로 채무를 이행할 수 없는 경우 해제권을 행사하지 않으면 계약이 계속 존속하고 있는 것으로 볼 수 있다. 이러한 경우 법

률관계가 유동적인 상태에 있기 때문에, 그 점을 명확하게 해결할 필
요가 있다. 이행불능의 경우에 해제의 의사표시를 하지 않고 자동해제
를 인정한다면 위험부담과 해제의 관계를 명확하게 정돈할 수 있다.[78]

계약의 자동해제 조항은 유럽계약법원칙 제9:303조 제4항을 보
고 착상하게 되었다. 유럽계약법원칙 제9:303조 제4항은 "당사자가
전체적이고 영구적인 장애사유로 인하여 제8:108조에 따라 면책되는
경우에는, 계약은 그 장애사유가 발생한 때에 자동적으로 그리고 통
지 없이 해제된다."라고 정하고 있다. 제9:304조는 해제의 통지에 관
한 규정인데, 제4항에서 그 예외로서 당사자의 불이행이 전체적이고
영구적인 장애사유로 인하여 면책되는 경우 계약은 자동적으로 해제
된다고 정하고 있다. 이에 관하여 다음의 사례를 들어 설명한다. 유명
한 테너가수가 월드컵 개막식에서 노래를 하기로 한다. 그 테너가수
가 심각하게 아파서 개막식 당일까지 회복하지 못한 경우 해제의 통
지는 불필요하다는 것이다.[79]

최근의 일본 민법개정안에서도 해제로 일원화할 것을 제안하고
있다. 즉, 우찌다 안[80]【3.1.1.85】에서는 위험부담제도에 관한 현행 일
본민법 제534조, 제535조, 제536조 제1항을 폐지할 것을 제안하고 있
다. 일본 법무성에 설치된 「법제심의회 민법(채권관계) 부회」에서
2013년 3월 발표한 「민법(채권관계)의 개정에 관한 중간시안」[81]에서

---

78) 필자가 제안한 구체적인 개정안은 다음과 같다.
  제543조(해제·해지권) ① 계약 또는 법률의 규정에 의하여 당사자의 일방이나
  쌍방이 해제 또는 해지의 권리가 있는 때에는 그 해제 또는 해지는 상대방에 대
  한 의사표시로 한다. [제1안] 그러나 쌍무계약의 당사자 일방의 채무가 당사자 쌍
  방의 책임 없는 사유로 이행할 수 없는 경우에는 계약이 해제 또는 해지된다. [제
  2안] 그러나 당사자 쌍방의 책임 없는 사유로 채무를 이행할 수 없는 경우에는 계
  약이 해제 또는 해지된다.
79) 김재형 역(주 30), 626~628면.
80) 일본 민법(채권편)개정검토위원회 편, 법무부 역, 일본 채권법개정의 기본방침,
  2009.
81) http://www.moj.go.jp/shingi1/shingi04900184.html 검색.

도 해제일원화설을 따라 위험부담에 관한 규정을 삭제하고 있다.[82]
병존설에 대해서는 다음과 같은 문제점을 지적하고 있다. 첫째, 한쪽
의 요건이 다른 쪽의 요건에 포섭되는 두 개의 제도를 두는 것은 부
적당하다. 채무자에게 귀책사유가 없는 이행불능의 경우, 위험부담에
의해서는 채권채무가 소멸하지만, 채권자의 의사표시가 있으면 해제
된다고 하는 것은 바람직하지 않고 혼란을 발생시킬 수 있다는 것이
다. 둘째, 목적물의 일부가 손상된 경우에 어느 제도에 의하는지에 따
라 결론이 달라져서 불안정한 법률상태가 된다. 위험부담에 의할 때
에는 반대채권은 손상된 일부에 대해서 당연히 소멸하게 된다. 그러
나 해제제도에서는 채권자는 계약을 존속시키면서 보수청구나 대금
감액을 하는 방법과 계약을 해제하여 채권채무 전체를 소멸시키는 방
법 중에서 선택이 가능하게 된다.[83]

　　분과위원회에서 논의한 결과를 토대로 유럽계약법원칙의 위 제
9:303조 제4항을 변형하여 개정시안을 만들었다. 이 개정시안에 따르
면 위 요건을 충족하는 이행불능의 경우에 해제의 의사표시를 하기
전에 자동적으로 계약이 해제되므로, 해제의 효과에 관한 규정에 따
라 원상회복 또는 가액상환의무가 발생할 것이다.

　　한편 분과위원회에서 현행 민법과 마찬가지로 위험부담과 해제
를 병존시키자는 안도 검토하였다. 이 안은 당사자 쌍방의 책임 없는
사유에 의한 불능의 경우에 계약을 자동으로 소멸시키는 효력을 가지
는 위험부담 법리와 함께 채권자가 자신의 급부의무에서 해방될 수
있는 해제권도 인정하자는 것이다.[84] 이것은 독일 민법 제326조가 제

---

82) 中田裕康, "日本における債務不履行による解除", 민사법학, 제65호(2013. 12), 357
　　면, 379면(번역문).
83) 中田裕康, 위 주 77에 관한 지정토론에 대한 답변, 민사법학, 제65호(2013. 12),
　　433면, 438면(번역문).
84) 이 견해는 정진명 교수의 안으로, 위험부담에 관한 규정에서 해제에는 영향을 미
　　치지 않는다는 규정을 신설할 것을 제안하였다. 정진명, 위험부담에 관한 연구,

1항에서 급부의무가 없는 경우 반대급부청구권이 소멸된다고 정하면
서 제5항에서 해제권을 인정하는 방식[85]을 기초로 한 것이다.

분과위원회는 결론적으로 다수의견에 따라 분과위원회안을 해제
일원화방안으로 결정하기로 하되, 병존안에 찬성하는 의견이 있었음
을 부기하기로 하였다. 그리하여 분과위원회안으로 위험부담에 관한
제537조와 제538조를 삭제하고 자동해제 규정을 두는 것으로 결정하
였다. 분과위원회는 "쌍무계약의 당사자 일방의 채무가 당사자 쌍방
의 책임 없는 사유로 이행할 수 없는 경우에는 해제의 의사표시가 있
는 것으로 본다."라고 정하기로 결정하였다가, 제543조 제2항 첫 부
분의 "쌍무계약의"를 삭제하여 편무계약에도 적용될 수 있도록 하였
다.[86]. 이것은 필자가 제안한 안을 토대로 자구 등을 수정한 것이다.
자동해제 규정의 위치는 제543조 제2항에 두기로 하였다. 또한 제538
조 제1항에 해당하는 조문을 제544조 제4항으로 옮겼기 때문에, 제
538조 제2항에 해당하는 조문을 제544조 제5항으로 옮겨 "제4항의
경우에 채무자는 자기의 채무를 면함으로써 이익을 얻은 때에는 이를
채권자에게 상환하여야 한다."라는 조항을 두기로 하였다.

(2) 실무위원회에서는 분과위원회안에 찬성하면서 다만 제543조
제2항을 제544조 제3항으로 옮길 것을 제안하였다.[87] 그러나 분과위

2011년 법무부 연구용역보고서; 정진명, "위험부담에 대한 입법론적 고찰", 재산법
연구, 제28권 제4호(2012. 2), 99면 이하.
85) 제326조(급부의무가 배제되는 경우 반대급부로부터 해방 및 해제)
① 채무자가 제275조 제1항 내지 제3항에 의하여 급부를 할 필요가 없는 경우에는
반대급부청구권은 소멸한다. 일부급부의 경우에 대하여는 제441조 제3항이 준용
된다. 제1문은 계약에 따르지 않는 급부의 경우에 채무자가 제275조 제1항 내지
제3항에 따라 추완이행을 할 필요가 없는 경우에는 적용하지 아니한다.
②∼④ 생략
⑤ 채무자가 제275조 제1항 내지 제3항에 의하여 급부를 할 필요가 없는 경우에는
채권자는 계약을 해제할 수 있다. 그 해제에 대하여는 제323조가 준용되는데, 다
만 기간설정이 요구되지 않는다.
86) 민법개정위원회 제4기 제3분과위원회 제10차 회의일지(2012. 7. 19).
87) 제543조는 해제권이 있음을 전제로 해제의 방법에 관한 규정일 뿐이고, 당사자 쌍

원장단 회의에서 위험부담에 관한 규정을 존치하기로 하고 제537조의 경우에도 해제가 가능하다는 조항을 신설하기로 하였다(제2항). 위험부담 규정을 없애는 것이 주저된다고 하여 독일 민법과 같이 현행 위험부담 규정을 유지하되, 필요한 부분에 한하여 수정한 것이다.

(3) 분과위원장단 회의에서 정한 내용은 2013. 7. 8. 민법개정위원회 전체회의에서 받아들여졌다. 표결 결과는 16 대 6이었다.

현 행	개 정 안
제537조(채무자위험부담주의) _쌍무계약의 당사자 일방의 채무가 당사자 雙方의 책임 없는 사유로 이행할 수 없게 된 때에는 채무자는 상대방의 이행을 청구하지 못한다. (신설) (신설)	제537조(채무자의 위험부담) ① 쌍무계약의 당사자 일방의 채무가 당사자 雙方에게 책임없는 사유로 이행할 수 없게 된 때에는 채무자는 상대방의 이행을 청구하지 못한다. ② 제1항은 상대방의 계약 해제에 영향을 미치지 아니한다. ③ 상대방이 제399조의2[88] 제1항에 따라 이익의 상환을 청구하는 경우에는 채무자는 상대방의 이행을 청구할 수 있다. 이 경우에 상환할 이익의 가치가 본래의 채무보다 작으면 상대방의 채무는 그에 비례하여 감소한다.

방에게 책임 없는 사유로 인하여 당사자 일방의 채무가 이행불능이 되었을 때 해제권이 발생한다는 점은 해제권의 발생 사유인 제544조의 제1, 2항에 의하여 인정되는 것이므로, 그 해제의 방법에 관하여는 제544조 제3항으로 규정하는 것이 적절하다는 것이다.

88) 제399조의2[대상청구권(代償請求權)] ① 채무의 이행을 불가능하게 한 사유로 채무자가 채권의 목적인 물건이나 권리를 갈음하는 이익을 얻은 경우에는 채권자는 그 이익의 상환을 청구할 수 있다.

② 채권자가 채무불이행을 이유로 손해배상을 청구하는 경우에, 제1항에 따라 이익의 상환을 받는 때에는 손해배상액은 그 이익의 가액만큼 감액된다.

3. 개정안의 내용과 문제점

전체회의에서 확정된 안에서는 위험부담 규정을 존속시키고 있다. 이 개정안에 따르면 제537조의 경우에 해제의 요건도 갖추게 된다. 그리고 이행불능의 경우 당사자들이 해제권을 행사하여 법률관계를 조기에 확정하기를 원할 수 있다. 개정안은 제537조가 적용되는 경우에도 계약을 해제할 수 있다고 명시하였다(개정안 제537조 제2항).[89] 이것은 원래 분과위원회에서 소수의견이었는데, 분과위원장단 회의에서 채택된 것이다. 물론 이 규정이 없어도 동일하게 해석할 수 있으므로 이 규정은 주의적 규정이다. 조문의 표제는 '채무자 위험부담주의'에서 '채무자의 위험부담'으로 변경하였다. 종전의 표제가 너무 무거운 인상을 주기 때문이다. 제3항은 새로 신설한 대상청구권에 관련된 부수적 규정이다.

위험부담에 관한 규정에 따르면 당사자 쌍방에게 책임 없는 사유로 채무를 이행할 수 없는 경우에 채무자는 상대방의 이행을 청구하지 못한다. 만일 상대방이 채무자에게 채무를 이미 이행한 경우에는 위 규정에 따라 상대방의 반대급부의무가 소멸하였기 때문에, 채무자는 상대방에게 부당이득반환의무를 부담한다. 따라서 채무자는 이를 상대방에게 부당이득의 법리에 따라 반환하여야 한다.[90]

그런데 위와 같이 당사자 쌍방에게 책임 없는 사유로 채무를 이행할 수 없는 경우에 계약관계도 소멸하는지 문제된다. 대법원은 "쌍무계약에서 당사자 쌍방의 귀책사유 없이 채무가 이행불능된 경우 채무자는 급부의무를 면함과 더불어 반대급부도 청구하지 못한다고 할 것이므로, 쌍방 급부가 없었던 경우에는 계약관계는 소멸하고 이미

---

89) 제537조 제2항으로 "제1항은 상대방의 계약 해제에 영향을 미치지 아니한다."라는 규정을 신설하자는 것이다.
90) 대판 1975. 8. 28, 75다765(공 1975, 8631).

이행한 급부는 법률상 원인 없는 급부가 되어 부당이득의 법리에 따라 반환청구할 수 있다고 할 것이다."라고 판결하였다.[91] 이 판결은 쌍방 급부가 없었던 경우에는 계약관계가 소멸한다는 것이므로, 이 판결에 따르더라도 쌍방 급부가 있었다면 계약관계가 소멸하는지는 논란이 있을 수 있다. 또한 제537조 제1항은 "채무자는 상대방의 이행을 청구하지 못한다"는 법률효과만을 정하고 있기 때문에, 계약관계의 소멸 여부를 정한 것이 아니라고 볼 수 있다.

민법개정안에 따르면 당사자 쌍방에게 책임 없는 사유로 채무를 이행할 수 없는 경우에 계약관계의 소멸 여부가 더욱 중요한 문제가 될 수 있다. 개정안에서 위와 같은 경우에 계약의 해제를 인정하고 있는데, 이는 계약의 존속을 전제로 한 것으로 볼 수 있다. 따라서 위와 같은 경우에 계약은 존속한다고 볼 수 있고 당사자들은 계약을 해제할 수도 있다. 만일 당사자가 계약을 해제한 경우에는 부당이득이 아니라 해제에 따른 원상회복으로 이미 이행한 급부의 반환문제를 해결하게 된다. 그러나 계약을 해제하지 않은 경우에는 제537조 제1항에 따라 부당이득반환관계가 성립한다. 따라서 당사자들이 계약을 해제하는 의사표시를 하는지 여부에 따라 부당이득으로 해결할 것인지 해제에 관한 규정으로 해결할 것인지 여부가 결정된다. 이처럼 법률관계를 복잡하게 만들 필요가 있는지는 의문이다.

V. 사정변경에 관한 개정안

1. 쟁   점

계약을 체결한 후에 사정변경을 이유로 계약을 수정하거나 해제 또는 해지할 수 있는지 문제된다. 초기의 판례는 부정적이었다. 대법

---

91) 대판 2009. 5. 28, 2008다98655(공 2009, 1001).

원은 "매매계약 체결시와 잔대금 지급시 사이에 장구한 시일이 지나
서 그 동안 화폐가치의 변동이 극심한 탓으로 매수인이 애초계약시의
금액표시대로 잔대금을 제공하면 앙등한 목적물의 가액에 비하여 현
저히 균형을 잃은 이행이 되는 경우라도 사정변경의 원칙을 내세워
해제권이 생기지 않는다"고 판결하였다.92) 다만 계속적 보증의 경우
에 해지를 인정한 대법원 판결이 있다.93) 그러나 최근 대법원은 사정
변경을 이유로 계약을 해제할 수 있다고 정면으로 선언하고 있다. 즉,
"이른바 사정변경으로 인한 계약해제는 계약성립 당시 당사자가 예견
할 수 없었던 현저한 사정의 변경이 발생하였고 그러한 사정의 변경
이 해제권을 취득하는 당사자에게 책임 없는 사유로 생긴 것으로서,
계약내용대로의 구속력을 인정한다면 신의칙에 현저히 반하는 결과
가 생기는 경우에 계약준수 원칙의 예외로서 인정되는 것이고, 여기
에서 말하는 사정이라 함은 계약의 기초가 되었던 객관적인 사정으로
서, 일방당사자의 주관적 또는 개인적인 사정을 의미하는 것은 아니
라 할 것이다. 또한, 계약의 성립에 기초가 되지 아니한 사정이 그 후
변경되어 일방당사자가 계약 당시 의도한 계약목적을 달성할 수 없게
됨으로써 손해를 입게 되었다 하더라도 특별한 사정이 없는 한 그 계
약내용의 효력을 그대로 유지하는 것이 신의칙에 반한다고 볼 수도
없다."라고 한다.94)

학설에서도 계약준수의 원칙에 대한 예외로서 사정변경의 원칙
을 인정하고 있다. 계약성립 당시 당사자가 예견할 수 없었던 현저한
사정변경이 있는 경우에 계약을 그대로 준수하도록 하는 것은 가혹하

---

92) 대판 1963. 9. 12, 63다452(집 11-2, 민 131). 또한 1991. 2. 26, 90다19664(공
    1991, 1082)도 참조.
93) 대판 1990. 2. 27, 89다카1381(집 38-1, 민 78).
94) 대판 2007. 3. 29, 2004다31302(공 2007, 601); 대판(전) 2013. 9. 26, 2012다
    13637(공 2013, 1916); 대판(전) 2013. 9. 26, 2013다26746(공 2013, 1954); 대판
    2014. 6. 12, 2013다75892.

다는 생각에서 계약에 따른 구속력을 예외적으로 부정할 수 있도록
한 것이다. 다만 그 효과에 관해서는 해제 또는 해지를 인정할 것인
지, 계약의 수정도 인정할 것인지 논란이 있다. 여기에서 말하는 사정
이라 함은 계약의 기초가 되었던 객관적인 사정으로, 일방당사자의
주관적 또는 개인적인 사정을 의미하는 것은 아니라고 한다.

2. 개정안의 작성과정

(1) 2004년 개정안

2004년 민법개정위원회에는 다음과 같이 사정변경으로 인한 해
제, 해지에 관한 개정안을 신설할 것을 제안하였다.

> 제544조의4(사정변경과 해제, 해지) 당사자가 계약 당시 예견할 수
> 없었던 현저한 사정변경으로 인하여 계약을 유지하는 것이 명백히
> 부당한 때에는 그 당사자는 변경된 사정에 따른 계약의 수정을 요구
> 할 수 있고, 상당한 기간내에 계약의 수정에 관한 합의가 이루어지지
> 아니한 때에는 계약을 해제 또는 해지할 수 있다.

위 개정안은 사정변경의 원칙을 명문화한 것이다.[95] 이에 대해서
는 비판적인 견해가 있었는데,[96] 주요한 내용은 다음과 같다. 첫째,
개정안 제544조의4의 위치가 적당하지 않다. 채무불이행으로 인한 계
약의 해제·해지에 관한 제544조의2, 제544조의3에 이어서 신설하고
있는데, 사정변경은 채무불이행으로 인한 계약의 해제·해지와는 이

---

95) 법무부, 자료집(주 67), 817면 이하.
96) 민법개정안에 대한 검토의견으로는 민법개정안의견서(주 14), 107~110면. 민법개
    정안에 대하여는 김대경, "사정변경으로 인한 계약의 해제", 경희법학, 제46권 제1
    호(2011. 3), 195면 이하; 김대경, "사정변경의 원칙을 명문화한 민법개정시안 제
    544조의4에 관한 검토", 법학연구(전북대), 제22집(2001), 245면 이하; 정상현,
    "민법개정안 제544조의4에 대한 비판적 검토", 성균관법학, 제20권 제1호(2008.
    4), 149면 이하.

론상 아무런 관련이 없고, 또한 계약의 해제·해지만이 아니라 계약의
수정에 관한 내용도 포함되어 있기 때문이다. 둘째, 개정안은 사정변
경의 요건을 명확히 할 필요가 있다. 셋째, 개정안은 법원의 개입에
의한 계약내용의 수정을 부인하고 있는데, 당사자가 자율적인 재교섭
을 하였지만 합의에 이르지 못한 경우 불이익을 입은 당사자는 계약
을 해제·해지할 수밖에 없어 계약준수의 이상에 반하는 결과를 가져
온다.

(2) 2011년/2012년 민법개정위원회 개정안

(가) 분과위원회

사정변경에 관한 개정안은 민법개정위원회 제3기(2011) 제4분과
위원회에서 작성하였다. 사정변경의 원칙을 명문화하는 경우 사정변
경의 원칙을 어떠한 요건으로 구성할 것인지, 계약이 변경된 사정에
따라 수정되어야 하는지 아니면 소멸되어야 하는지, 어떤 방식으로
법률효과가 발생하게 하여야 하는지에 관하여 검토하였다. 분과위원
회 제3차 회의(2011. 4. 7)에서 개정안에 관한 논의를 시작하였다.[97]
제4차 회의(2011. 4. 21)에서 필자가 작성한 다음과 같은 개정시안을
토대로 논의하였다.

제○○○조(사정의 변경)

① 계약성립의 기초가 된 사정이 현저히 변경되고 당사자가 계약

---

97) 이 부분은 정진명 교수가 담당하여 회의자료를 준비하였는데, 당시 제안했던 안은
다음과 같다.
　　제544조의4(사정변경과 해제·해지) 당사자가 계약성립 당시 그 기초가 된 사
　　정이 그 후 현저히 변경될 것을 예견할 수 없었고, 그러한 사정변경으로 인하여
　　계약을 유지하는 것이 신의칙에 반하는 결과를 생기게 하는 때에는 그 당사자는
　　계약의 수정을 요구할 수 있다. 그러나 계약의 수정이 불가능하거나 수정의 합의
　　가 상당한 기간 내에 이루어지지 아니한 때에는 당사자 일방은 계약을 해제 또는
　　해지할 수 있다.

의 성립 당시 이를 예견할 수 없었으며, [그로 인하여] 계약을 유지
하는 것이 명백하게 부당한 결과를 생기게 하는 때에는 당사자는 계
약의 수정을 위한 교섭을 청구할 수 있다.

② 당사자간에 계약의 수정이 불가능하거나 수정의 합의가 상당한
기간 내에 이루어지지 아니한 때에는 당사자는 법원에 계약의 수정
이나 해제 또는 해지를 청구할 수 있다.

③ [제1안] 제2항의 경우에 법원은 계약을 해제 또는 해지할 수
있다. 다만 계약의 수정이 당사자의 의사, 사정변경의 내용과 정도
및 사정변경에 따른 당사자들의 손익 그 밖의 사정을 고려하여 합리
적이라고 판단되는 경우에 법원은 계약의 수정을 명할 수 있다.

[제2안] 계약의 수정이 당사자의 의사, 사정변경의 내용과 정도 및
사정변경에 따른 당사자들의 손익 그 밖의 사정을 고려하여 합리적
이라고 판단되는 경우에 법원은 계약의 수정을 명할 수 있다. 그러나
계약의 수정으로 계약의 목적을 달성할 수 없는 경우에 법원은 계약
을 해제 또는 해지할 수 있다.

학설과 판례에서 사정변경의 요건으로 사정변경, 예견불가능, 귀
책사유 부존재, 현저한 부당성을 들고 있다. 위 개정시안은 사정변경
의 요건으로 '사정변경, 예견불가능, 부당성' 세 가지로 구성하였고,
그 순서도 위와 같이 하였다(제1항). 이와 같은 방식으로 요건을 배열
하는 것이 논리적이고 이해하기도 쉽다고 생각했다. 귀책사유는 별도
로 정하지 않는 한 요구되지 않는다는 것이 분명하다고 보아 포함시
키지 않았고, 부당성을 판단하는 기준으로 신의칙이라는 표현을 사용
하지 않았다.

사정변경의 효과에 관해서는 논란이 많은데, 당사자들의 교섭의
무(제1항)와 계약의 수정, 해제 또는 해지에 관한 당사자의 청구(제2
항)를 인정하였다. 계약의 수정, 해제 또는 해지는 법원의 판단에 따
르도록 하였는데,98) 사정변경으로 인한 계약의 수정, 해제 또는 해지

---

98) 사정변경으로 인한 해제에 관한 입법례는 당사자의 의사표시만으로 해제를 인정

에 관한 권리를 당사자의 권리로 하여 당사자의 의사표시만으로 그 효력이 발생한다고 하면 계약자유의 원칙에 관한 중대한 예외로 작용할 것이므로, 그 충격을 완화하는 완충장치가 될 것으로 생각하였다. 계약의 수정 여부를 합리성을 기준으로 판단하는데, 이때 당사자의 의사, 사정변경의 내용과 정도 및 사정변경에 따른 당사자들의 손익 그 밖의 사정을 고려하도록 하였다.[99] 계약의 수정과 해제 또는 해지의 관계에 관해서는 2개의 안을 작성하여 해제를 우선하는 방안과 수정을 우선하는 방안을 작성하였다(제2항, 제3항).

분과위원회에서는 이 원칙을 신설할 경우 소송의 증가나 실무상 운용의 어려움을 우려하는 이유로 신설을 반대하는 의견이 있었으나, 다수 위원의 의견에 따라 사정변경의 원칙에 관한 규정을 신설하기로 결정하였다. 그 요건의 내용 등에 관해서는 제5차 회의와 제6차 회의에서 확정하였다. 먼저 사정변경의 원칙이 계약준수의 원칙에 대한 예외로 인정된다는 것을 명시하기 위하여 계약준수에 관한 원칙적 규정을 둘 것인지 논의하였으나, 이러한 규정은 두지 않기로 하였다. 요건에 관해서는 "기초가 된 사정"과 "현저한 예견할 수 없는 사정변경"을 요건에 포함시키기로 하였고, "계약을 유지하는 것이 명백하게 부당한 결과를 생기게 하는 때" 부분은 등가관계 파괴와 목적달성 불능을 포함하는 것으로 하기로 하였다. 교섭의무에 관한 규정도 두지 않기로 하였다. 계약수정권과 해제·해지권은 법원에 귀속하는 것으

하는 당사자주도형과 법원이 해제를 명하는 법원주도형으로 구분할 수 있다. 이에 관해서는 정진명, "계약해제·해지 및 그 효과"(주 3), 290면.

99) 계약의 수정 여부를 판단할 때 여러 요소를 고려하고 있는 입법례로는 독일 민법 제313조를 들 수 있다. 이 규정은 행위기초의 탈락에 관한 규정으로, 제1항에서 "계약의 기초가 된 사정이 계약체결 후에 현저히 변경되고, 만일 양 당사자가 그 변경을 예견할 수 있었다면 계약을 체결하지 않았거나 다른 내용으로 계약을 체결하였을 경우에, 개별적인 경우의 모든 사정, 특히 계약상 또는 법률상의 위험분배를 고려하면 당사자 일방에게 계약을 변경하지 않고 유지하는 것을 기대할 수 없는 때에는, 계약의 수정을 청구할 수 있다."라고 정하고 있다.

로 정리하였고, 계약수정권과 해제·해지권 간의 우선순위를 두지 않
기로 하였으며, 계약의 수정뿐만 아니라 해제·해지의 경우에도 고려
요소를 나열하기로 하였다. 조문의 위치에 관해서는 ① 계약의 효력
부분에 두는 안, ② 계약의 해제, 해지 뒤에 별도의 관을 두는 안, ③
제3편 제2장 제1절 제3관의 제목을 수정하여 거기에 두는 안을 두고
논의하였는데, 계약의 효력부분에 제538조의2를 두기로 하였다. 결국
분과위원회는 다음과 같이 개정안을 마련하였다.[100]

제538조의2(사정변경)

① 계약성립의 기초가 된 사정이 현저히 변경되고 당사자가 계약
의 성립 당시 이를 예견할 수 없었으며, 그로 인하여 계약을 유지하
는 것이 계약당사자의 이해에 현저한 불균형을 초래하거나 또는 계
약을 체결한 목적을 달성할 수 없는 때에는 당사자는 법원에 계약의
수정이나 해제 또는 해지를 청구할 수 있다.

② 전항의 경우에 법원은 당사자의 의사, 사정변경의 내용과 정도,
사정변경에 따른 당사자들의 손익, 그 밖의 사정을 고려하여야 한다.

(나) 실무위원회

실무위원회에서는 위 조문의 신설에 찬성하면서 개정안을 다음
과 같이 수정할 것을 제안하고 있다.

제538조의2(사정변경)

① 계약의 당사자는 계약체결 이후에 사정이 변경되었다는 이유만
으로 채무의 이행을 거절할 수 없다. 그러나 제2항의 경우에는 그러
하지 아니하다.

② 계약 당시 예견할 수 없었던 현저한 사정변경이 발생하였고, 당
사자의 의사,[101] 사정변경의 내용과 정도, 계약상 또는 법률상 당사

---

100) 정진명, "계약해제·해지 및 그 효과"(주 3), 280면 이하에 상세히 소개되어 있다.
101) 또는 "사정변경을 예견하였더라면 당사자가 가졌을 의사."

자의 위험배분, 그 밖의 사정을 고려하면 계약을 그대로 유지하는 것
이 당사자의 이해에 현저한 불균형을 초래하거나 계약을 체결한 목
적을 좌절시키는 때에는 당사자는 계약의 수정을 청구할 수 있다.

　③ 제2항에 따른 계약의 수정이 불가능하거나 계약의 수정이 당사
자에게 불합리한 부담을 주는 때에는 당사자는 계약을 해제 또는 해
지할 수 있다.

　실무위원회안의 주요한 내용은 다음과 같다. 첫째, 제1항에서 사
정변경이 있다는 이유만으로 채무의 이행을 거절할 수 없다는 일반원
칙을 선언하고, 제2항과 제3항에서 사정변경을 이유로 계약의 수정이
나 해제 등을 인정할 수 있는 경우에 관하여 규정하기로 하였다. 둘
째, 분과위원회안에서는 사정변경의 요건에서 고려하는 요소로 "당사
자의 의사, 사정변경의 내용과 정도, 사정변경에 따른 당사자들의 손
익, 그 밖의 사정"을 들고 있는데, 실무위원회에서는 "당사자의 의사,
사정변경의 내용과 정도, 계약상 또는 법률상 당사자의 위험배분, 그
밖의 사정"을 들고 있는 등 표현을 수정하였다. 특히 당사자의 위험
배분을 중시하고 있다.[102] 셋째, 계약의 수정권한을 법원에 부여하지
않고 당사자들이 수정할 있도록 하였다. 넷째, 수정과 해제·해지의
관계에 관하여 수정을 우선하도록 하였다.

　(다) 분과위원장단 회의와 민법개정위원회 전체회의

　분과위원장단 회의에서는 위 개정안의 신설 여부에 관하여 찬반
양론이 팽팽히 대립하고 있으므로, 전체회의에서 조문의 신설 여부를
결정한 후에 내용에 대한 부분을 다시 검토하기로 하였다. 2012. 4.
23. 민법개정위원회 제4기 제1회 전체회의에서는 사정변경의 원칙에
관한 조문을 신설하기로 결정하였다. 계약준수원칙 조항은 신설하지

---

102) 이 문제에 관하여 상세한 것은 권영준, "위험배분의 관점에서 본 사정변경의 원
　　칙", 민사법학, 제51호(2010. 12), 224면 이하 참조.

않기로 하였고, 사정변경의 효과로서 계약수정권이나 계약해제권 또
는 해지권은 법원의 권한이 아니라 당사자의 권리로 규정하기로 하였
으며, 계약수정권과 계약해제·해지권은 우열을 두지 않고 병렬적으
로 규정하기로 하였다.

　그 후 실무위원회에서는 개정안을 수정하였고,[103] 분과위원장단
회의에서는 분과위원회안과 실무위원회안을 토대로 개정안을 수정하
여 확정하였다.[104]

　2012. 6. 27. 민법개정위원회 제4기 제2차 전체회의에서 위 개정
안은 확정되었다. 표결결과 16대 3의 압도적인 다수가 찬성하였는데,
필자는 "요건 찬성, 효과 반대"라고 표결하였다.

현　　　행	개　정　안
<신설>	제538조의2(사정변경)　계약성립의 기초가 된 사정이 현저히 변경되고 당사자가 계약의 성립 당시 이를 예견할 수 없었으며, 그로 인하여 계약을 그대로 유지하는 것이 당사자의 이해에 중대한 불균형을 초래하거나 계약을 체결한 목적을 달성할 수 없는 때에는 당사자는 계약의 수정을 청구하거나 계약을 해제 또는 해지할 수 있다.

3. 개정안의 의미와 주요 내용

　첫째, 개정안은 사정변경의 요건으로 사정변경, 예견불가능, 중대

---

103) 계약 당시 예견할 수 없었던 현저한 사정변경이 발생하고, 사정변경을 예견하였더라면 당사자가 가졌을 의사, 사정변경의 내용과 정도, 계약상 또는 법률상 당사자의 위험배분, 그 밖의 사정을 고려하면 계약을 그대로 유지하는 것이 당사자의 이해에 현저한 불균형을 초래하거나 계약을 체결한 목적을 좌절시키는 때에는 당사자는 계약의 수정을 청구하거나 계약을 해제 또는 해지할 수 있다.
104) 민법개정위원회 제4기 제5차 분과위원장단 회의일지(2012. 6. 4).

한 불균형 또는 계약목적의 달성불능을 명시하였다. 이 점에 대해서는 찬성한다. 판례와 학설, 외국의 입법례를 참고한 것으로 비교적 명확한 법률요건을 제시하였다고 볼 수 있다.

둘째, 개정안은 사정변경의 효과로 계약의 수정, 계약의 해제 또는 해지를 병렬적으로 제시하고 있다. 교섭의무에 관한 내용이 빠져있기는 하지만, 위와 같은 효과를 인정한 것은 찬성할 수 있다. 그러나 어떠한 경우에 수정이 인정되고, 어떠한 경우에 해제 또는 해지가 인정되는지 아무런 지침을 제공하지 못하고 있다는 점은 문제이다.

셋째, 위와 같은 계약의 수정, 계약의 해제 또는 해지를 법원의 권한으로 할 것을 제안했었다. 그 주요한 이유 중에 하나는 수정의 내용이 무엇인지 명확하기 않기 때문에,[105] 수정에 관하여 법원이 관여하도록 함으로써 절차적 통제를 할 필요가 있다는 점이다. 독일 민법은 사정변경의 요건을 판단하는 단계에서 고려요소를 열거하고 당사자에게 수정청구권을 부여하고 있다. 이에 반하여 네덜란드 민법, 일본 채권법개정안, 유럽계약법원칙, 국제상사계약원칙, 유럽공통참조기준에서는 수정권을 법원의 권한으로 규정하고 있다. 계약의 수정 또는 해제·해지를 하는 데 고려요소를 정하지 않고 수정청구권 등을 당사자의 권리로 규정하는 경우에는 계약의 수정의 내용과 범위가 지나치게 넓어질 수 있다. 적어도 '수정'은 법원의 권한으로 할 필요가 있고, 그렇지 않고 수정청구권을 당사자의 권리로 하려면 수정의 내용이나 범위를 한정하는 방안이 바람직하다.

---

105) 가령 대금을 감액하거나 증액하는 등 대금을 조정하는 것은 계약의 수정에 포함되는데, 이 경우에 감액이나 증액의 기준이나 액수를 정하는 것은 쉽지 않은 일이다. 기간을 조정하거나 분할을 하는 것도 수정에 포함될 수 있을 것이다. 그러나 수정을 통해서 새로운 계약을 체결한 것과 같은 결과가 되어서는 안 된다. 목적물의 일부를 교체하거나 목적물의 수량을 줄이는 것도 수정 내용에 포함이 될 것인지 문제될 수 있는데, 특정물이라면 이것이 부정되겠지만, 종류물이라면 포함될 여지도 있을 것이다.

VI. 결   론

계약 해제와 해지나 사정변경의 원칙에 관한 개정안에 관해서는
미흡한 점도 있지만 기본적으로 긍정적인 평가를 할 수 있다. 논란이
많은 문제에 관한 논의와 연구가 쌓여 개정안으로 나타났다고 볼 수
있기 때문이다.

계약의 해제에 관한 민법개정안에서 그 요건을 통일적으로 정비
하고 귀책사유를 배제한 것은 큰 변화라고 할 수 있다. 불이행이 경
미하여 계약의 목적을 달성할 수 없는 경우를 해제권 배제사유로 명
시한 것도 중요한 변화이다. 이것은 거래의 실제나 법원의 실무를 획
기적으로 바꾼다는 측면보다는 민법제정 이후 기본적인 태도를 바꾸
었다는 상징적인 의미가 매우 크다. 그리고 사정변경의 원칙을 조문
화하고 계약의 수정을 인정한 것은 이론과 실무에 큰 영향을 미칠
수 있는 중대한 변화이다. 이와 같은 내용은 2004년 민법개정안과
전면적으로 또는 부분적으로 달라진 부분들인데, 개정안을 작성하는
과정에서 논란이 생각보다 크지 않았다는 점에서도 변화를 느낄 수
있다.

이러한 변화의 이유는 민법개정의 방향에 관한 지향점이 달랐다
는 점에서 찾을 수 있다. 2004년 개정안이 민법의 대폭적인 개정보다
는 현행 규정의 보완에 중점을 두었던 반면에, 이번 민법개정작업에
서는 민법을 현대화하고 국제적인 동향을 반영한다는 것도 포함되어
있었기 때문이다. 이번 민법개정작업에서는 독일 민법이나 일본 민법
뿐만 아니라 각국의 입법례와 국제기구 등의 관련 규정 등을 대폭 참
고하였는데, 특히 독일의 채권법개정, 유럽계약법원칙과 일본 채권법
개정안은 우리 민법개정작업에 중요한 영향을 미쳤다. 이와 같은 개
정작업의 목표와 방법, 그 동안의 비교법적 연구 등이 민법을 조금이
나마 현대화하는 데 영향을 미쳤다고 볼 수 있다.

계약의 해제와 사정변경의 원칙에 관한 개정안에서도 채무불이 행법 전반에 걸친 '구제수단의 강화'라는 특징이 나타난다. 채무불이 행법 분야의 개정안에서 특징적인 점은 전체적으로 채권자의 지위가 강화되고 구제수단이 다양해졌다는 것이다.[106] 채권총칙편에서 추완 청구권에 관한 규정, 지출비용의 배상에 관한 규정, 이행거절에 관한 규정, 대상청구권에 관한 규정을 신설하기로 하였고, 민사소송법에서 손해액을 산정할 수 없는 경우에 법원이 손해액을 직권으로 결정할 수 있는 규정을 신설하기로 하였다. 계약 해제의 요건에서 귀책사유 를 배제하는 등 해제가 인정되는 범위를 넓혔고 사정변경에 관한 구 제수단을 넓게 인정하였는데, 이는 당사자의 구제수단을 넓게 인정한 것으로 볼 수 있다.

채무불이행법에서 새로운 구제수단이 인정됨에 따라 구제수단 사이의 관계를 정립하는 문제가 중요해졌다. 당사자의 책임 없는 사 유로 계약을 이행할 수 없는 경우에 당사자가 계약의 해제와 위험부 담 중에서 하나를 선택할 수 있도록 이 둘을 병존시키는 방식이 타당 한지는 여전히 의문이다. 사정변경의 경우에도 그 효과로서 계약의 수정과 해제·해지를 병존시키는 방식도 유사한 문제가 있다. 계약의 해제, 위험부담, 사정변경에 관한 민법개정안에 한정해서 말한다면, 요건에 관해서는 찬성할 수 있지만, 그 효과나 다른 구제수단과의 관 계에 관해서는 쉽게 납득하기 어려운 부분이 있다. 그 이유 중의 하 나는 아마도 이 부분에 관한 연구가 충분히 쌓여있지 않았던 점에 있 지 않을까 생각한다. 개정안은 그동안 문제되었던 많은 문제를 해결 하고 있는 듯하지만, 그것은 또 새로운 문제를 제기하고 있다.

---

106) 이에 관해서는 우선 김재형, "채무불이행으로 인한 손해배상에 관한 민법개정안" (주 1), 631면 참조.

위험부담, 사정변경과 계약의 해제·해지에 관한 민법개정안

현 행	개 정 안
제537조(채무자위험부담주의) _쌍무계약의 당사자 일방의 채무가 당사자 쌍방의 책임 없는 사유로 이행할 수 없게 된 때에는 채무자는 상대방의 이행을 청구하지 못한다. <신설>	제537조(채무자의 위험부담) ① 쌍무계약의 당사자 일방의 채무가 당사자 쌍방에게 책임없는 사유로 이행할 수 없게 된 때에는 채무자는 상대방의 이행을 청구하지 못한다. ② 제1항은 상대방의 계약 해제에 영향을 미치지 아니한다.
<신설>	③ 상대방이 제399조의2 제1항에 따라 이익의 상환을 청구하는 경우에는 채무자는 상대방의 이행을 청구할 수 있다. 이 경우에 상환할 이익의 가치가 본래의 채무보다 작으면 상대방의 채무는 그에 비례하여 감소한다.
<신설>	제538조의2(사정변경) 계약성립의 기초가 된 사정이 현저히 변경되고 당사자가 계약의 성립 당시 이를 예견할 수 없었으며, 그로 인하여 계약을 그대로 유지하는 것이 당사자의 이해에 중대한 불균형을 초래하거나 계약을 체결한 목적을 달성할 수 없는 때에는 당사자는 계약의 수정을 청구하거나 계약을 해제 또는 해지할 수 있다.
제544조(이행지체와 해제) 당사자 일방이 그 채무를 이행하지 아니하는 때에는 상대방은 상당한 기간을 정하여 그 이행을 최고하고 그 기간내에 이행하지 아니한 때에는 계약을 해제할 수 있다. 그러나 채무자가 미리 이행하지 아니할 의사를 표시한 경우에는 최고를 요하지 아니한다.	제544조(채무불이행과 해제) ① 당사자 일방이 채무의 내용에 좇은 이행을 하지 아니한 때에는 상대방은 계약을 해제할 수 있다. 그러나 일방의 채무불이행이 경미하여 계약의 목적달성에 지장이 없는 경우에는 그러하지 아니하다. ② 제1항에 따라 계약을 해제하기 위해서는 상대방은 상당한 기간을 정하여 이

현 행	개 정 안
제545조(정기행위와 해제) 계약의 성질 또는 당사자의 의사표시에 의하여 일정한 시일 또는 일정한 기간 내에 이행하지 아니하면 계약의 목적을 달성할 수 없을 경우에 당사자일방이 그 시기에 이행하지 아니한 때에는 상대방은 전조의 최고를 하지 아니하고 계약을 해제할 수 있다. 제546조(이행불능과 해제) 채무자의 책임 있는 사유로 이행이 불능하게 된 때에는 채권자는 계약을 해제할 수 있다. < 신설 >	행을 최고하고 그 기간 내에 이행이 되지 아니하여야 한다. 그러나 다음 각 호의 경우에는 최고를 요하지 아니한다. 1. 채무의 이행이 불능하게 된 때 2. 채무자가 미리 이행하지 아니할 의사를 표시하거나 채권자가 상당한 기간을 정하여 이행을 최고하더라도 그 기간 내에 이행되지 아니할 것이 명백한 때 3. 계약의 성질 또는 당사자의 의사표시에 의하여 일정한 시일 또는 일정한 기간 내에 이행하지 아니하면 계약의 목적을 달성할 수 없을 경우에 당사자의 일방이 그 시기에 이행하지 아니한 때 4. 지체 후의 이행 또는 추완이 채권자에게 이익이 없거나 불합리한 부담을 주는 때 ③ 채무의 이행이 불능한 경우 또는 채무자가 미리 이행하지 아니할 의사를 표시하거나 이행기가 도래하더라도 채무가 이행되지 아니할 것이 명백한 경우에는 채권자는 이행기 전에도 계약을 해제할 수 있다. ④ 당사자 일방의 채무불이행이 채권자에게 주로 책임 있는 사유에 기한 경우에는 채권자는 계약을 해제할 수 없다. 채권자의 수령지체 중에 당사자 쌍방에게 책임 없는 사유로 채무불이행이 발생한 때에도 같다. 제544조의2(계속적 계약의 해지) ① 계속적 계약의 당사자 일방이 채무의 내용에 좇은 이행을 하지 아니한 때에는 상대방은 계약을 해지할 수 있다. 이 경우에는 제544조 제1항 단서 및 제2항 내지 제4항을 준용한다. ② 제1항 이외의 중대한 사유로 계약의

현 행	개 정 안
	존속을 기대할 수 없는 때에는 당사자 일방은 계약을 해지할 수 있다.
제548조(해제의 효과, 원상회복의무) ① 당사자 일방이 계약을 해제한 때에는 각 당사자는 그 상대방에 대하여 원상회복의 의무가 있다. 그러나 제3자의 권리를 해하지 못한다. ② 전항의 경우에 반환할 금전에는 그 받은 날로부터 이자를 가하여야 한다.	제548조(해제의 효과, 원상회복의무) ① 당사자 일방이 계약을 해제한 때에는 각 당사자는 그 상대방에 대하여 원상회복의 의무가 있다. 그러나 제3자의 권리를 해치지 못한다. ② 제1항에 따라 금전을 반환하여야 할 경우에는 그 받은 날부터 이자를 붙여 반환하여야 하고, 목적물을 반환하여야 할 경우에는 그로부터 수취한 과실도 반환하여야 한다 ③ 각 당사자가 상대방으로부터 받은 목적물 또는 그로부터 수취한 과실을 반환할 수 없거나 목적물로부터 수취한 이익이 있는 때에는 그 가액을 반환하여야 한다. 그러나 상대방에게 책임 있는 사유로 반환할 수 없는 경우에는 그러하지 아니하다.
제553조(훼손등으로 인한 해제권의 소멸) 해제권자의 고의나 과실로 인하여 계약의 목적물이 현저히 훼손되거나 이를 반환할 수 없게 된 때 또는 가공이나 개조로 인하여 다른 종류의 물건으로 변경된 때에는 해제권은 소멸한다.	<삭제>

▨ 참 고 문 헌

곽윤직, 채권각론, 제6판, 박영사, 2002.

곽윤직 편, 민법주해[Ⅷ], 박영사, 1997.

＿＿＿＿, 민법주해[ⅩⅥ], 박영사, 1997.

권영준, "위험배분의 관점에서 본 사정변경의 원칙", 민사법학, 제51호(2010. 12).

김대경, "사정변경으로 인한 계약의 해제", 경희법학, 제46권 제1호(2011. 3).

김대정, "사정변경의 원칙을 명문화한 민법개정시안 제544조의4에 관한 검토", 법학연구(전북대), 제22집(2001).

김동훈, "계약해제의 요건에 관한 민법규정의 개정론", 민사법학, 제55호(2011. 9).

＿＿＿, "민법개정시안(2004년)의 계약해제·해지규정에 대한 검토", 황적인 외 29인, 민법개정안의견서, 삼지원, 2002.

＿＿＿, "채무불이행의 효과 ― 계약의 해제", 민사법학, 제65호(2013. 12).

김재형, "계약의 해제와 손해배상의 범위", 민법론 Ⅱ, 박영사, 2004.

＿＿＿, "채권자취소권에 관한 민법개정안 ―개정안에 관한 기본구상과 민법개정위원회의 논의 과정을 중심으로―", 민사법학, 제68호(2014. 9).

＿＿＿, "채무불이행으로 인한 손해배상에 관한 민법개정안", 민사법학, 제65호(2013. 12).

김형배, 채권각론[계약법], 신정판, 박영사, 2001.

법무부 민법개정자료발간팀 편, 2013년 법무부 민법개정시안 채권편(上), (下), 2013.

법무부, 민법(재산편) 개정자료집, 법무자료 제260집, 2004.

송덕수, "채무불이행에 관한 민법개정시안", 민사법학, 제60호(2012. 9).

＿＿＿, "채무불이행의 요건", 민사법학, 제65호(2013. 12).

안법영, "2001년 법무부 민법개정시안에 관한 소고", 고려법학, 제38호
　　　(2002).

_____, "개정 독일민법의 해제·해지법의 일별 ―우리 민법전의 개정시안에
　　　관한 논의에 부쳐서―", 비교사법, 제9권 3호(2002. 10).

양창수, "해제의 효과에 관한 학설들에 대한 소감", 민법연구, 제3권, 1995.

양창수·김재형, 계약법, 박영사, 2010.

오종근, 민법상 담보책임법 개정안 연구, 2010년 법무부 연구용역보고서.

이재목, "법정해제의 귀책사유에 관한 국제적 동향과 우리 민법에서의 논의",
　　　인권과 정의, 제356호(2006. 4).

일본 민법(채권편)개정검토위원회 편, 법무부 역, 일본 채권법개정의 기본방
　　　침, 2009.

정상현, "민법개정안 제544조의4에 대한 비판적 검토", 성균관법학, 제20권
　　　제1호(2008. 4).

정종휴, "민법개정안 채권편에 대한 소감", 법무부 편, 민법(재산편)개정 공
　　　청회, 2001. 12.

정진명, "계약해제·해지 및 그 효과", 민사법학, 제55호(2011. 9).

_____, "위험부담에 대한 입법론적 고찰", 재산법연구, 제28권 제4호(2012.
　　　2).

_____, 위험부담에 관한 연구, 2011년 법무부 연구용역보고서.

조일윤, "민법개정안 제544조의3(채무부이행과 해지)의 재검토", 민사법이론
　　　과 실무, 제8권 제1호(2004. 6).

최흥섭, "계약의 해제 및 해지에 관한 민법개정시안(2011년 6월)에 대한 검
　　　토와 제안", 비교사법, 제18권 4호(2011).

황적인 외 29인, 민법개정안의견서, 삼지원, 2002.

Lando/Beale 편, 김재형 역, 유럽계약법원칙 제1·2부, 박영사, 2013.

中田裕康, "日本における債務不履行による解除", 민사법학, 제65호(2013. 12).

＜회의자료와 회의일지＞

민법개정위원회 제2기 제2분과위원회 회의자료(2010. 10. 21).

민법개정위원회 제2기 제2분과위원회 제18차 회의일지(2010. 11. 4).
민법개정위원회 제2기 제2분과위원회 제19차 회의일지(2010. 12. 2).
민법개정위원회 제2기 제2분과위원회 제20차 회의일지(2010. 12. 16).
민법개정위원회 제2기 제2분과위원회 제21차 회의일지(2011. 1. 6).
민법개정위원회 제2기 제2분과위원회 제22차 회의일지(2011. 1. 20).
민법개정위원회 제3기 제4분과위원회 회의자료(2011. 7. 7).
민법개정위원회 제3기 제4분과위원회 회의자료(2011. 9. 8).
민법개정위원회 제3기 제4분과위원회 회의자료(2011. 10. 6).
민법개정위원회 제3기 제4분과위원회 제13차 회의일지(2011. 9. 22).
민법개정위원회 제4기 제2차 전체회의일지(2012. 6. 27).
민법개정위원회 제4기 제3분과위원회 제10차 회의일지(2012. 7. 19).
민법개정위원회 제4기 제5차 분과위원장단 회의일지(2012. 6. 4).

제 5 장

대상청구권
— 민법개정안을 계기로 한 해석론과 입법론 —

김 형 석

I. 서 론

2009년 법무부가 시작한 민법개정 준비 작업은 이제 마무리 단계에 있다. 5년여의 집중적인 검토에 따라 민법 재산법 전반 및 후견법에 대한 검토가 이루어졌고, 그에 따라 각 부분에 대한 개정안이 마련되었다.[1] 그 중 채무불이행에 관한 개정안은 작업의 막바지에 마무리된 것으로 보이는데, 다른 부분의 개정안과 마찬가지로 여러 가지 흥미로운 개정제안을 포함하고 있다. 여기서 특히 필자의 관심을 끄는 내용은 채무불이행의 효과와 관련해 종래 판례 및 해석론이 인정하고 있던 법리들이 실정화되어 반영되고 있는 대상청구권(개정안 제399조의2, 제537조 제2항)과 비용배상(제392조의2)이다. 이들은 여러 가지 흥미로운 내용을 포함하고 있으나, 제한된 지면을 고려하여 여기서는 우선 대상청구권에 관한 민법 개정안을 살펴보기로 한다.

개정안은 다음의 두 조문에서 종래 학설과 판례가 이행불능의 효

---

1) 그리고 주지하는 바와 같이 성년후견제도를 도입하는 개정안은 그 사이 법률로 성립하여(2011년 3월 7일 법률 제10429호) 2013년 7월 1일부터 시행되었다(동법 부칙 제1조).

과로서 인정하고 있던 대상청구권(代償請求權)을 규정하고 있다.

제399조의2[대상청구권(代償請求權)]

① 채무의 이행을 불가능하게 한 사유로 채무자가 채권의 목적인 물건이나 권리를 갈음하는 이익을 얻은 경우에는 채권자는 그 이익의 상환을 청구할 수 있다.

② 채권자가 채무불이행을 이유로 손해배상을 청구하는 경우에, 제1항에 따라 이익의 상환을 받는 때에는 손해배상액은 그 이익의 가액만큼 감액된다.

제537조(채무자의 위험부담)

③ 상대방이 제399조의2 제1항에 따라 이익의 상환을 청구하는 경우에는 채무자는 상대방의 이행을 청구할 수 있다. 이 경우에 상환할 이익의 가치가 본래의 채무보다 작으면 상대방의 채무는 그에 비례하여 감소한다.

대상청구권 규정의 신설은 이행불능으로 인하여 불이익을 받은 채권자의 구제를 강화한다는 점에서 중요한 의미를 가지고 있다. 특히 종래 학설·판례에서 인정하고 있던 내용을 이어받아 실정화하고 있어, 이전의 해석론에 대한 재검토와 함께 정책적 관점을 고려하는 입법론적인 접근을 요구하고 있다. 이러한 과제에 상응하여 이 글은 앞서 인용한 민법 개정안을 계기로 하여 해석론과 입법론을 모색하는 것을 목적으로 한다. 이는 지금까지의 학설과 판례를 비판적으로 회고하는 동시에 외국의 경향을 참고함으로써, 지금까지 대상청구권에 대한 해석론을 재구성하고, 동시에 민법 개정안의 내용에 개선할 점이 있는지를 입법론적으로 검토함을 의미한다. 이로써 한편으로 현행법의 해석과 운용에 기여하면서, 다른 한편으로 앞으로의 민법의 개정이 보다 바람직한 방향으로 이루어지는 데 조력하고자 한다.

Ⅱ. 대상청구권에 관한 해석론

현재 학설과 판례는 민법2)의 명시적인 규정 없이 해석으로 대상청구권을 인정하고 있다. 그 결과 그 인정근거와 구체적인 내용에 대해서는 학설에서 다툼이 존재한다. 이러한 상황에서 입법론적인 논의는 우선 현재의 해석론에 대한 비판적인 평가를 전제로 할 수밖에 없다.

1. 학설상황

우리 민법이 명시적으로 대상청구권을 언급하고 있지 않음에도 불구하고, 다수설은 이전부터 공평을 근거로 이를 채무의 이행불능의 효과로서 인정해 오고 있었다.3) 그러던 중 대법원은 1992년 토지 매매에서 매매목적물의 수용으로 이행불능이 발생한 경우 채권자가 수용보상금청구권의 양도를 청구할 수 있다고 하여 대상청구권을 인정하였고,4) 같은 취지의 판결들이 뒤를 이었다.5) 이에 따라 학설에서도 대상청구권을 해석론으로 인정할 수 있는지, 인정한다면 그 적용범위는 어떠한지, 대상청구권이 행사되는 경우 그 요건과 효과는 어떠한지 등에 대해 많은 논의가 행해졌다.

여전히 다수설은 대상청구권을 채무가 이행불능이 된 경우의 일반적인 구제수단으로서 인정한다. 즉 이행불능이 된 채무의 근거가 계약인지 법률인지, 그 이행불능이 채무자의 책임 있는 사유에 의한 것인지 아닌지, 특히 쌍무계약의 경우 대가위험을 채무자와 채권자 중 어느 편이 부담하는지 등을 고려하지 아니하고, 채무의 이행불능으로 채무자가 급부에 갈음하는 이익을 얻은 때에는 채권자는 이를

---

2) 아래에서 法名의 언급 없이 인용하는 조문은 민법의 조문이다.
3) 1990년대 이전의 학설상황으로는 송덕수, "이행불능에 있어서 이른바 대상청구권", 경찰대 논문집, 제4집, 1985, 198면 특히 주 3 참조.
4) 대법원 1992. 5. 12. 선고 92다4581, 4598 판결(집 40−2, 21).
5) 대법원 1994. 12. 9. 선고 94다25025 판결(공보 1995, 450) 등.

청구할 수 있다고 한다. 그 인정근거에 대해서는 여러 가지 주장이
개진되고 있으나, 가장 우세한 견해는 크게 다음의 두 가지 고려에
기초해 대상청구권을 일반적으로 인정하고자 한다.[6] 한편으로, 우리
민법의 여러 곳에서는(보통 제342조, 제370조, 제399조, 제480조, 제538조
제2항, 제1083조 등이 언급되고 있다) '어떤 사람에게 귀속된 재산가치가
그 기초에 존재하는 경제적 관계에 비추어 다른 권리자에게 속해야
할 경우에는 그 재산가치는 후자에게 이전되어야 한다'는 내용의 대
상법리 내지 대위법리가 표현되어 있는데, 이는 일반적 법리로 볼 수
있어 채무의 이행불능으로 채무자가 이익을 받은 경우에도 유추할 수
있고, 다른 한편으로 계약상 채무의 경우에 애초 당사자들의 기대 및
의무부담의 의사에 비추어 볼 때 이는 이행불능의 경우에도 관철되어
야 하므로 이행불능의 결과 채무자가 받은 이익은 채권자에게 이전되
어야 한다는 것("채권관계의 연장효")이다. 특히 후자의 관점에서 당사
자들의 추정적 의사에 따른 계약의 보충적 해석상 인정된다는 지적도
추가된다.[7] 그러나 다수설과 결론에서는 일치하면서도 인정근거는
달리 이해하는 견해도 존재한다. 민법상 대상법리 내지 대위법리가

---

6) 강봉석, "대상청구권의 의의 및 요건", 민사법학, 제32호, 2006, 253~254면; 김증
   한·김학동, 채권총론, 제6판, 1998, 169~170면; 송덕수(주 3), 215~217면; 송덕
   수, "대상청구권", 민사판례연구[XVI], 1994, 37~40면; 심준보, "취득시효와 대상
   청구권", 민사판례연구[XX], 1998, 95면; 양창수, "매매목적토지의 수용과 보상금
   에 대한 대상청구권", 민법연구, 제3권, 1995, 392~396면; 엄동섭, "대상청구권의
   제한", 법률신문, 제2603호, 1997. 6. 2., 14면; 이덕환, 채권총론, 2010, 115면; 이
   은애, "우리 민법상 이른바 대상청구권의 인정", 사법논집, 제26집, 1995,
   205~206면; 이재경, "대상청구권에 관한 판례 및 학설의 검토", 법과 정책, 제19
   집 제2호, 2013, 344~346면; 이충훈, "대상청구권", 연세법학연구, 제5권 제1호,
   1998, 319~320면; 지원림, "대상청구권", 곽윤직 교수 고희기념 민법학논총 제이,
   1995, 205~210면; 김용담 편집대표, 주석민법 채권총칙(1), 제4판, 2013, 694면
   (김상중 집필) 등.
7) 임건면, "대상청구권에 관한 소고", 경남법학, 제14권, 1998, 137면. 김대정, 채권
   총론, 개정판, 2007, 517면; 주석민법 채권총칙(1)(주 6), 694면(김상중 집필)도 비
   슷한 취지이다.

발현되고 있다고 지적되는 규정들은 그 본질이 대상청구권과 상이하
여 단순히 일반이념의 차원에서만 공통점을 가지고 있으므로 직접 원
용하기 어렵다고 하면서 채무불이행책임의 일반규정인 제390조와 대
상원칙을 구체화할 수 있는 신의칙에 관한 제2조가 근거가 되어야 한
다는 견해[8]나, 민법에 규정이 없으므로 제1조에 따라 조리상 인정된
다는 견해[9] 등이 그것이다.

그러나 이러한 다수설에 대해 비판적인 견해도 드물지 않다. 제
한적 인정설이라고 명명할 수 있는 견해는 민법에 명시적인 규정이
없는 이상 급부가 불능으로 된 경우에도 민법상 다른 제도(채무불이행
책임, 위험부담, 채권자대위, 제3자에 의한 채권침해 등)에 의해 해결될 수
있다면 대상청구권을 인정할 수 없다고 하면서, 그러한 해결이 불가
능한 경우 또는 불합리한 경우에 예외적으로 대상청구권을 허용하고
자 한다.[10] 특히 민법은 채무자위험부담주의에 따른 해결을 정하고
있으므로 그에 대한 예외를 인정할 근거를 찾기 쉽지 않을 뿐만 아니
라,[11] 채권자에게 원래의 급부를 유지할 것인지 대상청구를 할 것인지
선택권을 부여함으로써 채권자가 불능이 된 급부의 시가상승의 이익만
을 취하고 손실은 회피할 수 있어 불합리하다는 점도 지적된다.[12] 그
러나 이들 견해 사이에서도 어떠한 사안에서 예외적으로 대상청구권

---

8) 안법영, "채권적 대상청구권", 김형배 교수 화갑기념 채권법에 있어서 자유와 책
   임, 1994, 252면.
9) 이상경, "대상청구권", 이시윤 박사 화갑기념 민사재판의 제문제, 상권, 1995,
   254~255면.
10) 김상현·이승길, "대상청구권의 인정여부에 관한 일고", 입법정책, 제3권 제1호,
    2009, 120~121면; 김준호, "이행불능의 효과로서 대상청구권", 사법행정, 제34권
    제6호, 1993, 83면; 윤철홍, "이행불능에 있어서 대상청구권", 고시연구, 제18권 제
    10호, 1991, 93~94면; 이은영, 채권총론, 제4판, 2009, 230~231면; 주지홍, "대상
    청구권의 규범적 근거에 관한 소고", 연세법학연구, 제5권 제1호, 1998, 306, 308
    면; 곽윤직 편집대표, 민법주해[XIII], 1997, 90~91면(최병조 집필) 등.
11) 민법주해[XIII](주 10), 90면(최병조 집필).
12) 이은영(주 10), 231면.

이 인정될 수 있을 것인지 여부에 대해서는 반드시 견해가 일치하지
는 않는다. 반면 한 걸음 더 나아가 전면적으로 대상청구권을 인정할
수 없다는 부정설도 주장된다. 이 견해는 앞서 언급된 다수설과 제한
적 인정설의 난점들을 지적하면서, 채무불이행책임과 위험부담의 법
리에 따른 해결로 충분하다고 한다.13)

2. 대상청구권 규정의 역사적·비교법적 개관

이러한 우리 학설상황과 비교를 위해 외국의 입법례와 논의를 살
펴보는 것이 유용할 것이다. 외국의 법에 대해서는 이미 상세한 연구
들이 많이 있으므로,14) 그동안 소개되어 있는 개괄적 내용보다는 특
히 1990년대 이후 대상청구권과 관련해 전개되고 있는 독일의 해석
론상의 논의들을 중심으로 개관하고자 한다.

가. 로마법

주지하는 바와 같이 대상청구권은 로마법에서 채권자위험부담주
의로부터 나타날 수 있는 불합리를 교정하기 위하여 등장하였다. 로
마법에서 매매계약의 경우 대가위험은 채권자인 매수인이 부담하였
으므로, 매도인이 불능으로 인하여 일정한 이익을 받았다면 반대급부
를 제공해야 하는 매도인에게 그 이익의 이전을 청구할 수 있도록 하
는 규율이 바람직하였던 것이다.15) 그런데 로마법에서 이렇게 대상청

---

13) 정상현, "대상청구권의 인정여부에 관한 법리 재검토", 성균관법학, 제19권 제3호,
    2007, 721~725면; 조광훈, "우리 민법상 대상청구권의 해석적 인정에 따른 비판적
    논고", 사법행정, 제47권 제10호, 2006, 26면 이하; 최원준, "위험부담의 원리와 대
    상청구권의 인정여부", 성균관법학, 제21권 제1호, 2009, 625~626면 등.
14) 비교법실무연구회 편, 판례실무연구[Ⅰ], 1997, 439면 이하; 정상현, "대상청구권
    의 역사적 의미와 비교법적 고찰", 민사법학, 제39권 제1호, 2007, 479면 이하; 정
    진명, "대상청구권에 대한 입법론적 소고", 민사법학, 제68호, 2014, 227면 이하
    등 참조. 그 밖에도 앞의 주 6, 10, 13에 언급된 문헌들의 대부분은 외국법제에 대
    한 언급을 포함하고 있다.
15) 민법주해[ⅩⅢ](주 10), 72면 이하(최병조 집필). 이것이 전통적인 통설이지만, 이

구권의 규율을 보는 것만으로는 매도인과 매수인의 이익상황을 이해
하기에 충분하지 않다. 무엇보다도 로마법상 매매계약이 체결됨으로
써 매수인은 대가위험을 부담하지만, 그에 상응하여 매도인은 이른바
보관책임(custodia)을 부담하였기 때문이다. 채무자가 자신의 이익을
위하여 채권자의 물건을 점유하고 이를 나중에 인도해야 하는 일정
계약관계에서 채무자는 그러한 물건이 유실되거나 손상을 입지 않도
록 감시할 의무를 부담하며, 반환해야 할 물건이 유실되거나 손상된
경우 불가항력에 의한 것이 아닌 한 그 결과에 대해 무과실책임을 부
담하는 법리가 인정되고 있었다.16) 매매계약의 매도인도 그러한 보관
책임을 부담하고 있었다.17) 그러므로 매매계약이 성립하면 매매목적
물의 가치는 기본적으로 채권자에게 귀속하는 경제적 결과가 창출되
었다. 즉 매도인은 보관책임을 지게 되어 과실 유무에 불구하고 매수
인의 손해를 배상해야 했을 뿐만 아니라, 예외적으로 불가항력 등 책
임 없음을 이유로 급부의무로부터 벗어나더라도 그로부터 받은 이익
이 있으면 이를 매수인에게 양도할 의무가 있었기 때문이다. 대상청
구권이 탄생한 로마 매매법에서, 대상청구권이 매도인의 보관책임과
더불어 매매목적물의 가치를 채권자인 매수인에게 경제적으로 귀속
시키는 기능을 수행하고 있었다는 사실은 이후 서술과 관련해서도 주
목할 필요가 있다(아래 Ⅱ. 2. 다. (2) 참조).

에 대해 채무자의 책임 있는 매매목적물 멸실의 경우에도 대상청구권이 인정되었
다고 이해하는 소수설도 주장된다. Helms, *Gewinnherausgabe als haftungs-
rechtliches Problem*, 2007, S. 311 및 주 6의 문헌 참조.

16) Kaser/Knütel, *Römisches Privatrecht*, 19. Aufl., 2008, § 36 Rn. 15f.

17) 이는 보통 고로마법의 현실매매에서 기인한 사고방식에 따라 매매계약에 의하여
양도계약이 행해진 것으로 간주하던 태도에서 비롯한 것이라고 추측되고 있다.
Kaser/Knütel(주 16), § 41 Rn. 21 참조.

나. 프랑스 민법

이러한 로마법의 법리는 이후 보통법에도 계승되었고, 프랑스에서 포티에 역시 이를 수용하였다.[18) 포티에의 서술은 거의 문언 그대로 프랑스 민법 제1303조에 반영되어, "채무자의 과실 없이 물건이 멸실되거나, 거래할 수 없게 되거나 분실될 경우, 채무자는 그 물건을 배상하는 권리 또는 소권이 있으면 이를 채권자에게 양도해야 한다"고 규정되었다(이 규정을 계수한 스페인 민법 제1186조, 이탈리아 신민법 제1259조 등도 참조). 그런데 프랑스 민법전은 물권변동에 대해 의사주의(합의주의)를 채택하고 있으므로 매매계약의 성립만으로 소유권은 이미 매수인에게 이전한다. 따라서 매수인은 소유자로서 손해배상청구권 등 멸실한 물건에 대해 발생한 권리를 행사할 수 있어, 대상청구권은 실질적으로 그 기능을 상실하게 되었다.[19) 즉 물권변동의 법리에 의해 급부가 대외적으로도 채권자에게 귀속하게 되었으므로, 이를 채권자에게 경제적으로 귀속시킨다는 대상청구권은 그 의의를 대폭 상실할 수밖에 없었던 것이다.[20)

---

18) Pothier, *Traité des obligations*, n° 670 = *Oeuvres de Pothier*, tome 2, Paris, 1825, p. 140~141.
19) 남효순, "프랑스 민법상의 대상청구권", 판례실무연구[I](주 14), 447~448면.
20) 관련하여 프랑스 법무부가 위촉하여 제출된 채권법개정 예비초안(이른바 카탈라 초안)은 이전 프랑스 민법 제1303조의 내용을 유지한 채로 문언만 수정하여 제1152-1조로 제안하고 있다("채무자는 물건의 멸실이 그의 과책 없이 발생하였다는 것을 입증하면 채무에서 해방된다. 그러나 그 물건에 관해 배상하는 어떤 권리 또는 소권이 있으면 이를 자신의 채권자에게 양도할 의무가 있다"). 이는 실질적인 개정과 결부되어 있지 아니하므로 본고에서는 더 이상 고려하지 아니한다. 한편 송덕수, "대상청구권에 관한 입법론", 법조, 제660호, 2011, 80면은 같은 예비초안 제1163조의5를 대상청구권의 규정으로 언급하고 있으나, 이는 계약이 원상회복이 될 경우 반환의무에 대한 규정이므로 우리 민법과 비교해 보면 급부이득반환의 경우 대체이익반환에 관한 규정이고(아래 주 67 참조), 여기서 말하는 대상청구권과 직접 관련이 있다고 하기는 어렵다고 보인다. 정진명(주 14), 235~236면도 참조.

다. 독일 민법

(1) 독일 민법 제1초안은 프랑스 민법과 마찬가지로 종래 보통법의 법리를 반영하여 채무자의 책임 없는 사유로 급부가 불능이 된 경우에 한정해 채권자의 대상청구권을 인정하였다(제1초안 제238조, 제368조 제3항). 그런데 독일 민법전은 대가위험의 부담과 관련해 일반적으로 채무자위험부담주의를 채택하였으므로(제1초안 제368조, 2002년 개정전 제323조, 개정후 제326조), 이러한 규율은 채권자가 대가위험을 부담하는지 여부와 상관없이 채무자는 책임 없는 사유로 인한 급부불능으로 받은 이익을 채권자에게 양도해야 한다는 것을 의미하게 되었다. 실제로 판덱텐 법학에서는 대가위험이 누구에게 있는지 여부를 구별하지 않고 책임 없는 급부불능으로 채무자가 얻은 이익이 있으면 채권자는 이를 청구할 수 있다는 언명이 행해지고 있었고,[21] 이로써 대가위험부담과의 관련성에서 탈피하는 동시에 대상원칙 내지 대위원칙을 시사하는 설명이 나타나고 있었다.[22] 제1초안은 이에 따른 것으로 보인다. 즉 제1위원회에서 예비초안을 담당했던 폰 퀴벨(von Kübel)은 대가위험 부담과 대상청구권을 연동하는 입장에서 명시적으로 벗어나, 당사자들의 가정적 의사를 근거로 대상청구권을 인정하는 규정을 안출하였고,[23] 이 규정이 이후 심의과정에서 수용되었던 것이다. 이러한 변화 즉 위험부담 법리와의 절연에 직면하여 독일 민법 제1초안의 대상청구권은 이전에 보통법상 전승되었던 내용의 대상청구권과는 그 의미와 기능을 달리할 수밖에 없었다. 그 때문에 제1초

---

21) 예컨대 Friedrich Mommsen, *Erörterungen über die Regel: Commodum ejus esse debet, cujus periculum est*, 1859, S. 77; Windscheid/Kipp, *Lehrbuch des Pandektenrechts*, Band 2, 9. Aufl., 1906, S. 93f.

22) Schermaier in *Historischer–kritischer Kommentar zum BGB*, Band Ⅱ, 1. Teilband, 2007, §§ 280~285, Rn. 80.

23) Schubert (hrsg.), *Die Vorentwürfe der Redaktoren zum BGB. Recht der Schuldverhältnisse*, Teil 1, 1980, S. 877f.

안 이유서는 대상청구권에 대한 근거로서 민법상 대위원칙 내지 대상
원칙이 이 경우에도 적용된다는 것과 당사자들의 의무부담의사는 그
러한 대체이익에도 미친다는 채권관계의 연장효를 들어 그러한 규정
을 정당화하였다.[24] 이러한 이유제시가 우리 다수설의 근거제시이기
도 하다는 점은 이미 보았다(앞의 Ⅱ. 1. 참조). 그러나 이렇게 대상청
구권의 근거를 대위원칙 내지 대상원칙 그리고 당사자들의 추정적·
가정적 의사에서 찾게 되면, 이를 채무자의 책임 없는 불능의 경우에
한정할 이유가 없어진다.[25] 그래서 독일 민법 제2초안은 그러한 제한
을 없애 일반적인 대상청구권을 규정하기에 이르렀고(제2초안 제237
조, 제274조 제2항),[26] 그것이 거의 그대로 현재 독일 민법전의 규율로
계승되었다(2002년 개정전 제281조, 제323조 제2항, 개정후 제285조, 제326
조 제3항).[27]

(2) 그렇다면 현재 독일에서 대상청구권의 이론적 근거는 어떻게
이해되고 있는가? 입법자가 채택하였던 설명, 즉 대위원칙 내지 대상
원칙의 적용과 당사자들의 추정적·가정적 의사에 의해 인정되는 채
권관계의 연장효는 현재 널리 받아들여지고 있는 견해라고는 할 수
없다.[28] 현재 보다 우세한 견해는 대상청구권을 채권관계의 구속력
및 부당이득제도와의 상관성에서 찾고 있는 것으로 보인다. 독일 민

---

24) Motive Ⅱ, 46f.
25) Laband, "Zum zweiten Buch des Entwurfs eines bürgerlichen Gesetzbuchs für
   das Deutsche Reich. Ⅰ. Abschnitt. Titel 1 bis 3", Archiv für die civilistische
   Praxis 73 (1888), 161, 196.
26) Mugdan Ⅱ, 530; Jakobs/Schubert (hrsg.), Die Beratung des BGB §§ 241 bis
   432, 1978, S. 231.
27) 2002년의 채권법 대개정은 대상청구권의 내용을 유지하면서, 새로운 불능규율에
   맞추어 표현을 수정하는 것에 그쳤다고 설명되고 있으나(Canaris (hrsg.), Schuld-
   rechtsmodernisierung 2002, 2002, S. 688f. 참조), 문언에서는 내용의 변화가 감
   지되어 해석론상 논란이 있다. 이 점에서 대해서는 아래 주 80 참조.
28) 독일과 오스트리아의 학설상황에 대한 포괄적인 서술로 Bollenberger, Das
   stellvertretende Commodum, 1999, S. 54ff. 참조.

법전이 시행되고 얼마 지나지 않아 프리츠 슐츠(Fritz Schulz)는 대상
청구권이 부당이득과 내용 및 기능에서 밀접한 관련성을 보이고 있음
을 지적하면서, 타인 권리(여기서는 채권)의 위법한 침해로부터 받은
이익을 반환하게 하는 일반적 법리의 표현으로 보았다.29) 마찬가지로
헤크(Heck) 역시 대상청구권을 이익상황에 비추어 자명한 규정으로
이해하는 동시에 부당이득제도와의 근친성을 지적하였고,30) 빌부르크
(Wilburg)도 대상청구권을 채권에 대해 인정되는 부당이득 유사의 구
제수단으로 파악하여 권리연장효(Rechtsfortwirkung)의 한 모습으로 논
하였다.31) 이어서 폰 캐머러(von Caemmerer)는 동산물권법과 부당이
득에 관한 비교법적 연구의 성과로부터 대상청구권을 정하는 규정과
무권리자의 처분에 따른 침해이득반환을 정하는 독일 민법 제816조
가 "동일한 사고방식의 표현"(Ausdruck desselben Gedankens)이라는
인식을 이끌어 내었다. 폰 캐머러의 주장은 이후 학설의 전개에 중요
한 의미가 있으므로 다소 길더라도 인용하기로 한다.

"프랑스, 영국, 미국의 법에서는 매수인의 손해배상청구권은 이미
계약체결로 소유권이 그에게 이전하였다는 사실로부터 바로 도출된
다. [반면] 스위스, 오스트리아, 독일의 법이 인도주의(Traditions-
prinzip)를 좇을 때, 이는 제3자에 대한 효력을 고려하여 즉 관계인의
채권자들과 특정승계인들에 대한 효력을 고려하여 그러한 것이다.
이들의 이익을 위해 소유권이전의 외부적 인식가능성에 강조가 놓이
는 것이다. [그러나] 이는 '당사자들 사이에서'(inter partes) 달리 판단
할 가능성을 배제하지는 않는다. 인도주의를 채택하는 나라들에서도
매도된 물건은 **채권적으로는** 계약체결시점부터 매수인의 것, 그에게

---

29) Fritz Schulz, *Rückgriff und Weitergriff*, 1907, S. 109ff.; ders., "System der
    Rechte auf den Eingriffserwerb", *Archiv für die civilistische Praxis* 105 (1909),
    1, 5ff.
30) Heck, *Grundriß des Schuldrechts*, 1929, S. 103f.
31) Wilburg, *Die Lehre von der ungerechtfertigten Bereicherung*, 1934, S. 46f.

속한 것으로 간주된다. 이른바 '대체이익의 취급'([대상청구권을 정하는 2002년 개정전 독일 민법] 제281조)이 이를 잘 보여준다."[32] 즉 "제281조는 채무의 목적인 물건이 채권자에게 속해야 한다는 것으로부터 결론을 이끌어 낸다. 이 규정은 독일법에서 [물권변동과 관련해] 의사주의(Konsensprinzip)가 효력을 가지고 있었다면 있었을 상태를 **당사자들 사이에서**(*inter partes*) 창출한다. 그랬다면 물건의 멸실 또는 손상으로 인한 손해배상청구권이나 [독일 민법] 제816조 제1항 또는 제951조에 따른 부당이득반환청구권은 매수인에게 성립하였을 것이다. [그러나] 인도주의에 따라 이들 권리가 매도인에게 성립하므로, 이들은 매수인에게 양도되어야 한다. 계약체결 이후 상품의 가치상승은 매수인에게 속해야 하는 것이다. 물건이 인도 전 그 사이 가격이 상승한 상태에서 관공서에 의해 수용되었다면, 매수인은 이미 물건이 수용된 소유자가 된 것처럼 상승한 가격을 기초로 산정한 보상금액을 받는다. 그러므로 제281조는 […] 대상반환의 범위와 관련하여 제816조 제1항 제1문과 동일하게 해석되어야 한다."[33]

이상의 인용에서 명백하지만, 이 견해에 따르면 대상청구권은 매매당사자들 사이에서 매매목적물이 이미 매수인에게 귀속하는 것과 동일한 결과를 가능하게 하는 채권법적 수단으로 이해된다. 즉 물권변동에서 인도와 등기가 요구되는 것은 제3자와의 관계에서 명확성을 창출하기 위한 기제이므로, 계약의 당사자들 사이에서는 원래 매매계약에서 채택한 리스크 분배가 그대로 의미를 가지는 것이 타당하며, 이를 위해 대상청구권은 매수인이 매도인에 대한 관계에서 마치 소유자가 된 것과 같은 지위를 확보하는 법적 수단이 된다. 세부적

---

32) von Caemmerer, "Das Problem des Drittschadensersatzes", *Gesammelte Schriften*, Band Ⅰ, 1968, S. 616f. [ ]의 내용 및 강조는 인용자가 부가한 것이다. 이하 같다.

33) von Caemmerer, "Bereicherung und unerlaubte Handlung", *Gesammelte Schriften*, Band Ⅰ, 1968, S. 265 Fn. 211. 인용문의 마지막 부분과 관련하여, 폰 캐머러는 대상청구권과 부당이득의 경우 모두 객관적 가치의 반환으로 충분하다고 하면서 이를 초과하는 이득은 반환될 필요가 없다고 주장한다(S. 235f. 참조).

인 내용에서는 차이가 있지만 그 결과와 기능에서 이러한 해석이 원래 로마법에서의 상황(앞의 Ⅱ. 2. 가. 참조)과 매우 유사하다는 점은 주목할 만하다.

폰 캐머러가 동산매매를 중심으로 개진한 이 설명을 이후 피커 (Picker)는 채권 일반에 확장한다. 그에 의하면 "당사자들 사이에서는 (inter partes) 즉 채권관계의 당사자들 사이에서는 '절대적' 법적 지위와 '상대적' 법적 지위의 구별은 의미를 가지지 않는다." 이는 예를 들어 이미 채권관계가 존재하는 당사자들 사이에서는 물건의 반환을 청구하는 사람이 소유물반환을 청구하든 급부이득반환을 청구하든 그 실질에 있어 차이가 없다는 사실34)에서도 잘 나타난다. 절대적 법적 지위는 제3자에 대한 관계에서 의미를 가진다는 점에서 차이가 있다. 그러므로 절대적 법적 지위를 가지는 사람, 예컨대 소유자가 제3자가 소유권을 침해하여 받은 이익에 대해 독일 민법 제816조에 따라 부당이득을 반환청구할 수 있는 것과 마찬가지로, 상대적 법적 지위(채권)를 가지는 사람(채권자)은 바로 그 상대적 지위를 침해할 수 있는 사람(채무자)이 이를 침해하여 받은 이익을 대상청구권으로 반환청구할 수 있다는 것이다.35) 이 견해에 따르면 대상청구권은 채권관계에서 다음과 같은 기능을 수행하는 채권자의 구제수단이 된다.36)

---

34) 이 점에 대해 김형석, "점유자와 회복자의 법률관계와 부당이득의 경합", 서울대 법학, 제49권 제1호, 2008, 251~252면 참조.

35) Picker, "Positive Forderungsverletzung und culpa in contrahendo", *Archiv für die civilistische Praxis* 183 (1983), 369, 511f.

36) Hartmann, *Der Anspruch auf das stellvertretendes commodum*, 2007, S. 25ff.

법적 지위 보호내용	절대권, 예컨대 소유권	상대권, 예컨대 채권
권리 내용 그대로의 실현	물권적 청구권	이행청구권
권리를 침해함으로써 침해자가 받은 이익의 반환 (귀책사유 불문)	부당이득반환	대상청구권
귀책사유에 따른 손해의 전보	불법행위책임	채무불이행책임

　　대상청구권을 채권관계상 급부를 당사자들 사이에서 채권자에게
귀속하게 하는 제도라고 이해하여 부당이득과의 근친성을 강조하는
이러한 견해가 현재 독일의 다수설로 보인다.[37] 그 밖에 대상원칙 내
지 대위원칙을 원용하거나 당사자들의 가정적 의사를 강조하는 논거
도 여전히 내지 그와 함께 (보조적으로) 주장되고 있음은 물론이다.[38]
　　(3) 그러나 이렇게 대상청구권과 부당이득의 기능적 근친성을 강
조하는 다수설에 대해서는 최근 대상청구권과 손해배상 사이의 근친
성을 강조하는 소수설이 유력하게 주장되고 있다. 이 견해[39]는 우선

---

37) 폰 캐머러와 피커 외에 Bollenberger(주 28), S. 111ff., 139ff.; Hartmann(주 36),
　　S. 25ff.; Lobinger, "Der Anspruch auf das Fehlersurrogat nach § 281 BGB",
　　Juristische Schulung 1993, 453, 456; Köndgen, "Immaterialschadensersatz,
　　Gewinnabschöpfung oder Privatstrafen als Sanktion für Vertragsbruch?",
　　(Rabels) Zeitschrift für ausländisches und internationales Privatrecht 56
　　(1992), 696, 739ff., 742("같은 나무에서 나온 목재"); Emmerich in *Münchener
　　Kommentar zum BGB*, Band 2, 5. Aufl., 2007, § 285 Rn. 2; Westermann in
　　Erman, *BGB*, Band Ⅰ, 13. Aufl., 2011, § 285 Rn. 1; Esser/Schmidt, *Schudlrecht*,
　　Band Ⅰ, 6. Aufl., 1984, S. 314; Weiler, *Schuldrecht. Allgemeiner Teil*, 2013, §
　　28 Rn. 1; HKK/Schermaier(주 22), §§ 280~285 Rn. 78. 반면 Helms(주 15), S.
　　355ff. 역시 대상청구권을 부당이득과 같은 성질의 제도로 이해하지만, 위 저자들
　　과는 달리 침해부당이득이라기보다는 급부부당이득과 상관적이라고 주장한다. 또
　　한 Schwarze, *Das Recht der Leistungsstörungen*, 2008, § 26 Rn. 1f., 19f.은 부당
　　이득적 구성이 타당한 유형과 (아래 살펴볼) 손익상계적 구성이 타당한 유형을 구
　　별해 이원적으로 설명하는 것으로 보인다.
38) Grüneberg in Palandt, *BGB*, 71. Aufl., 2012, § 285 Rn. 2; Bamberger/ Roth/
　　Unberath, *BGB*, Band 1, 3. Aufl., 2012, § 285 Rn. 1; Weiler(주 37), § 28 Rn. 1.
39) Stoll, "Vorteilsausgleichung bei Leistungsvereitelung", *Festschrift für Peter*

채무자 예컨대 매도인으로서는 당사자들 사이에서도 목적물을 자신에게 귀속시킬 정당한 이익을 가지고 있고, 그러한 한도에서 목적물이 상대적으로 채권자인 매도인에게 귀속되는 결과를 인정하기 어렵다고 말하며,[40] 대가위험 이전시까지 목적물의 과실이나 사용이익이 매도인에게 귀속한다는 규율(독일 민법 제446조 제1항 제2문)이 그러한 내용을 반영하고 있다고 다수설을 비판한다. 또한 매도인이 항상 선량한 관리자의 주의의무로 목적물을 보관할 의무가 있는 것은 아니므로(예컨대 수령지체의 경우) 채권자에 대한 목적물의 상대적 귀속을 받아들이기 어려우며, 급부불능의 경우에 채무자의 "침해"를 운위할 수 없는 경우도 많다고 지적한다. 특히 채무자가 급부불능으로 어떠한 이익을 받았더라도 채권자의 손실로 받았다고 말하기가 어렵고, 이는 채권자가 대가위험을 부담하지 않음으로써 충분히 보호받고 있기 때문에 더욱 그러하다고 한다. 대신 이 견해는 대상청구권이 손해배상법의 손익상계(Vorteilsausgleichung)의 법리와 유사성을 가지고 있다고 말한다. 손익상계의 법리에 따르면 손해를 발생시킨 바로 그 원인으로부터 이익이 발생한 경우에, 이익과 손해는 하나의 사건의 양면으로 밀접한 관련을 가지므로 그 이익을 손해에 산입하여 손해액을 감축해야 한다. 그런데 급부불능이 문제되는 경우에는 급부가 실현되지 못하는 불이익은 채권자에게 발생한 대신 그로부터 채무자에게 이익이 발생하였고, 이는 서로 상관적인 관계에 있다. 이렇게 손해에 산입되어야 할 이익이 서로 다른 주체에 발생하였으므로, 채권자는 그 이익의 반환을 청구해 손해에 산입하도록 해야 하며 그러한 손익상계적 결과를 보장하는 제도가 대상청구권이라는 것이다.[41]

Schlechtriem, 2003, S. 686f.

40) Harke, *Allgemeines Schuldrecht*, 2010, Rn. 350도 같은 취지이다.

41) Stoll(주 39), S. 688. 이에 동조하는 견해로 Löwisch, "Herausgabe von Ersatzdienst", *Neue Juristische Wochenschrift* 2003, 2049, 2051; Löwisch/Caspers in Staudinger, *Kommentar zum BGB*, 2009, § 285 Rn. 3. 부분적으로

(4) 이상의 견해대립은 어떠한 차이를 가져오는가? 다수설은 대상청구권과 부당이득의 근친성을 강조하므로, 해석론상으로 대상청구권이 적용되는 경우와 부당이득이 적용되는 경우의 결과를 가급적 일치시키는 방향으로 나아가지만, 그 때문에 부당이득제도의 이해에 따라 다수설 내에서도 서로 다른 결론이 주장되고는 한다. 반면 손익상계와의 근친성을 강조하는 견해에 따르면, 대상청구권은 손해배상을 보충하는 제도로서 자리매김을 하므로 예컨대 대상청구권의 반환범위와 관련해 원칙적으로 손해로 한정하는 입장을 고수하게 된다.[42] 그러나 차이에도 불구하고 이 두 견해 모두에 공통적인 경향은 관찰된다. 어느 해석에 따르더라도 대상청구권은 물건의 멸실과 관련된 대가위험부담의 모델과는 확실히 절연하며, 오히려 채무불이행의 일반적 구제수단으로서의 성격에 근접한다. 그 결과 종래 대상청구권이 부정되었던 종류채무, 하는 채무, 부작위채무 등과 관련해서도 대상청구권을 인정하는 결론에 보다 적극적인 태도를 취하게 된다. 물론 본고의 목적을 고려할 때 여기서 그 내용을 상론할 수는 없다.[43]

라. 커먼로

이러한 대륙법의 상황과는 달리, 커먼로에서는 이행불능에 대한 채권자의 일반적 구제수단으로서 대상청구권에 해당하는 제도는 발견되지 않는다고 지적된다.[44] 이는 커먼로에서 채권자가 가지는 지위에 비추어 자연스러운 결론으로 이해된다. 한편으로 커먼로에서는 원칙적으로 채권자에게 계약의 특정이행(specific performance)이 인정되

Schwarze(주 37), § 26 Rn. 1f., 19f.

42) 예컨대 Stoll(주 39), S. 693f.

43) 자세한 내용은 예컨대 Bollenberger(주 28), S. 237ff.; Hartmann(주 36), S. 86ff; Helms(주 15), S. 318ff.; Stoll(주 39), S. 688ff.; Staudinger/Löwisch/Caspers(주 41), § 285 Rn. 22ff. 등 참조.

44) 이성호, "미국법상 대상청구권의 인정여부", 판례실무연구[I](주 14), 502면 참조.

지 않아 채무자가 계약을 불이행하고 손해배상을 하여 구속력에서 벗어날 수 있는 가능성이 인정되어 있다. 이렇게 이른바 "계약파기의 자유"를 누리고 있는 채무자에 대한 관계에서 채권자에게 대상청구권을 인정하면 이는 실질에서 특정이행을 허용하는 효과 특히 쌍무계약에서는 급부의 교환을 강제하는 결과로 작용하므로 체계상 대상청구권을 일반적으로 수용할 수는 없었을 것으로 보인다.45) 그러나 이는 다른 한편으로 커먼로에서 채무자는 원칙적으로 과실이 없더라도 채무불이행에 대해 책임을 부담하므로 채권자의 불이익은 통상 손해배상에 의해 충분히 전보될 수 있기 때문이기도 하다.46) 그러나 커먼로에서도 계약목적의 달성불능(frustration of contract) 등의 사유로 채무자가 예외적으로 면책되는 경우에는 채권자에게 대상청구권에 상응하는 구제수단을 부여하는 것이 고려될 수 있다고 지적된다.47) 그러나 이는 원상회복(restitution)의 방법으로 이루어지는 구제수단이므로, 이미 채권자가 채무자에게 반대급부를 제공한 한도에서만 허용되는 것으로 보이고,48) 그러한 의미에서는 대륙법상 인정되는 채권자의 선택에 따른 대상청구권과는 차이가 있다고 하겠다. 채무자에게 엄격책임을 지우면서 예외적으로 채권자가 대가위험을 부담하는 경우에 대상청구를 허용한다는 점에서 이러한 태도는 그 내용에서 로마법(앞의 Ⅱ. 2. 가. 참조)과 유사하다고 보인다.

3. 우리 민법상 대상청구권

가. 대상청구권의 인정범위

이러한 외국의 경험을 배경으로 우리 민법상 대상청구권을 해석

---

45) Rabel, *Das Recht des Warenkaufs*, 1. Band, 1936/1964, S. 370 참조.

46) Stoll(주 39), S. 681.

47) Stoll(주 39), S. 682. 예컨대 미국에서 여러 선례들에 대해서 Nehf, *Corbin on contracts*, vol. 14, Revised ed., 2001, § 78.7 (p. 315~316) 참조.

48) Nehf, *Corbin on contracts*(주 47), § 78.6 (p. 311~312).

상 인정할 수 있는지 여부 및 인정한다면 어느 범위에서 인정할 것인
지의 문제를 다시 살펴보기로 한다. 그런데 여기서는 종래 학설들의
접근법과는 달리, 어느 하나의 이론적 입장이나 논거를 미리 전제하
여 포괄적으로 접근하기보다는 사안유형을 나누어 개별적으로 이익
형량을 통해 그 타당성을 음미해 보고, 그렇게 획득된 결과를 토대로
일반적인 이론구성으로 나아가고자 한다. 이를 위해서 대상청구권이
문제될 수 있는 사안유형을 다음과 같이 구별한다. ① 편무계약상 채
무의 이행이 채무자의 책임 없는 사유로 불능이 된 경우, ② 쌍무계
약에서 채권자가 대가위험을 부담하는 경우, ③ 쌍무계약에서 채무자
가 대가위험을 부담하는 경우, ④ 계약에서 채무자의 책임 있는 사유
로 급부가 불능이 된 경우, ⑤ 법정채권의 급부가 불능이 된 경우가
그것이다.

첫째, 편무계약상 채무의 이행이 불능이 된 경우(①), 제1083조,
제1084조와의 관계에서 대상청구권의 인정은 불가피하다고 생각된
다.[49] 이들 규정에 의하면 유증자가 유증목적물의 멸실, 훼손 또는
점유의 침해로 인하여 제3자에게 손해배상을 청구할 권리가 있는 때
에는 그 권리를 유증의 목적으로 간주하고(제1083조), 채권을 유증의
목적으로 한 경우에 유언자가 그 변제를 받은 물건이 상속재산 중에
있는 때에는 그 물건을 유증의 목적으로 간주한다(제1084조 제1항). 여
기서 민법은 유증이라는 단독행위가 아직 효력을 발생하지 않은 상태
임에도 불구하고 유언자의 가정적 의사를 고려하여, 나중에 유증이
효력을 발생한 때에는 수유자에게 대상청구권에 상응하는 권리를 인
정한다. 그렇다면 당사자들의 합의로 편무계약이 성립하였고 그에 따
른 채무가 바로 유효하게 발생한 경우라면 더욱 당연히 그러한 내용

---

49) 김형배, 채권총론, 제2판, 1998, 198면; 민법주해[XIII](주 10), 90면(최병조 집필);
    제철웅, "대상청구권의 적용범위", 사법연구, 제4집, 1999, 93면 참조. 이상경(주
    9), 251면은 반대.

의 권리가 인정되는 것이 타당하지 않겠는가? 게다가 이들 규정은 사인증여에 준용되는데(제562조), 그렇다면 이들 규정은 편무계약 일반에 확장해 유추할 필요가 더욱 크다고 하겠다. 요컨대 편무계약에서 대상청구권을 인정하지 아니하면, 제1083조, 제1084조가 정하는 취지와 평가모순을 피하기 어렵다.50)

둘째, 편무계약에서 당사자의 가정적 의사를 고려하여 원칙적으로 대상청구권을 인정해야 한다는 결론을 받아들인다면 이는 비교적 어렵지 않게 법정채권의 급부가 불능이 된 경우(⑤)에도 적용될 수 있다.51) 즉 채권을 발생시키는 법률의 해석상 당해 급부를 채권자에게 종국적으로 귀속시키고자 하는 **입법취지**가 확인된다면, 유증 및 편무계약의 경우와 비교할 때 법정채권의 경우에 대상청구권을 부정할 이유는 찾을 수 없는 것이다.52)

---

50) 제1083조, 제1084조는 의용민법 제999조 제1항, 제1001조를 통해(민의원 법사위 민법안심의소위원회, 민법안심의록, 하권, 1957, 207~208면 참조) 독일 민법 초안의 규정들이(전자에 대해 제1초안 제1848조 제3호, 제2초안 제2040조 제3항 및 후자에 대해 제1초안 제1855조, 제1856조, 제2초안 제2044조) 계수된 것으로(民法修正案理由書 親族編·相續編, 1898, 350~352면 참조), 유언자의 현실적 내지 가정적 의사를 고려하는 규정이다(Motive Ⅴ, 147, 157f. 참조). 여기서 특히 흥미로운 사실은, 독일 민법 제1초안을 준비하는 과정에서 예비초안을 준비했던 폰 퀴벨(앞의 Ⅱ. 2. 다. (1) 참조)이, 대상청구권의 근거를 당사자들의 가정적 의사에서 찾으면서, 이후 제1초안 제1848조 제3호가 될 예비초안 규정을 명시적으로 인용하여 같은 취지의 권리로 설명하고 있었다는 점이다(Schubert (hrsg.), *Die Vorentwürfe*(주 23), S. 878). 여기서 대상청구권이 그 내용과 성질에서 제1083조, 제1084조의 수유자의 권리에 상응한다는 점이 잘 나타난다.

51) 제철웅(주 49), 100면 참조.

52) 그러한 의미에서 취득시효 완성자의 등기청구권과 관련해 대상청구권을 인정할 것인지 여부 및 인정한다고 하더라도 어떠한 요건 하에서 인정할 것인지 여부에 대해 판례(특히 대법원 1996. 12. 10. 선고 94다43825 판결, 공보 1997, 2860)를 둘러싸고 학설에서 다툼이 있는 이유는(우선 권용우, "취득시효완성자의 대상청구권", 법학논총, 제30권 제1호, 2006, 94면 이하 참조) 제245조 제1항의 입법취지 즉 취득시효 완성의 효과로서 발생하는 등기청구권의 성질과 내용과 관련해 서로 의견이 일치하고 있지 않기 때문이라고도 말할 수 있다(예컨대 양창수, "이행불능의 효과로서 대상청구권", 고시연구, 2001, 188면 참조: "단적으로 말하면" 취득시

셋째, 쌍무계약에서 급부가 채무자의 책임 없는 사유로 불능이
되었으나 채권자가 대가위험을 부담해야 하는 경우(②), 채권자가 대
상청구권을 행사할 수 있다는 점은 별다른 의문 없이 인정될 수 있을
것이다. 역사적으로도 바로 이러한 사안에 대해 대상청구권이 인정되
기 시작하였던 것이고(앞의 Ⅱ. 2. 가. 참조), 여기서 대상청구권을 인정
하지 아니하면 채무자는 채권자가 제공한 반대급부를 수령하면서도
불능으로 발생한 대체이익을 보유할 수 있게 되어 당사자들의 이익균
형이 크게 깨지기 때문이다.

넷째, 어려운 문제는 결국 쌍무계약에서 급부불능이 발생하였고
채무자가 그 대가위험을 부담하는 경우(③)에 대상청구권을 인정할
것인지 여부이다.

앞서 살펴보았지만(앞의 Ⅱ. 1. 참조) 이를 반대하는 핵심적인 논
거는 민법이 채무자위험부담주의를 채택한 이상 채무자가 대가위험
을 부담하여 계약이 해소되는 것으로 충분하므로 대상청구권을 인정
하는 것은 법률의 취지에 반하고, 또한 채권자에게 대상청구권을 행
사할 선택권을 부여해 시가상승의 이익은 취하지만 시가하락의 불이
익은 회피할 수 있는 일종의 후회권(Reurecht)을 주는 것은 바람직하
지 않다는 것이다. 그런데 우선 민법이 채무자위험부담주의를 채택하
였다는 사실만으로는 대상청구권을 해석상 부정하는 것에 대한 충분
한 논거가 될 수 없다. 그러한 주장이 정당화되기 위해서는, 입법자가
책임 없는 이행불능으로 채무자가 대체이익을 취득한 사안유형까지 염
두에 두고 고려·심의한 결과 대상청구권을 배척하기 위한 취지로 규정
을 두지 않았다는 점이 증명되거나 그러한 취지가 법률에 나타나야 한
다. 그러한 사실이 없는 이상 법학방법론적으로 법에 따른(secundum

효 완성의 효과에 대한 "판례준칙에 근본적인 문제"). 그 밖에 물권적 청구권이나
부당이득의 경우에 당해 근거규범의 취지상 대상청구권이 인정될 수 있는지 여부
에 대해서는 제철웅(주 49) 참조.

legem) 법형성은 혹 아닐지 몰라도 적어도 **법을 보충하는**(praeter
legem) **법형성**으로 대상청구권을 인정하는 것은 논리적으로 가능하고
정당화될 수 있기 때문이다.53) 그러나 입법자의 의사가 대체이익이
발생하는 경우까지 고려에 넣고서 대상청구권을 부정하려는 취지였
다거나, 그 내용이 법률에서 확인된다고는 전혀 말할 수 없다.54) 적
어도 법률 문언으로만 판단한다면, 입법자는 대체이익이 발생하지 않
는 통상의 경우만을 상정하여 채무자위험부담을 정하였다고 이해할
가능성도 충분하다. 만일 그렇다면 이러한 경우 법을 보충하는 법형
성은 가능할 뿐만 아니라 당사자들의 이익형량과 거래의 필요에 부합
한다면 정당한 법형성으로 평가될 수 있다.

그러므로 제기되어야 할 질문은 채무자의 책임 없는 사유로 급부
가 불능으로 됨과 동시에 채무자가 이익을 받은 경우, 당사자들의 이

---

53) 우선 Kramer, *Juristische Methodenlehre*, 3. Aufl., 2010, S. 227ff.; Larenz/
Canaris, *Methodenlehre der Rechtswissenschaft*, 3. Aufl., 1995, S. 232ff. 등 참조.
54) 계수과정을 살펴보면 오히려 우리 민법은 이 문제에 대해 아무런 평가도 내리지
않고 있다는 결론이 보다 더 자연스럽다. 우선 의용민법의 제정과정을 살펴보면,
보아소나드는 일본 구민법 재산편 제543조에 대상청구권을 규정하고 있었다("물
건의 전부 또는 일부의 멸실의 경우에 그 멸실로부터 제3자에 대해 보상소권이 발
생한 때에는 채권자는 잔여의 물건을 요구하고 또 이 소권을 행사할 수 있다"). 그
런데 의용민법의 기초자 중 한 사람인 富井政章은 주는 채무뿐만 아니라 하는 채
무 일반에 대해서 예컨대 제3자의 행위로 이행불능이 야기되면 채권자는 그 제3자
에 대해 직접 손해배상을 청구할 수 있으므로("채권자의 대세권") 그러한 규정은
필요 없다고 하여 이 규정을 삭제하도록 하였다(法典調査會 民法議事速記録 三,
1984, 638~639면). 그러나 그러한 경우 제3자의 행위가 항상 불법행위가 되는 것
은 아니므로(우선 김형배(주 49), 199면; 김재형, "제3자에 의한 채권침해", 민법론
Ⅲ, 2007, 398면 이하 등 참조), 富井가 전제하고 있는 논리에 착오가 있음은 명백
하지만, 불능이 된 급부의 가치가 채권자에게 귀속되어야 한다는 가치평가는 확인
가능하다. 그렇다면 의용민법에서는 이 문제에 대해 어떤 구속력 있는 입법자 의
사를 확인하기 어렵다고 할 것이다. 우리 민법의 입법자는 의용민법에 있던 특정
물에 대한 채권자위험부담주의를 제거하면서 일반적인 채무자위험부담주의를 채
택하였으나, 대체이익이 발생한 경우의 취급에 대해 고려하였는지 여부는 전혀 확
인되지 아니한다(민법전편찬요강 채권각론 5; 민의원 법사위 민법안심의소위원회,
민법안심의록, 상권, 1957, 312~313면 참조).

익을 형량할 때 채권자가 그 이익을 청구하는 것이 민법질서 전체의
관점에서 정당화될 수 있는지 여부이다. 이러한 경우 단순히 대위원
칙이나 대상원칙을 언급하는 것만으로는 충분하다고 할 수 없다. 왜
냐하면 실제로 우리 민법에 규정된 대위나 대상의 유형들은 각각 서
로 다른 정책적 고려에 기초하고 있기 때문에 모두를 아우르는 하나
의 법원칙을 상정할 수는 없다고 보이기 때문이다.55) 그러므로 어떤
원리나 정책에 기초해 대위가 일어나는지에 대한 설명이 없다면 이는
대상청구권이 인정된다는 결론을 다른 말로 표현하는 것에 불과하게
된다.56)

그러나 이익상황을 살펴보면 대상청구권을 인정하는 해석이 보
다 타당하다는 점을 부정하기는 어렵다. 여기서 주의할 것은 채권자
가 대상청구권을 행사하는 사안유형을 단순히 채무자위험부담의 경
우(제537조)와 비교해 이익을 형량해서는 안 된다는 점이다. 왜냐하면
채권자가 대상청구권을 행사하는 이상 그는 쌍무계약에서 급부교환
을 선택하였고, 이로써 반대급부의무를 부담하게 되기 때문이다. 그
러므로 채권자에게 대상청구권을 인정한다는 것은 채무자가 대가위
험을 부담할 사안에서 **채권자위험부담주의로 전환할 선택권을 채권자에
게 부여한다는 것**을 의미한다. 여기서 채무자의 책임 없는 사유로 급
부가 불능이 되었는데, 채권자가 대체이익을 목적으로 하는 계약유지
를 채무자에게 제안하면서 반대급부를 제공하는 경우를 상정해 보자.
이때 만일 급부의 가치가 그 사이 상승하였다면 채무자는 통상 이를
거절할 것이지만, 반대로 급부의 가치가 그 사이 하락하였다면 이를
승낙할 것이다. 그렇다면 채무자가 대가위험을 부담하는 경우에 대상
청구권을 부정한다는 견해는 결과적으로 사실상 시가 변동에 따라 이
익만을 획득할 수 있도록 하는 후회권을 채무자에게 부여하는 해석에

---

55) 안법영(주 8), 252~253면 참조.
56) Schulz(주 29, 1909), 5f.

다름 아니다. 따라서 채무자와 채권자에게 공평하게 후회권을 주는
해석은 있을 수 없으며, 선택해야 한다. 즉 시가변동에 직면하여 계약
유지 내지 계약해소를 선택해 이익을 취할 수 있게 하는 후회권을 채
무자에게 인정할 것인지(제한적 인정설, 부정설) 아니면 채권자에게 인
정할 것인지(일반적 인정설)이다. 민법의 해석상 후자가 타당하다. 채
권자는 수령지체에 빠지거나 자신의 책임 있는 사유로 이행불능을 야
기함으로써 즉 자신에게 귀책될 만한 사정이 있는 상황에서(제538조)
대상청구권을 행사할 수 있는데(앞의 "셋째" 참조), 오히려 그러한 "문
제 있는" 행동이 전혀 없는 상태에서 자발적으로 채권자위험부담을
선택하는 채권자에게 대상청구권을 부정하는 것은 **보호의 균형을 상실**
하기 때문이다. 급부의 시가상승의 이익을 책임 있는 채권자에게는
부여하면서, 자발적으로 계약유지를 선택하여 대가위험을 부담하려는
책임 없는 채권자에게는 부정하는 해석이 정당화될 수 있을 것인가?
오히려 대상청구권을 인정함으로써, 전자는 시가상승의 이익은 취하
게 되지만 시가하락에 직면해 계약을 해소할 수 없는 불이익을 지는
반면에, 후자는 시가상승의 이익을 취할 수 있는 것과 함께 시가하락
의 불이익을 회피할 가능성을 가지게 되어, 둘 사이의 균형 잡힌 차
별이 가능하게 되는 것이다. 그리고 그러한 대상청구권을 인정한다고
하더라도 채무자는 자신이 원래 계약에서 인수한 것 이상의 희생을
부담하지 않으므로 그에게 어떤 불이익이 발생하지도 아니한다.[57]

　　이러한 결론은 동시에 **보충적 계약해석**을 통해서도 정당화된다.
이것이 종래 다수설이 당사자들의 가정적 의사를 들어 대상청구권을
정당화했던 논거이기도 하다. 이에 대해서는 채무자가 대가위험을 부
담하는 경우 특히 불능이 된 급부의 가치가 상승한 경우에까지 채무
자에게 그러한 가정적 의사를 인정하기는 어렵다는 비판이 있다.[58]

---

57) Heck(주 30), S. 103; 주석민법 채권총칙(1)(주 6), 694면(김상중 집필).
58) 예를 들어 민법주해[XIII](주 10), 86~87면(최병조 집필); 정상현(주 13), 718~

그러나 이러한 비판은 타당하지 않다. 보충적 계약해석에 따라 가정적 의사를 탐구할 때에는 분쟁이 발생한 사후적 시점(ex post)에서가 아니라 계약을 체결하던 사전적 시점(ex ante)에 당사자들에게 알려진 사정을 바탕으로 가정적 의사를 탐구해야 한다.59) 이렇게 이해할 때, 채무자의 사전적 가정적 의사가 통상 대체이익의 양도를 포함할 것이라는 점에서는 의문을 제기하기 어려울 것이다. 자신이 대가위험을 부담할 것이고 특히 급부의 가치가 상승할 것이라는 사정을 채무자가 고려에 넣을 수 있었다면 그는 아마도 계약을 체결하지 않았을 것이기 때문이다. 그러한 의미에서 독일의 판례는 대상청구권을 "법률로 규율되어 있는 보충적 계약해석"의 예로 이해하는데,60) 그러한 결과가 우리 민법에서 보충적 계약해석으로 달성되지 못할 이유는 전혀 발견할 수 없다.61)

마지막으로, 이상에서 살펴본 바와 같이 채무자의 책임 없는 사유로 계약의 이행이 불능하게 된 경우에 대상청구권이 인정되는 결론이 타당하다면, 채무자의 책임 있는 사유로 급부가 불능하게 된 경우 (④)에는 당연히 대상청구권이 인정되어야 할 것이다. 화재로 인한 목적물 멸실로 인도의무를 이행할 수 없어 보험금청구권을 양도해야 하는 채무자가, 이제 새삼 그 화재에 과실이 있음이 밝혀졌다고 해서 그러한 의무가 없다고 할 것인가?62)

이렇게 사안유형들을 개별적으로 검토해 본 결과, 이익상황 및 민법의 가치평가에 비추어 채무의 이행이 불능하게 된 경우 채권자의

719면 등.

59) 가령 Ellenberger in Palandt(주 38), § 157 Rn. 7 등 참조.

60) BGHZ 25, 1, 9.

61) Selb, *Schadensbegriff und Regreßmethoden*, 1963, S. 70: "만약 독일 민법 제281조의 규율이 법률에 없었다고 하더라도, 우리는 분명히 보충적 계약해석으로, 강하게 인적인 내용의 채권관계에서뿐만 아니라 그 일반적인 이념에 따라 아주 일반적으로도(auch ganz allgemein), 그러한 규율을 발견해 내었을 것이다."

62) Laband(주 25), 196; 제철웅(주 49), 101면; 엄동섭(주 6), 14면.

대상청구권은 일반적으로 인정되어 한다는 것을 확인할 수 있다.[63]

나. 대상청구권의 근거와 그 귀결

(1) 이상에서는 민법의 가치평가에 비추어 이익형량을 함으로써 대상청구권이 일반적으로 정당화된다는 것(Begründung)을 보았다. 다음에는 이러한 대상청구권의 이론적인 기초를 어디에서 찾을 것인지 법률구성(juristische Konstruktion)의 문제가 제기된다. 특히 독일학설에서 살펴본 대로, 이를 부당이득과 관련해 이해할지 아니면 손해배상과 관련해 이해할 것인지의 문제가 제기된다. 개별사안유형의 고찰을 통해 일반적으로 대상청구권이 인정된다고 보는 이상, 본고에서는 채권관계에서 급부를 당사자 사이에서는 채권자에게 귀속시키는 결과를 달성하기 위해 인정되는 구제수단으로 이해하고자 한다. 물론 이에 대해서는 여러 가지 비판(앞의 II. 2. 다. (3) 참조)이 있음을 보았으나, 반드시 납득할 만한 것은 아니라고 생각된다.[64] 오히려 손익상계와의 유사성을 강조하는 견해에 의문이 제기되는데, 이는 무엇보다

---

63) 실제로 법률의 규정이 없는 오스트리아나 스위스(안법영, "스위스·오스트리아의 대상청구권", 판례실무연구[I](주 14), 455면 이하), 북구의 여러 나라들(Rabel (주 45), S. 296)이 해석으로 대상청구권을 인정하고 있는 것도 그러한 이유 때문일 것이다.

64) 우선 당사자 사이에서도 채무자는 대가위험 이전시까지 급부를 자신에게 귀속시킬 이해관계가 있다고 비판하지만, 이는 민법이 동시이행관계를 통해 해결하도록 예정하고 있어(제536조) 급부가치가 채권자에게 귀속한다고 해서 특별히 문제될 것이 없다. 이는 매매에서 점유개정으로 이미 소유권이 이전된 경우에도 매도인이 동시이행을 통해 자신의 지위를 보호할 수 있다는 것에서 잘 나타난다. 주의의무 경감(제401조) 등의 규정도 계약관계의 특수성을 고려한 규율일 뿐 급부의 상대적 귀속에 반드시 영향을 준다고 이해할 필요가 없으며, 우리 민법의 과실취득(제587조) 규정은 오히려 급부의 상대적 귀속이라는 관점에서 보다 적절하게 설명된다. 또한 급부불능의 경우에 채무자의 "침해"를 운위할 수 없는 경우도 많다고 하지만, 침해부당이득에서 침해가 제3자의 행위나 자연사건에 의해서도 일어날 수 있다는 점을 생각한다면 정확한 지적이라고 하기는 어렵다고 생각된다. 이 견해에 대한 비판으로 Helms(주 15), S. 347ff.; Hartmann(주 36), 70ff. 참조.

채무자에게 책임이 없어 채권자가 손해배상을 청구할 수 없는 경우에
까지 채무자에 발생한 이익을 이전하게 하여 그의 불이익에 충당할
근거는 무엇인지에 대해 충분할 설명을 발견할 수 없기 때문이다. 오
히려 로마법 이래 대상청구권이 급부를 당사자 사이에서 채권자에게
귀속하게 하는 기능을 수행해 왔고, 채권관계의 효력이 그러한 보호
를 정당화한다는 점에서, 채권자에 대한 급부의 대내적 귀속을 가능
하게 하는 채권법적 수단으로 이해하는 것이 현재로서는 보다 적절한
이해라고 보인다.[65]

(2) 이러한 법률구성을 채택한다면, 대상청구권에 관한 개별문
제의 해석에는 다음과 같은 지침이 주어진다고 할 수 있다. 각각의
문제를 해결함에 있어서 결론이 부당이득과 동일할 필요는 없더라
도, 부당이득에서의 결과와 평가모순이 발생해서는 안 될 것이

---

65) 이미 제철웅(주 49), 100면("물권변동에서 의사주의를 취하는 법제와의 간격을 좁
   히는 기능", "성립요건주의를 취하는 법제에서 대상청구권을 인정하는 것은 의사
   주의가 가지는 장점을 취하는 것"); 주석민법 채권총칙(1)(주 6), 694면(김상중 집
   필: "대세적 관계에서는 여전히 소유자인 채무자에게 재산 상실의 대가가 할당되
   더라도 그 재산적 가치를 채권관계 당사자 사이에서 원래 속하도록 되어 있는 채
   권자에게 취득할 수 있도록 하는 권리"). 또한 엄동섭(주 6), 15면도 참조("대상청
   구권과 부당이득반환청구권이 동일한 것은 아니지만 양자 모두 부당이득금지의
   이념에 기초"). 다만 후자의 견해가 주장하는 것처럼 제748조 제1항을 유추해 선
   의의 채무자는 현존이익의 한도에서만 책임을 진다고 해석될 경우는 거의 없다고
   보인다. 우선 대상청구권이 존재하는 이상 계약상 채무자의 경우에는 선의가 인정
   될 수 없다고 해야 한다. 그러므로 제748조 제1항의 유추적용 문제는 법정채권에
   서만 발생할 수 있는데, 여기서도 현실적으로 현존이익 상실이 인정되기는 어려울
   것이다. 채권자가 채무자가 취득한 채권 등이 있음을 입증해 양도를 청구하는 사
   안에서는 논리필연적으로 현존이익이 존재하며, 채무자가 변제를 받은 사안 등에
   서도 비용지출절약의 법리 및 금전의 현존이익 추정법리 등에 의해(이에 대해서는
   우선 곽윤직 편집대표, 민법주해[XVII], 2005, 589~591면(양창수 집필) 참조) 현존
   이익 상실이 받아들여지는 경우는 거의 상정하기 어렵기 때문이다. 법정채권의 이
   행불능이 발생하고, 채무자가 채권 및 채권자의 존재를 전혀 알지 못한 상태에서 대
   상으로 취득한 채권에 대해 채무면제를 하는 등의 경우 정도가 상정될 수 있을 것이
   다. 독일의 학설도 현존이익상실의 규정의 유추적용을 부정한다(MünchKomm/
   Emmerich(주 37), § 285 Rn. 31 참조).

다.66) 두 제도는 각각의 영역에서 같은 기능을 수행하고 있기 때문이다.

이러한 점은 예를 들어 물건 자체를 갈음하는 이익(commodum ex re) 외에 채무자의 **법률행위로부터 발생한 이익**(commodum ex nego-tiatione)도 대상청구권의 대상이 될 것인지의 문제에서 잘 나타난다. 현재 부당이득과 관련해서 우리 학설은 부당이득으로 반환할 대상 자체를 갈음하는 이익은 원물반환으로 청구할 수 있지만, 반환의무자의 법률행위로부터 발생한 이익은 원물반환으로 청구할 수 없고 그 객관적 가치에 따른 가액반환을 청구해야 한다고 한다.67) 당사자들의 관여 없이 우연히 대체이익이 발생한 경우와는 달리, 반환의무자의 거래가 매개하여 그의 재산에 유입되는 대체이익은 그의 능력·수완·평판 등에 따라 좌우되어 실제 원물의 객관적 가치를 상회할 수도 하회할 수도 있는데, 반환권리자에게 반환의무자의 능력에 따라 획득된 이익을 누리게 하거나 미숙하여 발생한 불이익을 전가시킬 합리적인 이유는 찾기 어렵다. 그러므로 이때에는 원물반환을 불능으로 보아 가액반환으로 객관적 가치를 청구하는 것이 바람직하다. 그러나 대상청구권의 경우에는 법률행위로부터 발생한 대체이익의 반환을 반드시 부정할 이유는 없다고 생각된다.68) 이익의 반환이라는 점에 중점

---

66) Bollenberger(주 28), S. 336ff. 반면 안법영(주 8), 262면은 반대의 취지로 보인다.
67) 민법주해[XVII](주 65), 561~562면(양창수 집필); 김증한·김학동, 채권각론, 제7판, 2006, 749면; 김형배, 사무관리·부당이득, 2003, 215면 주 1; 김형석, "유류분의 반환과 부당이득", 민사판례연구[XXIX], 2007, 180~181면 등. 박준서 편집대표, 주석 민법 채권각칙(5), 제3판, 2004, 544면(현병철 집필)은 반대.
68) 우리 다수설이며 판례의 입장이다. 강봉석(주 6), 257면; 김대정(주 7), 513, 519면; 김증한·김학동(주 6), 170면; 송덕수(주 3), 220면; 안법영, "대상청구권의 발전적 형성을 위한 소고", 한국법이론의 발전 II, 1999, 538면; 윤철홍(주 10), 90면; 임건면(주 7), 141면; 이덕환(주 6), 118~119면; 지원림(주 6), 214면; 최종길, "대상청구권"(1965), 최광준 편, 민법학연구, 2005, 314~315면 및 협의취득에 관한 대법원 1996. 6. 25. 선고 95다6601 판결, 집 44-1, 631; 2003. 11. 14. 선고 2003다35482 판결, 공보 2003, 2351 참조. 성중모, "민법상 대상청구권의 반환범위", 법학논집, 제14권 제4호, 2010, 151면은 반대.

을 두는 부당이득에서는 반환의무자에게 그가 받은 이익 이상의[69] 부담이나 불이익이 발생해서는 안 되지만, 채권관계에서 급부의무를 부담하고 있어 이행과 관련해 급부를 창출할 부담을 지는 채무자의 경우 채무불이행(여기서는 이행불능)의 모습과 그로부터 발생하는 이익의 종류에 따라 채권자의 지위를 달리 취급할 이유는 없을 것이기 때문이다. 게다가 채무자의 무능력이나 미숙으로 인하여 대체이익의 가치가 원래 급부의 가치에 미달한 경우에도, 편무계약이나 법정채권의 채권자는 어차피 대가 없이 이익을 받게 되므로 각별히 불리하다고 말하기 어려울 뿐만 아니라(이 점에서 스스로 급부를 했거나 할당내용의 침해를 입은 부당이득 권리자와는 사정이 다르다), 쌍무계약의 (책임 없는) 채권자는 계약해소를 선택하거나(제537조) 손해배상(제390조)을 주장함으로써 그러한 불이익의 영향을 받지 않을 수 있으므로, 부당이득과 동일하게 해석할 필요는 없는 것이다.

　　그러나 채권자가 대상청구를 할 때 대체이익의 가치가 채권자의 손해를 초과하는 경우에는 그 **손해의 범위**에서만 이를 청구할 수 있다고 해석해야 하며, 이러한 의미에서는 부당이득법과의 평가모순은 회피되어야 한다.[70] 대상청구권을 대내적 관계에서 급부의 상대적 귀속을 가능하게 하는 구제수단으로 이해한다면, 평가모순을 피하기 위해서는 예를 들어 매도인이 이행 전에 매매목적물인 동산을 타인에게 양도해 이행불능을 야기한 사안에서 매수인이 대상청구권으로 청구할 수 있는 이익액이 매도인이 점유개정(제189조)으로 매수인에게 소유권을 이전한 다음 이를 타인에게 선의취득(제249조)시켜 반환의무의 이행불능을 야기한 사안에서 매수인이 부당이득으로 청구할 수 있는 이익액보다 커서는 안 될 것이다. 그렇지 않으면 단순히 소유권이

---

69) 물론 수익자의 선의 · 악의에 따라 반환범위가 정해지는 이익의 범위를 말한다(제 748조).

70) 양창수(주 6), 401면 이하 참조.

전청구권만을 가지고 있는 채권자가 대외적으로 소유권까지 취득한
채권자보다 유리한 지위에 있게 되어 불합리하기 때문이다. 그런데
후자의 경우 처분자가 받은 이익이 목적물의 객관적 가치를 상회하더
라도 부당이득의 반환범위는 후자로 한정된다는 것이 현재 다수설이
며,71) 또 타당하다고 생각된다. 그렇다면 대상청구권에서도 그 범위
는 채권자의 손해의 범위로 한정하는 것이 타당할 것이다.72) 물론 이
에 대해서는 채무자의 위법한 행위로 인한 이익은 채권자에게 돌아가
는 것이 타당하며 그렇지 않으면 채무자는 계약위반에 아무런 위험을
지지 않는다는 이유로 받은 이익 전체를 반환해야 한다는 비판이 있
다.73) 그러나 대상청구권은 이행불능이라는 채무불이행에 대한 구제

---

71) 부당이득 반환의무자의 처분 등으로 원물반환은 불가능하게 되었고 또한 법률행
위로 발생한 이익에 대해서는 원물반환의무가 미치지 않는다고 해석되므로(주 67
참조), 객관적 가치에 따른 가액반환이 이루어지는 것이다(제747조 제1항). 곽윤
직, 채권각론, 제6판, 2003, 370면; 김증한·김학동(주 67), 748면; 민법주해[XVIII]
(주 65), 250면(양창수 집필); 이은영, 채권각론, 제5판, 2007, 694면; 장재현, 채권
각론, 2006, 509면; 제철웅(주 49), 86~87면 등. 반면 김형배(주 67), 184면 주 2;
송덕수, 채권각론, 2014, 458면은 반대견해이다. 그러나 이 견해는 단순히 부당이
득은 손실전보가 아닌 이익반환을 목적으로 하므로 부당이득 권리자의 손실로 제
한될 필요가 없다고 추상적인 차원에서 논의를 진행할 뿐, 구체적으로 이러한 사
안유형에서 법률행위로 발생한 이득에 원물반환의무가 미친다고 보는 것인지 아
니면 가액반환에서 객관적 가치의 산정기준을 달리 보는 것인지 등을 분명히 밝히
지는 않고 있다. 게다가 그러한 추상적 차원의 논거는 설득력을 가지기 어렵다. 손
실전보가 아닌 이익반환이 이루어져야 함은 모두가 동의하는 바이지만, 바로 그
반환의 모습과 기준에 대해 다투고 있는 것이기 때문이다. 예컨대 실제로 유럽의
이전 보통법 및 다수의 국가들의 법제는 부당이득의 효과와 관련해 권리자의 손실
을 기준으로 부당이득의 반환범위를 제한하고 있으며, 이것이 보다 우세한 유럽사
법의 경향이라고 말할 수 있다(Helms, "Gewinnhaftung", *Handwörterbuch des
Europäischen Privatrechts*, Band I, 2009, S. 754 참조). 이러한 상황에서 제도
의 추상적 차원의 본질을 언급하는 것만으로는 논거가 되기 어렵다고 생각된다.
72) 심준보(주 6), 104면; 양창수(주 6), 401면 이하; 이덕환(주 6), 119면; 이은애(주
6), 214면; 지원림(주 6), 217면 등. 대상청구권을 손해배상과 상관적인 제도로 이
해하는 견해에 따르더라도 이러한 결론은 동일하게 된다(Stoll(주 39), 693ff.;
Staudinger/Löwisch/Caspers(주 41), § 285 Rn. 41 등).
73) 김증한·김학동(주 6), 170면; 김대정(주 7), 521~522면; 송덕수(주 3), 221면; 이

수단으로서 인정되는 권리인데, 그 행사에 의해 채무자의 원만한 이행이 있었던 상태보다 더 유리하게 있게 되는 결과는 쉽게 받아들이기 어렵다고 생각된다. 그래서 예컨대 불이행하고자 하는 채무자가 악의적으로 대체이익 없이 목적물을 멸실시켜 이행불능을 야기한 경우에는 채권자의 손해에 대해서만 책임을 부담하는데, 그 목적물을 유리한 조건으로 달리 처분한 경우(법경제학적으로 이른바 효율적 계약 파기에 해당하는 사안도 있을 수 있다)에는 손해 이상의 책임을 부담한다는 결과가 합리적인지는 의문이다. 또한 채권자의 손해를 초과하는 이익을 채무자가 법률행위에 의해 취득하였다면, 이는 그의 재능이나 수완에 기인한 것이므로 채권자보다는 채무자가 그것을 누릴 만한 지위에 보다 근접하다고 보아야 한다.[74] 초과이익의 반환이 특히 문제되는 이중매매처럼 두 거래 사이에 시간적 격차가 크지 않은 거래에서 초과이익이 발생하는 경우, 가격이 안정된 시장이라면 그 초과이익은 거의 전적으로 채무자의 교섭능력에서 기인한 것이므로 채권자에게 반환될 근거가 희박하지만, 만일 시가의 상승에 기인한 것이라

상경(주 9), 258면; 이재경(주 6), 349면; 임건면(주 7), 144면 등. 대법원은 한 미공간 판결(대법원 2008. 6. 12. 선고 2005두5956 판결)에서 "특별한 사정이 없는 한 채권자는 그 목적물에 대하여 지급되는 보상금 전부에 대하여 대상청구권을 행사할 수 있는 것"이라고 하여 일견 이 견해와 비슷한 표현을 보이지만, 바로 이어서 "소유권이전등기의무의 이행불능 당시 채권자가 그 목적물의 소유권을 취득하기 위하여 지출한 매수대금 상당액 등의 한도 내로 그 범위가 제한된다고 할 수 없다"고 밝히고 있으므로, 이는 매매대금 한도로 범위를 제한하는 것을 배척한 것뿐이지 채권자 손해의 한도로 제한하는 문제에 대해서는 입장을 밝히고 있는 것은 아니다. 이 판시만으로는 판례의 입장은 확정되어 있지 않다고 할 것이다. 매매대금으로 제한하는 것과 손해로 제한하는 것이 서로 다른 문제라는 점에 대해서는 Bollenberger(주 28), S. 341ff. 참조.

74) 양창수(주 6), 403면. 송덕수(주 6), 44~45면은 이에 반대하며, 반환범위를 한정하면 채무자의 책임 있는 이행불능의 경우 대상청구권을 인정하는 것은 무의미해진다고 한다. 그러나 곧 살펴보는 바와 같이(아래 Ⅱ. 3. 나. (3) 참조), 대상청구권의 반환범위를 손해로 한정하더라도 채권자의 유효적절한 구제수단으로 기능할 수 있다.

면 급부의 객관적 가치가 상승한 것이므로 채권자의 손해에 해당하여 채권자는 상승한 가액에 따라 대상청구권을 행사할 수 있다.[75] 이러한 섬세한 차이를 구별하지 않고 일률적으로 모든 이익을 반환하게 하는 해석이 타당한지는 의문이다.

게다가 의무위반 행위로부터 위반자가 얻은 이익을 피해자의 손해와 무관하게 모두 환수하는(profit disgorgement, Gewinnabschöpfung) 내용의 책임법리는 우리 민법전에서 규율되어 있지 않으며 학설에서도 아직 법리 발전이 없다. 이는 (부진정 사무관리, 부당이득의 효과, 손해배상제도 등) 민법의 체계 전반에 영향을 미치는 심중한 법리로서 다른 부분과의 관련성을 검토하지 않고 대상청구권에서만 그러한 결과를 인정하는 것은 주저된다(앞의 주 71도 참조).[76] 더 나아가 그러한

---

75) Helms(주 15), S. 317f. 독일의 판례를 살펴본 헬름스는 매우 흥미로운 관찰을 제공하고 있다. 그에 의하면 독일 학설이 법률행위로부터 발생한 이익이 대상청구권의 대상이 되는지 여부 및 그 경우 초과이익이 반환되어야 하는지 여부에 대해 상당한 비중을 두고 논의해 왔지만, (제국법원 판례를 포함하여) 실제 전자의 논점을 방론이 아니라 주된 논점으로 판단한 판례는 2004년에 비로소 나왔고(BGH WM 2004, 2443; 그 밖에 대부분은 수용 등이 문제되었다고 한다), 후자에 관해 사실관계에서 채무자가 받은 이익이 실제로 손해를 초과하였음이 드러나 초과이익 반환이 문제된 사례는 판례상 거의 발견할 수 없다고 한다. 여러 사정이 다른 외국의 경험이지만, 실제로 초과이익 반환의 문제가 실무상 거의 중요성이 없을 수 있음을 보여준다는 점에서 흥미로우며, 우리 판례에서도 이 문제가 정면으로 다루어지지 않고 있다는 사실을 고려할 때 특히 그러하다(앞의 주 73도 참조).
76) 같은 취지로 제철웅(주 49), 88~89면. 이 점에서 실정법상 근거로 고려될 만한 규정을 일부 가지고 있는 독일 민법(예를 들어 동법 제687조 제2항, 제816조 등)과는 상황이 다르며, 그러한 규정이 존재하는 독일 민법의 해석으로도 동법 제816조에 따른 부당이득반환이나 대상청구권이 이익환수기능을 수행하는 것에 비판적인 견해가 주장된다는 사실(예컨대 상세하게 Helms(주 15), S. 339ff. 참조)도 고려되어야 한다. 또한 커먼로와 독일법에서 지적재산권 침해의 경우 이익환수책임이 인정되고 있으나(König, "Gewinnhaftung", *Festschrift für von Caemmerer*, 1978, S. 188ff. 참조) 우리는 단순히 손해추정규정만을 두고 있다는 차이(저작권법 제125조 제1항, 특허법 제128조 제2항, 실용신안법 제30조 등)도 이 맥락에서는 간과되어서는 안 될 것이다. 관련하여 영국의 Attorney General v Blake [2001] 1 AC 268에 의해 촉발되어 계약위반의 효과로 이익환수책임이 인정될 수 있는지

이익환수책임은 이익을 내기 위해 의무위반을 감행하는 위반자의 제
재라는 일반예방의 관점에서 논의되는 법리여서 원칙적으로 고의의
위반행위에 대해서만 의의를 가지므로,[77] 대상청구권의 일반적인 효
과로서 받은 이익 전부를 (그것도 채무자의 책임이 없거나 단순한 과실에
의한 이행불능의 경우까지 포함하여) 반환해야 한다는 해석에는 쉽게 동
의하기 어렵다.[78]

　　(3) 대상청구권을 당사자들 사이에서 급부를 채권자에게 귀속시
키게 하는 채권법적 수단으로 이해하거나 손익상계와 근친성 있는 제
도로 이해하는 관점에서 선다면, 대상청구권을 **이행불능으로 이행청구
권의 전부 또는 일부가 배제되는 채무불이행 일반에 대한 구제수단으로**
이해할 가능성이 열리게 된다. 이는 대상청구권을 대가위험부담법리
와 관련지어 물건의 멸실을 중심에 놓고 사고하던 관점으로부터 벗어
나는 것을 의미한다. 실제로 우리 학설은 독일의 다수설(아래 주 80 참
조)을 좇아 그 적용범위를 실질적으로 물건이나 권리의 이전을 내용
으로 하는 주는 채무에 한정하고, 그 밖의 채무 예를 들어 하는 채무
나 부작위채무 등에 대해서는 적용될 수 없다고 한다.[79] 그러나 이러

─────────────────

여부에 대해 여러 나라에서 진행되고 있는 논의를 살펴보면(우선 Bock,
Gewinnherausgabe als Folge einer Vertragsverletzung, 2010; Dornscheidt,
Grenzen der vertraglichen Gewinnhaftung, 2013; 이혜리, "미국법상 기회주의적
계약위반에 대한 토출(吐出) 책임", 비교사법, 제21권 제2호, 2014, 673면 이하 등
참조), 이 문제에 대해 일반적으로 성급한 결론을 내리는 것에 아직 주저하게 된다.
77) 예컨대 von Caemmerer(주 33), S. 235f.; Stoll(주 39), S. 694f.; Helms(주 71), S.
　　755, 757; König(주 76), S. 187f. 등 참조.
78) 이러한 맥락에서 고의에 의한 이행불능의 경우는 모든 이익을 반환하고, 그 밖의
　　경우는 반환범위가 손해로 한정되어야 한다는 견해(안법영(주 8), 268면; 독일의
　　경우 예컨대 Köndgen(주 37), 742~744)는 경청할 만한 점이 없지 않다. 그러나
　　이렇게 고의와 과실에 따라 책임범위를 차별하는 규율 역시 우리 민법전에서 발견
　　되지 아니하므로, 단순히 해석론으로 그렇게 새길 수 있는지 의문이 있다(독일 민
　　법의 해석으로 Helms(주 15), S. 359ff.도 같은 취지이다).
79) 송덕수(주 3), 207~208, 220면; 이덕환(주 6), 115면; 이은애(주 6), 211~212면;
　　이충훈(주 6), 329면; 임건면(주 7), 141~142면; 엄동섭(주 6), 14면; 지원림(주

한 해석은 그런 내용으로 읽을 소지가 있었던 2002년 개정전 독일 민
법 제281조 문언의 해석으로는 주장될 여지가 있을지 몰라도,[80] 대상
청구권을 이행불능 일반에 대한 효과로 이해하는 이상 우리 민법에서
그런 제한적인 해석을 채택할 근거는 발견되지 아니한다. 중요한 것
은 급부의 이행을 (전부 또는 일부, 양적으로 또는 질적으로) 불가능하게
하는 사정으로 채무자가 바로 채권자에게 귀속되어야 할 급부에 상응
하는 이익을 얻었는지 여부일 뿐이며, 그러한 사정이 인정된다면 채

---

6), 214~215면 등.

80) 2002년 개정 전 독일 민법 제281조는 채무자가 급부를 불능으로 하는 사유에 기하
여 "채무의 목적[물]에 관하여"(für den geschuldeten Gegenstand) 대체이익을
받은 때 성립한다고 해석하고 있었으므로, 실제로 통설은 대상청구권은 소유권이
전을 내용으로 하는 채권 등에만 인정된다고 이해하고 있었다. 그리고 이 견해는
현재에도 다수설이기는 하다(문헌지시와 함께 MünchKomm/Emmerich(주 37), §
285 Rn. 5f., 24ff. 참조). 그러나 2002년 개정 후 독일 민법 제285조는 이행불능을
포함하여 "제275조 제1항 내지 제3항"에 따라 채무자가 급부할 필요가 없게 하는
사유로 대체이익이 발생할 것을 요건으로 하고 있는데, 여기서 하는 채무의 기대
불능의 경우에 채무자에게 항변권을 인정하는 제3항도 명시적으로 지시하고 있으
므로(또한 제275조 제4항도 참조), 이제는 문언상 하는 채무 등에서도 대상청구권
이 인정된다는 소수설도 유력하다(Löwisch(주 41), 2052; Staudinger/Löwisch/
Caspers(주 41), § 285 Rn. 24). 더 나아가 대상청구권을 급부의 당사자간 상대적
귀속이라는 관점에서 이해하거나 손익상계와의 근친성의 관점에서 이해하는 견해
는 이를 채권의 효력에 따라 인정되는 채무불이행의 구제수단으로 이해하므로, 마
찬가지로 하는 채무 등에서도 대상청구권이 인정될 수 있다고 주장한다(Stoll(주
39), S. 688ff.; Hartmann(주 36), S. 96ff.; Schwarze(주 37), § 26 Rn. 3 등. 더 나
아가 그 밖에 Hartmann(주 36), S. 102f.에 인용된 문헌도 참조). 그렇다면 법률의
제한적 문언 없이 이행불능의 효과로서 대상청구권을 인정하는 우리 민법의 해석
으로 굳이 2002년 개정전 독일 민법의 문언에 따라 인정되는 기준에 얽매일 필요
는 없다고 보인다. Helms(주 15), S. 329f.는 독일의 통설이 하는 채무나 부작위
채무에 대상청구권을 인정하는 것에 소극적인 이유는 (독일의 통설처럼) 반환범위
를 받은 이익 전부로 해석하는 입장에 선다면 가치실체가 없어 제반사정에 따라
채무자가 받는 이익액의 차이가 상당할 수 있는 노무의 경우 과도한 이익반환이
일어날 우려가 있기 때문이라고 진단한다. 그렇다면 본문에서와 같이 대상청구권
의 반환범위를 손해로 한정하는 입장을 채택한다면(앞의 Ⅱ. 3. 나. (2) 참조), 하
는 채무와 부작위 채무 등에서 대상청구권을 부정할 이유는 더욱 없다고도 말할
수 있을 것이다.

권자는 대내적으로 자신에게 귀속되는 급부가 침해되었음을 이유로
대상청구권을 행사할 수 있어야 한다.[81) 즉 불능이 된 급부와 발생한
이익 사이에 실질적이고 경제적인 동일성·상관성이 있어야 함은 물
론이지만, 그 급부를 주는 급부로 제한할 필요는 없다. 이에 대해서는
대상청구권의 본래취지와 지나치게 먼 결과이며, 채무불이행책임이나
제3자의 채권침해로 해결할 수 있다는 비판이 있다.[82) 그러나 여기서
논의의 대상이 되는 대상청구권은 이제 대가위험부담과 결별하여 이
행불능의 효과로서 일반화됨으로써 주는 급부와의 관련성은 상실하
였다(앞의 Ⅱ. 2. 다. (1), (2) 참조). 대상청구권이 이행불능의 효과로서
일반적으로 인정되는 구제수단이라고 한다면 주는 채무에 한정하는
것이 대상청구권의 본래취지라고는 말하기 어렵다고 생각된다. 더구
나 아래의 구체적인 사례에서 살펴보는 바와 같이 채무불이행책임이
성립하더라도 대상청구권은 매우 효율적인 기능을 수행할 수 있다.

　　그래서 예를 들어 대항력 없는 임대차의 경우에 임대인이 임대목
적물을 타인에게 양도하여 임차인에 대해 사용수익을 불가능하게 하
였다면, 임대인이 만약 대항력 있는 임대차의 목적물을 타인에게 양
도함으로써 받을 수 있었을 대금과의 차액은 임차인에게 사용수익하
게 할 급부의 가치로 볼 수 있으며, 그에 대해서 임차인은 자신의 차
임을 제공하면서 대상청구권을 행사할 수 있다고 할 것이다. 여기서
그 이익부분을 임대인에게 귀속시킬 합리적인 이유는 찾기 어렵다.
물론 그러한 경우 임차인은 채무불이행을 이유로 손해배상을 청구할
수도 있을 것이다(제390조). 그렇다고 해도 임차인에게는 대상청구권
을 행사할 유인이 있을 수 있다. 가령 임대인의 자력이 안정적이지
아니하거나 유동성이 부족한 경우에 임차인은 금전집행을 하는 대신

81) 이미 최종길(주 68), 312면. 같은 취지로 안법영(주 8), 253면; 윤철홍(주 10), 88
　　면; 이상경(주 9), 255면; 이은애(주 6), 206~207면.
82) 송덕수, "취득시효와 대상청구권", 저스티스, 제30권 제2호, 1997, 241면.

임대인의 대금채권을 양도받을 수 있다면[83] 보다 손쉽게 만족을 받
을 수 있다. 또한 임차인이 자신의 손해의 입증이 쉽지 않은 경우에
대체이익의 입증이 상대적으로 쉽다면 대상청구권을 행사할 수 있으
며, 그러한 때에는 대체이익이 임차인의 손해를 상회한다는 점을 임
대인이 입증하여 그 범위를 제한해야 할 것이다.[84] 같은 내용이 예컨
대 임대차 목적물이 임대차에 대한 고려 없이 수용된 경우에도 적용
될 수 있을 것인데, 이때에는 임차인이 채무불이행을 이유로 하는 손
해배상을 청구할 수 없을 것이므로 대상청구권이 더욱 의미를 가진
다. 마찬가지로 실무상 분쟁이 드물기는 하겠지만, 이중임대차의 경
우에도 제1임차인에게 선험적으로 대상청구권을 부정할 이유는 없을
것이다. 목적물의 이중매매는 약속한 목적물의 실체가치를 타인에게
제공하여 불능을 야기하는 것이고, 목적물의 이중임대차는 약속한 목
적물의 사용수익 가치를 타인에게 제공하여 불능을 야기한 것인데,
이 둘을 달리 취급할 합리적인 이유는 없기 때문이다.

　　이러한 법리는, 불능이 된 노무급부와 채무자가 받은 이익 사이
에 실질적 동일성과 인과관계가 인정되는 한, 고용계약이나 도급계약
에서 채무가 이행불능이 된 경우에도 다를 바 없다. 예를 들어 타인
의 불법행위로 노무자가 상해를 입어 노무를 제공할 수 없게 된 경
우, 그 기간 동안의 노무가 사후적으로 추완불가능하다면 이행불능이
존재한다. 그러한 사안에서 사용자가 노무자에게 임금을 지급하는 대

---

83) 채무자가 양도에 협력하는 경우 채권자가 쉽게 만족을 받는 것은 분명하지만, 그
　렇지 아니한 경우에도 대상청구권을 행사하는 것은 강제집행에서 이점이 있다. 의
　사표시의 집행은 판결만으로 효력을 발생하므로(제389조 제2항 참조), 가처분과
　결합해 대상청구권을 행사하는 채권자는 금전채권을 이유로 하는 집행에서라면
　다른 채권자와 경쟁하였을 결과를 회피하여 책임재산에서 대체이익을 먼저 확보
　할 가능성이 높기 때문이다.
84) 이렇게 대상청구권을 이행불능 일반의 효과로 인정하면서 그 행사범위를 손해로
　제한하면, Stoll(주 39), S. 696이 지적하는 대로, 대체이익은 채권자의 "최소손
　해"(Mindestschaden)로 추정되는 효과가 발생한다. 관련해 아래 주 86도 참조.

신에 노무자가 가해자에 대해 가지는 일실이익에 대한 손해배상청구
권을 양도할 것을 청구하는 것을 선택한다면 이를 막을 이유는 찾기
어렵다. 노무자로서는 훨씬 더 간이하게 자신의 노무에 상응하는 가
치를 임금으로 받을 뿐만 아니라, 사용자는 고용관계의 안정을 도모
할 수 있기 때문이다. 마찬가지로 노무자가 계약에 위반해 동일한 성
질의 노무를 타인에게 제공한 경우 받은 이익에 대해서 사용자는 대
상청구권을 행사할 수 있고, 노무자는 사용자에게 손해 없음을 입증해
그 범위를 제한할 수 있다. 한편 수급인이 도급인의 건물에 추완할 수
없는 성질의 하자 있는 공사를 하여(질적 일부불능) 하자손해를 발생시
킨 경우, 수급인이 이를 이유로 보험금청구권을 가지게 된다면, 도급
인이 보험자에 대해 직접청구권을 가지는 것(상법 제724조)은 별론, 대
상청구권에 의해 수급인에게 그 양도를 청구하는 것을 이론상 부정할
이유는 없다. 보험금은 수급인 채무의 질적 일부불능(하자 있는 노무제
공)으로 인하여 발생하였고, 실질에서 바로 그 불이익에 충당하기로
예정되어 있는 금전이기 때문이다. 수급인은 보험금이 도급인의 하자
손해를 상회한다는 점을 입증해 그 범위를 제한할 수 있을 뿐이다.

　　부작위채무에서도 대상청구권이 문제될 수 있는가? 이와 관련해
서는 먼저 개념적으로 부작위채무의 위반의 경우 이행불능을 운위할
수 있는지의 문제가 제기된다. 부작위채무 중에서 한 번의 위반으로
이행불능이 야기되는 사안유형은 존재하며(예컨대 비밀유지의무에 위반
해 비밀을 공표하거나 주주총회에 불참하기로 한 의무에 위반하여 참여해 표
결을 하는 경우 등), 그러한 경우에 부작위의무의 위반과 상관된 대체
이익이 존재한다면 대상청구권이 인정되어야 함은 물론이다. 그러나
실무상 주로 문제되는 사안에서 부작위채무는 채무자가 위반을 중지
함으로써 이행으로 복귀하거나 과거의 불이행 상태를 제거할 가능성
이 존재하므로, 과연 지나간 불이행에 대해 급부의 일부불능을 상정
해 그로부터 발생한 대체이익의 반환을 청구할 수 있는지 여부에 대

해서는 논란의 여지가 있다. 우리 학설에서는 이에 관해 많은 논의가
있다고 하기 어려우므로 우선 독일의 문헌을 참조해 본다면, 채무자
가 추완에 의해 위반상태를 제거할 수 있는 경우에는 일시적 불능에
불과하므로 이행지체에 해당하지만, 추완에 의해 과거의 위반상태를
제거할 수 없다면 그 기간 동안 일부불능이 있는 것으로 본다.[85] 이
에 따른다면 후자의 경우에 원칙적으로 대상청구권을 부정할 이유는
없다고 하겠다. 예컨대 경업금지약정의 경우 채무자가 경업을 중단함
으로써 장래에는 의무를 준수할 수 있으나 과거 경업의 효과는 제거
할 수 없으므로 일부불능이 있다. 그러므로 약정에 위반한 경업행위
로부터 이익을 받은 채무자에 대해 채권자는 그 이익의 반환을 청구
할 수 있다. 그래서 채무자가 경업으로 취득한 보수채권들을 가지고
있는 경우 채권자는 손해입증의 어려운 문제를 회피해 그 양도를 청
구할 수 있고, 채무자는 채권자의 손해가 그에 미치지 못함을 입증하
여 그 범위를 제한할 수 있다고 할 것이다.

　　이상에서 살펴보았지만, 대상청구권을 이행불능 일반에 대한 구
제수단으로 명확히 자리매김함으로써, 대상청구권은 채무자의 유책한
이행불능의 경우에도 채권자의 구제수단으로서 매우 유효적절한 기
능을 수행할 수 있음을 알 수 있다. 즉 불능을 야기한 바로 그 사유
로 채무자가 이익을 받은 경우, 채권자는 그 이익의 양도를 청구할
수 있으며, 채무자는 채권자의 손해가 그에 미치지 못한다는 것을 입
증하여 그 범위를 제한할 수 있다. 이로써 채권자는 손해입증의 어려
움을 회피할 수 있고[86] 강제집행에서의 이점을 누릴 수 있게 된다(앞

---

85) Ernst in *Münchener Kommentar*(주 37), § 286 Rn. 42; Staudinger/Löwisch/
　　Caspers(주 41), § 275 Rn. 23ff.; Bamberger/Roth/Unberath(주 38), § 275 Rn.
　　38 등.
86) 즉 이행불능으로 채무자에게 대체이익이 발생한 한에서는 대내적으로, 즉 채권관
　　계의 당사자 사이에서는 대상청구권에 의해 (저작권법 제125조 제1항, 특허법 제
　　128조 제2항, 실용신안법 제30조 등과 유사하게) 손해추정의 효과가 발생한다.

의 주 83, 84 참조).

Ⅲ. 대상청구권에 관한 입법론

이상에서 우리 민법의 해석으로 가장 타당하다고 생각되는 대상
청구권의 인정근거와 내용을 소묘해 보았다. 규정이 없는 민법에서
여러 규정들에 있는 가치평가와 이익형량을 기초로 하여 도출된 결론
으로, 이들은 대상청구권에 관한 명시적 규정을 둘 때 입법론적으로
도 고려되어야 할 내용이라고 보인다. 그러나 이에 따른 구체적인 제
안을 하기 앞서, 새로운 입법경향을 간단하게 살펴보기로 한다.

1. 새로운 입법례와 개정제안

가. 네덜란드 신민법

그렇다면 20세기 후반 새로운 입법례와 개정제안 중에서 이러한
모습에 가장 근접하는 현대적인 규율은 존재하는가? 차이점에도 불구
하고 네덜란드 신민법전 제6:78조를 들 수 있을 것이다(쌍무계약의 경
우에 제6:277조 제2항도 참조).

제6:78조

① 불이행이 채무자에게 귀책될 수 없으나 그가 불이행과 관련하
여 적절하게 이행하였더라면 가질 수 없었던 이익을 누리는 경우, 채
권자는 부당이득의 규정에 따라 그 이익액을 한도로 하여 자신의 손
해를 배상하게 할 권리가 있다.
② 이 이익이 제3자에 대한 채권인 경우, 채무자는 그 채권의 양도
에 의해 전항을 충족시킬 수 있다.

이 규정의 입법과정에서 이유로 제시된 설명은 우리 민법을 해석
하고 개정할 때에도 참조가 된다고 보인다.

첫째, 네덜란드의 구민법전 제1481조는 프랑스 민법을 좇아 채무자의 책임 없는 물건의 멸실의 경우에 한하여 대상청구권을 규정하고 있었으나, 신민법은 명시적으로 불이행 일반의 효과로 이를 확장하고 있다. 왜냐하면 "[구민법] 제1481조가 규율하고자 하는 상황은, 주는 채무 일반 아니 더 나아가 하는 채무 또는 부작위채무에서도 마찬가지로 발생할 수 있기 때문이다." 그러므로 이 규정은 "급부의 불이행이 채무자에게 귀책되지 아니하는 모든 사안에 적용된다."[87] 이 점에서 네덜란드 신민법전은 명시적으로 대상청구권을 채무의 이행불능 일반의 효과로 정한 1940년의 그리스 민법전의 태도를 이어 불이행 일반으로 확대한다.[88] 그에 따라 여기서 말하는 '불이행'은 넓고 중립적인 개념으로 채무의 내용에 좇은 이행이 없는 경우를 모두 포괄하며(제6:74조 참조), 그래서 학설은 대상청구권이 주는 채무, 하는 채무, 부작위채무의 불이행 일반에 대해 인정된다고 한다.[89]

둘째, 신민법은 대상원칙과 결별하고 부당이득적 관점을 채택한다. 프랑스 민법을 따른 구민법 제1481조와 같은 규율에 의할 때, 대체이익이 채권자의 손해를 상회하는 경우 이를 그대로 채권자에게 양도하게 하면 타당하지 않은 결과를 발생시키는데, 왜냐하면 유책하게 불이행한 채무자가 책임 없는 채무자보다 유리한 지위에 있게 되기 때문이다. 이러한 문제를 대처하기 위해 독일 민법에서와 같이 유책한 불이행의 경우에 대상청구권을 인정할 수도 있다고 하면서도, 초안은 구민법상 책임 없는 불이행에 대해서만 대상청구권이 인정되는 태도를 유지하면서 다만 채권자가 손해의 한도에서만 대상청구권을

87) Meijers, *Ontwerp voor een Nieuw Burgerlijk Wetboek. Toelichting*, Derde Gedeelte (Boek 6), 1961, p. 542.
88) 그리스민법 제338조는, 책임 없는 이행불능으로 채무자가 채무로부터 해방되는 경우, 그는 같은 사유로 그에게 발생한 모든 것을 채권자에게 상환해야 한다고 정한다.
89) Olthof in Neiuwenhuis et al. red., *Burgerlijk Wetboek. Tekst & Commentaar*, Zesde druk, 2005, Art. 6:74 annt. 1., Art. 6:78 annt. 2 a.

행사할 수 있다고 제한하여 평가모순을 제거하고, 그 성질을 일종의
부당이득으로 이해한다. 즉 이 규정은 "대상원칙이 아니라 부당이득
(ongerechtvaardigde verrijking)의 원칙에 근거하고 있다. […] 그러한
이득은 채권자가 급부의 불이행을 이유로 손해를 입은 한도에서 그의
손실로 발생한 것이다."90) 그에 따라 대상청구권은 채무자가 받은 이
익액과 채권자의 손해액에 따라 제한된다.91)

　　셋째, 이 규정은 채무자가 이익을 받은 한도에서 채권자가 손해
배상을 받을 수 있다고 하므로 일견 엄밀한 대상청구권과는 무관하게
보일 수는 있다. 그러나 이는 그렇지 아니하다. 초안 해설은 채권자가
금전배상을 청구하는 것이 아니라 채무자가 받은 이익 자체의 양도를
청구하면 이는 신민법 제6:103조 제2문에 따라 원상회복으로서 허용
됨을 명언하면서, 이렇게 채무자의 권리가 채권자에게 이전되는 방법
을 통해 채권자의 손해입증의 어려움이 해소될 수 있음을 시사한
다.92) 그러므로 제6:74조 제2항과 함께 살펴보면, 채무자의 책임 없
는 불이행으로 채권자가 대상청구권을 가지는 경우 채권자는 그 이익
을 금전으로 청구하거나 그 이익의 이전을 청구할 선택권을 가지고
있고, 채무자는 채권자가 금전으로 청구하는 경우에도 이익을 양도함
으로써 그 의무를 이행할 수 있다는 결과가 된다. 이러한 유연한 태
도는 이후 입법에서 고려할 만한 점이라고 생각된다.

　　넷째, 초안 해설은 명시적으로 법률행위로부터 이익이 발생한 경
우에도 대상청구권이 성립한다고 밝히고 있다.93)

　　다섯째, 대상청구권은 채권자지체의 경우에도 적용된다. 그러한
경우 채무자는 급부를 하지 않게 됨으로써 비용을 절약하거나 물건을
달리 처분할 수 있게 되어 이익을 취할 수 있는데, 그러한 경우에는

90) Meijers(주 87), p. 542.
91) Olthof, T&C BW(주 89), Art. 6:78 annt. 3.
92) Meijers(주 87), p. 542; Olthof, T&C BW(주 89), Art. 6:78 annt. 4.
93) Meijers(주 87), p. 542.

자신의 손해를 한도로 그러한 이익에 대해서도 대상청구권을 행사할 수 있다.94) 우리 제538조 제2항이 정하는 바의 내용을 대상청구권으로 달성하도록 하는 태도가 시사하는 바가 있다.

여섯째, 쌍무계약의 경우 채권자가 대상청구권을 행사하면 그는 당연히 반대급부의무를 부담한다. 다만 채권자지체에 있는 채권자가 자신의 채무도 이행하지 않아 채무자가 계약을 해제하였다면, 채권자는 대상청구권을 행사할 수 없다. 계약은 해소되었고, 해제사유가 된 불이행이 그의 불이행이므로 그가 손해를 배상할 위치에 있기 때문이다. 채무자가 받은 이익은 손익상계의 방법으로 고려해야 한다.95)

이상에서 보았지만, 네덜란드 신민법은 대상청구권을 부당이득과의 관련 하에서 이해하면서, 발생사유를 채무불이행 일반으로 확장하고 그 범위를 손해로 제한한다는 점에서, 여러 가지로 진전된 모습을 보이고 있다고 생각된다. 다만 동법은 채무자의 책임 없는 불이행의 경우에만 대상청구권을 한정하고 있으나, 이는 구민법과의 연장선상에서 이해할 수 있는 태도로 보인다.

나. 일본 민법개정 작업

이러한 경향은 대체로 일본의 개정제안에서도 관찰된다. 앞서 살펴본 바와 같이 일본민법은 대상청구권에 관한 규정을 두고 있지 않지만(주 54 참조), 판례와 학설에 의해 인정되어 오고 있었다. 다만 그 요건과 효과에 대해서는 논의가 분분한 상황이었다.96)

(1) 2013년에 공개된 법제심의회 민법(채권관계)부회의 「민법(채권관계)의 개정에 관한 중간시안」에서는 다음과 같이 대상청구권을

94) Meijers(주 87), p. 542; Olthof, T&C BW(주 89), Art. 6:78 annt. 3.
95) Meijers(주 87), p. 543.
96) 우선 潮見佳男, 債權總論 I, 第2版, 2003, 167면 이하 참조.

규정할 것을 제한하였다.[97]

제10 채무불이행에 의한 손해배상
5 대상청구권

이행청구권의 한계사유가 발생한 것과 동일한 원인에 의해 채무자가 채무의 목적물의 대상이라고 인정되는 권리 또는 이익을 취득한 경우에는, 채무불이행에 의한 손해배상에 관해 앞의 1 (2) 또는 (3)의 면책사유가 있는 때에는, 채권자는 자기가 받은 손해의 한도에서 그 권리의 이전 또는 이익의 상환을 청구할 수 있는 것으로 한다.[98]

㉮ "채무불이행에 의한 손해배상에 관해 앞의 1 (2) 또는 (3)의 면책사유가 있는 때"라는 요건을 두지 않는다는 사고방식이 있다.

여기서 이행청구권의 한계사유는 계약상 채권에 관해 채권자의 이행청구가 배제되는 경우를 말하는데, 구체적으로는 ① 이행이 물리적으로 불가능한 경우, ② 이행에 필요한 비용이 채권자가 이행에 의해 얻을 이익과 비교해 현저하게 과대한 경우, ③ 그 밖에 당해 계약의 취지에 비추어 채무자에게 채무의 이행을 청구하는 것이 상당하지 않다고 인정되는 경우를 말한다(중간시안 제9 2).[99] 그리고 동시에 언급되고 있는 면책사유는, 계약에 의한 불이행이 당해계약의 취지에 비추어 채무자의 책임 없는 사유에 의한 것인 경우(제10 1 (2))와 계약 이외의 불이행이 그 채무가 발생한 원인 및 그 밖의 사정에 비추어 채무자의 책임 없는 사유에 의한 것인 경우(제10 1 (3))를 지시한다.[100] 그러므로 중간시안의 대상청구권은 채무자의 책임 없는 사유로 이행

---

97) 일본 민법(채권법)개정검토위원회의 「민법개정의 기본방침」(2009)에 따른 개정제안에 대해서는 송덕수(주 20), 90~91면; 정진명(주 14), 242~243면 참조.
98) 商事法務 編, 民法(債權關係)の改正に關する中間試案(槪要付き), 2013, 41면. 중간시안과 보충설명은 http://www.moj.go.jp/shingi1/shingi04900184.html에서도 참조가능하다.
99) 商事法務 編(주 98), 36~37면.
100) 商事法務 編(주 98), 38면.

청구권이 배제되는 불이행이 있으면 채무자가 같은 사유로 받은 이익을 손해의 한도에서 이전청구할 수 있는 내용의 채권자의 권리를 의미하지만, 심의과정에서 채무자에게 책임 있는 사유가 있는 경우에도 인정해야 한다는 유력한 반론이 있었음을 알 수 있다.

　그 내용에 대해 공식설명과 보충설명을 토대로 살펴보기로 한다. 우선 종래 민법상 규정이 없음에도 불구하고 판례와 통설에 의해 대상청구권이 규정되어 있었음을 확인하면서, 민법 개정의 경우 명시적으로 이를 규율할 것을 제안한다.[101] 여기서 대상청구권의 대상인 "대상(代償)이라고 인정되는 권리 또는 이익"의 의미에 대해서는 해석에 위임하지만, 전형적인 예로 제3자에 대한 손해배상청구권, 보험금으로 수령한 금전 내지 보험금청구권 등을 들고 있다. 그리고 대상청구권은 채권자가 채무자의 권리의 이전을 청구하는 내용의 권리라고 지적된다.[102]

　이에 대해 다툼이 있었던 부분은 채무자의 책임 있는 불이행의 경우에도 대상청구권을 인정할 것인지 여부이다.

　　"대상청구권의 행사에 관해서는 […] 이행에 갈음하는 손해배상청구권에 관해 채무자에게 면책사유가 있을 것을 요건으로 하여, 대상청구권의 행사는 보충적으로 인정되는 것으로 하고 있다. 그것은, 대상청구권과 이행에 갈음하는 손해배상청구권을 단순하게 경합시키면, 대상청구권의 행사가 채무자의 재산관리에 대한 간섭이 될 수 있음을 고려한 것이다. 즉 이행에 갈음하는 손해배상청구권과 대상청구권을 단순히 경합시켜 어느 것을 행사할지를 채권자의 선택에 맡기는 경우, 채권자가 그 마련해 둔 재산을 채무자의 의향과 무관하게 선택할 여지가 생긴다. 예를 들어 채무자에게는 현금·예금 등이 윤택하게 있어 그것에 의해 이행에 갈음하는 손해배상(전보배상)을 이

101) 商事法務 編, 民法(債權關係)の改正に關する中間試案の補足說明, 2013, 118면.
102) 商事法務 編(주 101), 118면.

행할 것을 바라고 있음에도 불구하고, 채권자가 굳이 대상청구권을
선택해 보험금청구권의 이전을 청구하는 경우가 생각될 수 있는데,
그것은 채무자의 재산관리에 관한 간섭이 되는 측면이 있다고 생각
되는 것이다.

　이에 대해 대상청구권을 보충적인 구제수단으로 위치지울 필요는
없다고 하여, 채무자가 이행에 갈음하는 손해배상의무를 면해야 한
다는 요건은 불필요하다는 사고방식이 있고, 이를 ㈜로 채택한다. 이
사고방식은 이행에 갈음하는 손해배상과 대상청구권 중 어느 것을
행사할지를 채권자의 선택에 맡기는 것이 오히려 채권자의 이익의
관점에서 바람직하다는 관점에 근거한다. 중복전보의 회피라는 양자
의 관계의 조정은, 청구권경합이라는 일반적 문제의 틀 안에서 해결
한다고 생각한다."103)

　마지막으로 대상청구권의 채권자가 입은 한도로 제한된다는 판
례의 입장을 받아들인다고 밝히고, 규정의 위치는 대상청구권이 손해
배상에 대한 보충적 구제수단임을 고려하여 채무불이행에 의한 손해
배상 부분에 두기로 한다고 말한다.104)

　채무자에게 귀책사유가 있는 경우에도 대상청구권을 인정할 것
인가의 논란을 제외한다면, 중간시안의 대상청구권도 중요한 사항에
서 네덜란드 신민법과 공통된 특징을 보인다. 즉 한편으로 물건의 멸
실이라는 낡은 관념에 사로잡히지 않고 채권자의 이행청구가 배제되
는 불이행의 경우에 대한 일반적인 구제수단으로 문언이 표현되어 있
고, 다른 한편으로 대상청구권의 범위를 채권자의 손해의 범위로 한
정하고 있다는 점에서 그러하다.

　(2) 그런데 2014년 8월 26일 결정된 「일본 민법(채권관계)의 개정

---

103) 商事法務 編(주 101), 118~119면. 여기서 「기본방침」에서의 다수와 소수가 중간
　　시안에서 역전된 것으로 보인다. 3.1.1.59에 대해 民法(債權法)改正檢討委員會 編,
　　債權法改正の基本方針, 2009, 134~135면 참조.
104) 商事法務 編(주 101), 119면.

에 관한 要綱假案」105)은 이행불능의 효과로 대상청구권에 관한 규정
을 둘 것을 확인하면서, "채무의 이행이 불능이 된 것과 동일한 원인
에 의해 채무자가 그 채무의 목적물의 代償인 권리 또는 이익을 취득
한 때에는, 채권자는 그 받은 손해액의 한도에서 채무자에 대하여 당
해 권리의 이전 또는 당해 이익의 상환을 청구할 수 있다"는 문언을
제안하고 있다(제11 5). 다른 부분은 이전의 논의가 그대로 승계되었
으나, 채무자의 책임 있는 불이행의 경우에도 대상청구권을 인정할
것인지 여부에 대해서는 부정설에서 긍정설로 다시 한 번 입장의 전
환이 있었던 것으로 보인다(주 103 참조). 그리고 이 가안의 규정이 그
대로 개정법률 제422조의2로 확정되었다.

2. 입법론의 제안과 개정안의 검토

가. 입법론의 제안

이미 살펴보았지만(앞의 II. 3. 가. 참조), 우리 민법의 해석으로 이
행불능의 효과로서 일반적으로 대상청구권을 인정해야 하므로 민법
을 개정할 때 그에 관한 명시적 규정을 두는 것은 법적 안정성을 제
고한다는 점에서 필요하고 적절하다고 보인다.106) 그러한 경우에는
앞서 우리 민법의 해석론으로 타당하다고 생각되는 사항들이 반영될
필요가 있다.

첫째, 대상청구권은 채권관계 일반에 인정되는 구제수단으로 규
정해야 한다. 이는 편무계약이나 법정채권에서도 대상청구권이 인정
되어야 한다는 것을 의미한다. 물론 법정채권 중에는 그 발생근거가
되는 법률의 해석에 따라 대상청구권이 부정되어야 하는 경우도 있을

---

105) http://www.moj.go.jp/content/001127038.pdf.
106) 같은 취지로 김대규·전완수, "대상청구권에 대한 입법론적 고찰", 원광법학, 제22
권 제2호, 2006, 174면; 송덕수(주 20), 92~94면; 조성민, "대상청구권에 대한 입
법론적 고찰", 황적인 외, 민법개정안의견서, 2002, 355면 등.

수는 있다. 그러나 이는 당해 법률의 해석문제이므로, 대상청구권을 규정하면서 이에 관한 어떠한 규율을 둘 수는 없다고 할 것이다.[107]

둘째, 대상청구권을 이행청구가 배제되는 채무불이행 일반에 대한 구제수단으로 규정할 필요가 있다. 대상청구권이 물건이나 권리의 이전을 내용으로 하는 채무를 중심으로 발전한 것은 사실이지만, 이는 대상청구권이 대가위험부담과 관련해서 전개되었다는 역사적 사정에 기인한 것이다. 이행불능을 발생시킨 사정으로 채무자가 이익을 받았고 그 이익이 채권자에 귀속해야 한다는 이익상황이 동일한 이상, 그 적용범위를 한정할 이유가 없다. 그런 제한적 해석의 소지가 있는 문언을 가진 독일 민법에서도 최근 반대의 견해가 유력한 상황에서(주 80 참조), 굳이 주는 채무에 한정해서 대상청구권을 규정할 이유는 발견할 수 없다.

셋째, 대상청구권은 채무자의 책임 있는 불이행의 경우에도 인정한다. 물론 이에 대해서는 유책한 불이행에 대해서는 채권자가 손해배상을 청구할 수 있으므로 대상청구권이 불필요하다고 말할 수 있을지도 모른다. 그러나 이미 지적한 바와 같이(앞의 II. 3. 나. (3) 참조), 대상청구권을 인정함으로써 채권자는 손해입증의 어려움을 회피할 수 있고, 집행에서 유리함을 누리게 되는데, 이러한 이점을 부정할 이유는 찾을 수 없다. 일본 개정제안의 경우 채무자의 재산관리에 대한 간섭을 이유로 하지만(앞의 III. 1. 나. 참조), 이 역시 반대의 이유는 될 수 없다. 대상청구권은 급부를 당사자 사이의 관계에서 채무자 아닌 채권자에게 귀속하게 하는 구제수단인데, 채무자에게 책임 있는 사유가 있다고 해서 이 점이 달라질 이유는 없기 때문이다. 급부를 대체하는 이익이 발생하여 채권자가 그 양도를 구하는데, 달리 손해배상을 할 자력이 있다는 이유로 굳이 거절하는 채무자를 보호할 이유는 무엇

107) 취득시효와 관련해 송덕수(주 20), 99면도 참조.

인가? 이는 많은 경우 시카네(Schikane)에 해당하지 않겠는가(제2조)?

넷째, 채무자의 법률행위로 인하여 발생한 대체이익도 반환대상으로 한다. 물론 이 점을 문언에 어떻게 반영할 것인지는 문제이나, 반환해야 할 이익을 예시하는 방법으로 비교적 간단하게 규율할 수 있다고 보인다.108) 관련하여 보험금이나 보험금청구권이 대상청구권이 적용될 대체이익인지 여부에 대해서도 논란이 있으나, 다수설이 이를 긍정하고 있을 뿐만 아니라,109) 비슷한 문제가 있는 물상대위에서 판례가 받아들이는 결과이기도 하므로,110) 해석에 맡기고 명시적 규정을 둘 필요는 없다고 보이지만,111) 필요하다면 역시 예시의 방법으로 규율할 수 있을 것이다.

다섯째, 대상청구권의 반환범위는 채권자의 손해로 한정되어야할 것이다. 이에 대해서는 물론 채무자가 받은 이익 전부가 반환되어야 한다는 반론도 있으나,112) 이미 서술한 바와 같이(앞의 Ⅱ. 3. 나. (2) 참조) 그러한 입장은 현재 해석론으로 받아들이기 쉽지 않을 뿐만 아니라 이익환수법리 전반에 관한 재구성을 포함하므로 대상청구권에 관해서만 이를 인정하는 것은 바람직하지 않다. 앞서 이와 관련해 제기된 논거들은 입법론에서도 고려될 필요가 있다고 생각된다.

여섯째, 학설에서는 대상청구권의 채무자에게 채권자를 상대로 하는 확답을 촉구할 권리를 인정해야 한다는 견해가 있다. 즉 채무자는 채권자가 대상청구권을 선택할 것인지, 선택한다면 언제 선택할 것인지를 알 수 없으므로, 그의 지위를 보호하기 위해 채무자가 채권

---

108) 역의 사례이지만, 우리 입법자가 물상대위에서 법률행위로 인한 대체이익을 제외하기 위해 의용민법의 "그 목적물의 매각, 임대, 멸실, 또는 훼손으로 인하여 […] 받을 금전 기타의 물"이라는 표현을 "멸실, 훼손 또는 공용징수로 인하여 […] 받을 금전 기타 물건"(제342조)으로 수정한 태도가 참조가 된다.
109) 학설상황에 대해 송덕수(주 20), 67~68면 참조.
110) 대법원 2004. 12. 24. 선고 2004다52798 판결.
111) 송덕수(주 20), 95~96면.
112) 송덕수(주 20), 96~98면; 정진명(주 14), 252, 255면.

자에게 상당한 기간을 정하여 대상청구권을 행사할 것인지 결정할 것을 요구할 수 있고 그 기간을 도과하면 대상청구권은 소멸하도록 해야 한다는 것이다.[113] 실제로 대상청구권의 행사는 이행불능에 따른 급부의무 소멸의 효과를 역전시켜 연장효를 발생시키는 형성적 효력을 가지는 것이 사실이다. 우리 민법은 많은 경우 형성권의 상대방의 지위가 불안해지는 것을 예방하기 위해 최고권을 인정하므로(제15조, 제131조, 제381조, 제384조 제2항, 제540조, 제552조, 제1077조 등), 이익상황이 유사한 대상청구권과 관련해서도 이를 허용하는 것은 타당할 것이다(제1077조, 제1083조 참조). 다만 여기서도 채권자 침묵의 경우 효과를 대상청구권의 포기로 할 것인지, 대상청구권의 선택으로 할 것인지, 아니면 채무자가 이후에는 현존이익의 범위에서만 책임을 진다고 할 것인지[114]의 문제가 남는데, 우리 민법의 최고권 규정에서 권리의 행사 여부에 대한 침묵을 통상 포기로 상정하여 의제하는 점을 고려할 때 대상청구권이 소멸한다고 규정하는 것이 무난할 것으로 보인다.[115]

나. 민법 개정안의 검토

이러한 관점에서 살펴보면, 민법개정안의 제399조의2 제1항[116]은 채권관계 일반에 대해 대상청구권을 인정하면서 채무자의 책임 있는 불능의 경우도 포함하고 있는 점에서는 타당하다. 또한 개정안이 원시적 불능에 따른 계약무효 법리를 포기한 점을 고려할 때,[117] 원시적 불능도 포함될 수 있는 문언을 채택한 것도 바람직하다. 개정안

---

113) 해석론으로 임건면(주 7), 146면(제552조의 유추) 및 주석민법 채권총칙(1)(주 6), 698~699면(김상중 집필), 입법론으로 송덕수(주 20), 103면.
114) 독일의 통설이다. MünchKomm/Emmerich(주 37), § 285 Rn. 35.
115) 반면 정진명(주 14), 260면은 후자의 해법을 지지한다.
116) 개정안이 성립한 경과에 대해서는 김재형, "채무불이행으로 인한 손해배상에 관한 민법개정안", 민사법학, 제65호, 2013, 626~628면 참조.
117) 개정안 제535조 제1항은 "계약을 체결할 때에 이미 그 이행을 할 수 없다는 사정은 계약의 효력에 영향을 미치지 아니한다"고 정하고 있다.

제537조 제3항도 쌍무계약의 특성을 고려할 때 해석상 인정되어야
하는 결론으로118) 입법적으로 확인하는 것은 지지할 만하다. 그러나
여러 가지 아쉬운 부분도 없지는 않다.

우선 제기되는 의문은 그 문언이 대상청구권의 적용범위를 제약
하고 있다는 것이다. 즉 이행불능으로 "채무자가 채권의 목적인 물건
이나 권리를 갈음하는 이익을 얻은 경우"에 한정하여 대상청구권을
인정함으로써, 그 적용범위를 주는 채무로 한정하고 있기 때문이다.
그러나 앞서 지적한 대로, 대상청구권을 주는 채무로 한정할 논리적·
정책적 이유는 발견하기 어려울 뿐만 아니라, 반대의 입장이 학설상
유력하고(독일) 입법이나 입법제안으로 반영되어 있다는 것(그리스, 네
덜란드, 일본 중간시안)을 고려하면, 이는 받아들이기 어려운 태도라고
생각한다. 설령 대상청구권을 주는 채무에 한정하는 견해가 정당하다
고 생각되더라도, 규정의 문언은 하는 채무나 부작위 채무의 불능을
상정하는 표현을 채택하여 이후 학설과 실무의 해석에 의지하는 편이
보다 적절한 입법일 것이다.

더 나아가 이 문언만으로는 법률행위에 의한 대체이익이 반환대
상이 될 것인지 여부 더 나아가 채무자가 채권자 손해를 초과한 이익
을 받은 경우에도 이익 전부를 반환해야하는지 여부 등의 문제가 결
정되어 있지 않다고 보인다. 물론 이 문언을 읽는 방법에 따라서는
어떤 특정한 견해가 반영되어 있다고 볼 수 있을지도 모른다. 예를
들어 문언이 이행할 수 없게 된 사유를 특정하지 아니하므로 당연히
법률행위로 인해 대체이익이 발생한 경우도 적용되고, 상환청구의 범
위나 한도가 없으므로 이익 모두가 반환되어야 한다고 이해할 여지도
없는 것은 아니다.119) 그러나 솔직하게 문언을 관찰한다면, 이 규정

---

118) 해석으로 대상청구권을 인정하는 오스트리아와 스위스에서도 같은 내용은 인정되
    고 있다. Bollenberger(주 28), S. 13f., 16 참조.
119) 김재형(주 116), 628, 629면.

을 받아들인다고 하더라도 종래 논의가 종식될 것으로는 예상되지 아
니한다. 이는 실제로 개정안과 유사한 문언의 독일 민법의 해석과 관
련해 여전히 다툼이 있다는 사실을 고려할 때 그러하다. 굳이 규정을
신설하면서도 종래 해석론상 논의가 분분하던 상황을 해소하지 못한
다면 그 입법의 의의는 감소할 수밖에 없을 것이다. 또한 입법단계에
서는 고려되고 있던 채무자의 확답촉구의 권리가 개정안에 반영되지
못한 것도 아쉬운 일이다.[120]

　　반면 "채권자가 채무불이행을 이유로 손해배상을 청구하는 경우
에, 제1항에 따라 이익의 상환을 받는 때에는 손해배상액은 그 이익
의 가액만큼 감액된다"는 제2항의 규정은 둘 필요가 있는지 의문이
다. 이는 청구권경합 및 손해배상의 법리로부터 당연하게 도출되는
결론이므로 굳이 규정하지 않아도 해석상 문제가 발생하지 않을 것이
기 때문이다.[121]

Ⅳ. 결　　론

　　본문의 내용을 요약하면 다음과 같다.

　　1. 우리 민법의 해석으로 대상청구권에 대해서는 다음과 같은 내
용이 인정된다. 즉 ① 문제되는 사안유형들을 검토한 결과 대상청구
권은 일반적으로 인정되어야 하고(Ⅱ. 3. 가.), ② 다만 법정채권의 경
우 당해 근거규범의 취지에 따라 달라질 수 있는데 이는 당해 법률의

---

120) 송덕수(주 20), 103~104면; 김재형(주 116), 629면 참조.
121) 이 규정이 참조한 것으로 생각되는 독일 민법 제285조 제2항은 위원회들의 심의
　　과정에서 논의되지 않다가 제2위원회 편집소위(Redaktionskommission)의 편집을
　　거치며 삽입된 것으로 보이는데, 그 경위는 불분명하다(Jakobs/Schubert(주 26),
　　S. 232, 233 참조). 독일 민법 외에 이러한 규정을 두는 예는 쉽게 발견되지 아니
　　한다.

해석문제이며(Ⅱ. 3. 가.), ③ 대상청구권은 급부를 당사자들 사이에서 채권자에게 귀속시키는 결과를 달성시키기 위한 부당이득과 유사한 성질의 구제수단으로(Ⅱ. 3. 나. (1)), ④ 법률행위로 인하여 대체이익이 취득된 경우를 포함하지만(Ⅱ. 3. 나. (2)), ⑤ 대상청구권의 반환범위는 손해에 한정되어야 하고(Ⅱ. 3. 나. (2)), ⑥ 대상청구권이 이행불능의 효과인 이상 주는 급부의무 외에 하는 급부의무나 부작위의무를 포괄하므로 이행불능으로 급부에 상응하는 이익이 채무자에게 발생되면 인정될 수 있다는 것이다(Ⅱ. 3. 나. (3)).

  2. 입법론적으로도 이상의 해석론적 결론이 반영되어야 한다. 앞서 요약한 내용 외에, 채무자의 최고권을 도입하는 것도 적절하다(Ⅲ. 2. 가.). 그러나 민법개정안은 이러한 입법적 제안에 비추어 보면 아쉬운 점이 없지 않다. 특히 적용범위를 주는 채무에 한정하면서, 법률행위에 의한 이익의 반환문제나 반환범위 문제에 대해서 침묵하고 있다는 점에서 그러하다(Ⅲ. 2. 나.).

⊠ 참 고 문 헌

1. 국내문헌

강봉석, "대상청구권의 의의 및 요건", 민사법학, 제32호, 2006.

곽윤직, 채권각론, 제6판, 2003.

곽윤직 편집대표, 민법주해[XⅢ], 1997.

곽윤직 편집대표, 민법주해[XⅦ], 2005.

권용우, "취득시효완성자의 대상청구권", 법학논총, 제30권 제1호, 2006.

김대규·전완수, "대상청구권에 대한 입법론적 고찰", 원광법학, 제22권 제2
        호, 2006.

김대정, 채권총론, 개정판, 2007.

김상현·이승길, "대상청구권의 인정여부에 관한 일고", 입법정책, 제3권 제1
        호, 2009.

김용담 편집대표, 주석민법 채권총칙(1), 제4판, 2013.

김재형, "제3자에 의한 채권침해", 민법론 Ⅲ, 2007.

김재형, "채무불이행으로 인한 손해배상에 관한 민법개정안", 민사법학, 제65
        호, 2013.

김준호, "이행불능의 효과로서 대상청구권", 사법행정, 제34권 제6호, 1993.

김증한·김학동, 채권총론, 제6판, 1998.

김증한·김학동, 채권각론, 제7판, 2006.

김형배, 채권총론, 제2판, 1998.

김형배, 사무관리·부당이득, 2003.

김형석, "유류분의 반환과 부당이득", 민사판례연구[XXIX], 2007.

김형석, "점유자와 회복자의 법률관계와 부당이득의 경합", 서울대 법학, 제
        49권 제1호, 2008.

남효순, "프랑스 민법상의 대상청구권", 비교법실무연구회 편, 판례실무연구

[Ⅰ], 1997.

민의원 법사위 민법안심의소위원회, 민법안심의록, 상권, 1957.

민의원 법사위 민법안심의소위원회, 민법안심의록, 하권, 1957.

박준서 편집대표, 주석 민법 채권각칙(5), 제3판, 2004.

성중모, "민법상 대상청구권의 반환범위", 법학논집, 제14권 제4호, 2010.

송덕수, "이행불능에 있어서 이른바 대상청구권", 경찰대 논문집, 제4집, 1985.

송덕수, "대상청구권", 민사판례연구[ⅩⅥ], 1994.

송덕수, "취득시효와 대상청구권", 저스티스, 제30권 제2호, 1997.

송덕수, "대상청구권에 관한 입법론", 법조, 제660호, 2011.

송덕수, 채권각론, 2014.

심준보, "취득시효와 대상청구권", 민사판례연구[ⅩⅩ], 1998.

안법영, "채권적 대상청구권", 김형배 교수 화갑기념 채권법에 있어서 자유와 책임, 1994.

안법영, "스위스·오스트리아의 대상청구권", 비교법실무연구회 편, 판례실무 연구[Ⅰ], 1997.

안법영, "대상청구권의 발전적 형성을 위한 소고", 한국법이론의 발전 Ⅱ, 1999.

양창수, "매매목적토지의 수용과 보상금에 대한 대상청구권", 민법연구, 제3 권, 1995.

양창수, "이행불능의 효과로서 대상청구권", 고시연구, 2001.

엄동섭, "대상청구권의 제한", 법률신문, 제2603호, 1997.6.2.

윤철홍, "이행불능에 있어서 대상청구권", 고시연구, 제18권 제10호, 1991.

이덕환, 채권총론, 2010.

이상경, "대상청구권", 이시윤 박사 화갑기념 민사재판의 제문제, 상권, 1995.

이성호, "미국법상 대상청구권의 인정여부", 비교법실무연구회 편, 판례실무 연구[Ⅰ], 1997.

이은애, "우리 민법상 이른바 대상청구권의 인정", 사법논집, 제26집, 1995.

이은영, 채권총론, 제4판, 2009.

이은영, 채권각론, 제5판, 2007.

이재경, "대상청구권에 관한 판례 및 학설의 검토", 법과 정책, 제19집 제2
호, 2013.

이충훈, "대상청구권", 연세법학연구, 제5권 제1호, 1998.

이혜리, "미국법상 기회주의적 계약위반에 대한 토출(吐出) 책임", 비교사법,
제21권 제2호, 2014.

임건면, "대상청구권에 관한 소고", 경남법학, 제14권, 1998.

장재현, 채권각론, 2006.

정상현, "대상청구권의 역사적 의미와 비교법적 고찰", 민사법학, 제39권 제1
호, 2007.

정상현, "대상청구권의 인정여부에 관한 법리 재검토", 성균관법학, 제19권
제3호, 2007.

정진명, "대상청구권에 대한 입법론적 소고", 민사법학, 제68호, 2014.

제철웅, "대상청구권의 적용범위", 사법연구, 제4집, 1999.

조광훈, "우리 민법상 대상청구권의 해석적 인정에 따른 비판적 논고", 사법
행정, 제47권 제10호, 2006.

조성민, "대상청구권에 대한 입법론적 고찰", 황적인 외, 민법개정안의견서,
2002.

주지홍, "대상청구권의 규범적 근거에 관한 소고", 연세법학연구, 제5권 제1
호, 1998.

지원림, "대상청구권", 곽윤직 교수 고희기념 민법학논총 제이, 1995.

최원준, "위험부담의 원리와 대상청구권의 인정여부", 성균관법학, 제21권 제
1호, 2009.

최종길, "대상청구권"(1965), 최광준 편, 민법학연구, 2005.

2. 외국문헌

Bamberger/Roth/Unberath, *BGB*, Band 1, 3. Aufl., 2012.

Bock, *Gewinnherausgabe als Folge einer Vertragsverletzung*, 2010.

Bollenberger, *Das stellvertretende Commodum*, 1999.

von Caemmerer, *Gesammelte Schriften*, Band Ⅰ, 1968.

Canaris (hrsg.), *Schuldrechtsmodernisierung 2002*, 2002.

Corbin on contracts, vol. 14, Revised ed. by Nehf, 2001.

Dornscheidt, *Grenzen der vertraglichen Gewinnhaftung*, 2013.

Erman, *BGB*, Band Ⅰ, 13. Aufl., 2011.

Esser/Schmidt, *Schudlrecht*, Band Ⅰ, 6. Aufl., 1984.

Harke, *Allgemeines Schuldrecht*, 2010.

Hartmann, *Der Anspruch auf das stellvertretendes commodum*, 2007.

Heck, *Grundriß des Schuldrechts*, 1929.

Helms, *Gewinnherausgabe als haftungsrechtliches Problem*, 2007.

Helms, "Gewinnhaftung", *Handwörterbuch des Europäischen Privatrechts*, Band Ⅰ, 2009, S. 753.

Historischer−kritischer Kommentar zum BGB, Band Ⅱ, 1. Teilband, 2007.

Jakobs/Schubert (hrsg.), *Die Beratung des BGB* §§ 241 bis 432, 1978.

Kaser/Knütel, *Römisches Privatrecht*, 19. Aufl., 2008.

Köndgen, "Immaterialschadensersatz, Gewinnabschöpfung oder Privatstrafen als Sanktion für Vertragsbruch?", *(Rabels) Zeitschrift für ausländisches und internationales Privatrecht* 56 (1992), 696.

König, "Gewinnhaftung", *Festschrift für von Caemmerer*, 1978, S. 179.

Kramer *Juristische Methodenlehre*, 3. Aufl., 2010.

Laband, "Zum zweiten Buch des Entwurfs eines bürgerlichen Gesetzbuchs für das Deutsche Reich. Ⅰ. Abschnitt. Titel 1 bis 3", *Archiv für die civilistische Praxis* 73 (1888), 161.

Larenz/Canaris, *Methodenlehre der Rechtswissenschaft*, 3. Aufl., 1995.

Lobinger, "Der Anspruch auf das Fehlersurrogat nach § 281 BGB", *Juristische Schulung* 1993, 453.

Löwisch, "Herausgabe von Ersatzdienst", *Neue Juristische Wochenschrift* 2003, 2049.

Meijers, *Ontwerp voor een Nieuw Burgerlijk Wetboek. Toelichting*, Derde Gedeelte (Boek 6), 1961.

Mommsen, *Erörterungen über die Regel: Commodum ejus esse debet, cujus periculum est*, 1859.

Münchener Kommentar zum BGB, Band 2, 5. Aufl., 2007.

Neiuwenhuis et al. red., *Burgerlijk Wetboek. Tekst & Commentaar*, Zesde druk, 2005.

Palandt, *BGB*, 71. Aufl., 2012.

Picker "Positive Forderungsverletzung und culpa in contrahendo", *Archiv für die civilistische Praxis* 183 (1983), 369.

Pothier, *Oeuvres de Pothier*, tome 2, Paris, 1825.

Rabel, *Das Recht des Warenkaufs*, 1. Band, 1936/1964.

Schubert (hrsg.), *Die Vorentwürfe der Redaktoren zum BGB. Recht der Schuldverhältnisse*, Teil 1, 1980.

Schulz, *Rückgriff und Weitergriff*, 1907.

Schulz, "System der Rechte auf den Eingriffserwerb", *Archiv für die civilistische Praxis* 105 (1909), 1.

Schwarze, *Das Recht der Leistungsstörungen*, 2008.

Selb, *Schadensbegriff und Regreßmethoden*, 1963.

Staudinger, *Kommentar zum BGB*, §§ 255 − 304, 2009.

Stoll, "Vorteilsausgleichung bei Leistungsvereitelung", *Festschrift für Peter Schlechtriem*, 2003.

Weiler, *Schuldrecht. Allgemeiner Teil*, 2013.

Wilburg, *Die Lehre von der ungerechtfertigten Bereicherung*, 1934.

Windscheid/Kipp, *Lehrbuch des Pandektenrechts*, Band 2, 9. Aufl., 1906.

民法修正案理由書 親族編・相續編, 1898.

法典調査會 民法議事速記錄 三, 1984.

潮見佳男, 債權總論 Ⅰ, 第2版, 2003.

民法(債權法)改正檢討委員會 編, 債權法改正の基本方針, 2009.

商事法務 編, 民法(債權關係)の改正に關する中間試案(槪要付き), 2013.

商事法務 編, 民法(債權關係)の改正に關する中間試案の補足說明, 2013.

法務省, 民法(債権関係)の改正に関する要綱假案, 2014.8.26.

제6장

증여계약에 관한 민법개정안 연구

최 봉 경

I. 서

증여계약은 민법전에서 계약각칙 중 가장 모두(冒頭)에 위치하고 있다. 인류문명의 발전사를 돌이켜 볼 때 우연만은 아니라고 생각된다. 반대급부에 대한 (법적) 기대 없이 자신의 재산을 준다(선물한다)는 것은 고도의 윤리적 행위이다. 인류는 동시대인과의 평화적 유대와 공존의 방정식을 여기에서 찾은 것이다. 이러한 증여의 강한 유대효과는 오늘날 증여계약의 근저에도 깔려 있다.

민법개정안은 증여계약에 관한 몇 가지 중요한 개정사항을 담고 있다. 이하에서는 증여계약의 개정 내용을 조문 순서대로 살피면서 관련 쟁점을 논하기로 한다. 제556조의 개정안은 2014년 2월 17일 민법개정위원회 제4기 제11차 전체회의에서 확정된 바를 기준으로 검토한다.

필자는 민법개정위원회 2기 4분과위원[1]으로 활동한 바 있는데, 그때 주된 검토분야는 계약각칙과 신종계약이었다. 따라서 '증여계약'도 그 일부였다. 그런데 증여계약이 계약각칙 중 모두에 위치하고 있

---

1) 소속위원은 백태승(위원장), 박수곤, 서희석, 김학준, 이동신, 최봉경이었다.

는 관계로 분과위가 개최되자 가장 먼저 다루어서인지 그렇게 많은
문제를 발굴하지 못했었다.

당시에는 우선 민법 제556조(이하 법명의 표기가 없는 조문은 민법
의 그것임)의 배신행위의 개념을 확대하고 제561조의 문언을 수정하
는 선에서 개정시안을 만들기로 합의했었다. 물론 분과위 회의 중 제
558조에 대한 논의가 있었으나 2004년 개정위의 결론(해제를 인정할
경우 복잡한 문제가 발생할 가능성이 있어서 개정 대상에서 제외하기로 함)
을 수용하는 데 그쳤던 것이다. 또한 도덕적 영역에 속하는 문제를
건드리는 것에 대해 저어함이 없지 않았고 후술하는 2009년 헌법재
판소의 결정에도 영향을 받았음을 밝혀둔다.

2011년 11월 28일 전체회의에 상정된 개정시안은 4분과안을 기
초로 하였으나 실무위원회는 증여자의 재산상태 변경으로 인한 해제
규정(제557조)을 보다 세분화하는 안을 제출하였었고, 위원장단 회의[2]
에서는 제558조를 삭제하는 등 추가적인 제안들이 있었다. 2011. 11.
28.과 2012. 2. 13. 그리고 2014. 2. 17. 각각 개최된 전체회의를 통해
증여계약과 관련된 위원장단 수정안이 민법개정위원회의 최종 개정안
으로 확정되었다. 필자는 4분과위에서 활동하던 당시 개정작업에 다소
소극적이지 않았는가 하는 자성 하에 개정안에 포함된 내용들에 대해
제기될 수 있는 입법론 및 해석론을 비교법적 관점을 포함하여 전반적
으로 검토하고자 한다. 이하의 내용은 당시 4분과나 민법개정위의 의
견이 아니라 필자의 개인적 견해를 피력한 것에 불과함을 밝혀둔다.

아래에서는 먼저 증여의 본질적 의미와 특징 (및 증여자 보호의 필
요성)에 관해 살펴보고(Ⅱ. 부분) 증여법의 개정의 필요성을 확인한 후
(Ⅲ. 부분) 구체적인 개정의 내용을 검토해 나가기로 한다(Ⅳ. Ⅴ. 부분).

---

2) 제3기 민법개정위원회 5차 위원장단 회의(2011. 7. 4.), 6차 위원장단 회의(2011.
   8. 22.). 상세한 내용은 2013년 법무부 민법개정시안(민법개정총서 제10권)—채권
   편(하), 법무부 민법개정자료발간팀, 2013, 53~64면 참조.

말미에 결론삼아 간략한 소회를 덧붙였다(Ⅵ.).

Ⅱ. 증여의 의미와 특징

1. 증여의 개념과 본질

증여란 '당사자 일방이 무상으로 재산을 상대방에게 수여하는 의사를 표시하고 상대방이 이를 승낙함으로써 그 효력이 생기는' 계약을 말한다(제554조).[3] 주지하다시피 대표적인 무상계약이다.[4]

증여는 법과 도덕의 영역이 착종되는 계약유형이다. 증여는 또한 증여자의 '명예감정'과 밀접하게 연관되어 있다. 세법상의 혜택을 보기 위한 '이기적인' 증여일지라도 증여의 길을 선택하는 것 자체가 동시대를 함께 살아가는 이웃에게 혜택을 베푸는 명예로운 일인 것이다. 또한 그러한 내면적인 '이기적' 동기가 증여의 성립에 지장을 주지도 않는다.

한편 인류학적인 연구결과에 의하면 증여의 무상성은 단순한 희생 내지 재산권의 이전이 아니라 무언가 답례를 기대하는 의미를 내포하고 있다.[5]

---

3) 초안 제543조(현행 민법 제554조에 대응하는 조문)는 '給與'라고 하였으나 이를 '급여는 현행법에 있어서의 給付에 대응하는 용어로 사용하고 있으므로 초안 제457조(대물변제)의 용어와 혼동을 피하기 위한' 목적으로 '授與'로 수정하였다. 민법안심의록 상권, 민법안심의소위원회, 1957, 323면. 의용민법에서 '자기의 재산'으로 되어 있던 부분도 '재산'으로 수정하였으며, 이 점 또한 '타인의 재산을 증여의 목적으로 할 수 있다'는 이유로 타당한 수정이라고 평가하였다. 민법안심의록 상권, 동소. 당시 초안 제543조는 만주국 민법 제540조와 동일한 내용이었다.

4) 증여자의 무상출연에 의해 수증자의 이득이 발생하는 객관적 구조를 지니고 있다. 또 출연의 무상성에 대해 당사자 간에 주관적 합의가 존재하는 특징이 있다. 물론 혼합증여의 경우에는 '유상'인 부분, 즉 대가적 견련관계가 인정되는 부분과 '무상'인 부분이 혼재한다. 이때 이하에서 살펴보는 망은행위에 의한 해제나 재산상황의 악화로 인한 해제 및 증여자의 경감된 하자담보책임규정은 '원칙적'으로 '무상'인 부분에 대해서만 적용될 것이다.

5) 이러한 증여의 호혜성에 주목하여 증여행위를 '호혜적 이타주의'로 설명하기도 한

인류문명을 거슬러 올라가면 원시사회를 만나게 된다. 그 원시사회에서 증여의 원형을 찾을 수 있다. 씨족간에 교류를 증진하고 재화를 교환하는데 '증여'는 중요한 역할을 수행하였다.6) 북서부 아메리카의 몇 몇 인디언 부족의 증여문화(마르셀 모스는 이를 '포틀래치(potlach)'라고 칭한다)를 연구한 마르셀 모스는 포틀래치의 경제적, 사회현상학적, 심리학적 측면을 강조하면서 제공, 수령, 답례가 포틀래치의 본질이자 주된 요소라고 지적한다.7)

씨족의 추장과 가신사이, 가신과 그 추종자 사이에서 증여에 의해 위계질서가 정해졌고 증여를 많이 할수록 위신과 명예가 동반되었다. '준다'는 것은 자신의 우월성을 상징하는 것이었고 답례를 하지 않거나 더 많이 답례하지 않으면 '받음'을 통해 종속되는 것을 의미하였다. 더구나 선물을 '받을 의무'가 있었다. 받는 것을 거부하는 것은 초대하거나 주는 것을 거부하는 것과 마찬가지로 전쟁을 선언하는 것과 마찬가지였다.8) 또 선물의 교환은 많은 부를 가져다준다고 사람들은 믿었다. 그리고 그것이 신과 자연에 대한 인간의 도리라고 이해하였다.9)

증여에는 반드시 답례가 뒤따라야 했는데10) 이는 주로 종교 경

다. R. Trivers, "The evolution of Reciprocal Altruism", The Quarterly Review of Biology 46(Mar.) pp. 35~57. Reprinted in: R. Trivers, Natural Selection and Social Theory, Selected Papers of Robert Trivers, 2002, pp. 18 ff. 참조. 호혜적 이타주의에 대한 보다 상세한 설명은 윤진수, "증여계약의 해제에 관한 민법개정안", 민사재판의 제문제 21권, 2012; 윤진수, "財産法과 비교한 家族法의 特性," 민사법학 제36호, 2007, 587~588면도 참조.

6) 씨족간의 선물교환의 의미를 체계적으로 연구한 최초의 연구서인 '증여론(Essaie sur le don, 1925)'은 프랑스 인류학자 마르셀 모스(Marcel Mauss)의 저서이다. 모스의 방법론은 '여러 사실들을 그것이 속해있는 사회적인 단위들의 총체적인 관계 속에서 이해하고자 한 점'에 그 특징이 있다. 마르셀 모스(이상률 옮김), 증여론, 한길사, 2009(이하 [증여론]으로 인용함), 25면.

7) 위 증여론, 147~167면.

8) 위 증여론, 32~34면.

9) 위 증여론, 76~78면.

10) 이러한 답례의무는 절대적이었다고 한다. 위 증여론, 163면, 주 197. 이에 따라 증

전을 통해 보존되어온 '네가 주기에 나도 주는 것이다(do ut des, 산스
크리트어로는 dadami se, deho me)'라는 문구에서도 드러난다.[11]

이상과 같은 증여론에서 우리가 확인할 수 있는 것은 증여자와
수증자 사이에, 서로가 서로를 구속한다고 생각할 정도의, 강한 유대
가 형성된다는 사실이다.

그러한 유대는 대개 종교적, 도덕적 의미를 띠고 있었다. 그리고
종교적, 도덕적 유대의 기초가 깨어질 경우, 즉 답례가 부족하거나 몰
염치한 행위가 있을 경우 선행한 증여의 철회는 당연시되었다.[12] 따
라서 증여가 이행되었을 경우에도 증여물은 당연히 반환되어야 한다
는 것은 명백하였다.

이러한 인류학적 관점에서 바라본다면 본고의 연구대상인 민법
개정안에서 제안하고 있는 바와 같이 기이행된 증여에 대해서도 망은
행위에 기한 해제를 인정하는 것이 정당화될 수 있다고 생각한다(상
세는 하술).

이하에서는 증여제도의 구조적 특징이라고 할 수 있는 이행 전과
후의 차별적 취급문제를 살펴본다.

여는 위험을 의미할 수도 있었다. Gift가 영어로는 '선물'이지만 독일어에서는 '독'
을 의미하는데, 어원학적으로 본문에서와 같은 증여론과 연관되어 있을 것이다
(Mitgift(결혼지참금)도 참조). 위 증여론, 243~244면. 고대 힌두법에서도 증여된
물건 자체가 쌍무적인 유대를 형성하기 때문에 사람은 자기를 싫어하는 사람의 집
에서 식사해서는 아니 된다고까지 말했다고 한다. 특히 브라만교에서는 재산과 사
람을 동일시하였고 브라만의 재산은 브라만 그 자신이라고 보았는바 이러한 재산
을 증여한다는 것은 자신의 영혼을 함께 주는 의미가 있었다. 위 증여론, 217~
235면.
11) Tremearne, Haussa Superstitions and Customs, 1913, 55면, 위 증여론. 86면 주
72에서 재인용. 마오리족의 속담에 '네가 받은 만큼 주어라. 그러면 모든 일이 매
우 잘될 것이다'라는 것이 있다고 한다. 위 증여론, 260면(그리고 이는 훌륭한 지
혜로서 인류진화의 과정 내내 변하지 않았다고 한다).
12) 위 증여론, 207면. 로마법에서도 동일한 취지의 법언이 보인다. 위 증여론, 207면
주 26 참조.

2. 증여의 이행 전과 후

대부분의 입법례는 증여가 이행된 경우와 아직 이행되지 않은 경우를 구별하고 있다. 기이행된 경우에는 새로운 이해관계로 연결된 제3자가 존재할 가능성 및 받은 이익의 소진 등 복잡한 문제들이 연동되어 있고 이는 특히 증여를 해제할 경우 유의미하다.

먼저 증여의 해제사유가 이행되지 않은 시점에 이미 존재할 경우 그 이행 자체를 거절할 수 있는 것은 당연하다. 기이행된 경우 대체로, 후술하는 바와 같이 추가적 요건 하에 반환청구를 인정하고 있다. 스위스 채무법 제249조[13]와 제250조[14]의 구별이 이를 전제로 하고 있고, 독일 민법의 구별[15]도 같은 선상에 서 있다.

우리 현행 민법에 따르면 제556조와 제557조에서 망은행위나 재산상태변경의 사유가 인정될 경우 증여를 해제[16]할 수 있다. 여기서

---

13) 즉시증여 및 이행된 증여약속에서 증여자는 다음의 경우에 증여를 철회하고 수증자에게 이익이 현존하는 한 증여물의 반환을 청구할 수 있다(밑줄은 필자가 가함). 1호. 수증자가 증여자 또는 그와 밀접한 관계에 있는 사람에게 중대한 범죄(Straftat)를 저지른 때, 2호. 수증자가 증여자나 그의 친족에 대하여 부담하는 친족법상의 의무를 중대하게 위반한 때, 3호. 수증자가 증여와 결부된 부담을 부당하게 이행하지 아니한 때.

14) 제1항: 증여의 약속에 있어서 증여자는 다음의 경우에 약속을 철회하고 그 이행을 거절할 수 있다. 1호. 즉시증여에서 증여물의 반환을 청구할 수 있는 것과 동일한 사유가 있는 때, 2호. 증여의 약속 후에 증여자의 재산상태가 그에게 상당한 부담이 될 정도로 변경된 때, 3호. 그 이전에는 전혀 존재하지 않았거나 사소한 범위에서만 존재하였던 증여자의 친족법상의 의무가 증여약속 후에 발생한 때(밑줄은 필자가 가함).

15) 한편으로는 제519조 제1항은 "증여자의 그 외의 의무를 고려할 때 증여약속의 이행이 자신의 적절한 생계 또는 법률에 의하여 부담하는 부양의무의 이행을 위태롭게 하는 경우, 증여자는 약속의 이행을 거절할 수 있다"고 규정하고 있고, 다른 한편 제528조 이하에서는 이행된 증여물의 반환에 관한 규정을 두고 있다.

16) 의용민법에서는 '취소'라고 하였으나 '취소'라는 용어는 의사표시에 관한 하자를 원인으로 하는 것과 혼동의 염려가 있으므로 해제로 변경'한 것이다. 민법안심의록 (주 3), 324면. 독일, 스위스, 프랑스, 오스트리아, 일본은 '철회'라고 하고 있다. DCFR(Ⅳ.H.－4:103)과 스페인 민법전(Código Civil)도 마찬가지이다(revocation,

해제의 효과는 증여의 이행이 이루어지지 않는 한 그 이행의 거절로
나타날 것이다. 한편 현행 민법 제558조에 따라 기이행된 부분에는
해제의 효과가 인정되지 않는다.

요컨대 이행된 증여약속과 이행되기 전 증여약속의 구별은 비교
법적으로 일반화된 현상이라고 말할 수 있을 것이다.

하지만 이행되기 전 증여약속을 해제하는 경우와는 달리 기이행
된 부분에 관한 처리는 나라마다 요건과 방법에서 다소 차이를 보인
다. 이는 이해관계의 복잡성뿐만 아니라 각국의 증여문화의 차이가
반영된 것이 아닌가 하는 생각이 든다.[17]

---

revocatión이라는 표현을 쓰고 있다. 후자는 제3장 제2절(증여) 4관(de la revocatión
y reducción de las donaciones) 참조). 하지만 일본의 채권법개정안(우치다안)은
증여의 '철회'를 '해제'로 변경하고 있다. 위 DCFR에서도 수증자가 일반해제권의
전제조건이 충족되면 해제권(termination)을 행사할 수 있다(Ⅳ.H. − 3:203)(가령
대를 잇기 위해 삼촌으로부터 증여받은 종마가 생식능력이 없는 것으로 밝혀진 경
우 수증자인 조카는 그 종마의 관리, 유지비를 감당하고 싶지 않아 돌려주고자 할
것이다. Principle, Definitions and Model Rules of European Private Law, Draft
Common Frame of Reference, Full Edition, Ed. Christian von Bar/Eric Clive,
Vol. 3, 2009, p. 2848). 詳解 債權法改正の基本方針 Ⅳ, 各種の契約(1), 민법(채권
법)개정검토위원회 편, 2009, 177면 이하([3.2.3.05] 참조). 해제에 상응하는 용어
로는 'termination'이 많이 쓰이고 있다. 용어론에 관한 논의는 김진우, "서면에 의
하지 아니한 증여의 해제", 민사법학 56호, 2011, 347면 참조. 기타 해제에 관한
용어론은 졸고, "계약의 해제에 관한 소고 —PACL 작업을 중심으로—", 비교사법
제19권 제1호, 2012. 2, 99면 이하 참조. 본고에서는 각국의 다양한 예에 따라 해
제와 철회를 혼용하기로 한다.

17) 가령 현행 일본 민법은 배신행위에 의한 해제를 입법적으로 채택하지 않고 있는데
   그 이유는 '망은행위에 기한 해제를 인정하는 것은 마치 증여를 타인에게 은혜를
   팔기 위한 것으로 간주하는 것과 거의 같은 도의상 문제'로 인식하였기 때문이라
   고 한다. 하지만 학설상으로는 수증자에게 중대한 망은행위가 있었던 경우에까지
   수증자에게 증여의 이익을 보유토록 하는 것은 도의적으로 허용되지 않는 등의 이
   유로 망은행위에 의한 해제를 인정하여야 한다는 견해가 유력하다. 우선 詳解 債
   權法改正の基本方針 Ⅳ, 各種の契約(1)(주 16), 180면 이하; 袖木·松川, 新版 注釋
   民法(14), 1993, 33면 이하 참조.
      한편 스위스 채무법은 증여자가 증여 후 생계곤란 등 재산상의 곤궁에 빠지더
   라도 기이행된 증여재산의 반환을 인정하는 조항을 구비하고 있지 않다(주 67

한편 사적자치의 원칙에 비추어 볼 때 약정해제권의 유보하에 또
는 해제조건하에 증여계약을 체결하는 것도 가능함은 물론이다. 그러
나 다른 사정이 없는 한 증여계약은 쉽게 해제할 수 없다고 보는 것
이 일반적인 관념이다(오스트리아 민법 제946조[18])는 이점을 분명히 밝히
고 있다).

한편 계약당사자의 일방을 특별히 보호하는 것도 증여의 구조적
특징의 하나이다. 아래에서 이를 간단히 살펴본다.

3. 증여자의 보호

민법은 증여자뿐만 아니라 수혜자 측의 사적 자치도 보호하고 있
다. 이에 증여를, 설사 수증자에게 아무런 조건이나 부담이 없더라도,
그의 승낙을 전제로 하는 '계약'의 형태로 구성한 것이다. 증여에 있
어서 증여자와 수증자 간의 이해관계는 현격한 구조적 차이를 보인
다. 증여의 시작은 선한 동기에 의해 뒷받침되는 것이 일반적이다. 적
어도 증여계약이 유효하게 성립되기까지는, 설사 수증자가 계기를 부
여하였더라도, 증여자가 협상과정을 전적으로 주도할 것이다. 도덕적
우월감은 협상력의 우월성으로 나타나기 마련이다. 이러한 증여자의
선한 의도와 취지는 증여 후에도 지속적으로 존중되어야 한다. 또 증

참조).

18) Schenkungsverträge dürfen in der Regel nicht widerrufen werden. 그리하여 착
오에 기한 취소나 행위기초론의 적용에 '소극적' 영향을 미친다고 한다. 우선 Rummel
(Schubert), ABGB Kommentar, 3. Aufl., 2000, 제946조 방주 2(1930면) 참조. 이
에 대해 증여와 같은 무상계약에서는 원칙적으로, 즉 의심스러울 경우, 의사의 하
자에 기한 취소를 허용해야 한다는 견해가 있다. Basler Kommentar, Honsell/
Vogt/Wiegand, Obligationenrecht Ⅰ, 3. Aufl., 2003, 제249조 방주 2(1277면,
Vogt 서술부분). Schubert의 견해는 '동기의 착오'를 주로 염두에 둔 것으로 보이
므로 Vogt의 견해와 큰 차이는 없을 것으로 생각된다. 한편 독일 민법 제534조는
"윤리적 의무 또는 예의상 고려에 기한 증여에 있어서는 반환청구나 철회를 하지
못한다"고 규정한다. 동조는 윤리적 의무 또는 예의상의 배려에 기한 것이라는 이
유만으로는 '증여의 성격'을 배제할 수 없음을 전제로 하고 있다고 할 것이다.

여계약의 내용(목적과 용도 및 부담 포함)이 불분명할 경우 증여자의 의
사를 최대한 존중하는 방향으로 해석되고 실행되어야 할 것이다. 이
러한 도덕적 모티브[19]는 증여자의 책임에도 영향을 미친다(제559조
참조).

　　수증자가 동시대인의 윤리의식에 정면으로 반하는 망은행위를
할 경우 증여를 해제할 수 있도록 하는 것도 도덕적 책임의 법적 발
로라고 말할 수 있을 것이다.

　　한편 증여의 동기(Motiv)는 증여의 성립 여부에 아무런 영향을
미치지 않는다. 사실상 이기적인 동기(세금감면 등)에 의해 행해진 증
여도 있을 것이다. 하지만 증여하고자 하는 의도(Schenkungsabsicht)만
이 중요하다.[20] 그리고 특별한 사정이 없는 한 증여자는 선한 동기로
증여를 결심한 것으로 간주할 수 있을 것이다. 이타적 동기의 진실성
여부까지 가려가며 증여자의 책임을 감면하는 것은 바람직하지 않다
고 생각한다.[21]

Ⅲ. 민법상 증여법 개정의 필요성

　　현행 증여법 개정의 필요성은 본고 전반에 걸쳐 논증되고 있으나
이 장에서는 특히 개정안의 본격적인 검토에 앞서 그 주요한 근거를

---

19) 이를 증여의 이타성이라고 부를 수도 있을 것이다.
20) 가령 Rummel(Schubert)(주 18), 제941조 방주 1 (1924면) 참조.
21) 학술대회발표 당시 토론자는 "발표자는 망은행위를 이유로 한 증여해제에 있어서
　　의 근거 중 하나로, '증여자의 도덕적 동기에 대한 보호'가 필요하다는 취지의 논
　　거도 제시하고 있다. 그런데 일견하기에는 법률행위의 동기가 예외적이 아니라 원
　　칙적으로 고려대상이 되어야 하는지 의문이 아닐 수 없으며, 이는 특히, 법과 도덕
　　은 엄연히 규율국면이 상이하다는 점을 고려할 때, 더욱 그러하다고 할 수 있을
　　것 같다"는 질문을 제기하였다. 필자는 본문에서 서술한 바와 같이 증여라는 무상
　　의 출연행위 자체로부터 도덕적 동기는 추론될 수 있고, 실제적인 동기는 증여의
　　성립에 영향을 미치지 않는다고 생각하며, 증여는 특히 법과 도덕이 착종된 영역
　　이라는 단견을 여기에 적는 것으로 가름하고자 한다.

간략히 강조하기로 한다.

우리 민법상의 증여계약법은 9개 조문으로 구성되어 있다. 독일 민법이 19개(제516조 내지 제534조), 프랑스 민법이 36개(제931조 내지 제966조), 오스트리아 민법이 19개(제938조 내지 제956조), 스위스 채무법이 14개(제239조 내지 제252조), 스페인 민법은 39개(제618조 내지 제656조) 조문을 가지고 있는데 비해 적은 편이라고 할 수 있다. 물론 일본 민법과 같이 6개 조문(제549조 내지 제554조)만을 구비한 나라도 있는데, 우치다(內田)안은 19개 조문으로 확대, 개정할 것을 제안하고 있다.22)

우리 민법의 조문이 적은 이유는 상술한 바와 같이 증여를 도의적 문제로 간주하여 법이 적극적으로 개입할 필요가 없다고 보았기 때문일 것이다(Ⅳ. 3. 3) 참조).

현행 민법이 제정되던 당시 오늘날과 같은 기부문화는 거의 전무했을 것이다. 추측건대 사회생활상 통상적인 인사성 선물이나 다양한 형태의 관혼상제 부조, 기타 상부상조의 전통 속에서 '증여'가 이루어졌을 것이다.

하지만 오늘날 다양한 형태와 목적의 기부문화가 확대되고 있고 '증여'의 중요성도 증가하고 있다. 경제위기로 어려운 시기에도 불우이웃돕기, 금모으기 운동이 활기를 띄는 등 한국사회에서 어려움을 함께 나누는 문화는 다른 어떤 사회에서보다 보편화되어 있다고 생각한다. 기소르망이 우려한 이른바 사회적 사막(social desert, 어느 누구도 서로 보살피지 않는 사회)이라고 부르는 상태의 도래를 막는데도 증여는 매우 유용한 제도이다.23) 다만 비합리적인 혈연, 지연, 학연, 인

---

22) 詳解 債權法改正の基本方針 Ⅳ(주 16), 145면 이하 참조.
23) 기소르망, 세상을 바꾸는 착한 돈, 문학세계사, 2014. 기소르망이 2012년 6월부터 2013년 6월까지 1년간 미국에 머물면서 지켜본 미국 기부문화에 관한 책이다. 미국은 워런 버핏, 빌 게이츠 등 자수성가한 억만장자들이 거액의 기부금을 아낌없이 내는 나라라고 하며, 소르망은 이러한 비결을 자신의 성공을 행운으로 여기고,

정 등에 의해 충동적으로 이루어지는 증여보다는 이성적 판단에 기한 증여문화를 정착시킬 필요가 있을 것이다.

요컨대 오늘날 증여문화에 관한 인식의 변화(Ⅳ. 3. 4) 참조)에 상응하여 망은행위의 범위를 확대하고 증여자의 이행 후 사정변경에 대비한 규정을 정비하여 기이행된 증여의 해제도 가능하도록 개정하는 것이 바람직하다고 할 것이다. 이하에서 민법개정위원회의 개정안을 보다 구체적으로 검토하기로 한다.

Ⅳ. 증여계약 개정시안과 그 검토

1. 민법 제556조의 개정

현행	전체회의(2012. 2. 13.) 확정안	전체회의(2014. 2. 17.) 확정안
제556조(수증자의 행위와 증여의 해제) ① 수증자가 증여자에 대하여 다음 각 호의 사유가 있는 때에는 증여자는 그 증여를 해제할 수 있다. 1. 증여자 또는 그 배우자나 직계혈족에 대한 범죄행위가 있는 때 2. 증여자에 대하여 부양의무있는 경우에 이를 이행하지 아니하는 때 ② 전항의 해제권은 해제원인 있음을 안	제556조(수증자의 행위와 증여의 해제) ① 수증자에게 다음 각 호의 사유가 있는 때에는 증여자는 그 증여를 해제할 수 있다. 1. 증여자 또는 그 배우자나 직계혈족에 대하여 범죄행위, 학대 그 밖에 현저하게 부당한 대우를 한 때 2. 증여자에 대하여 부양의무 있는 경우에 이를 이행하지 아니하는 때 ② 제1항의 규정에 의하여 증여가 해제된 때에는 수증자는 증여된 재산과 해제 후에 수취한 과실(果實)을 반환하여야 한다. 수증자가 과실(果實)	제556조(수증자의 행위와 증여의 해제) ① 좌동. ② 제1항에 따라 증여가 해제된 경우에는 수증자는 해제된 날까지 수취한 과실 또는 이익을 반환할 의무가 없다. 증여받은 금전을 반환하여야 할 경우에 해제된 날까지의 이자도 이와 같다. ③ 좌동. ④ 증여자가 수증자의 제1항의 행위로 인하여 사망한 경우에는 증여자의 상속인은 이를 안 날부터 1년 내에 증여를 해제할 수 있다.

이를 사회에 다시 환원해야 한다고 생각하는 문화적 전통 때문이라고 설명하고 있다(밑줄은 필자가 가함).

날로부터 6월을 경과하거나 증여자가 수증자에 대하여 용서의 의사를 표시한 때에는 소멸한다.	을 소비하였거나 과실(過失)로 인하여 훼손 또는 수취하지 못한 경우에는 그 과실(果實)의 대가를 보상하여야 한다. ③ 제1항의 해제권은 해제권자가 해제원인 있음을 안 날부터 1년을 경과하거나 증여자가 수증자에 대하여 용서의 의사를 표시한 때에는 소멸한다.

본 조항의 개정 착안점은 다음과 같다.

1) 망은행위의 확대 및 객체의 제한

a. 증여를 받은 사람, 즉 수증자는 증여자에 대해 '감사'의 마음을 가지기 마련이다.24) 하지만 그러한 감사의 마음을 표하지 않는다고 하더라도 증여를 되돌리거나 증여약속의 이행을 거절할 수는 없다. 그러나 이러한 무례를 넘어 현저한 배신행위를 한다면 법질서도 이에 반응하지 않을 수 없다. 법은 도덕의 최소한이지만 우리 시대의 사회도덕을 지키기 위한 최후의 수단이기도 한 것이다. 이것이 바로 제556조의 '해제'제도의 특징 중 하나이다. 즉 망은행위가 있을 경우 증

---

24) 학술대회당시 이에 대해 "물론, 상당수의 경우에 있어서 무상으로 누군가로부터 무언가를 받은 사람은 준 사람에게 다소간의 감사하는 마음이 있을 것 같으나, 과연 이러한 설명을 일반화할 수 있는 것인지는 의문이다. 즉, 수증자만이 증여의 목적물을 관리할 수 있는 설비를 갖추고 있거나, 더 잘 관리할 수 있는 노하우가 있는 경우에는 오히려 증여자가 감사해야 할 상황이 있을 수도 있지 않겠나 하는 생각이 든다. 따라서 증여를 반드시 증여자의 은혜적 입장을 강조하면서 분석할 필요가 있는지는 의문일 수 있을 것 같다"는 취지의 토론이 있었다. 프랑스에서는 이 경우 수증자가 증여자에 대하여 승인 또는 감사의 도덕적 의무(devoir moral de reconnaissance ou gratitude)를 부담한다고 설명하기도 한다. 프랑스 학설에 대해 우선 김성수, "프랑스민법의 증여의 취소(révocation)에 관한 연구", 민사법학 59호, 2012. 6, 609면 이하 참조.

여계약의 이행으로 행해진 급부의 반환을 청구할 수 있는 것이다.25)

　b. 개정안은 우선 망은행위의 범위를 현행법보다 확대하고 있다. 현행 민법 제556조 제1항 제1호는 오스트리아 민법 제948조26)의 예와 유사하게 '범죄행위'로 국한하고 있지만 개정안은 '학대 그 밖에 현저히 부당한 대우'로 확장하였다. 범죄행위가 현저한 망은행위의 대표적인 예임은 분명하지만 망은행위가 여기에 국한되는 것은 아니기 때문이다. 여기서 학대는 그 밖에 현저하게 부당한 대우의 한 예시로 볼 것이다. '그 밖에 현저하게 부당한 대우'에는 '범죄를 구성하지 않기는 하지만 현저한 배은적 모욕행위'나 '역시 범죄를 구성할 정도는 아니지만 근거 없는 악성루머유포행위' 등도 포함될 수 있을 것이다.27)

---

25) 민법 제558조의 개정시안은 아래 Ⅲ. 3. 부분에서 검토한다.

26) 수증자가 증여자에게 중대한 망은행위에 대한 책임이 있을 경우 증여는 철회될 수 있다. 중대한 망은행위는 직권 또는 가해자의 청구에 의하여 가해자가 <u>형법에 의하여 소추될 수 있는</u> 신체, 명예, 자유 또는 재산에 대한 가해를 의미한다(밑줄은 필자가 가함). 하지만 오스트리아에서도 형법상 처벌이 가능한 행위라고 하더라도 그 망은의 현저성이 증여의 반환을 정당화시킬 수 있을 정도에 이르러야 한다고 본다. 가령 모욕죄에 해당하더라도 <u>당해 사안의 총체적 평가</u>를 통해 증여가 철회될 정도의 '현저한 망은행위'가 아닐 수도 있다는 것이다(밑줄은 필자가 가함). 또한 수증자에 대한 형사법원의 판결이 존재하지 않을 경우 민사법원 판사가 형사범죄의 구성요건을 심사할 수 있으며, 이때 공소시효가 도과되었더라도 문제되지 않는다고 한다. JBl 1973, 204 참조. 나아가 증여자뿐만 아니라 증여자의 근친에 대해 범죄행위가 행하여졌을 경우에도 증여자에 대한 '중대한 망은행위'가 될 수 있다고 한다. Koziol/Welser, Grundriss des bürgerlichen Rechts, 10. Aufl., Bd Ⅰ, 1995, 351면.

27) 위 학술대회 당시 토론자는 "이러한 사정까지 포함되는 것으로 해석하게 될 경우, 증여자에 대해 수증자가 항상 존경의 태도를 보이라는 의미로 이해될 여지도 있으며… 동조의 규정이 남용될 여지도 있지 않은가 하는 우려감"을 토로하였음을 적어 둔다. 이에 관해 본문 Ⅳ. 1. 6) 부분 참조. 프랑스에서도 망은행위에 의한 증여의 취소(révocation)를 인정하고 있으며(프랑스 민법 제955조), 증여자의 생명을 침해한 경우(동조 제1호)(살인의 고의로 충분하며 실제 살인의 결과로 귀결되지 않아도 무방하다. 이때 수증자의 형사처벌이나 유죄판결이 필수적 요건도 아니다), 중대한 학대와 범죄, 모욕(동조 제2호)(이때 중대성 판단을 사실심법관의 전속사항이다), 부양의 거절(동조 제3호)이 인정되면 증여를 취소할 수 있다. 이러한 취소는 이른바 대인적 소권에 해당하며 재판상 행사되어야 한다. 이때 취소소권의

최근 증가하고 있는 도덕적 쇠락현상에 경종을 울리고자 하는 의도도 있다.28)

     c. 개정안은 다음으로 범죄행위의 객체를 증여자 또는 그 배우자 및 직계혈족으로 한정하고 있다. 배우자에는 사실상의 배우자도 포함되는 것으로 해석할 여지가 있다. 사실상의 배우자에 대한 현저히 부당한 대우도 증여자에게 망은행위가 될 수 있는 것이다. 그 밖에도 증여자에게 가까운 사람은, 아래 비교법적 고찰에서도 알 수 있듯이, 더 있을 수 있다. 그럼에도 앞의 세 가지로 한정한 이유는 무엇인가 (후술 d. 참조).

     d. 4분과위가 비교 검토한 외국입법례중 하나인 스위스 채무법 제249조 제1호는 수증자가 증여자 또는 그와 밀접한 관계에 있는 사람에게 중대한 범죄(schwere Straftat)를 범한 때에 증여를 철회하고 증여물의 반환을, 이익이 현존하는 범위에서, 청구할 수 있도록 하고 있다.

     동조는 2000년 1월 1일 개정되었는데 개정 전까지 '중대한 범죄행위(schweres Verbrechen)'라는 표현을 사용하였다. '중대한 범죄(Straftat)'29)에는 개정 전과 마찬가지로 '범죄행위'가 포함되지만 '경'범죄(Über-tretungen)는 해당되지 않는다고 한다. 그리고 '중대한 범죄'개념에 포섭되려면 범죄의 구성요건, 위법성 및 책임은 일단 긍인될 수 있어야 하지만 민법상 독자적으로 해석될 여지가 있다. 도덕적 비난가능성은

행사기간을 1년으로 제한한다(프랑스 민법 제957조 제1항). 이는 취소가 사적 형벌(peine privé)이라는 사고에 영향을 받은 것이라고 한다. 이 기간은 망은행위를 한 날 또는 증여자가 이를 안 날로부터 기산된다. 보다 상세한 것은 김성수(주 24), 629~640면 참조.

28) 민법개정위원회 2기 4분과위의 회의과정에서도 이러한 취지의 발언이 있었다.

29) Straftat는 맥락에 따라 범죄, 죄, 범행 또는 범죄행위라고 번역될 수 있다. 본문에서는 '형사범죄'의 의미가 강하다고 생각되는데 일단 '범죄'라고 번역하기로 한다. 범죄행위라고 번역하면 동어로 번역되는 Verbrechen과 구별되지 않기 때문이다. Deutsch-Japanisches Rechtswörterbuch, 獨和法律用語辭典(제2판), Bernd Götze, 2010, 참조.

달리 판단될 수 있기 때문이다.[30] 당해 위법행위가 직권에 의해 또는 피해자의 청구에 의해 소추되었는지 여부나 수증자가 실제 처벌을 받았는지 또는 당해 범죄행위의 공소시효가 도과되었는지 여부는 중요하지 않다.[31]

위 스위스 채무법의 특징은 당해 범죄가 '증여자와 밀접한 관계에 있는 사람'에게 행해진 경우에도 철회를 인정한다는 것이다. 가령 가까운 친구(Freund)나 내연관계의 파트너(Konkubinatspartner)[32]도 이에 해당될 수 있다고 한다. 증여자의 명예감정을 폭넓게 보호해 주려는데 그 목적이 있다고 생각된다. 하지만 밀접한 관계에 있는 친구의 범위도 모호할뿐더러 내연관계의 범위도 불확실하다. 이러한 불확실성은 증여를 둘러싼 법률관계를 불안정하게 만들 것이다.

따라서 위 개정안과 같이 증여자 및 그 배우자 또는 직계혈족으로 제한하는 것이 타당하다고 생각된다.

참고로 독일 민법 제530조 제1항은 '증여자의 근친'에 대한 망은행위를 증여의 해제사유로 인정하고 있는데, '근친'의 여부는 '특정한 친인척간의 촌수(bestimmter Verwandtschaftsgrad)'를 기준으로 하는 것은 아니라고 한다.[33] 가령 사돈지간도 함께 거주할 경우 여기에 해당할 수 있다.[34]

또 스위스 채무법 제249조 제3호에 따라 '수증자가 증여와 결부된 부담을 부당하게 이행하지 아니한 때'에도 증여의 철회와 현존이익의 반환이 인정된다. 이는 부담부 증여를 쌍무계약으로 보지 않는 태도에 기인한 것이며, 부담에 대한 이행의 소를 제기하는 경우와 비

---

30) 주 27 참조(당해 사안에 관한 총체적 평가가 중요하다).
31) Basler Kommentar(주 18), 제249조 방주 9(1278면, Vogt 서술부분).
32) 오늘날 내연관계에 있는 사람 중 한명이 기혼자라고 할지라도 그들 사이의 증여가 양속위반은 아니라고 한다. 전주의 책, 제239조 방주 40(BGE 109 Ⅱ 17) 참조.
33) Beck'scher Online – Kommentar BGB(Bamberger/Roth 편집), 2014, 32판, 제530조 방주 3 참조.
34) Erman/BGB, 11. Aufl., 2004, 제530조 방주 3(Herrmann).

교해 볼 때 강력한 제재수단임에 분명하다.[35]

부담은 증여자의 채무와 대가적 관계에 서지 않으므로 이를 '부담(Auflage, charge)'이라고 지칭하기는 하나 부담부 증여는 오늘날 확대되는 경향이 있고 많은 경우에 '부담'을 '증여'와 '동시 이행'의 관계에 두고자 하는 것이 ―경제적 대가의 차이에 관계없이― 증여자의 의사에 부합하는 경우가 많을 것이다.[36] 나아가 수증자의 의사(증여자가 증여를 하지 않는 한 부담을 이행하지 않는다)에도 부합하는 경우가 적지 않다. 또한 통상적으로 증여자의 선급부가 행해지는 경우에는 동시이행관계를 관철하는 것이 사실상 불가능할 경우도 있을 것이다. 이 모든 경우에 탄력적인 대응을 할 수 있도록 함에 있어서 쌍무계약 규정의 '준용'을 인정하면 충분할 것이다. 이러한 관점에서 필자는 민법 제561조의 '적용'을 '준용'으로 개정할 것을 제안하였고[37] 이는 종래 개정안으로 확정되었다.

2) 망은행위의 현저성

a. 증여의 해제를 정당화하려면 수증자의 망은행위가 현저하여야 한다. 독일 민법 제530조도 망은행위의 경우 증여자가 증여를 철회할 수 있음을 인정하고 있으며 그 철회는 부당이득법에 따라 이루어지도록 규정한다(동법 제531조 제2항).[38]

---

35) Basler Kommentar(주 18), 제249조 방주 13(1280면, Vogt 서술부분). 증여와 결부된 부담을 이행한 경우라도 망은행위로 인한 철회는 여전히 가능하다(OLG Darmstadt OLGE 5, 145).

36) 주지하다시피 학설과 판례는 동시이행관계를 '동일한 생활관계에서 비롯된 경우' 또는 형평의 원칙에 의해 널리 인정하는 경향이 있다. 프랑스 민법도 같은 맥락에서 이해될 수 있을 것이다. 우선 Christian Larroumet, Droit Civil, Les Obligations Le Contrat, Tome Ⅲ, 5 édition, 2003, 166면, 804면 등 참조.

37) 졸고, "계약각론 및 사무관리법의 개정착안점에 관한 소고", 민사법학 제52호, 2010, 460~461면 참조.

38) 동법 제532조 이하는 철회권이 제한되는 경우를 규율하고 있다. 증여자가 망은행위를 유서한 때에도 철회권은 제한되며 철회권행사의 제척기간을 권리요건이 충족되었음을 안 날로부터 1년으로 하고(제532조), 망은사유가 철회권자에게 알려진

그리고 망은행위시 철회는 행위기초상실의 특별한 예로 이해한다.[39] 수증자는 일종의 책무(망은행위를 하지 않을 의무)(Obliegenheit)[40]를 부담하는 셈이다. 독일 민법상의 망은행위도 '현저(grob)'하여야 한다.[41] 그리고 '도덕적 비난가능성'에 기초한 것이어야 한다. 법적 의무의 위반이 전제될 필요는 없다. 범죄행위에 해당되어야 하는 것도 아니다. 학대 기타 현저하게 부당한 대우면 족하다. 불법행위의 책임능력에 관한 조항도 그 유추적용 여부를 긍정적으로 검토할 수 있을 것이다. 책임무능력자의 경우 도덕적으로 비난하기 어려울 것이기 때문이다.[42] 도덕적 책임이라는 측면에서 보면 대리제도를 통한 본인에의 책임귀속 메카니즘도 인정하기 어렵다.[43] 또한 부부간 증여의 경우에도 망은행위에 기한 철회는 원칙적으로 인정된다.[44] 나아가 수증자가 근거가 없음을 알면서 증여자에 대한 후견을 신청한 경우도 현저한 망은행위에 해당할 수 있다.[45]

경우 철회권의 포기도 가능하며(제533조), 윤리적 의무 또는 예의상 고려에 기한 증여는 철회할 수 없도록(제534조) 규정한다. 물론 '윤리적 의무'의 범위를 넘어서는 부분에 대해서는 다시 제530조가 적용될 수 있다. Larenz, SchR Ⅱ/1, 13. Aufl., 1986, 205면, 각주 26.

39) Münchner Kommentar(J.Koch)(이하 MK(집필자)로 약칭), 5. Aufl., 2008, 제530조 방주 1(1202면), 2008.

40) 독일에서는 증여자와 수증자 간에 근친관계일수록 이러한 책무가 강해지지는 않는다(즉 망은행위 판단의 기준이 달라지지는 않는다)고 한다. BGH NJW 1978, 213, 214; MK(J. Koch)(주 39), 방주 7(1205면)과 각주 28 참조.

41) 수증자가 망은행위를 함에 있어서 그 피해자가 '증여자 또는 그의 근친'임을 몰랐던 경우에는 '현저한 망은행위'에 해당하지 않는다고 한다. Palandt(Weidenkaff 집필부분), 70.Aufl., 2011, 제530조 방주 8; MK(J. Koch)(주 39), 방주 7(1204면). 부담부 증여에서 그 '부담 (Auflage)'의 수혜자에 대한 망은행위에도 동조의 적용이 없다(Palandt(Weidenkaff), 동소).

42) Larenz(주 38), 동면, 각주 25 참조.

43) Larenz(주 38), 동소. 책임무능력자인 미성년 본인에게 그 법정대리인의 망은행위의 법적 책임을 귀속시킬 수 없다고 한다.

44) BGH WM 82, 1057. 물론 부부간의 모든 출연행위가 증여에 해당하는 것은 아니다.

45) BGH NJW 1980, 1789, 1790; 1993, 1577, 1578.

b. 증여자가 스스로 현저한 비행을 저지른 경우에도 수증자의 망은행위에 기초한 해제권을 전적으로 박탈당하지는 않는다. 하지만 수증자의 망은행위가 선행한 증여자의 비행에 대한 '반응(Reflex)'에 불과할 경우 그 현저성 판단에 영향을 미칠 것이다.[46]

요컨대 망은행위의 현저성은 증여자와 수증자 양자 모두의 행위를 포함한 해당 사안의 제반사정(망은행위의 태양, 정도, 빈도 등)을 총체적으로 고려하여 결정하여야 할 것이다.[47]

개정안 제556조 제1항에서도 기타 부당한 대우의 현저성을 요구하고 있다. 위와 같은 독일의 해석론은 우리에게도 참고가 될 만하다. 한국에서도 더 가까운 근친관계일수록 망은행위를 하지 않을 부작위 책무가 강해진다고 도식화할 이유는 없어 보인다. 촌수와 실질적 친소관계가 반드시 일치하지는 않기 때문이다.

3) 망은행위로 인한 증여의 해제와 반환범위

민법개정위원회는 망은행위가 있을 경우 기이행된 부분의 반환도 청구할 수 있도록 제558조를 삭제하고 제556조도 그에 맞게 수정한 개정안을 마련하였다(제558조의 삭제안은 아래 3.에서 설명한다).

그런데 반환의 범위에 대하여 '망은행위로 인한 해제의 경우에는 수증자가 얻은 이익이 현존하는 범위 내에서 그 이득을 반환시키는 것이 형평의 관념에 부합한'다고 주장하는 견해가 있으며 비교법적으로 다수의 예를 찾을 수 있다(독일 민법 제531조 제2항, 스위스 채무법

---

46) Rummel(Schubert)(주 18), 제948조 방주 1(1931면) 참조. 5 Ob 539/95는 수증자가 증여계약상의 의무를 이행함에 있어서 증여자가 방해행위를 하고 부당한 비난을 일삼았고 또 먼저 물리력을 행사하는 바람에 수증자로서 자신을 방어하는 과정에서 증여자에게 경미한 부상(입술과 무릎의 찰과상)을 입힌 경우 증여의 해제를 정당화 할 만한 '중대한 망은행위'로 보지 않았다.
47) 위 BGH WM 82, 1057(Gesamtwürdigung(총체적 평가)라고 표현하고 있다). 오스트리아 최고법원의 판결도 Gesamtbeurteilung aller Umstände(제반사정의 종합적 판단)을 중요시하고 있다(6 Ob 540/83; 5 Ob 539/95 등 참조).

제249조, 오스트리아 민법 제949조 등).48)49)

48) DCFR Ⅳ.H.-4:201 제4항은 제1항에 대해 현존이익 상실의 항변을 인정하지 않으며 제1항은 '고의로 중대한 비행'을 저지른 중대한 망은행위의 경우로 한정되어 있다. 참고로 DCFR 관련 조문을 소개하면 아래와 같다.

Ⅳ.H.-4:101(증여의 불가철회성과 그 예외)

물건의 증여를 위한 계약은 철회할 권리가 (a) 계약의 조항에 의하여 부여되었거나, (b) 이 장의 규정에 의하여 인정된 때에 한하여 취소될 수 있다.

Ⅳ.H.-4:103(철회의 효과)

(1) 이 장에서의 철회가 있으면 증여계약상 당사자의 미이행 의무는 소멸한다. 일부 철회의 경우에는 미이행 의무의 당해 뿐이 소멸한다.

(2) 이 장에서의 철회가 있으면 수증자는 증여물을 반환하여야 할 의무를 진다. 제7권(부당이득) 제5장 및 제6장은 이 장에서 달리 규정되지 않는 한 적절하게 변형되어 적용된다.

Ⅳ.H.-4:104(시한)

이 장에서의 철회권은 상황을 고려하면 증여자가 관련사실을 알았거나 알았을 것으로 합리적으로 기대될 수 있는 때로부터 합리적인 기간 내에 철회 통지가 되지 않으면 소멸한다.

Ⅳ.H.-4:201(수증자의 망은행위)

(1) 물건의 증여를 위한 계약은 수증자가 증여자에 대하여 고의로 중대한 비행을 저지름으로써 중대한 망은행위의 책임을 지게 된 때에는 철회될 수 있다.

(2) 증여자가 관련 사실을 알면서 수증자를 용서한 때에는 이 조문에 따른 철회는 배제된다.

(3) 제1항에 관하여는 Ⅳ.H.-4:104(시한)의 합리적 기간은 최소한 1년이다. 증여자가 합리적 기간 내에 사망하면 기간의 진행은 철회권자가 관련사실을 알았거나 알았을 것으로 합리적으로 기대될 수 있는 때까지 정지된다.

(4) 제1항에 관하여는 Ⅶ.-6:101(현존이익 상실)에 의한 현존이익 상실의 항변은 적용되지 않는다.

Ⅳ.H.-4:202

(1) 물건의 증여를 위한 계약은 증여자가 자신의 재산이나 수입으로부터 생계를 유지할 수 없는 때에는 철회될 수 있다.

(2) 증여자는 (a) 다른 사람이 부양을 하여야 할 위치에 있을 때 증여자가 그에게 부양을 청구할 수 있거나, (b) 증여자가 사회부조(social assistance)를 받을 수 있을 때에는 생계를 유지할 수 없는 것이 된다.

(3) 철회권은 증여자가 제2항에 의한 부양을 받거나 받을 수 있는 정도로 수증자가 증여자를 부양하는 때에는 철회권은 정지된다.

(4) 제1항과 같이 스스로 생계를 유지할 수 없거나 급박하게 그렇게 되려는 증여자는 아직 이행되지 않은 계약에 따른 의무의 이행을 유보할 수 있다. 제3항은 이행을 유보할 권리에 준용된다. 증여자가 이행을 유보하면, 수증자는 계약관계를

망은행위를 한 수증자의 책임은 그 '도덕적 비난가능성' 및 '비난
의 강도'에 비례할 것이다. 이때 증여자와 수증자 간에 심각한 부당한
대우들이 오고 가는 경우에, 수증자의 망은행위를 부정할 수는 없지
만, 수증자에게만 책임을 돌리기 어려운 경우도 적지 않다. 또한 '부
담부 증여'50)의 경우 부담을 이행하기 위해 증여된 재산을 사용할 수도
(그리고 현존하는 이익이 더 이상 존재하지 않을 수도) 있을 것이다. 더구나
증여된 재산을 보존, 관리하기 위하여 자신의 재산을, 필요비·유익비
의 모습으로(또는 전혀 무익한 지출의 형태로), 사용하였을 수도 있다.51)

이러한 사정을 고려한다면 망은행위를 한 수증자의 반환범위를

해지할 수 있다.

(5) 이 조는 증여자가 법규정 또는 법원의 명령에 의하여 확정된 부양의무를
이행할 증여자의 능력이나 그러한 의무의 존재가 유효한 증여의 철회에 달려 있
는 때에도 적용된다.

(6) 이 조에 의한 철회권은 당사자에 의하여 제한되거나 배제될 수 없다.

49) 예컨대 주석민법 채권각칙(2)(3판), 1999, 183면(윤철홍). 그 밖에도 다수의 학자
들은 558조에 대해 비판적 입장을 견지하고 있었다. 곽윤직, 채권각론, 신정수정
판, 2000, 145~146면; 김증한/김학동, 채권각론(7판), 2006, 196면; 김형배, 채권
각론, 1997, 391면 등.

50) 혼합증여의 경우에도 망은행위로 인한 해제(민법개정안 제556조), 재산상황의 악
화로 인한 해제(민법개정안 제557조), 증여자의 경감된 하자담보책임(제559조 제1
항)규정이 적용될 수 있다. 대가성을 띤 부분을 이행하기 위해 무상으로 양도된
재산을 이용하는 경우가 있을 수 있다. 나아가 부담부 증여와 혼합증여의 구별은
결코 쉽지 않다. 가령 어떤 토지를 증여하면서 그 토지에 건물을 지어 증여자에게
양도할 것을 조건으로 한 경우 부담부증여인지 혼합증여인지 의문이 든다. 독일의
판례는 '혼합증여'라고 한다(BGH NJW 92, 2566). 참고로 당사자간의 급부가치가
현저한 불균형을 이루고 있는 경우(그리고 그 점을 당사자들이 알 수 있는 경우)
혼합증여의 존재를 추정할 수 있을 것이다(이는 사실상의 추정이며 이 경우 혼
합증여의 존재를 부정하는 자가 그 사실을 주장, 입증하여야 한다). Palandt
(Weidenkaff)(주 41), 제516조 방주 8 참조. 이때 가분급부가 문제된다면 혼합증
여의 합의가 아니라, 일부에 대해서는 매매 또는 교환, 다른 부분에 대해서는 증여
로 보아 복수의 계약이 체결된 것으로 해석할 것이다. 달리 표현하자면 혼합증여
는 원칙적으로 불가분급부에서만 인정된다. 부담부증여에 관한 상세는 윤철홍,
"부담부증여에 관한 소고", 민사법학 제42호, 2008, 493면 이하 참조.

51) MK(J. Koch)(주 39), 제531조 방주 7(1211면).

다수의 입법례와 같이 '현존이익'으로 한정하는 것도 가능해보인다.[52]

나아가 해제권 자체는 그 일신전속적 성격으로 인해 양도성, 상속성이 제한되지만 망은행위에 기한 해제권의 행사로 발생한 부당이득반환청구권은 양도할 수 있고, 상속의 대상이 될 수도 있다고 볼 것이다.[53]

이에 대해 4기 민법개정위원회는 프랑스 민법 및 DCFR과 보조

---

52) 우치다안 [3.2.3.05] 제3항은 망은행위로 인한 반환범위를 '해제원인이 발생한 때에 받고 있던 이익의 한도'로 한정한다. 그리고 그 이유는 '증여계약은 편무·무상계약으로 수증자는 증여의 이행이 완료된 후 증여물을 자기의 물건으로서 취급할 권한을 가지고 있다는 사실'에서 찾고 있다. 이에 증여가 해제될 경우 수증자는 해제 당시 현존이익의 한도에서 반환하면 족하지만([3.2.3.12]), 배신행위로 인한 해제의 경우에는 수증자는 해제원인인 배신행위를 한 후에는 증여자에 의한 해제를 각오해야 하고, 따라서 해제원인이 발생한 후 실제로 해제가 될 때까지 이익이 감소된 경우에도 증여자에게 해제 원인 발생시에 현존하던 이익을 반환해야 한다는 것이다. 詳解 債權法改正の基本方針 Ⅳ(주 16), 183면 참조.

이에 대해 일본 民法改正研究會가 제안한 개정안은 아래와 같다.

제516조 ① 증여자는 다음과 같은 때에는 증여를 철회할 수 있다.

1. 증여자가 증여 후의 사정의 변화에 따라 자기의 상당한 생계를 꾸리거나 또는 법률에 의하여 자기에게 부과되는 부양의무를 이행할 수 없게 된 때

2. 수증자가 증여자 또는 그 친족에 대하여 현저한 비행에 의하여 중대한 망은행위를 한 때

② 전항에 의한 증여의 철회가 있는 경우에는 수증자는 다음 각 호에 따라 증여자에게 반환할 의무가 있다.

1. 제1호의 경우. 증여가 철회된 때에 그 이익이 존재하는 한도

2. 제2호의 경우. 증여의 목적이 된 물건 또는 증여자가 선택한 때에는 증여된 때의 그 물건의 가액.

③ 증여자의 상속인은 수증자가 증여자를 살해한 때에는 증여를 철회할 수 있다. 이 경우 수증자는 증여의 목적이 된 물건 또는 그 가액을 반환하지 않으면 안된다.

④ 제1항의 철회는 증여자가 사실을 안 때부터 1년 이내에 하여야 한다. 전항의 철회는 상속인이 살해 및 증여의 사실을 안 때부터 3년 이내에 하여야 한다.

김민중, "일본민법(재산법)개정에서 물권변동규정의 개혁에 관한 논의 —민법개정연구회의 일본민법개정시안(2009. 1. 1)을 중심으로—", 법학연구(전북대학교) 28권, 2009, 180면 이하 참조.

53) MK(J. Koch)(주 39), 제531조 방주 10(1212면).

를 맞추어 반환범위를 현존이익에 한정하지 않고 있다.[54] 수증자의 망은행위로 인해 해제권이 발동된 이상 현존이익의 범위로 책임을 제한할 필요가 없다는 것이다.

개정안은 나아가 해제 전에 수취한 과실 또는 이익은 수증자가 보유할 수 있는 것으로 하였다. 증여 후 해제 시점까지 장기간의 시간이 경과할 경우 수증자에게 지나치게 가혹하기 때문이라고 한다.[55] 해제 후의 법효과는 해제의 일반 법리에 따라 해결하면 될 것이므로 해제 전의 과실문제만을 직접적으로 규정한 것은 입법기술상 이해할 수 있다.

민법개정위원회는 제548조가 망은행위로 인한 해제의 경우에도 적용되는 점을 명확히 하기 위하여 "제1항에 따라 증여가 해제된 경우에는 수증자는 제548조에 따라 반환할 의무가 있다."는 규정을 둘 것인지에 대해서도 검토하였으나 그러한 규정이 없더라도 당연히 그와 같이 해석될 것이라고 보아 위와 같이 규정하였다.[56]

나아가 개정안 제556조 제2항은 "제1항에 따라 증여가 해제된 경우에는 수증자는 해제된 날까지 수취한 과실 또는 이익을 반환할 의무가 없다. 증여받은 금전을 반환하여야 할 경우에 해제된 날까지의 이자도 이와 같다."고 규정한다. 제안이유는 주로 해제 전에 발생 내지 취득한 과실에 관하여도 반환의무를 인정하는 것은 증여 후 해제시까지 장기간의 시간이 경과한 경우에는 수증자에게 지나치게 가혹하게 될 우려가 있기 때문이다.[57]

---

54) 2014. 2. 17. 민법개정위원회 제4기 제11차 전체위원회 회의자료 2면 참조. 수증자가 자기 스스로의 비난받을 만한 행동에 의하여 철회권의 행사를 야기하였기 때문에 수증자의 신뢰에 기한 이익은 보호될 필요가 없다고 한다. Christian von Bar and Eric Clive ed.(주 16), Vol. 3, 2009, p. 2869.

55) 위 회의자료, 2면.

56) 위 회의자료, 4면.

57) 위 회의자료, 4면.

생각건대 해제원인이 발생한 날부터 실제로 해제되기까지 상당
한 기간이 소요될 수도 있을 것이다. 망은행위가 있었다는 것을 수증
자가 은폐하거나 또는 망은행위의 특성상 잘 드러나지 않을 수도 있
다(가령 증여된 재산을 운용하여 취득한 전체 수익 중 일정한 비율의 이윤을
수혜자에게 지급해야 하는데 그 비율을 교묘하게 속여 온 경우). 이러한 경
우에도 망은행위를 한 날(해제원인이 발생한 날)부터 해제된 날까지 수
취한 과실이나 이익을 수증자가 보유해도 된다고 한다면 부당하지 않
을까. 더구나 망은행위를 한 순간부터 수증자는 보호할 가치가 없는
것이 아닐까. 그리고 그때부터 증여재산(과실포함)의 반환을 각오하고
있어야 하지 않을까. 증여시점과 해제시점 사이에 해제원인 발생시점
을 끼워 넣어 생각한다면 해제원인 발생시점부터 해제시점까지 사이
에 발생한 과실문제를 개정안과는 달리 규율할 필요가 있다고 생각
한다.58)

따라서 필자는 개정안에서 '해제된 날까지'를 '해제원인이 발생한
날까지'로 수정할 것을 제안한다. 해제원인이 발생한 날, 즉 망은행위
가 행해진 날부터 수증자는 보호할 가치가 없는 자이기 때문이다. 이
것이 오늘날 일반인의 법감정에도 부합할 것이다. 동조 제3항에서
'해제원인 있음을 안 날'이라는 문언이 사용되고 있는 점도 감안한 것
이다.

4) 증여자의 상속인의 해제권과 해제권의 일신전속성

망은행위로 인한 해제권을 증여자가 아닌 다른 사람이 행사하는
것은 극히 예외적인 경우일 것이다. 망은행위 자체가 매우 인격적 색
채를 띤 것이기 때문이다.59) 따라서 배우자나 직계혈족에 대한 망은

---

58) 주 54 참조. 심사의견 중 '(상기)주장에 공감은 가지만, 어제까지 기이행반환을 인
    정하지 않던 것을 기이행의 반환뿐만 아니라 더 나아가 해제 이전의 이득부분까지
    반환하여야 한다는 것은 과도한 개정이 될 수 있다'는 지적이 있었음을 밝혀둔다.
59) 따라서 망은행위에 기한 해제권은 원칙적으로 양도나 상속의 대상이 될 수 없다고

행위도 그것이 '증여자'에게 현저한 배은행위로 다가와야 개정안 제556조의 적용을 긍정할 것이다.[60)]

민법개정위원회는 그와 같은 견지에서 증여의 해제권의 일신전속성을 전제로 하되, 다만 망은행위로 인하여 증여자가 사망한 경우에는 증여자가 해제권을 행사할 기회가 없었으므로 이 경우에 한하여 상속인의 고유한 해제권을 인정하기로 하였다.[61)]

할 것이다. 다만 독일 민법 제530조 제2항이나 스위스 채무법 제251조 제3항처럼 '수증자가 고의로 위법하게 증여자를 살해하였거나 철회를 방해한 때'에 증여자의 상속인도 철회를 할 수 있도록 입법한 예가 있다. 물론 독일 민법 제530조 제2항은 예외적 규정이다. 스위스 채무법 제251조 제2항은 '증여자가 1년 내에 사망한 경우 소권이 잔여기간 동안 상속인에게 이전'되도록 규정하고 있다. 즉 스위스 채무법의 경우 해제권의 상속을 인정하는 입법태도를 취하고 있다.

60) MK(J. Koch)(주 39), 제530조, 방주 5(1204면).

61) 위 회의자료, 6면. 불법행위로 인해 피해자가 사망한 경우에도 피해자의 상속인이 사망으로 인한 손해배상청구권을 상속한다고 해석하는 것이 통설, 판례이므로 이 점에는 이론적 문제가 없다고 생각된다(이른바 시간적 간격설). 일본 채권법 중간시안도 유사한 태도이다.

일본 채권법 중간시안 제36 증여 5. 수증자에게 현저한 비행이 있는 경우의 증여계약의 해제

(1) 증여계약 후에 수증자가 증여자에 대하여 학대를 하거나 또는 중대한 모욕을 가한 때, 또는 수증자에게 그 밖의 현저한 비행이 있는 때에는 증여자는 증여계약의 해제를 할 수 있는 것으로 한다.

(2) 상기 (1)의 해제권은 증여자의 일신에 전속하는 것으로 한다. 다만 수증자가 상기 (1)에 해당하는 행위로 인하여 증여자를 사망에 이르게 한 때에는 그렇지 않는 것으로 한다.

(3) 상기 (1)의 해제가 있은 때에는 수증자는 상기 (1)의 해제의 원인이 생긴 때에 현존하는 이익의 한도에서 반환의 의무를 부담하는 것으로 한다.

(4) 상기 (1)의 해제권은 증여의 이행이 끝난 때부터 [10년]을 경과한 때에는 그 부분에 대하여는 행사할 수 없는 것으로 한다(밑줄은 필자가 가함).

하지만 2014년 8월 26일 개최된 民法(債權關係) 部會 第96回 會議에서 결정된 「民法(債權関係)の改正に関する要綱仮案」은 증여에 관한 규정은 두 조문만을 담고 있다. 즉 일본 민법 제549조를 [증여는 당사자의 일방이 재산을 무상으로 상대방에게 줄 의사를 표시하고 상대방이 수락을 함으로써 그 효력이 발생한다]로 수정하고, 제551조 제1항은 [증여자는 증여의 목적인 물건 또는 권리를 증여의 목적으로 특정 한 때의 상태로 인도 또는 이전할 것을 약정한 것으로 추정한다]고 수정하였다(www.moj.go.jp/content/000126619.pdf). 중간시안을 비롯하여 그동

또한 해제권은 사후적 유서와는 달리, 사전에 포기할 수 없다고
볼 것이다.[62)

5) 해제권행사의 제척기간

해제권의 행사기간은 어느 정도가 적합한가. 망은행위를 안 날로
부터 1년으로 하는 입법례가 다수이다. 독일 민법 제532조, 스위스 채
무법 제251조, 프랑스 민법 제957조,[63) DCFR IV.H.－4:201 제3항,[64)
우치다안 [3.2.3.06]('해제권을 행사할 수 있는 때로부터 1년 이내') 등도
대체로 같은 입장이다.

따라서 비교법적으로 개정안과 같이 '해제원인을 안 날로부터 1
년'이라는 제척기간을 두는 것이 무난해 보인다.[65)

안 제안된 다수의 개정안들과 비교할 때 확정된 개정가안의 폭은 너무나 좁다. 도
덕적 문제에 법이 관여하는 것에 대한 저어함과 증여에 관한 공통된 문화적 인식
을 확인하지 못한 것이 원인일 수도 있으나 필자의 추측일 뿐이다.

62) Rummel(Schubert)(주 18), 방주 2(1932면).

63) ① 망은을 이유로 한 철회의 의사표시는 증여자가 수증자의 행위로 주장하는 비행
이 있던 날 또는 증여자가 비행을 알 수 있었던 날로부터 1년 안에 하여야 한다.
② 전항의 철회의 의사표시는 증여자가 수증자의 상속인에 대하여 또는 증여자의
상속인이 수증자에 대하여는 이를 할 수 없으나, 다만 증여자가 증여의 철회를 위
한 소를 이미 제기하였거나 비행이 있은 때로부터 1년 안에 증여자가 사망한 때에
는 증여자의 상속인이 수증자에 대하여 철회의 의사표시를 할 수 있다.

64) 주 49 참조.

65) 일본에서는 취소권 행사의 제척기간보다 짧게 인정해서는 아니 된다는 의견이 있
다(일본 민법 제126조 참조, 우리 민법 제146조에 상응하는 조문임). 우리 민법에
서는 취소권은 추인할 수 있는 날로부터 3년 내에 법률행위를 한 날로부터 10년
내에 행사하도록 하고 있다(일본은 각각 5년, 20년이다). 법률관계의 조기안정보
다 시민감정에 부합하는 정의의 실현이 우선되어야 한다는 이유를 들고 있다. 民
法(債權關係)部會資料集 第2集(第3卷(下), 第35回 會議 議事錄と 部會資料), 2012,
商事法務, 277면(東辯(동경변호사회)의 견해)(밑줄은 필자가 가함). 이 자료집은
2009년(平成 21년) 법무대신의 諮問 제88호(사회경제의 변화에 대응하여 민법의
채권관계에 관한 규정을 검토함을 목적)에 의거 법제심의회가 설치한 民法(債權關
係) 部會의 會議 議事錄과 部會資料를 수록한 것이다.

6) 망은행위에 기한 해제권의 남용가능성

　　망은행위의 범위가 과도하게 확장되거나 그 요건이 불명확할 경우 증여자는 수증자와의 관계에서 '해제가능성'을 수단으로 수증자를 지배하려들 우려가 있다. 특히 가족간에 재산의 증여가 있을 경우 더욱 그러할 것이다.[66] 가령 거주할 주택을 증여받은 경우 다른 선택의 가능성이 없다면 퇴거당하지 않기 위해 과도한 '예(禮)'를 강요받을 수도 있을 것이다.

　　따라서 가급적 망은행위의 개념과 요건을 명확히 하고 실무에서도 그 범위를 적절한 범위로 제한할 필요가 있다고 할 것이다.

　　상술한 바와 같이 증여자의 '배우자'나 '직계혈족'에 대한 배은행위는 '증여자'에게도 '현저한 망은행위'로 보여지는 경우에 한해 '망은행위의 현저성'을 인정할 것이다. 이것이 비교적 명확하게 '망은행위' 개념을 이용하는 방법이라고 생각된다. 그리고 동시대인의 보편적 윤리관에 현저하게 반한다고 판단되는 경우에만 '현저히 부당한 대우'를 인정해야 할 것이며, 범죄행위에 해당한다는 이유만으로 '망은행위의 현저성'을 긍인해서는 곤란할 것이다. 이 또한 '망은행위'개념과 범위를 분명하게 한정하는 방법일 것이다.

2. 제557조의 개정

현행	실무위안	개정안
제557조(증여자의 재산상태변경과 증여의 해제) 증여계약후에 증여자의 재산상태가 현저히 변경되고 그 이행으로	제557조(증여자의 재산상태 변경과 증여의 해제) ① 증여계약 후에 증여자의 재산상태가 현저히 변경되고 그 이행으로 인하여 생계에 중대한 영향을 미칠 경우에는 증여자는 증여를 해제할 수 있다.	제557조(증여자의 재산상태 변경과 증여의 해제) ① 증여계약 후에 증여자의 재산상태가 현저히 변경되고 그 이행으로 인하여 생계에 중대한 영향을 미칠 경우에는 증여자는 증여를 해제할 수 있다.

---

66) 詳解 債權法改正の基本方針 Ⅳ, 各種の契約(1)(주 16), 181면.

인하여 생계에 중대한 영향을 미칠 경우에는 증여자는 증여를 해제할 수 있다.	② 수증자는 그 받은 이익이 현존한 한도에서 증여자의 생계에 필요한 금액을 지급할 책임이 있다. ③ 수증자가 수인 있으면 먼저 증여를 받은 자는 나중에 증여를 받은 자가 책임을 이행하여도 증여자가 생계를 유지할 수 없는 한도에서 책임이 있다. ④ 제1항의 해제권은 해제권자가 해제원인 있음을 안 날부터 1년을 경과하거나 증여가 있은 때부터 5년을 경과하면 소멸한다.	② 제1항의 규정에 의하여 증여가 해제된 때에는 수증자는 그 받은 이익이 현존한 한도에서 증여자의 생계에 필요한 금액을 지급할 책임이 있다. 다만 그로 인하여 수증자의 생계에 중대한 영향을 미칠 때에는 그러하지 아니한다. ③ 수증자가 수인 있으면 먼저 증여를 받은 자는 나중에 증여를 받은 자가 책임을 이행하여도 증여자가 생계를 유지할 수 없는 한도에서 책임이 있다. ④ 제1항의 해제권은 해제권자가 해제원인 있음을 안 날부터 1년을 경과하거나 증여가 있은 때부터 5년을 경과하면 소멸한다.

1) 곤궁의 항변

독일 민법 제528조, 오스트리아 민법 제947조, DCFR Ⅳ.H.-4:202 등은 생계곤란 등 증여자가 재산적 곤궁에 빠졌을 경우 기이행된 증여의 철회를 인정한다.[67] 전체회의 자료에 의하면 독일 민법에는 증여자가 고의 또는 중과실에 의하여 곤궁을 초래한 경우에 해제를 배제하는 규정(독일 민법 제529조)이 있는데, 반드시 이러한 규정을 둘 필요는 없다고 한다.[68]

증여자뿐만 아니라 모든 사람은 이유를 불문하고 때론 경제적 곤궁에 처할 수 있다. 증여자의 손을 떠난 증여재산은 수증자의 소유로

---

67) 스위스 채무법은 아직 이행되지 않은 증여약속의 이행을 거절할 수 있을 뿐(제250조), 기이행된 증여재산의 반환을 인정하는 조항은 구비하고 있지 않다. 이에 대해 독일 민법은 '증여자의 그 외의 의무를 고려할 때 증여약속의 이행이 자신의 적절한 생계 또는 법률에 의하여 부담하는 부양의무의 이행을 위태롭게 하는 경우에는, 증여자는 약속의 이행을 거절할 수 있다'는 규정(제519조)과 더불어 증여가 기이행된 경우에도 재산상태악화에 기한 반환청구를 인정하고 있다(제528조).

68) 전체회의 자료집(2011. 11. 28.), 14면.

이전된다. 따라서 그러한 '자기 소유가 된 증여재산'을 어떻게 사용, 수익, 처분하든 원칙적으로 수증자의 자유이다. 다만 수증자의 적극 재산의 증가를 가져온 증여재산은 증여자의 '도덕적으로 칭송할 가치 가 있는' 재산의 포기에 의해 이전된 것이다. 그리고 이러한 증여자의 '선한 취지와 목적(이는 일응 증여의사로부터 추단된다고 할 것이다)'은 증 여 후에도 존중되어야 한다. 그리고 개정안 제557조는 그러한 존중의 연장선상에서 이해될 수 있을 것이다.

2) 보다 세부적인 입법론적, 해석론적 문제도 있다. 재산상태의 변경은 어떤 정도에 이르러야 하는가, 생계에 대한 영향은 어떤 정도 에 이르러야 중대하다고 볼 수 있는가, 반환범위는 어떠한가, 수증자 가 수인인 경우 수증자 간에 책임분배는 어떻게 할 것인가, 증여 후 장기간이 경과된 경우에도 곤궁의 항변을 인정할 것인가, 그 장기간 은 얼마나 길어야 하는가 등의 의문이 그것이다. 개정안은 현행법에 3개항을 추가함으로써 그러한 의문에 대답하고자 하였다.

먼저 재산상태의 악화, 나아가 해제의 여부는 증여의 실행 전과 후가 다소 다르게 평가될 것이다. 재산상태가 악화되었는지 여부를 판 단하려면 증여자의 재산 전체에 대한 일종의 결산(Bilanzierung)을 거쳐 야 할 것인데 증여가 기이행된 경우 수증자에게 처분에 대한 상당한 신뢰가 발생하였기 때문에 이행 이전보다는 까다로운 기준을 적용해야 하지 않을까 생각한다.[69] 다른 한편 어쨌거나 증여자에게 우호적으로 해석할 필요가 있다는 견해도 있다. 그렇지 않으면 결국 가령 기초생 활수급자로 전락한 증여자의 생계는 사회 전체의 책임으로 귀결될 것 인바 이러한 공적 부담을 최소화시킬 필요가 있기 때문이라고 한다.[70]

---

69) 독일의 경우 증여가 이행된 후에는 증여자의 '그 외의 의무(sonstige Verbind - lichkeiten)'는 고려될 필요가 없다고 본다. 따라서 그와 관련된 증여자의 채권자들 에 대한 보호는 약화되는 셈이다. 하지만 그러한 범위에서 수증자의 신뢰는 보호 받는 결과가 된다. 이에 대해 Erman/BGB(주 34), 제528조 방주 2 참조.
70) MK(Kollhosser)(주 39), 제528조 방주 3 참조.

생각건대 증여자의 적절한 생계의 유지가 '단순히 위태롭게 될 우려'가 있는 정도로는 '생계에 중대한 영향을 미쳤다'고 판단해서는 아니 될 것이다. '적절한 생계'의 기준은 가급적 객관적으로 설정할 필요가 있다. 증여 전에 영위하던 호화로운 생활을 유지할 수 없게 되었다고 하여 이를 쉽사리 긍정할 수는 없을 것이다. 하지만 예컨대 기초생활수급자의 지위로 전락한다면 이를 원칙적으로 긍정해야 할 것이다.[71]

요컨대 비교법적으로 볼 때 예외없이 곤궁의 항변을 인정하는 것은 아니다. 이에 대한 정책적 판단이 우선 필요한 것이다. 상술한 바와 같이 증여자의 '증여의사로부터 추단되는 선한 취지와 목적'은 증여 후에도 존중되어야 한다. 이것은 잠재적 증여자에게 강한 사전적 인센티브로 작용할 것이다. 따라서 이를 수용하는 것이 정책적으로 타당하다고 생각된다.

3) 반환범위와 관련하여서 개정안은 수증자가 그 받은 이익이 현존하는 한도에서 증여자의 생계에 필요한 금액을 지급할 책임이 있는 것으로 하였다. 독일 민법 제529조 제1항(증여자가 고의 또는 중과실에 의하여 곤궁을 초래한 경우에는 반환청구를 할 수 없다)과 같은 규정은 두지 않기로 하였다.

위와 같은 개정안에 따르면 반환범위에 대해 이중적 기준이 제시되어 있다. '현존이익'과 '생계에 필요한 금액'이 그것이다. 따라서 수증자 입장에서 현존이익 부존재의 항변이 가능하고 다른 한편 생계유지에 불필요한 금액의 반환도 거절할 수 있다. '생계에 필요한 금액'이란 재산적 곤궁에서 벗어나기 위한 금액을 의미한다고 생각되며 그 기준은 대체로 위 2)에서 설명한 바와 같을 것이다.

수증자가 증여받은 목적물을 반환할 수 없는 경우에는 그 가액을

---

71) Erman/BGB(주 34), 제528조 방주 2.

반환하여야 한다. 수증자가 그 이익을 반환할 수 없는데 수증자로부터 무상으로 증여의 목적물을 양수한 제3자도 반환의무가 있다고 할 것이다(민법 제747조 참조).

하지만 개정안은 이를 통해 수증자 측의 생계에 중대한 영향을 미칠 때에는 예외를 인정하고 있다(동조 제2항 단서). 독일 민법 제529조 제2항의 영향을 받은 것으로 생각된다.[72]

이러한 단서 조항이 반드시 필요한 것인지는 의문의 여지가 있다. 현존이익이 존재하는 경우라도 '증여자의 생계에 필요한 금액'만을 지급하면 되는데, 이로써 수증자의 생계에 '중대한' 영향을 미치게 되는 것은 추측건대 수증자의 최소한의 생계유지에 필요한 금액[73]을 증여자 측에 건네주어야 하는 상황이 대부분일 것이다. 수증자의 생활수준이 낮아진다는 이유만으로는 '생계에 중대한 영향'이 있다고 볼 수 없기 때문이다. 즉 양자가 공히 생계에 중대한 영향을 받을 처지에 있다면 그동안 무상의 혜택을 입어온 수증자 측이 양보하고 도덕적 동기에 의해 증여를 결심했던 증여자를 더 보호해야 할 경우도 있지 않을까. 나아가 수증자가, 증여자의 입장과는 달리. 도움을 받을 곳(가령 부모)이 있는데도 생계이유를 들어 반환을 거부할 수 있을까.

설령 위 단서 조항이 합목적성이 있다고 하더라도(가령 수증자가 증여재산을 확고한 생활의 기반으로 하고 있는 경우를 생각해보라) 수증자가 고의나 중과실로 재산상태의 곤궁을 자초하였다면 증여자 측 사정(개정위원회는 독일 민법 제529조 제1항(증여자가 고의 또는 중과실에 의하

---

72) 참고로 동조 제2항의 '사회적 지위(신분)에 상응하는 부양(standesmässiger Unterhalt)'은 입법론적으로 비판을 받고 있다. Palandt(Weidenkaff)(주 41), 제529조 방주 3(736면)

73) 부양의무와 같은 법적 의무를 이행하기 위한 비용도 여기에 포함시켜야 할 것이다. Palandt(Weidenkaff)(주 41), 제529조 방주 4(736면) 참조. 수증자 측의 역곤궁의 항변이 권리남용에 해당할 경우 받아들일 수 없다고 한다. 가령 과도한 소비생활을 영위하는 등의 방법으로 자신의 재정적 무능력을 스스로 초래한 경우를 생각해 볼 수 있다(BGH NJW 03, 2449).

여 곤궁을 초래한 경우에는 반환청구를 할 수 없다)과 같은 규정은 두지 않기로 하였다)과는 달리 볼 여지는 없을까. 동일한 상황이라면 도덕적인 동기에 의해 무상의 출연행위, 즉 재산상의 희생을 감수했던 증여자를 보호하는 것이 합리적이라고 생각한다.

따라서 필자는 동조 3항을 신설하여 "수증자가 고의 또는 중과실에 의하여 생계의 곤란을 초래한 경우에는 제2항 단서를 적용하지 않는다"고 규정할 것을 제안한다. 가령 자녀가 부모로부터 일정한 재산을 증여받은 후 고의로 탕진하였다면 그 후 재산상의 곤궁에 빠진 부모에게 곤궁의 항변을 할 수 없다고 보아야 할 것이다. 고의를 입증하는 것은 대부분 어려울 것이므로 중과실 요건을 포함하는 것에 찬성한다. 나머지 조항은 하나씩 뒤로 밀려 규정하면 된다.

이러한 일종의 단서의 단서규정을 둘 경우 수증자는 증여받은 재산을 적어도 고의나 중과실로 소비하지 않기 위해 노력할 것이다(예방효과). 그렇지 않으면 패륜아를 견제할 수단이 마땅치 않아 보이며 이것이 한국인의 법감정에 부합하는 입법이 아닐까 생각한다. 요컨대 수증자 측의 사정의 변경도 고려하되 고의나 중과실로 야기된 사정의 변경까지는 보호할 가치가 없다는 것이다.

한편 증여자의 곤궁의 항변권은 증여가 있은 때로부터 5년 내에 행사되어야 한다. 그 이후에는 증여자의 재산상태에 현저한 사정의 악화가 있더라도 증여는 더 이상 되돌릴 수 없게 된다.

4) 또한 개정안에 따르면 수증자가 수인 있으면 먼저 증여를 받은 자는 나중에 증여를 받은 자가 책임을 이행하여도 증여자가 생계를 유지할 수 없는 한도에서 책임이 있다(제3항)(독일 민법 제528조 제2항, 오스트리아 민법 제947조 참조).

그리고 증여가 있고 지나치게 장기간이 경과한 후 곤궁의 상황이 발생하였다면 더 이상 곤궁의 항변을 인정할 필요가 없을 것이다. 현상을 되돌리기에는 늦어 버린 것이다. 시간적 정의는 이러한 경우 객

관적 행사기간을 둘 것을 요구한다. 독일은 증여가 있은 때로부터 10
년으로 제한하지만 개정안은 5년을 제안한다.[74] 개정안에 찬동한다.
법적 안정성의 관점에서도 그렇거니와 수증자 및 그와 거래한 제3자
의 신뢰를 보호할 필요가 있기 때문이다.

실무위 내부에서 생계곤란으로 인한 증여계약을 해제할 경우 기
이행된 부분의 반환청구와 관련하여 신중하여야 한다는 견해가 제기
되었다. 상대방과 무관한 증여자의 사정을 들어 그 급부를 반환하게
하는 것은 법적 안정성을 해할 우려가 있으며, 이러한 태도가 전체적
인 민법의 체계와 흐름에 부합하는 것인지에 대한 검토도 필요하고,
이를 오히려 도덕의 영역으로 남겨 놓는 것이 타당할 것이라고 한
다.[75] 법은 도덕의 최소한이다. 하지만 도덕이 고유한 역할을 다하지
못하여 선량한 풍속이 위태롭게 되거나 자신의 재산을 내어 준 사람
이 곤궁에 처하였는데도 아무런 도움도 받지 못할 염려가 클 경우 법
은 조심스럽지만 단계적으로 개입할 여지가 있다. 또한 증여를 보다
권장하고 확대하기 위해 법제도적 인센티브를 제공할 필요가 있다고
생각한다.

3. 제558조 — 삭제

제558조(해제와 이행완료부분) 전3조의 규정에 의한 계약의 해제는 이미 이행한 부분에 대하여는 영향을 미치지 아니한다.	〈삭제〉

1) 현행 민법 제558조는 의용민법 제550조 단서와 동일하다. 당
시 일정한 조건하에 기이행된 부분의 반환을 긍인하였던 독일 민법
제528조(제1항) 등 외국입법례도 참조되었으나 만주국 민법 제541조

---

74) 동시에 주관적 행사기간으로 1년을 지정하고 있다. 개정안 제557조 제4항.
75) 민법개정총서 제10권(주 2), 49~50면(권영준 위원).

단서('단 이행이 끝난 부분에 대하여서는 그러하지 않다')와 같은 입법례에 따른 것으로 보인다.

그리고 2004년 개정작업 당시에도 [해제를 인정할 경우 복잡한 문제가 발생할 가능성이 있어서 개정 대상에서 제외]하기로 하였다.[76]

2) 입법자료를 살펴보건대 제558조와는 다른 입법례가 보다 다수였음에도 불구하고 현행법과 같은 태도를 취한 이유가 무엇인지 또 복잡한 문제가 발생한다는 것은 무슨 의미인지 추단하기는 쉽지 않지만[77] 상술한 바와 같이 도의적 문제로 치부하였기 때문이라고 생각된다. 그리고 기이행된 부분이 반환관계로 전환될 경우 증여가 이행된 이후 새롭게 형성된 법률관계가 다종다양하여 통일적 해결책을 강구하기가 곤란하므로 이러한 불확실한 복잡함을 야기하기보다는 증여로 인한 재산권 문제를 기이행된 부분에 한해 종결된 것으로 보자는 입법적 결단이 있었으리라 추측된다.

3) 한편 헌법재판소는 2009. 10. 29. 선고 2007헌바135 결정에서 제558조가 합헌이라고 판단한 바 있다. 이 사건 헌법소원의 청구인은 증여를 받은 자식이 부양의무를 이행하지 않자 수증자가 어떠한 망은행위를 하더라도 일률적으로 증여계약의 이행이 완료된 부분에 대해서 해제권의 소급효를 제한하는 것은 기본권 제한의 한계를 넘어 헌법에 보장된 증여자의 기본권인 재산권, 사적 자치권 등을 침해하는

---

76) 2004년 법무부 민법개정안 — 채권편 부록(민법개정총서 제4권), 법무부 민법개정자료 발간팀, 2012, 310면.

77) 명순구, "서면에 의한 증여와 그 해제", 민사법학 제42호, 2008, 296면에서는 이를 '입법상의 실책(제556조와 제557조도 제558조에 포함한 것이 실책)'이라고 평가하고 있다. 일본 현행 민법도 우리 민법 제558조에 상응하는 조문을 두고 있지 않으며 제550조(서면에 의하지 않은 증여의 철회)도 '서면에 의하지 않은 증여는 각 당사자가 철회할 수 있다. 단 이행이 종료된 부분에 대해서는 그렇지 아니하다'고 할 뿐이다. 그리고 부동산 증여계약에서 그 부동산의 소유권이전등기가 경료된 경우 이행이 종료되었다고 보며 이때 인도되었는지 여부는 불문한다는 것이 판례의 태도이다(最判昭40(1965년).3.26民集19.2.526, 民法判例百選 Ⅱ(2판), 1982, 50면).

것이라고 주장하였다. 그러나 헌법재판소는 망은행위를 이유로 한 증여계약의 법정해제권을 법률로 정할지 여부, 그리고 이를 입법한다면 그 내용과 효력을 어떻게 형성할지는 수증자의 망은행위에 대한 그 사회의 윤리적 평가를 바탕으로 하여 입법자에게 광범위한 입법재량이 인정된다고 판시하였다. 그리고 제558조 부분에서 이미 증여계약의 이행이 완료된 부분에 대하여 망은행위로 인한 법정해제권 행사의 효과를 제한하는 것은 입법자가 수증자의 망은행위에 대한 우리 사회의 윤리적 평가를 기초로 증여자와 수증자의 이익을 비교 형량하는 한편, 증여계약이 무상·편무계약인 특질과 수증자의 부양의무 불이행에 대하여는 별도로 제974조 내지 제979조에서 부양의무의 이행을 구할 수 있는 방법을 인정하고 있는 점 등을 고려하여, 이미 이행된 증여부분은 증여자의 의사가 분명히 드러남과 아울러 증여가 경솔하게 이루어지지 않았다는 것이 명백하기 때문에 증여자와 수증자 사이의 법률관계를 조속히 안정시켜 증여자의 일방적인 의사에 의하여 법률관계가 불안정하게 되는 것을 최소화하기 위한 것이라고 보았다. 따라서 민법 제558조 부분이 망은행위로 인한 법정해제권의 효과를 제한한 것을 두고 법정해제권이라는 재산권을 형성함에 있어서 합리적인 입법재량의 한계를 일탈하여 기본권 제한의 입법적 한계를 벗어난 것이라고 보기는 어렵다고 판시하였다.

그리고 제556조 제2항이 부양의무 불이행을 이유로 하는 해제권은 해제원인 있음을 안 날로부터 6월을 경과하거나 증여자가 수증자에 대하여 용서의 의사를 표시한 때에는 소멸한다고 규정하고 있는 것도 위헌이 아니라고 하였다. 6월의 행사기간은 그 기산점이 불합리하게 책정되었다고 할 수 없고, 증여자와 수증자 사이의 신뢰관계에 기초한 증여계약의 특성과 이에 따른 법률관계의 조속한 안정의 필요성을 감안할 때 위 6월이라는 기간은 증여자가 증여계약의 해제권을 행사하기에 충분한 기간이라고 보일 뿐만 아니라, 현행 민법상 인정되는 다른 제척기간 관련 규정이 정하고 있는 권리행사기간과 비교하여 보더라도 그 행사기간 자체가 지나치게 단기간이거나 기산점을 불합리하게 책정하여 그 권리행사를 현저히 곤란하게 하거나 사실상 불가능하게 한 것이라고 보기는 어렵다고 하였다.

또한 증여자가 수증자의 망은행위를 용서한 때에는 구태여 망은행위에 의한 해제권을 존속시킬 필요가 없고, 여기서 용서의 의사표시는 명시적일 때는 물론이고 묵시의 표시도 포함되는 것으로 해석되고 증여자와 수증자의 관계, 망은행위 이후의 정황, 증여자의 의사표시의 내용 등을 감안하여 구체적인 사건에서 법관의 법 보충작용에 의하여 합리적으로 판단될 수 있을 것이며, 달리 법관의 자의적 해석을 가능하게 할 위험성이 있다고 보기 어렵다고 하였다.

4) 생각건대 위 헌법재판소가 전제로 하듯 입법자의 상당한 재량권이 인정되는 분야가 증여계약이다. 또한 증여의 본질, 변화된 증여문화, 망은행위의 현저한 증가 및 그에 대한 동시대인의 법인식의 변화 등에 비추어 볼 때 제558조의 삭제 및 제556조, 제557조의 개정은 타당하다고 생각된다.

상술한 바와 같이 이행되기 전 증여약속을 해제하는 경우와는 달리 기이행된 부분에 관한 처리는 나라마다 다소 차이를 보인다. 망은행위로 인한 해제의 효과가 기이행된 부분에도 미치도록 하자는 것은 증여문화에 관한 인식의 변화를 의미한다. 최근 언론에 보도되는 바와 같은 패륜적 행위들이 인구에 회자되면 될수록 이행 여부에 관계없이 증여를 해제할 수 있도록 하자는 목소리는 높아질 것이고 이는 결국 증여법에 영향을 미칠 것이다. 십 수 년 전 유학 중 독일 교수로부터 당신이 재학 중이던 시절 '뇌물죄'에 대하여 강의하거나 이해하기가 쉽지 않았다는 이야기를 들은 기억이 있다. 뇌물을 주고받은 사람들이 거의 없었기에 그러한 범죄가 무엇인지를 실질적으로 이해하기가 어려웠다는 의미이다. 우리의 예에서도 수증자가 인륜을

저버리는 망은행위를 하는 사람들이 없다면 위와 같은 개정안에 생
각이 미치지도 않았을 것이다. 하지만 유감스럽게도 적지 않은 반인
륜적 작태가 반복되고 있고 이를 묵과하기 곤란한 정도에 이르렀
다[78]는 것이 민법개정위원회 위원들의 법윤리적 판단이라고 생각된
다. 이에 따라 제558조의 삭제안이 개정안으로 확정되었다.

4. 제561조의 존치

우치다안 [3.2.3.15]와 같이 민법 561조를 폐지할 것인가?[79]

쌍무계약의 부담부 증여에 관한 준용규정을 폐지하고자 하는 일
본 제안의 요지는 준용의 필요성을 부정하는 것은 아니다. 필요에 따
라 쌍무계약 규정을 부담부 증여에 개별적으로 준용하면 충분하며 일
반적으로 준용하는 규정은 필요없다는 취지이다.

준용의 범위가 제한적일 수밖에 없음은 당연한 것이다. 쌍무계약
의 본질과 편무, 무상계약의 본질은 상이하기 때문이다. 즉 그 준용의
효용이 한정적이기는 하지만 이는 무상, 편무계약인 증여의 본질에
기한 것이고 준용의 필요성 자체를 부정할 필요는 없다.

한편 우치다안은 개별적으로 준용하면 충분하다고 하는데 먼저
개별적으로 준용하는 조항을 둘 경우 입법기술상 번거롭고 다음으로
위 일본 제안에서는 개별적 준용조항을 찾을 수 없다.

따라서 우리 민법상 '적용'을 '준용'으로 시정하는 것으로 충분하
다고 할 것이다. 또한 통상적으로 증여자의 선급부가 행해지는 경우
가 많을 것인데 동시이행관계를 관철하는 것이 사실상 불가능할 경우

---

78) 2014년 1월 7일 경찰청 발표에 따르면 지난 2008부터 2013년까지 발생한 존속
   살해 범죄 건수는 총 336건이다. 2008년 45건을 기록한 이후 2009년 58건, 2010
   년 66건, 2011년 68건으로 매년 증가하다가 2012년 50건, 2013년 47건으로 최근
   5년간의 통계를 보면 평균 주당 1회 꼴로 발생했다. 같은 기간 존속상해는 2193건
   이 발생했다(법률복지, 통권 52호, 2면에서 인용함). 이러한 패륜범죄는 황금만능
   주의와 결합하여 더욱 기승을 부리고 있다.
79) 詳解 債權法改正の基本方針 IV(주 16), 218면.

도 적지 않을 것이다. 이 모든 경우에 탄력적인 대응을 할 수 있도록 함에 있어서도 '준용'을 인정하면 충분할 것이다. 따라서 이에 관한 규정을 '개정하여' 잔존시켜 향후의 해석론에 따라 적용범위를 설정해 가면 될 것으로 사료된다.

V. 몇 가지 추가적 검토

1. 타인권리의 증여규정의 신설?

우리 민법은 타인권리의 매매도 유효하다고 본다(제569조). 따라서 타인권리의 증여도 유효함은 당연하다(argumentum a fortiori). 증여의 무상성에 비추어 타인권리의 조달의무를 강제하는 것은 불합리하다. 해석상 타인권리를 취득하는데 성공하면 증여하겠다는 의사를 가졌던 경우가 대부분일 것이다. 따라서 타인권리의 매매의 경우와는 달리 타인의 권리를 취득하여 증여할 의무를 부담하지는 않는다. 단 그 타인 권리를 취득한 이후에는 증여계약상의 권리이전의무를 부담한다고 할 것이다.

우리 민법의 개정에 있어서 위와 같은 내용의 조항을 신설할 필요는 없다고 생각한다. 제554조의 입법목적의 고려, 제569조의 물론추론 및 당사자의 의사해석으로 충분하기 때문이다.

한편 이상을 전제로 취득전까지는 수증자가 증여계약을 해제하여 불안정한 지위에서 벗어날 수 있도록 하자는 일본의 제안([3.2.3.10] 제2항)은 일리가 있으나 실제로 그런 경우는 드물 것이기에 이에 관한 규정을 둘 실익이 있는지는 의문이다. 수증자는 대개 증여자가 권리를 취득하기를 마지막 순간까지 기다릴 것이기 때문이다. 다만 해석론상으로 증여 합의 후 수증자가 즉시 해제하는 것을 허용한다면 기부자 측의 선한 의도를 무시하는 것으로 보여질 수 있으므로 신중한 접근이 필요할 것이다. 타인권리의 증여를 합의할 경우 수증자는

상당기간 해제하지 않고 기다릴 것임을 전제로 했다고 볼 수 있을 것
이다. 물론 기다림의 시간이 과도하게 장기화될 경우 해제의 합의를
할 수도 있고 (묵시적) 약정해제사유에 해당한다는 해석이 가능한 경
우도 있을 것이다.

또한 수증자 측의 사정을 고려한 해석론이 필요할 수 있다. 가령
수증자 입장에서 누구로부터라도 빨리 증여를 받는 것이 중요한 경우
도 있을 수 있다(가령 사회복지시설 또는 극빈자보호시설에서 동절기에 대
비한 건물 등 부동산이 필요한 경우 기다릴 여유가 없을 수 있다). 이러한
경우에는 위 상당기간을 해석상 단축할 수 있을 것이다.

하지만 어떤 경우라도 기부자에게 '당신은 많은 옵션 중의 하나'
에 불과하다는 인상을 주어서는 곤란할 것이다.

2. 제560조의 삭제?

정기증여는 정기적으로 무상으로 재산을 주는 것을 내용으로 하
는 증여를 말한다.[80] 우리 민법 제560조, 일본 민법 제552조와 이를
유지한 우치다안 [3.2.3.13]은 '정기급부를 목적으로 하는 증여는 증
여자 또는 수증자의 사망에 의하여 그 효력을 잃는다'고 규정한다. 증
여가 그 당사자의 인격과 연동된 요소가 많고 일신귀속적 성질을 띠
고 있어 위와 같은 조항은 일응 타당하다고 판단된다.

스위스 채무법 제252조는 정기급부를 목적으로 하는 증여에서
증여자가 사망한 경우 증여의무가 소멸한다고 규정한다. 이를 '수동
적 상속성의 배제'라고 한다. 하지만 동법은 '수증자'가 사망한 경우에
대해서는 명문의 규정을 두고 있지 않다(이를 '적극적 상속성의 배제'라
고 한다). 이 경우에도, 다른 합의나 특별한 사정이 없는 한, 역시 증
여의 효력은 상실되는 것으로 볼 것이다.[81] 물론 수증자가 다른 합의

---

80) 민법주해(XIV)(고영한), 54면.
81) Basler Kommentar(주 18), 제252조 방주 1, 2(1284면).

가 있었음을 입증한다면 예외를 인정할 수 있다.[82] 독일 민법 제520
조도 같은 입법태도를 취하고 있으며 해석론 또한 다르지 않다.[83]

요컨대 비교법적으로 보건 입법론상으로 고찰하건 현재 조문의
개정의 필요는 보이지 않는다. 나아가 '정기증여'는 꾸준히 사용되는
증여유형이므로 이를 삭제할 필요도 없다고 생각된다.

3. 제559조의 유지

독일 민법 제521조는 "증여자는 고의 및 중대한 과실에 대하여서
만 책임이 있다"고 규정한다.[84][85] 증여자에 대한 우호적 태도는 동법
제522조에서도 나타난다(증여자는 지연이자를 지급할 의무가 없다).[86] 스
위스 채무법 제248조[87]도 같은 취지의 규정을 가지고 있다.

우리 민법(제559조)은 증여물의 하자나 흠결에 대해 알면서도 고
지하지 않은 경우에만 하자담보책임을 부과하고 있다. '악의(고의, 과
실 불문)의 불고지(默秘)'에 한해 책임을 묻게 한 것이다. 증여자에 대
한 강한 보호를 지향하는 입법정책이 내재되어 있는 법조라고 생각된
다. 이러한 입법태도는 '증여의 인센티브'를 부여하는 차원에서도 유
지할 가치가 있다. 증여자의 선한 취지와 목적이 증여 후에도 가급적
존중되도록 하는 것이 중요하다. 또한 통상 증여자는 증여의 재산 그

---

82) Palandt(Weidenkaff)(주 41), 제520조 방주 1.
83) 우선 Erman/BGB(주 34), 제520조 방주 1 참조(Hermann).
84) 이는 임의규정이므로 특약에 의해 '경과실'의 경우로 확대될 수도 있고 '고의'로 제
   한될 수도 있다. 증여자가 증여를 함에 있어서 이행보조자를 이용한 경우에도 동조
   에 의한 책임만을 부담한다. Palandt(Weidenkaff)(주 41), 제521조 방주 2(732면).
85) 그리고 이러한 책임의 제한은 확대손해의 경우에도 적용된다고 한다. Peter Loser,
   Die Vertrauenshaftung im schweizerischen Schuldrecht, 2006, 783면(소활자 부분).
86) 또한 독일 민법 제523조(권리하자에 대한 책임) 제2항: 증여자가 앞으로 취득할
   목적물의 급부를 약속한 경우에, 증여자가 물건의 취득에 있어서 권리의 하자를
   알았거나 또는 중과실로 알지 못한 때에는, 수증자는 그 하자를 이유로 불이행으
   로 인한 손해배상을 청구할 수 있다.
87) 제1항: 증여자는 수증자에게 증여로부터 발생한 손해에 대해, 고의 또는 중과실에
   의한 가해의 경우에만 책임이 있다. 제2항(생략).

자체를 현상 그대로 공여할 의사를 가진다고 보기 때문이다.[88] 물론 수증자가 증여물의 하자나 흠결에 대해 악의인 경우 보호할 필요가 없다. 이러한 우리 민법의 입법태도 및 해석론은 대체로 타당하다고 판단된다. 이는 '법률행위에 기한 책임은 그 법률행위의 당사자이지만 그 행위로부터 전혀 이득을 얻을 의도가 없는 사람에 대하여 감경할 수 있다'는 보다 일반적인 법리에 기초한 것으로 이해된다.[89]

VI. 결

이상과 같이 민법개정위 증여계약 개정안을 개괄적으로 검토해 보았다. 일부 개정안과는 다른 제안도 시도해 보았다. 대부분의 쟁점에서 해석론뿐만 아니라 윤리적, 정책적 판단이 요구되었다. 법률외적인 요인으로부터 법적 필요성을 도출하는 것은 증여법의 특성 중 하나라고 생각된다. 법과 도덕이 착종된 법영역이기 때문이다. 나아가 민법개정론과 더불어 학문간 연구를 통해 증여에 관한 인류학적, 법정책학적 연구가 병행된다면 보다 충실한 증여계약법 그리고 증여문화가 형성될 수 있을 것이다. 특히 한국인의 성정에 부합하는 증여문화를 입법에 반영할 필요가 있다고 생각한다.

생각건대 오늘날 증여자의 목적과 의도를 존중하는 것이 점점 중요해지고 있다. 증여에 의한 부의 재분배효과도 무시할 수 없다. 약간의 비약을 더해 말하자면, 증여는 시대적 평화와 정의를 세우기 위해 요구되는 '관용'의 정신과 맞닿아 있다. 자본주의의 부작용으로 인격적 가치가 물질화되고 불평등이 심화되어 가는 금세기에 증여가 보다 권장되고 유인될 수 있도록 법제도가 뒷받침하여야 할 것이다.

---

88) 민법주해(XIV), 1992, 51면. 이는 '임의규정'이므로 담보책임을 부담하는 특약을 맺을 수도 있다.

89) 스위스 채무법 제99조 제2항은 그와 같은 일반법리를 명문화하고 있다.

또한 증여는 무상계약의 전형으로서 그에 관한 실정법의 개정은 무상계약의 법리 형성에 매우 중요한 역할을 할 것이다. 본고에서는 깊이 있게 다루지 못했으나 상속과의 관계, 경제에 미칠 영향, 망은행위에 기한 기이행증여의 해제의 파장, 나아가 증여자의 증여 후 사정변경에 기한 보호와 법률관계의 신속한 안정 간의 이익형량에 관해 보다 깊이 있는 후속연구가 이루어져야 할 것이다.

▧ 참 고 문 헌

1. 국내문헌

곽윤직, 채권각론, 신정수정판, 2000.

김민중, "일본민법(재산법)개정에서 물권변동규정의 개혁에 관한 논의 ―민법 개정연구회의 일본민법개정시안(2009.1.1)을 중심으로―", 법학연구(전북대학교) 28권, 2009.

김성수, "프랑스민법의 증여의 취소(révocation)에 관한 연구", 민사법학 제59호, 2012.

김증한/김학동, 채권각론(7판), 2006.

김진우, "서면에 의하지 아니한 증여의 해제", 민사법학 56호, 2011.

김형배, 채권각론, 1997.

마르셀 모스(이상률 옮김), 증여론, 한길사, 2009.

명순구, "서면에 의한 증여와 그 해제", 민사법학 제42호, 2008.

민법개정위원회 전체회의 자료집.

민법개정총서 제4권, 2004년 법무부 민법개정안 ― 채권편 부록, 법무부 민법개정자료 발간팀, 2012.

민법개정총서 제10권, 2013년 법무부 민법개정시안, 채권편(하), 법무부 민법개정자료발간팀 편, 2013.

민법안심의록 상권, 민법안심의소위원회, 1957.

민법주해(XIV)(집필자), 1992.

윤진수, "財産法과 비교한 家族法의 特性", 민사법학 제36호, 2007.

윤진수, "증여계약의 해제에 관한 민법개정안", 민사재판의 제문제 21권, 2012

윤철홍, "부담부증여에 관한 소고", 민사법학 제42호, 2008.

주석민법, 채권각칙(2)(3판), 1999.

최봉경, "계약각론 및 사무관리법의 개정착안점에 관한 소고", 민사법학 제
　　52호, 2010.
최봉경, "계약의 해제에 관한 소고 ―PACL 작업을 중심으로―", 비교사법 제
　　19권 제1호, 2012.

2. 국외문헌

Basler Kommentar, Honsell/Vogt/Wiegand, Obligationenrecht Ⅰ, 3. Aufl.,
　　2003.
Beck'scher Online―Kommentar BGB, Hrsg: Bamberger/Roth.
Christian Larroumet, Droit Civil, Les Obligations Le Contrat, Tome Ⅲ, 5
　　édition, 2003.
Christian von Bar/Eric Clive(Ed.), Principle, Definitions and Model Rules
　　of European Private Law, Draft Common Frame of Reference, Full
　　Edition, Vol. 3, 2009.
Erman/BGB, 11. Aufl., 2004(집필자).
Koziol/Welser, Grundriss des bürgerlichen Rechts, 10. Aufl., Bd Ⅰ, 1995.
Larenz, Karl, Lehrbuch des Schuldrechts Bd. Ⅱ/1, 13. Aufl., 1986.
Münchener Kommentar(집필자), 5. Aufl., 2008.
Palandt(집필자), 70. Aufl., 2011.
Peter Loser, Die Vertrauenshaftung im schweizerischen Schuldrecht, 2006.
Rummel(집필자), ABGB Kommentar, 3. Aufl., 2000.
R. Trivers, "The evolution of Reciprocal Altruism", The Quarterly Review
　　of Biology 46(Mar.) Reprinted in: R. Trivers, Natural Selection and
　　Social Theory, Selected Papers of Robert Trivers, 2002.
袖木・松川, 新版 注釋民法(14), 1993.
詳解 債權法改正の基本方針 Ⅳ, 各種の契約(1), 民法(債權法)改正檢討委員會
　　編, 2009.
民法判例百選 Ⅱ(2판), 1982.
民法(債權關係)部會資料集 第2集(第3卷(下), 第35回 會議 議事錄と 部會資料),

商事法務, 2012.

民法(債権関係)の改正に関する要綱仮案(2014.8.26.),www.moj.go.jp/content/
　　000126619.pdf.

Bernd Götze, Deutsch−Japanisches Rechtswörterbuch, 獨和法律用語辭典
　　(제2판), 2010.

[추록]

프랑스민법에서 증여계약관련조문은 이 글의 집필 당시와는 달리 2016년 프
랑스 민법 개정 후 1개 조문(제931조의1)이 늘어 36개가 되었다.

제 7 장

부당이득에 관한 민법개정안 연구

권 영 준

Ⅰ. 서   론

대한민국 민법은 1958년 2월 22일 법률 제471호로 공포되어 1960년 1월 1일부터 시행되었다. 그중 재산법 분야(총칙편, 물권편, 채권편)는 지금까지 50여 년 동안 전면개정 없이 대체로 그 모습을 보존하여 왔다.[1] 이는 잦은 개정을 통해 그 내용이 상당히 변화한 가족법 분야(친족편, 상속편)와는 대조적이다. 가족법 분야가 크게 변화한 것은 가부장적 가족제도나 양성불평등 등 극복대상이 분명했고, 이에 대한 국회나 정부, 사회단체, 특히 국민의 관심이 컸기 때문이다. 또한 재산법 분야가 가족법 분야보다 특별법을 통한 변화를 상대적으로 선호했던 점도 한 원인이었다. 하지만 이러한 점들을 고려하더라도 지난 50여 년간 한국 사회에 일어난 숨가쁜 변화를 생각하면 사회의 규범적 중추인 재산법 분야의 개정이 미미했던 점은 의외이다.

그동안 재산법 분야를 전면 개정하려는 시도가 없었던 것은 아니

---

1) 2013년 7월 1일부터 성년후견제가 도입된 것을 제외하면 특별실종제도의 정비, 구분지상권 신설, 전세권의 우선변제적 효력 인정 등을 내용으로 하는 1984년 민법개정, 이사의 직무집행정지 및 직무대행자 선임 가처분 도입을 내용으로 하는 2001년 민법개정 정도가 재산법 분야에서 특기할 만한 개정이다.

다. 법무부는 1999년 민법개정위원회를 설치하여 2004년까지 작업한
끝에 민법 재산편 개정안을 마련하여 2004년 10월 21일에 이를 국회
에 제출하였다.[2] 그러나 이 개정안은 학계 일부의 반대와 국회의 무
관심이 겹쳐져 회기 만료로 폐기되고 말았다. 그 이후에도 민법의 전
면 개정 필요성은 지속적으로 제기되었다. 특히 이웃 나라들의 민법
제·개정 움직임은 우리나라에도 자극이 되었다.[3] 이에 법무부는
2009. 2. 4. 민법개정위원회를 설치하여 민법의 현대화와 국제화의
기치 아래 2014. 2. 17. 마지막 전체회의에 이르기까지 5년에 걸쳐 작
업을 진행하였고, 이제 그 개정안의 전체 내용이 모습을 드러내게 되
었다.[4] 이는 우리나라 민법사에서 중요한 의미를 가지는 결과물이다.

　　서울대학교의 김재형, 최봉경, 김형석 교수와 필자는 2013년 서
울대학교 법학연구소 공동연구프로젝트의 일환으로 민법개정안 중
몇몇 분야들에 대한 소개와 검토작업을 분담하여 진행하기로 하였다.
필자는 민법 채권편 중 부당이득에 관한 민법개정안을 소개, 분석하
기로 하였다.[5] 이 글은 그 작업 결과이다.

---

　2) 2004년 민법 재산편 개정안의 내용과 작업경과는 법무부 민법개정자료발간팀 편,
　　2004년 법무부 민법개정안 총칙·물권편(법무부, 2012)과 법무부 민법개정자료발
　　간팀 편, 2004년 법무부 민법개정안 채권편·부록(법무부, 2012) 참조.
　3) 중국은 1986년 민법총칙, 1999년 계약법, 2007년 물권법, 2010년 불법행위법에 이
　　르기까지 지속적으로 성문 민법전을 정비하여 왔다. 일본은 2009년 3월에 채권법
　　개정의 기본방침을 마련하고(일본 민법(채권법) 개정검토위원회 편, 법무부 역, 일
　　본 채권법 개정의 기본방침(법무부, 2009) 참조), 2013년 3월에 민법(채권관계)의
　　개정에 관한 중간시안을 마련한 뒤 2015년 국회통과를 목표로 개정안 요강 준비
　　에 박차를 가하는 등 채권법 개정작업을 꾸준히 진행해 오고 있다(http://www.
　　moj.go.jp/shingi1/shingikai_saiken.html, 2014. 3. 4. 최종방문 참조).
　4) 2013. 7. 1.에 개정시안의 조문을 담은 법무부 민법개정자료발간팀 편, 2013년 법
　　무부 민법개정시안조문편(법무부, 2013)이 발간되고, 2013. 8. 1.에 개정 관련 회
　　의자료들을 담은 법무부 민법개정자료발간팀 편, 2013년 법무부 민법개정시안 총
　　칙편, 물권편, 채권편(上), (下)(법무부, 2013)가 각각 발간되었으나 부당이득 분야
　　의 개정시안은 그 이후에 확정된 관계로 조문과 이에 대한 회의자료들이 위 책들
　　에 포함되어 있지 않다.
　5) 김재형 교수는 계약의 해제·해지와 위험부담, 최봉경 교수는 증여계약, 김형석 교

II. 개정안의 개요와 작업경과

1. 개   요

현행 민법은 제741조부터 제749조까지 모두 9개의 조문으로 부당이득의 문제를 규율한다. 이 글에서는 편의상 이를 부당이득법이라고 부르기로 한다. 부당이득법은 재산 귀속질서의 정당성이라는 근원적 문제를 다루고 있어 어려운 쟁점들을 포함하고 있다. 또한 부당이득법은 법계(法系)와 국가에 따라 그 발전사, 내용, 체계 등이 상당히 달라 국제적인 규범조화가 요원한 분야이기도 하다.6)

이러한 점들을 고려하면 짧은 기간의 민법개정작업을 통해 부당이득법에 대한 근본적인 변혁을 꾀하기는 어려웠다. 더구나 지난 수십 년간 부당이득에 관한 입법론은 거의 없다시피 하여 개정 동력도 그다지 크지 않았다.7) 이러한 이유 때문에 2004년 민법개정안 작성 당시에도 부당이득제도 정비는 장기연구과제로 분류되어 개정대상에서 제외되었다.8) 이번 민법개정위원회에서 마련한 부당이득 개정안 역시 판례와 학설에서 승인된 내용을 조문에 반영하거나 기존 조문의 표현을 수정하는 정도에 그치고 있다.

개정안의 내용을 개관하면 다음과 같다. 악의의 비채변제는 그 변제가 "임의로" 이루어진 경우에 한하여 부당이득반환청구가 금지된다는 점을 명확하게 하였다(제742조). 불법원인급여시 불법원인이 "주로" 수익자에게 있는 때에 급여자의 반환청구를 허용함으로써 불법성 비교

수는 대상청구권 부분을 담당하였다.

6) 이준형, "부당이득법의 현대적 기능과 입법 ―이스라엘 민법초안에 대한 다니엘 프리드먼의 報告를 소재로―", 김재형·제철웅 (편), 채무불이행과 부당이득의 최근 동향(박영사, 2013), 393면.

7) 한국법사학회, 민법 제정·개정 연혁사 연구(2012년도 법무부 연구용역과제보고서)에서는 1945년 이후의 민법전 제·개정 문제를 다룬 관련 문헌목록을 정리하였는데 그중에서 부당이득법 개정에 관한 문헌은 발견되지 않는다.

8) 법무부 민법개정자료발간팀 편, 2004년 법무부 민법개정안 채권편·부록(법무부, 2012), 545면. 단 제743조의 표현을 수정한 개정안은 마련되었다. 같은 책, 546면.

론을 명문화하였다(제746조). 부당이득의 반환방법으로 원물반환과 가
액반환을 차례대로 명시하고, 원물로부터 수취한 과실 그 밖의 이익이
반환대상이라는 점을 명확하게 하였다(제747조). 수익자의 반환불능시
악의인 무상전득자의 반환의무에 대한 민법 제747조 제2항의 내용을 별
도의 신설 조항으로 옮겼다(제749조의2). 민법 제741조(부당이득의 내용),
제743조(기한 전의 변제), 제745조(타인채무의 변제), 제748조(수익자의 반
환범위)에 대해서는 개정 논의가 있었지만 개정대상에서 제외되었다.

2. 작업경과

부당이득에 관한 개정안은 민법개정위원회의 일반적인 작업과정을
거쳐 마련되었다. 민법개정위원회의 작업과정을 간략하게 소개한다.

민법개정위원회는 2009년부터 2012년까지 4년에 걸쳐 민법 재산
편을 순차적으로 개정할 목적으로 2009. 2. 4. 법무부에 설치되었다.
위원들은 매년 새롭게 임명되었는데, 2009년 제1기 민법개정위원회
에서는 37명, 2010년 제2기 민법개정위원회와 2011년 제3기 민법개
정위원회에서는 각 43명, 2012년 제4기 민법개정위원회에서는 33명
의 교수, 판사, 변호사들이 민법개정위원으로 활동하였다. 다년간 민
법개정위원회에서 활동한 위원들도 있으므로 실제 참여한 전체 인원
숫자는 위 숫자의 합에 미치지 못한다. 민법개정위원회는 4년 내에
정해진 작업을 마치지 못하여 실제로는 5년간 활동하였다. 따라서 마
지막에 구성된 제4기 민법개정위원회는 2012년 2월부터 2014년 2월
까지 2년간 활동하였다.

민법개정위원회는 매년 여러 개 분과위원회로 나누어 담당분야
를 배정하였다.9) 각 분과위원회에서는 담당분야에 대한 개정시안을

---

9) 2009년부터 2011년까지는 각 6개, 2012년 이후에는 4개의 분과위원회가 설치되었
   다. 분과위원회의 현황에 대해서는 법무부 민법개정위원회 웹사이트(http://
   minbub.or.kr) 참조.

마련하였다. 2기 민법개정위원회부터는 각 분과위원회의 개정시안을 총괄적으로 분석, 검토하기 위해 실무위원회가 설치되었다. 두 위원회를 거친 개정시안은 각 분과위원장들로 구성된 위원장단 회의의 심의를 거쳐 모든 민법개정위원들이 참여하는 전체회의에 상정된 뒤 표결을 통해 개정안으로 확정되었다. 요약하면 민법개정위원회는 『분과위원회 ⇒ 실무위원회 ⇒ 위원장단 회의 ⇒ 전체회의』의 순서로 논의를 진행하여 개정안을 확정한 것이다.

부당이득법 분야에 대한 검토는 2011년 2월부터 2014년 2월까지 3년에 걸쳐 이루어졌다. 2011년 제3기 민법개정위원회 제5분과위원회[10]와 2012년 제4기 민법개정위원회 제4분과위원회[11]가 9차례 회의를 통해 개정시안 초안을 마련하였고,[12] 실무위원회[13]가 2차례 회의를 통해 이를 검토한 뒤 일부 수정제안을 하였다. 그 이후 위원장단 회의[14]에서 2차례 회의를 통해 위원장단안을 확정한 뒤, 2013년 12월 30일 제4기 제10차 전체회의에서 최종 개정안을 확정하였다.[15]

---

10) 2011년 제3기 민법개정위원회 제5분과위원회는 백태승 연세대 교수를 위원장으로 하고, 이연갑 연세대 교수, 박수곤 경희대 교수, 서희석 부산대 교수, 김학준 인천지법 부장판사, 최건호 김 · 장 법률사무소 변호사(이상 당시 직책 기준)를 위원으로 하여 구성되었다. 이 분과위원회는 신종계약과 부당이득 분야를 담당하였다.

11) 2012년 제4기 민법개정위원회 제4분과위원회는 백태승 연세대 교수를 위원장으로 하고, 이연갑 연세대 교수, 박수곤 경희대 교수, 서희석 부산대 교수, 장준현 수원지법 부장판사, 임성훈 김 · 장 법률사무소 변호사(이상 당시 직책 기준)를 위원으로 하여 구성되었다. 이 분과위원회는 채권자대위권과 부당이득 분야를 담당하였다.

12) 그 이외에도 제4기 민법개정위원회 제2분과위원회가 합유 관련 규정을 검토하는 과정에서 부당이득에 관한 일부 규정을 검토하였으나 주무 분과위원회는 아니었다.

13) 심의 당시 실무위원회는 윤진수 서울대 교수를 위원장으로 하고 윤용섭 법무법인 율촌 변호사, 이태종 서울고법 부장판사, 권영준 서울대 교수를 위원으로 하여 구성되었다.

14) 심의 당시 위원장단 회의는 서민 충남대 명예교수(개정위원회 위원장), 윤진수 서울대 교수(실무위원장)와 분과위원장을 맡은 지원림 고려대 교수, 남효순 서울대 교수, 송덕수 이화여대 교수, 백태승 연세대 교수, 윤철홍 숭실대 교수, 엄동섭 서강대 교수로 구성되었다.

15) 2014. 2. 17. 제4기 제11차 전체회의에서 개정안 제749조의2에 대한 추가 논의가

Ⅲ. 부당이득의 요건

제741조(부당이득의 내용) - 개정 제외

현행	분과위안	실무위안	위원장단안
제741조(부당이득의 내용) 법률상 원인없이 <u>타인의 재산 또는 노무로 인하여</u> 이익을 얻고 이로 인하여 타인에게 손해를 가한 자는 그 이익을 반환하여야 한다.	제741조(부당이득의 내용) (제1안) 법률상 원인 없이 <u>타인의 급부 또는 타인의 재산이나 노무로 인하여</u> 이익을 얻고 이로 인하여 타인에게 손실을 가한 자는 그 이익을 반환하여야 한다. (제2안) 현행 유지	제741조(부당이득의 내용) 법률상 원인없이 타인의 재산 또는 노무로 인하여 이익을 얻고 이로 인하여 타인에게 손실을 가한 자는 그 이익을 반환하여야 한다.	개정 제외

1. 개　　관

민법 제741조는 부당이득의 요건과 효과를 개괄적으로 규정하는 일반조항이다. 부당이득법의 중추적 조항이라고 할 수 있다. 부당이득에 관한 법리는 오랜 세월에 걸쳐 형성되어 왔다. 민법 제741조는 그 정수(精髓)를 짧은 문언 속에 포괄적으로 담아내고 있다. 이번 민법개정 논의과정에서 이 조항을 근본적으로 바꾸어야 한다는 의견은 없었다.

다만 이 조항의 큰 틀을 그대로 둔 채 세부 내용을 바꾸려는 시도는 있었다. 분과위원회 개정시안 제1안은 두 가지 변화를 의도하였다. 첫 번째는 부당이득에 급부부당이득[16]이 포함된다는 점을 명확하

있었으나 이미 확정되었던 개정안을 수정하지는 않았다.

16) 우리 민법은 일본민법과 달리 급부(給付) 대신 급여(給與)라는 용어를 사용하므로 (민법 제746조 참조) 급부부당이득보다 급여부당이득이 더 적절한 용어라는 입장이 있다. 윤진수, "부당이득법의 경제적 분석", 서울대학교 법학, 제55권 제3호

게 규정하는 것이었다. 두 번째는 법문 중 "손해"를 "손실"로 바꾸는 것이었다. 실무위원회는 첫 번째 점에 대해서는 반대하고, 두 번째 점에 대해서는 찬성하였다. 그런데 위원장단 회의에서는 분과위원회안 개정시안 제2안, 즉 현행 유지안을 받아들이기로 하였다.17) 그 결과 제741조 개정안은 전체회의에 상정되지 않았다. 이처럼 민법 제741조는 개정대상에서 제외되었지만 그 경과와 논의 내용을 살펴볼 필요는 있다. 민법 제741조에 대한 개정논의는 곧 부당이득법의 근간을 다루고 있는 것이어서 그 자체로 학술적 가치가 크기 때문이다.

2. 유형론의 반영 시도

분과위원회의 첫 번째 시도는 급부부당이득에 관한 명문 근거를 마련하는 것이었다. 이는 부당이득제도에 관한 통일론 및 유형론의 문제와 관련이 있다.

통일론은 부당이득제도를 형평 또는 공평이라는 하나의 통일된 원리로 설명하려는 입장이다. 연혁적으로 보면 부당이득은 통일된 제도로 출발한 것이 아니다. 로마법은 통일된 제도로서의 부당이득제도를 알지 못하였다. 비채변제, 불법원인, 목적부도달 등 개별적 유형별로 부당이득반환청구소권(condictio)이 인정되었을 뿐이다.18) 이러한 부당이득법에 대한 파편적 이해는 근대까지 계속되었다. 가령 프랑스 민법(1804년)이나 오스트리아 민법(1811년)에는 부당이득을 통일적 법원칙으로 규정하는 일반규정은 존재하지 않았다.19) 그런데 19세기에 사비니(Savigny)를 필두로 부당이득제도를 보편적 원칙에 따라 통일적

(2014. 9), 108~109 면 .
17) 제4기 민법개정위원회 위원장단 회의일지(제30차)(2013. 9. 2)(미공간) 참조.
18) 이에 대해서는 Reinhard Zimmermann, *The Law of Obligations: Roman Foundations of the Civilian Tradition* (Oxford University Press, 1990), pp. 838~857 참조.
19) 김형배, 사무관리·부당이득(박영사, 2003), 60면.

으로 이해하려는 움직임이 있었고, 이것이 20세기 초 독일 법학의 통일론(Einheitslehren)으로 나타났다.[20] 독일 민법에 부당이득에 관한 일반규정(제812조)을 둔 것도 이러한 영향 때문이다. 독일의 통일론은 일본을 거쳐 우리나라에도 영향을 미쳐 우리나라에서도 통설적 지위를 차지하였다.[21] 판례도 "부당이득제도는 이득자의 재산상 이득이 법률상 원인을 결여하는 경우에 공평·정의의 이념에 근거하여 이득자에게 그 반환의무를 부담시키는 것"이라고 판시하여 통일론에 입각하였다.[22]

반면 유형론은 부당이득제도를 하나의 원리로 설명할 수는 없으므로 유형을 나누어 설명하여야 한다는 입장이다. 독일에서는 1930년대 빌부르크(Wilburg)의 문제제기로부터 출발하여,[23] 1950년대 케머러(Caemmerer)가 유형론(Trennungslehre)[24]을 제시함으로써[25] 통일론이 지배하던 학설상황에 큰 변동을 가져왔다.[26] 이제는 유형론이 독일의 통설로 자리잡고 있다.[27] 독일에서는 일반적으로 부당이득을 급부부당이득(Leistungskondiktion)과 비급부부당이득(Nichtleistungskondiktion)으로 나누고,[28] 후자는 침해부당이득(Eingriffskondiktion), 비용부당이

---

20) 김형배(주 19), 69~71면.
21) 김증한, 채권각론(박영사, 1988), 404~405면; 곽윤직, 채권각론(박영사, 2003), 345~346면 등.
22) 대법원 2003. 6. 13. 선고 2003다8862 판결.
23) Walter Wilburg, *Die Lehre von der ungerechtfertigten Bereicherung nach österreichischem und deutschem Recht* (Leuschner und Lubensky, 1934), p. 113.
24) 직역하면 '분리설'이다.
25) Ernst von Caemmerer, *Bereicherung und unerlaubte Handlung*, Festschrift für Ernst Rabel (Mohr, 1954).
26) Beck'scher Online-Kommentar BGB, 2013, §812 Rn. 17.
27) Jack Beatson & Eltjo Schrage (eds.), *Case, Materials and Texts on Unjustified Enrichment* (Hart Publishing, 2003), p. 185.
28) 독일 민법 제812조 제1항은 이미 문언 자체에서 급부(Leisting)에 의한 부당이득과 그 밖의 방법(in sonstiger Weise)에 의한 부당이득을 나누고 있어 이러한 구분을 뒷받침한다.

득(Verwendungskondiktion), 구상부당이득(Rückgriffskondiktion)으로 세분하여 설명한다.[29] 일본에서도 와가쓰마 사카에(我妻 榮)의 영향 아래 통일론이 지배적 지위를 차지하다가,[30] 1980년대부터 유형론이 유력하게 등장하기 시작하여 현재는 오히려 유형론이 다수설의 지위를 차지하고 있다.[31] 독일과 일본의 영향 아래 우리나라에서도 유형론이 유력하게 주장되고 있다.[32] 우리나라의 유형론에서도 독일과 마찬가지로 부당이득을 급부부당이득, 침해부당이득, 비용부당이득, 구상부당이득으로 나누어 고찰하는 것이 일반적이다.[33]

    통일론과 유형론이 과연 같은 차원에서 논의될 수 있는 것인지, 또한 서로 양립불가능한 것인지는 의문이다.[34] 통일론은 좀 더 근본적인 차원을 다루고 유형론은 좀 더 구체화된 차원을 다룬다는 점에서 양자는 상호배척관계가 아니라 상호보완관계에 있다.[35] 그러므로 유형론이 유력한 지위를 차지하게 된 오늘날에도 통일론은 여전히 의미를 가진다. 유럽 사법(私法)의 핵심원리를 담고 있는 공통참조기준초안(Draft Common Frame of Reference, 이하 DCFR)[36] Ⅶ.－1:101조

---

29) Stephan Lorenz & Johannes Czipuka, "Grundwissen－Zivilrecht: Bereicherungs－recht－ Grundtypen der Kondiktionen", *JuS*, No. 9 (2012), p. 777.

30) 我妻 榮, 債權各論, 下卷 1(民法講義Ⅴ 4)(岩波書店, 1972), 938면 참조.

31) 宮田浩史, "不当利得論における我妻衡平說の意義と日本類型論と可能性", 早稲田法学会誌, 第63券 第2号(2013), 313면; 松岡久和, "不当利得法の全体像 — 給付利得法の位置づけを中心に", ジュリスト, 第1428号(2011), 4면. 그러나 여전히 실무에서는 종전의 형평설적 입장에 기초하여 판단하는 경우가 많다고 한다. 宮田浩史, 위 논문, 313면 참조.

32) 곽윤직 편, 민법주해[ⅩⅦ](박영사, 2005), 161면 이하(양창수 집필부분); 김형배(주 19), 76면; 이은영, 채권각론, 제5판(박영사, 2007), 714면; 지원림, 민법강의, 제12판(홍문사, 2013), 1614면 등.

33) 곽윤직 편(주 32), 171~172면(양창수 집필부분); 김형배(주 19), 66면 이하 등 참조.

34) 양창수·권영준, 권리의 변동과 구제(민법 Ⅱ)(박영사, 2011), 427~428면.

35) Beck'scher Online－Kommentar, *supra* note 26, §812 Rn. 18도 같은 취지이다.

36) 유럽의 공통참조기준초안은 유럽위원회(European Commission)의 위탁에 따라 유럽의 연구자들이 유럽 사법(私法)의 내용을 기본원리, 개념 및 모델규칙의 형태로 작성한 연구결과물이다. 그 내용과 배경에 관하여는 권영준, "유럽사법(私法)통

제1항 역시 "타인의 불이익으로 인하여 부당한 이익을 얻는 사람은
그 타인에게 이익을 반환할 의무가 있다"[37]라고 하여 부당이득반환
의 원칙을 통일론적 입장에서 규정하고 있다.

  그러나 통일론만으로는 부당이득제도에 대하여 충분한 설명력을
획득하기 어렵다. 통일론이 부당이득제도의 이념적 토대로 내세우는
형평은 구체적인 내용을 담고 있지 않아 지나치게 추상적이고 공허하
다.[38] 또한 어차피 모든 법제도가 형평을 지향하므로 이를 부당이득
제도의 특유한 원리로 내세우기도 겸연쩍다. 따라서 통일론이 추구하
는 형평의 이념을 염두에 두면서도 유형론에 따라 부당이득의 개방적
유형화와 맞춤형 규율 제공을 통해 형평의 이념을 구체화할 필요성이
존재한다.[39] 민법의 부당이득 규정들을 보더라도 제742조 내지 제
746조는 부당이득 전체가 아니라 급부부당이득을 규율하는 것이므로
이 점에서도 부당이득의 유형을 구별할 실익이 있다.[40] 최근 대법원
판례는 급부부당이득과 침해부당이득을 명시적으로 구분하고 있는

  합의 현황과 시사점 ─유럽의 공통참조기준초안(Draft Common Frame of
  Reference)에 관한 논쟁을 관찰하며─", 비교사법, 제18권 제1호(2011. 3) 참조.
37) 원문은 "A person who obtains an unjustified enrichment which is attributable
  to another's disadvantage is obliged to that other to reverse the enrichment"이다.
38) 양창수, 일반부당이득법의 연구, 박사학위논문, 서울대학교(1987), 258면에서는
  유형론의 입장에서 현행 민법 제741조 이하의 부당이득 규정이 분쟁을 처리함에
  있어서 직접 의거할 수 있는 '개별적 법률관계를 확실하게 규율하는 특정한 법규
  범'을 제시하는 데 실패하였다고 평가한다.
39) 이러한 통일론과 유형론의 상호작용은 법계를 불문하고 다양한 모습으로 이루어
  지고 있다. 독일이나 일본, 우리나라가 통일론에서 유형론으로 나아간 사례라면
  프랑스나 영국, 미국은 개별적 사례로부터 통일적 원리를 추출하려고 시도하는 사
  례에 해당한다. 후자에 관하여는 James Gordley, *Foundations of Private Law*
  (Oxford University Press, 2006), pp. 420~421 참조. 통일론적 입장에서 원칙규
  정을 두고 있는 DCFR에서도 Ⅶ.─4:101조에서는 인과관계와 관련하여 부당이득
  의 유형화를 시도한다.
40) 이처럼 조항에 따라 적용대상인 부당이득 유형이 달라지는 것은 독일 민법도 마찬
  가지이다. 독일 민법 제813조, 제814조, 제815조, 제817조, 제819조 제2항, 제820
  조 제1항은 급부부당이득에만 적용되는 조항들이다.

데,⁴¹⁾ 이 역시 유형론적 사고에 기초한 것이다.

분과위원회 개정시안 제1안은 유형론의 태도를 민법 제741조에 반영하고자 하였다. 이러한 분과위원회의 시도는 부당이득의 유형화를 통해 좀 더 세밀한 규율을 제공하려는 노력으로서 의미 있는 것이었다. 이와 관련하여 분과위원회는 "타인의 재산 또는 노무로 인하여"라는 문언에 "급부"를 추가하여 "타인의 급부 또는 타인의 재산이나 노무로 인하여"로 개정하자고 제안하였다. 이러한 제안의 이면에는 현행 민법 제741조의 문언만으로는 급부부당이득을 규율할 수 없거나 적어도 급부부당이득을 규율할 수 있는지가 불명확하다는 생각이 깔려 있다. 환언하면 현행 민법 제741조의 문언만 놓고 보면 이 조항은 침해부당이득에 관한 조항처럼 읽힌다는 것이다.

그러나 이러한 전제에는 동의하기 어렵다. 급부 역시 재산 또는 노무로 인한 것이어서 "타인의 재산 또는 노무로 인하여"라는 기존 문언에 충분히 포섭될 수 있기 때문이다. 그 점에서 현행 민법 제741조는 이미 급부부당이득을 포섭할 만한 유연성과 포괄성을 지니고 있다. 지금까지 학계와 실무계에서는 "타인의 재산 또는 노무로 인하여"라는 문언이 모든 부당이득 유형을 포괄한다고 이해하여 왔고, 위 개정시안의 제안이 이루어지기 전에는 이에 대한 별다른 이견을 찾아보기도 어려웠다.

분과위원회는 아마도 독일 민법 제812조 제1항을 참조하여 개정시안을 만들었던 것으로 추측된다. 독일 민법 제812조 제1항은 현행 민법 제741조와 달리 타인의 급부(Leistung)에 의한 부당이득과 기타의 방법(in sonstiger Weise)에 의한 부당이득을 명시적으로 나누고 있다. 만약 부당이득을 유형화하고자 하였다면 이미 모든 것을 포괄하는 추상적인 문언에 "급부"만 추가하기보다는 차라리 독일 민법과 같이 부당이득의 유형을 명시적으로 나누는 것이 분과위원회의 의도에 부합하였을 것이다.

결과적으로 분과위원회 개정시안 제1안 중 "급부"를 추가한 부분은 실무위원회나 위원장단 회의에서 받아들여지지 않았다.

3. 손실 개념의 도입 시도

분과위원회의 두 번째 시도는 "손해"를 "손실"로 바꾸는 것이었다. 이러한 시도를 이해하려면 손해 및 손실의 개념에 대해 살펴보고 양자를 비교해 보아야 한다.

"손해"는 "법익에 관하여 받은 불이익"이다.[42] 따라서 손해 개념을 이해하려면 법익과 불이익 개념을 이해해야 한다.[43] 다만 이 문제는 이 글과 직접적인 관련이 없으므로 여기에서 검토하지는 않는다. 여기에서는 손해가 법익에 관해 불이익이 생긴 상태를 의미한다는 정도로 이해하기로 한다. 한편 손해의 개념 자체는 이러한 상태가 어떤 원인으로 생긴 것인지를 묻지 않는다. 그러한 점에서 손해 개념은 본래 원인중립적인 개념이다. 따라서 손해가 자연력과 사람의 행위 중 어떤 원인으로 생겼는지, 또한 사람의 행위가 위법한 것인지의 문제는 손해 개념 자체와는 분리하여 생각해야 한다. 그런데 민법의 용례를 보면 손해는 위법한 행위로 인하여 야기된 법적 불이익의 의미로 사용되는 경우가 많다.[44] 이러한 의미의 손해는 반환 또는 보상의 대

---

42) 곽윤직, 채권총론, 제6판(박영사, 2006); 김상용, 채권총론, 개정증보판(법문사, 2003), 154면; 김증한·김학동, 채권총론, 제6판(박영사, 1998), 126면; 김형배, 채권총론, 제2판(박영사, 1999), 238면; 이은영, 채권총론, 제4판(박영사, 2009), 264면 등.
43) 특히 불이익 개념에 대해서는 차액설과 구체적 손해설을 둘러싼 어려운 논의가 있다. 차액설은 손해의 원인이 없었더라면 존재하였을 이익상태와 현재의 이익상태의 차이를 손해로 파악하고, 구체적 손해설은 개별적이고 구체적으로 발생한 불이익 그 자체를 손해로 파악한다. 판례는 차액설의 입장을 취한다. 대법원 1992. 6. 23. 선고 91다33070 전원합의체 판결 등 참조.
44) 실종선고의 취소와 손해배상에 관한 제29조 제2항, 법인의 불법행위와 손해배상

상이 아니라 배상의 대상이다. 그러한 점에서 위법행위-손해-배상
은 서로 긴밀하게 연관되어 있다.[45]

　　"손실"은 "이익"의 반대 개념으로서 "재산상 법익에 관하여 받은
불이익", 또는 "재산의 적극적 또는 소극적 감소"의 의미를 가진다.[46]
부당이득에 관하여 "손해"가 아닌 "손실"의 개념을 사용하는 일본 민
법의 해석론상으로도 마찬가지이다.[47] 이러한 설명에 따르면 손실은
법익에 대한 불이익의 의미로 사용된다는 점에서 손해와 공통되지만,
재산상 법익에 국한된 개념이라는 점에서 손해와 구별된다. 비재산적
손실의 개념이 성립할 수 있는가 하는 문제가 있기는 하지만, 적어도

에 관한 제35조, 이사 임무해태와 손해배상에 관한 제65조, 지연손해배상에 관한
제90조, 무권대리인의 손해배상에 관한 제135조 제1항, 악의 점유자의 손해배상
에 관한 제202조 제1항, 점유침탈과 손해배상에 관한 제204조 제1항, 점유방해와
손해배상에 관한 제205조와 제206조 제1항, 소유권 방해와 손해배상에 관한 제
214조, 하류 연안의 용수권 방해와 손해배상에 관한 제232조, 용수장해와 손해배
상에 관한 제236조 제1항, 경계선 부근의 건축과 손해배상에 관한 제242조 제2
항, 전전세로 인한 손해배상에 관한 제308조, 전세권의 소멸청구와 손해배상에
관한 제311조 제2항, 전세권자의 손해배상책임에 관한 제315조 제1항, 질물의 하
자로 인한 손해배상책임에 관한 제334조, 전질권과 손해배상책임에 관한 제336
조, 저당권 피담보채무의 불이행으로 인한 손해배상에 관한 제360조, 채무불이행
과 손해배상청구에 관한 제390조 이하, 불법행위와 손해배상청구에 관한 제750조
이하 등 다수.

45) 다만 이사 또는 청산인 결여 등으로 인하여 손해가 생길 염려가 있는 때 임시이사
나 청산인을 선임할 수 있도록 한 제63조 및 제83조에서는 손해를 위법행위나 배
상과는 무관한 개념으로 사용한다. 또한 인지사용과 손해보상에 관한 제216조 제2
항, 수도 등 시설과 손해보상에 관한 제218조 제1항, 주위토지통행권과 손해보상
에 관한 제219조 제2항, 여수소통권과 손해보상에 관한 제226조 제2항, 언의 설치
및 이용과 손해보상에 관한 제230조, 첨부와 손해보상에 관한 제261조, 관리자의
무과실손해보상에 관한 제740조 역시 위법행위와 결부되지 않고 배상의 대상도
아닌 손해의 개념을 사용한다.

46) 박준서 편, 주석민법: 채권각칙, 제3판(한국사법행정학회, 1999), 457면(임한흠 집
필부분).

47) 甲斐道太郎·谷口知平 編, 新版 注釋民法 V 18 (有斐閣, 1988), 432면; 我妻 榮·
清水 誠·田山 輝明·有泉 亨, 我妻·有泉コメンタール 民法, 第3版(日本評論社
2013), 1275면.

"재산"의 귀속질서를 다루는 부당이득법에서는 "비재산적" 손실의 문
제는 다룰 실익이 없다. 우리나라 민법에서는 조합원의 손익분배에
관한 제711조 제2항과 조합원에 대한 채권자의 권리행사에 관한 제
712조에서 이익에 대응하는 의미로 손실의 개념을 사용한다. 이러한
손실 개념은 손해의 일반적인 용례와는 달리 위법행위나 배상의 개념
과 관련되지 않는다.

　참고로 여러 외국 입법례들은 부당이득의 요건으로 "손실"의 개
념을 사용한다. 일본 민법 제703조는 "법률상 원인 없이 타인의 재산
또는 노무로 인하여 이익을 얻고 그로 인하여 타인에게 손실을 끼친
자는 그 이익이 존재하는 한도에서 이를 반환할 의무를 진다"라고 규
정하여 "손해" 대신 "손실" 개념을 사용한다.[48] 독일 민법 제812조
제1항은 "타인의 급부로 인하여 또는 기타의 방법에 의하여 그의 손
실(Kosten)로 법적 원인 없이 어떤 것을 취득한 사람은 그에 대하여
반환의 의무를 진다."라고 규정하여 "손해"(Schaden)와는 구별되는
"손실"(Kosten)의 개념을 사용한다.[49] DCFR Ⅶ.－1:101조 제1항은
"타인의 손실(disadvantage)로 인하여 부당한 이득을 얻은 자는 그 타
인에게 그 이득을 반환하여야 한다."라고 규정하여 "손해"(damage)
대신 "손실"(disadvantage)의 개념을 사용한다.

　우리 민법이 부당이득에 관하여 손실 대신 손해의 개념을 사용하
게 된 배경은 명확하지 않다. 일제 강점기 시절 우리나라에 적용되었
던 의용 민법 제703조[50]는 손해가 아닌 손실 개념을 사용하고 있었
고, 우리 민법 제정과정에 영향을 미쳤던 만주국 민법 제742조,[51] 독

---

48) 번역문은 권철, 일본민법전(법무부 민법개정사무국, 2011), 299면 참조. 이하 일본
　　조항에 관하여는 같다.
49) 번역문은 양창수, 독일민법전(박영사, 2008), 523면 참조. 이하 독일 조항에 관하
　　여는 같다.
50) 현행 일본 민법 제703조와 동일하다.
51) 만주국 민법 제742조는 "법률상 원인 없이 타인의 재산 또는 노무로 이익을 얻고

일 민법 제812조 제2항 등도 모두 손실 개념을 사용하고 있었기 때문
이다. 그런데 1954년 정부안으로 민의원에 제출된 민법 초안 제743조
에서는 이와 달리 손해의 개념을 사용하였고, 민의원에서도 별다른
논의 없이 이를 채택하였다.52) 아마도 중화민국 민법 제179조를 참조
한 것이 아닌가 추측된다.53)

  "손해"와 "손실" 개념이 유사하다는 점을 고려하면 민법 제741조
에서 꼭 어느 특정 개념을 사용해야 한다고 고집할 수는 없다. 우리
나라의 문헌들을 보면 법문과 달리 "손실"의 개념을 사용하는 것54)과
법문에 충실하게 "손해"의 개념을 사용하는 것55)이 있다. 판례 중에
는 "손실"의 개념을 사용한 것도 있지만,56) 최근에는 "손해" 개념을
사용하는 방향으로 수렴하고 있다.57) 다만 이는 법문에 충실한 표현
일 뿐이고, 손해와 손실의 개념과 용례를 구분한 뒤 의식적으로 전자
를 선택한 결과로는 보이지 않는다.

    이로 인하여 타인에게 손실을 끼친 자는 이를 반환할 의무를 진다"라고 규정한다.
52) 양창수(주 38), 131면에서는 우리 민법 초안이 의용민법상 손실을 손해라는 용어
   로 변경한 배경에 대한 자료는 찾을 수 없다고 한다.
53) 중화민국 민법은 현재 대만 민법으로 사용되고 있고, 그중 제179조는 현재까지 개
   정 없이 그대로 보존되어 있다. 이 조항에서는 "법률상의 원인 없이 이익을 얻고
   타인에게 손해를 가한 경우에 그 이익을 반환하여야 한다. 법률상의 원인이 있었
   으나 그 후 이미 존재하지 아니하는 경우도 같다"라고 규정한다. 번역문은 김성수,
   대만민법전(법무부, 2012), 133면 참조.
54) 곽윤직(주 21), 353면; 지원림(주 32), 1629면; 송덕수, 新민법강의, 제5판(박영사,
   2012), 1604면; 김형배·김규완·김명숙, 민법학강의: 이론·판례·사례, 제10판(신
   조사, 2011), 1570면; 박준서 편(주 46), 456면(임한흠 집필부분); 지원림(주 32),
   1631면 등.
55) 곽윤직 편(주 32), 156면(양창수 집필부분). 한편 이은영(주 32), 693면은 '손해'를
   부당이득의 요건으로 설명하면서도 이는 실질적으로 '손실'의 개념에 가깝다고 한다.
56) 대법원 1985. 8. 13. 선고 85다카421 판결; 대법원 1989. 2. 28. 선고 88다카4482
   판결; 대법원 1992. 11. 27. 선고 92다12681 판결.
57) 대법원 1988. 11. 22. 선고 87다카931 판결; 대법원 1990. 6. 8. 선고 89다카18990
   판결; 대법원 1992. 7. 24. 선고 92다15970 판결; 대법원 2002. 12. 6. 선고 2000다
   57375 판결; 대법원 2006. 4. 13. 선고 2005다14083 판결; 대법원 2008. 2. 1. 선고
   2007다8914 판결 등.

하나를 선택해야 한다면 "손해"보다는 "손실" 개념이 적절하다. 현행 민법 제741조에서 규정하는 부당이득법상의 "손해"는 재산총액의 감소를 의미하는데, 이는 민법에서 일반적으로 사용되는 손해의 의미, 즉 위법한 행위를 암묵적으로 전제한 법적 불이익의 의미를 가지지는 않는다. 그러므로 채무불이행이나 불법행위 등 위법행위로 인한 손해배상, 그리고 위법행위와는 무관한 부당이득의 반환을 구별하는 지표로서 손실 개념은 의미가 있다. 또한 부당이득반환의 범위에 관하여 민법 제748조 제2항은 악의의 수익자는 받은 이익에 이자를 붙여 반환하고 손해가 있으면 이를 배상하여야 한다고 규정하는데, 여기에서의 손해는 불법행위로 인한 손해로 해석하는 것이 일반적이다.58) 이와 구별하기 위해서라도 제741조에서는 손실 개념을 채택하는 것이 유용하다. 부당이득법의 핵심 개념인 이익의 반대 개념으로는 손해보다 손실이 더 적당하다는 점, 손해는 일반적으로 비재산적 손해도 포함하는 개념인데 부당이득법에서는 비재산적 손해 내지 손실이 문제되지 않는다는 점 등을 고려하더라도 그렇다.

분과위원회 개정시안 제1안 중 "손해"를 "손실"로 변경한 부분은 실무위원회에서 받아들여졌으나 위원장단 회의에서 받아들여지지 않았다. 따라서 현행 민법 제741조대로 "손해"의 개념이 유지되게 되었다.

---

58) 김형배(주 19), 252면에서는 이를 한국과 일본의 통설로 소개한다. 이에 대한 국내 판례는 없지만 일본 최고재판소는 이를 불법행위책임으로 새긴다. 最高裁 2009(平成 21). 11. 9. 판결(民集 63-9-1987) 참조. 반면 곽윤직 편(주 32), 599면(양창수 집필부분)에서는 통설과 달리 이 의무를 채무불이행책임에 가까운 일종의 특수한 손해배상의무라고 설명한다.

Ⅳ. 부당이득반환의 제한

1. 제742조(비채변제) - 개정

현행	분과위안	실무위안	위원장단안=확정안
제742조(비채변제) 채무없음을 알고 이를 변제한 때에는 그 반환을 청구하지 못한다.	제742조(<u>채무없음을 알고 한 비채변제</u>) (1안) 채무없음을 알고 임의로 이를 변제한 때에는 그 반환을 청구하지 못한다. (2안) 현행규정 유지	제742조(<u>채무없음을 알고 한 변제</u>) 채무없음을 알고 <u>임의로</u> 이를 변제한 때에는 그 반환을 청구하지 못한다.	제742조(<u>채무없음을 알고 한 비채변제</u>) 채무없음을 알고 <u>임의로</u> 이를 변제한 때에는 그 반환을 청구하지 못한다.

가. 민법 제742조의 해석론

민법은 제742조부터 제746조까지 급부부당이득의 반환이 제한되는 경우에 관하여 규정한다. 그중 민법 제742조는 "채무없음을 알고 이를 변제한 때에는 그 반환을 청구하지 못한다"라고 하여 악의의 비채변제에 대해 규정한다.

채무가 없는데도 변제된 급부는 법률상 원인이 없으므로 급부부당이득으로 변제자에게 반환되어야 한다.[59] 실수로 이중변제한 경우 두 번째로 변제한 급부를 반환하는 것이 대표적 예이다. 하지만 법률상 원인으로서의 채무가 없음을 알면서도 굳이 변제한 자에게까지 부당이득반환청구권을 부여하여 보호할 필요성은 크지 않다. 채무 없음을 알면서도 변제하여 스스로 위험한 상황을 자초한 뒤 다시 태도를 바꾸어 반환을 구하는 것은 선행행위에 반하는 행위일 뿐만 아니

---

59) 이는 로마법상 비채의 부당이득반환소권(condictio indebiti) 이래 널리 인정되어 왔다. 이를 명문으로 규정하는 입법례도 있는데, 가령 프랑스 민법 제1235조 제1항은 "변제는 모두 부채를 전제로 한다. 의무 없이 변제된 것은 반환청구의 대상이 된다"라고 규정함으로써 이를 명시한다.

라,[60) 법적 분쟁을 조장하여 소송비용과 같은 불필요한 거래비용을 증가시키는 행위이기 때문이다.[61) 이러한 행위에 대해서도 부당이득 반환청구를 허용하는 것은 변제 단계에서 정당하게 해결할 수 있었던 사태를 만연히 변제 이후의 단계로 지연시키는 결과를 용인하는 셈이 되어 법정책적으로도 바람직하지 않다. 민법 제742조가 악의의 비채 변제에 대해서 부당이득반환청구를 금지하는 것은 이러한 이유 때문이다.

그런데 판례는 민법 제742조를 목적적으로 축소해석한다. 즉 채무 없음을 알았더라도 임의로 변제한 것이 아니라면 민법 제742조의 문언 에도 불구하고 부당이득반환을 구할 수 있다는 것이다. 대법원 1988. 2. 9. 선고 87다432 판결에서 "민법 제742조 소정의 비채변제는 지급 자가 채무없음을 알면서도 임의로 지급한 경우에만 성립하고, 채무없 음을 알고 있었어도 변제를 강제당한 경우나 변제거절로 인한 사실상 의 손해를 피하기 위하여 부득이 변제하게 된 경우 등 그 변제가 자기 의 자유로운 의사에 반하여 이루어진 것으로 볼 수 있는 사정이 있는 때에는 지급자가 그 반환청구권을 상실하지 않는다."라고 판시한 이 래, 이러한 법리를 적용한 재판례들이 상당히 축적되어 있다. 재판례 를 보면 대체로 경매실행[62)이나 전기공급중단,[63) 계약체결의 거절[64)

---

60) 김형배(주 19), 120면.
61) 윤진수(주 16), 127면.
62) 대법원 2010. 7. 15. 선고 2008다39786 판결. 반면 대법원 2004. 1. 27. 선고 2003 다46451 판결에서는 부동산에 대한 임의경매절차가 진행되던 중 근저당권자 겸 낙찰자에게 피담보채무액을 초과한 금원을 지급하고 그 임의경매신청을 취하시킨 뒤 그 금원을 부당이득으로 반환청구한 사안에서 이를 자유로운 의사에 반한 변제 라고 볼 수 없다고 판시하였다.
63) 대법원 1988. 2. 9. 선고 87다432 판결. 대법원 1992. 2. 14. 선고 91다17917 판결도 전기요금 체납을 이유로 한 전기공급거절 문제를 다루고 있으나, 이 사 안에서는 변제자가 명시적으로 부당이득반환청구권을 유보하였다는 차이점이 있다.
64) 대법원 2009. 8. 20. 선고 2009다4022 판결.

이나 해제,[65] 형사책임[66] 등을 부득이한 변제사유로 들고 있다. 이러한 목적적 축소해석은 학설상으로도 받아들여지고 있다.[67]

나. 개정안의 내용과 이에 대한 평가

(1) 개정안의 타당성

민법 제742조는 부당이득반환청구에 대한 예외 규정이므로 엄격하게 해석하여야 한다. 이러한 점을 염두에 둔다면, 아무리 채무 없음을 알았다고 하더라도 현실적으로 채무를 일단 변제하지 않을 수 없는 합리적 사정이 있어 변제한 경우에까지 부당이득반환을 부정하는 것은 부당하다. 따라서 민법 제742조에 대한 목적적 축소해석은 타당하다.

이러한 해석론의 타당성을 인정한다면 입법론으로서는 이를 법문에 반영하는 것이 바람직하다. 물론 판례와 학설이 확고하게 정립되어 있으므로 이를 굳이 법문에 반영할 실익이 없다는 반론이 있을 수 있다. 그러나 민법 제742조의 문언 자체에서는 채무 없음을 알고 변제하였을 것만 요구할 뿐 그 변제의 경위나 사정은 묻지 않고 있다. 그러므로 현재의 해석론은 법문에 없는 요건을 부가하고 있어 이론적으로는 논란의 불씨가 남아 있다. 그러한 점에서 개정안 제742조가 "채무없음을 알고 임의로 이를 변제한 때에는 그 반환을 청구하지 못한다."라고 규정하여 해석론상 논란의 여지를 없앤 것은 적절한 조치이다. 아울러 개정안에서는 표제를 "비채변제"에서 "채무없음을 알고 한 비채변제"로 바꾸었다. 민법 제742조가 비채변제 일반에 적용되는 조항이 아니라 악의의 비채변제에만 적용되는 조항임을 고려하

---

65) 대법원 1997. 7. 25. 선고 97다5541 판결.
66) 대법원 1992. 7. 28. 선고 92다18535 판결.
67) 곽윤직 편(주 32), 394면(양창수 집필부분); 곽윤직(주 21), 361면; 박준서 편(주 46), 489면(김문혁 집필부분); 송덕수, 채권법각론(박영사, 2014), 445면 등.

면 이처럼 표제를 구체적으로 표현하는 것이 타당하다.[68]

개정안과 유사한 입법례로는 스위스 채무법 제63조 제1항과 DCFR Ⅶ.-2:101조를 들 수 있다. 스위스 채무법 제63조 제1항은 "비채변제(Zahlung einer Nichtschuld)"라는 표제 아래 "채무가 없는데도 자발적으로(freiwillig) 변제한 자는 그가 채무에 대해 착오에 빠졌음을 증명할 수 있는 경우에만 급부한 것의 반환을 청구할 수 있다"라고 규정한다.[69] DCFR Ⅶ.-2:101조 (b)는 부당이득이 성립하지 않는 경우의 하나로서 "손실자가 그 손실에 대하여 자유롭게(freely) 또한 착오 없이 동의한 경우"를 들고 있다.[70] 개정안 제742조도 이러한 입법례의 연장선상에 있다고 평가된다.

한편 개정안에서 채택한 "임의로"라는 표현은 이 조항에 관한 리딩 케이스(leading case)인 대법원 1988. 2. 9. 선고 87다432 판결에서 유래된 것으로 생각된다. 이 판결에서는 "민법 제742조 소정의 비채변제는 지급자가 채무 없음을 알면서도 임의로 지급한 경우에만 성립"(밑줄은 필자가 부가한 것임, 이하 같다)한다고 하면서 "변제가 자기의 자유로운 의사에 반하여 이루어진 것으로 볼 수 있는 사정이 있는 때"에는 민법 제742조 소정의 비채변제가 성립하지 않아 부당이득반환청구를 할 수 있다고 판시한다. 이러한 판례의 입장은 민법 제742조의 적용 여부를 임의의 변제 또는 자유로운 의사에 기한 변제가 있었는지에 따라 결정하자는 것이다.

---

68) 이와 관련하여 분과위원회 논의 단계에서는 "채무없음"과 "비채"가 중복되므로 표제를 "채무없음을 알고 한 변제"라고 하여야 한다는 제안이 있었다. 논리적으로는 타당한 지적이다. 그러나 이를 비채변제 중 "악의의 비채변제"를 풀어쓴 것이라고 이해하면 수긍할 수 있다고 생각한다. 또한 이러한 표제가 더 쉽게 이해할 수 있다.

69) 원문은 "Wer eine Nichtschuld freiwillig bezahlt, kann das Geleistete nur dann zurückfordern, wenn er nachzuweisen vermag, dass er sich über die Schuldpflicht im Irrtum befunden hat"이다.

70) 발췌한 부분의 원문은 "the disadvantaged person consented freely and without error to the disadvantage"이다.

그런데 민법에서 임의성의 개념은 임의대리인의 경우(제120조) 처럼 자발성이나 자율성의 의미로 사용되기도 하고, 물권 임의창설 금지의 경우(제185조)처럼 자의성의 의미로 사용되기도 하여 다의적 이다. 이러한 다의성을 고려하여 "임의로" 대신 "자유로운 의사에 기하여"로 명확하게 표현하는 방안을 생각해 볼 수 있었을 것이다. 또한 임의성이 내포하는 자율성 또는 자발성은 모호한 개념이다. 예 컨대 변제자가 변제거절로 인해 발생할 수 있는 사실상 손해(가령 경매실행으로 발생할 수 있는 손해)와 일단 변제함으로써 얻을 수 있는 사실상 이익을 교량하여 의식적으로 변제를 택하였다면 이러한 변제 는 임의성이 없다고 단정하기 어렵다.[71] 임의성 개념이 가지는 이러 한 모호성을 고려하면 ① DCFR Ⅶ.－2:103조[72]처럼 임의성이 부정 되는 경우를 구체적으로 열거하여 그 의미를 명확히 하거나, ② 임의 성 내지 자유로운 의사라는 주관적 측면보다는 변제를 해야 할 합리 적 사정의 존부라는 객관적 측면을 요건화하는 방안을 생각해 볼 수 있었을 것이다. 다만 어떤 표현을 선택하건 해당 법리에 대한 실질적 이해에 차이가 있는 것은 아니므로 실제 결론이 달라지지는 않을 것이다.

(2) 착오 요건 관련

그런데 위에서 살펴 본 스위스 채무법이나 DCFR과 같은 입법례 들은 현행 민법이나 개정안과 달리 착오와 관련된 요건을 부가하는 특징을 가진다. 특히 스위스 채무법은 악의의 비채변제자가 부당이득 반환을 구하려면 착오에 빠져 변제하였을 것을 요구한다. 이러한 특

---

71) 곽윤직 편(주 32), 394면(양창수 집필부분)는 이러한 경우에는 임의성이 없다고 하기 어려울 것이라고 하면서 "합리적 사정"이라는 표현이 더 적절하다고 한다.
72) 이 조항에서는 "손실자의 동의가 무능력, 사기, 강제, 강박 또는 부당한 착취에 의하 여 영향을 받은 때에는 손실자는 자유로운 의사로 동의한 것이 아니다"라고 규정한 다. 이는 임의성을 적극적으로 정의하지는 않지만 임의성이 인정될 수 없는 경우를 열거함으로써 거꾸로 임의성이 어떠한 의미인지를 간접적으로 설명하는 것이다.

징은 영국 등 보통법 국가들에서도 나타난다.73) 반면 우리 민법 제
742조는 착오와 관련된 아무런 언급이 없다.74) 비록 개정과정에서 별
로 논의되지 않았지만 이러한 비교법적 관찰에 의거하여 착오 요건을
부가할 것인가 하는 점도 생각해 볼 가치가 있다. 결론적으로 말하자
면 현행 민법과 개정안에는 착오 요건을 부가할 필요가 없다. 그 이
유는 다음과 같다.

첫째, 우리 민법상 착오 요건은 불필요하다. 착오 요건이 없는
현행 민법이나 개정안의 해석에 따르더라도 착오변제에 대해서는 원
칙적으로 부당이득반환청구를 할 수 있기 때문이다. 민법 제742조는
변제자가 변제 당시 채무 없음을 알았다면 부당이득반환청구를 할 수
없다는 것인데, 착오변제자는 채무 없음을 알지 못한 것이므로 반환
청구를 할 수 있기 때문이다. 결국 악의의 개념으로 이미 착오 문제
가 해결되는 셈이다.75) 물론 우리 민법 제744조는 착오변제가 도의관
념에 적합하면 그 반환을 청구하지 못한다고 규정하여 이를 제한하
고 있기는 하다.76) 그러나 착오변제가 도의관념에 적합한 사례는 별
로 많지 않고,77) 이러한 사례에 해당한다면 변제자보다는 수령자를

73) 영국의 경우 Barclays Bank Ltd. v. WJ Simms, Son & Cook (Southern) Ltd,
〔1980〕 1 QB 677, 695.
74) 참고로 민법 제744조(도의관념에 적합한 비채변제), 제745조(타인의 채무의 변제)
에서는 "착오로 인하여"라는 요건이 부가되어 있음이 특기할 만하다.
75) 스위스 채무법 제63조 제1항은 우리나라 민법 제742조와 달리 악의 요건을 두고
있지 않다.
76) 민법 제744조에 대해서는 도의관념에 적합한지 여부를 객관적으로 판단해야 한다
는 취지에서 민법 제744조에 "객관적으로 도의관념에 적합한 때"라고 명시할 필요
성에 대한 언급 이외에는 별다른 논의가 없었다. 제3기 민법개정위원회 5분과 제
15차 회의록(2011. 11. 11)(미공간), 18면 참조.
77) 대법원은 도의관념에 적합한 비채변제에 대해 엄격한 태도를 취한다(대법원 1996.
12. 20. 선고 95다52222, 52239 판결; 대법원 1998. 11. 13. 선고 97다58453 판결;
대법원 2003. 8. 22. 선고 2003다19961 판결; 대법원 2008. 10. 9. 선고 2007다
67654 판결). 도의관념에 적합한 비채변제를 인정한 예로는 대법원 2014. 8. 20.
선고 2012다54478 판결이 발견될 뿐이다.

보호할 가치가 큰 경우일 것이어서 반환청구를 제한할 정당성이 인정
된다. 따라서 착오요건을 두건 두지 않건 착오변제자의 보호에는 지
장이 없다. 그러므로 이러한 점에서 착오요건의 필요성이 인정되지 않
는다.

둘째, 우리 판례에 따르면 착오 요건은 부당한 결과를 가져올 수
있다. 이를 부당이득반환청구의 요건으로 설정하게 되면 착오에 빠지
지 않은 경우에는 부당이득반환청구를 할 수 없게 된다. 그런데 착오
에 빠지지는 않았지만 강제집행의 압박 등 변제할 수밖에 없었던 불
가피한 사정이 있었던 경우에는 부당이득반환청구를 허용할 필요가
있다. 우리 판례들이 악의의 비채변제에 대하여 부당이득반환청구를
허용하는 대부분의 사안들은 착오에 빠지지는 않았으나 사실상의 피
해를 피하기 위해 부득이하게 변제한 사안들이다.78)

2. 제743조(기한 전의 변제) – 개정 제외

현행	분과위안	실무위안	위원장단안
제743조(기한 전의 변제) 변제기에 <u>있지</u> 아니한 채무를 변제한 때에는 그 반환을 청구하지 못한다. 그러나 채무자가 착오로 인하여 변제한 때에는 채권자는 이로 인하여 얻은 이익을 반환하여야 한다.	제743조(기한 전의 변제) 변제기에 <u>이르지</u> 아니한 채무를 변제한 때에는 그 반환을 청구하지 못한다. 그러나 채무자가 착오로 인하여 변제한 때에는 채권자는 이로 인하여 얻은 이익을 반환하여야 한다.	제743조(기한 전의 변제) 변제기에 <u>이르지</u> 아니한 채무를 변제한 때에는 그 반환을 청구하지 못한다. 그러나 채무자가 착오로 인하여 변제한 때에는 채권자는 이로 인하여 얻은 이익을 반환하여야 한다.	개정 제외

민법 제743조는 기한 전 변제에 따른 부당이득반환청구를 금지
하면서 착오변제에 한하여 이로 인해 채권자가 얻은 이익의 반환청구

---

78) 주 62부터 주 66까지의 판례 참조.

를 허용한다.79) 분과위원회는 "변제기에 있지 아니한 채무"를 "변제
기에 이르지 아니한 채무"로 표현만 수정한 개정시안을 제안하였다.

　　관련 민법 조항들을 보면 "변제기에 있지 아니하는 때"(제536조
제1항) 또는 "변제기에 있지 아니한 때"(제688조 제2항)라고 표현하는
경우도 있고, "변제기에 이르지 아니한 채권"(제91조 제1항, 제1035조),
"변제기가 도래하지 아니한 채권"(제165조 제3항), "변제기에 도달하지
아니한 채권"(제579조 제2항), "변제기에 달하지 아니한 채권"(제1017조
제2항)으로 표현하는 경우도 있다. 현행 민법 제743조의 "변제기에 있
지 아니한 채무"는 어법에 맞지 않으므로 개정해야 한다. 분과위원회
는 2004년 민법개정안 제743조의 표현을 그대로 따라 수정제안을 하
였다.80) 실무위원회도 그 제안에 찬성하였다.

　　그러나 위원장단 회의에서는 이러한 표현 수정은 법제처의 '알기
쉬운 법령' 사업81)으로 해결될 수 있다고 하여 이를 개정대상에서 제
외하였다. 민법개정위원회가 내용에 변화가 없는 표현 수정을 개정작
업의 범위에 포함시킬 것인지, 아니면 법제처의 향후 작업에 맡길 것
인지는 선택의 문제이다. 위원장단 회의에서는 부당이득법 개정안에
관하여 후자의 방법을 선택하였다.82) 대체로 민법개정작업 후반부로
오면서 이러한 표현 수정은 개정작업에서 제외하는 경향을 보여 왔

---

79) 여기에서 착오로 인한 변제는 변제기가 도래하였다고 오신하고서 한 변제를 의미
　　한다. 변제기 전임을 알면서 변제한 경우에는 기한의 이익을 포기한 것으로 보아
　　착오 변제의 경우와 달리 중간이자 등 이익의 반환을 구할 수 없다. 대법원 1991.
　　8. 13. 선고 91다6856 판결.
80) 법무부 민법개정자료발간팀 편(주 2), 546면.
81) 알기 쉬운 법령 사업은 국민 누구나 법령을 쉽게 읽고 이해할 수 있도록 법령을
　　정비하는 사업이다(http://www.moleg.go.kr/lawinfo/easylaw/overview, 2014. 3.
　　4. 최종방문). 이 사업의 일환으로 2006년부터『알기 쉬운 법령 정비기준』을 발간
　　하기 시작하여 2012년 12월에 제5판을 발간하였다. 2012년 6월에는 '민법 알기 쉽
　　게 새로 쓰기' 자문위원회를 구성하여 민법의 표현정비작업을 시작하였다.
82) 참고로 법제처가 마련한 "민법 알기 쉽게 새로 쓰기 정비안(채권편)"(미공간) 중
　　제743조에 관한 권고안에서는 "변제기가 되지 않은 채무"라는 표현을 사용한다.

다. 그런데 어차피 전면 개정작업을 하는 마당에 굳이 이를 개정작업의 범위에서 제외할 이유가 있는지는 의문이다. 민법개정안 전체를 놓고 보면 표현만 수정한 조항들도 매우 많다. 하나의 유기적이고 체계적인 개정안을 만드는 과정에서 개정작업의 범위에 관하여 일관성이 결여된 것은 바람직하지 않다.

3. 제745조(타인채무의 변제) – 개정 제외

현행	분과위안	실무위안	위원장단안
제745조(타인채무의 변제) ① 채무자 아닌 자가 착오로 인하여 타인의 채무를 변제한 경우에 채권자가 선의로 증서를 훼멸하거나 담보를 포기하거나 시효로 인하여 그 채권을 잃은 때에는 변제자는 그 반환을 청구하지 못한다. ② 전항의 경우에 변제자는 채무자에 대하여 구상권을 행사할 수 있다.	제745조(타인채무의 변제) ① 채무자 아닌 자가 착오로 인하여 타인의 채무를 자신의 채무로 알고 변제한 경우에 채권자가 선의로 증서를 훼멸하거나 담보를 포기하거나 시효로 인하여 그 채권을 잃은 때에는 변제자는 그 반환을 청구하지 못한다. ② 제1항의 경우에 변제자는 채무자에 대하여 구상권을 행사할 수 있다.	제745조(타인채무의 변제) ① 개정 반대 (현행 유지) ② 제1항의 경우에 변제자는 채무자에 대하여 구상권을 행사할 수 있다.	개정 제외

민법 제745조는 착오로 타인의 채무를 변제한 경우를 다루고 있다.
채무변제는 채무자가 하는 변제와 제3자가 하는 변제로 나눌 수 있다. 제3자가 하는 변제는 다시 타인의 채무임을 알고 변제하는 것과 자신의 채무로 잘못 알고 변제하는 것으로 나눌 수 있다.[83] 제3자의 변제 중 타인의 채무임을 알고 그 채무를 변제하는 것은 원칙적으로 허용된다(민법 제469조 참조).[84] 이 경우에는 그 변제를 법률상 원

---

83) 곽윤직(주 21), 363면; 양창수, "타인채무의 착오변제", 민법연구, 제7권(2005), 339면.
84) 민법 제469조는 제1항에서 "채무의 변제는 제삼자도 할 수 있다. 그러나 채무의

인으로 하여 채무는 소멸하고 부당이득의 문제는 발생하지 않는다.[85]
제3자와 채무자 사이의 구상문제만 남을 뿐이다. 그런데 제3자의 변
제 중 타인의 채무인데도 자신의 채무로 잘못 알고 채무자로서 한 변
제가 유효한 변제인지가 문제된다. 민법 제745조 제1항은 이러한 변
제가 무효임을 전제로 부당이득반환청구를 허용하되, "채권자가 선의
로 증서를 훼멸하거나 담보를 포기하거나 시효로 인하여 그 채권을
잃은 때"에는 예외적으로 부당이득반환청구를 할 수 없다고 규정한
다. 이는 변제자의 부당이득반환청구권을 제한함으로써 그 변제가 유
효한 변제임을 믿은 선의의 채권자가 자신의 법적 지위를 변경시킴으
로써 예측하지 못한 손해를 입지 않도록 하는 취지이다.[86] 이러한 예
외적인 경우에 해당하면 변제가 유효하게 취급되므로 부당이득반환
청구권은 소멸하고 그 대신 변제자는 민법 제745조 제2항에 따라 채
무자에게 구상권을 행사할 수 있다.

　　분과위원회에서는 "착오로 인하여 타인의 채무를 변제"한 경우는
곧 "착오로 인하여 타인의 채무를 자신의 채무로 알고 변제"한 경우
를 의미한다고 전제하였다. 그리고 이러한 내용을 법문에 반영하는
개정안을 마련하였다. 국내 문헌들도 민법 제745조의 요건으로서 "제
3자가 타인의 채무를 자기의 채무로 오신하였을 것"을 들고 있다.[87]
판례도 마찬가지이다.[88] 입법연혁 측면에서 보더라도 민법 제745조
는 의용 민법 제707조에서 비롯된 것이고, 의용 민법 제707조는 착오
로 자신이 채무자라고 믿은 자가 부채를 변제한 경우에 관하여 규정

　　성질 또는 당사자의 의사표시로 제삼자의 변제를 허용하지 아니하는 때에는 그러
　　하지 아니하다"라고 규정하고, 제2항에서 "이해관계없는 제삼자는 채무자의 의사
　　에 반하여 변제하지 못한다"라고 규정한다.
85) 양창수(주 83), 340면.
86) 대법원 1992. 2. 14. 선고 91다17917 판결.
87) 김상용, "비채변제의 제유형", 민사법연구, 제3권(2000), 453면; 양창수(주 83),
　　346면; 양창수·권영준(주 34), 486면.
88) 대법원 1992. 2. 14. 선고 91다17917 판결.

한 프랑스 민법 제1377조에서 비롯된 것이다.[89] 그러한 점에서 분과
위원회의 개정안은 국내의 학설, 판례 및 입법연혁에 충실하게 작성
된 셈이다. 또한 법문의 숨겨진 의미를 독자들에게 드러내고자 했다
는 점에서 친절한 입법이라고도 할 수 있다.

　　그런데 민법 제745조의 문언만 놓고 보면 변제자가 자신의 채무
를 변제할 의도가 아니라 다른 사람 A의 채무를 변제할 의도로 변제
하였는데 실제 채무자는 A가 아니라 B인 경우도 여기에서의 착오변
제에 해당한다. 분과위원회의 개정시안대로라면 이러한 경우에는 제
745조가 적용되지 않게 된다.[90] 이때 변제자는 부당이득반환청구권
을 행사할 수 있게 되고, 채권자는 다시 실제 채무자인 B에게 이행청
구를 하여야 한다. 결국 채무자의 무자력 위험을 채권자가 부담하게
된다. 제745조가 적용되는 사안인 경우 채무자의 무자력 위험을 변제
자가 부담하게 되는 것과는 뚜렷하게 구별된다. 착오의 내용에 따라
법적 취급이 달라지는 것이다.

　　그렇다면 ① 타인의 채무를 자신의 채무로 잘못 알고 착오변제한
경우와 ② 타인인 B의 채무를 역시 타인인 A의 채무로 잘못 알고 착
오변제한 경우는 달리 취급되어야 하는가? 두 가지 유형은 변제자 입
장에서는 채무귀속을 잘못 알고 착오로 변제하였다는 면에서 동일하
고, 채권자 입장에서는 어느 경우나 유효한 변제로 믿고 권리보전조치
를 취하지 않았다는 점에서 동일하다. 다른 점은 변제자가 자기 채무
로 잘못 믿었는가(① 유형), 아니면 A의 채무로 잘못 믿었는가(② 유형)
하는 착오의 내용뿐이다. 이러한 착오의 내용 차이만으로 양자의 취급

---

89) 비교법적으로 보더라도 착오변제의 법리는 타인의 채무를 자기 채무로 잘못 알고
변제한 경우를 중심으로 발달하여 왔다. 비교법적 검토는 김형석, "오상채무자의
변제와 수령자의 급부자에 대한 착오", 김재형·제철웅 (편), 채무불이행과 부당이
득의 최근 동향(박영사, 2013), 316면 이하 참조.

90) 제4기 민법개정위원회 실무위원회 제19차 회의록(2013. 3. 29)(미공간), 13면 참
조. 이 문제점은 윤진수 실무위원장이 지적한 것이다.

을 달리 할 충분한 이유를 찾기 어렵다. 따라서 민법 제745조는 ② 유형에도 적용될 실익이 있다. 분과위원회의 개정안은 이러한 가능성을 봉쇄하는 것이다. 그러므로 이를 개정대상에서 제외한 것은 타당하다.

4. 제746조(불법원인급여) - 개정

현행	분과위안	실무위안	위원장단안=확정안
제746조(불법원인 급여) 불법의 원인으로 인하여 재산을 급여하거나 노무를 제공한 때에는 그 이익의 반환을 청구하지 못한다. 그러나 그 불법원인이 수익자에게만 있는 때에는 그러하지 아니하다.	제746조(불법원인급여) 제1안: 불법의 원인으로 인하여 재산을 급여하거나 노무를 제공한 때에는 그 이익의 반환을 청구하지 못한다. 그러나 그 불법원인이 주로 수익자에게 있는 때에는 그러하지 아니하다. 제2안: 현행 유지	제746조(불법원인급여) 불법의 원인으로 인하여 재산을 급여하거나 노무를 제공한 때에는 그 이익의 반환을 청구하지 못한다. 그러나 그 불법원인이 주로 수익자에게 있는 때에는 그러하지 아니하다.	제746조(불법원인 급여) 불법의 원인으로 인하여 재산을 급여하거나 노무를 제공한 때에는 그 이익의 반환을 청구하지 못한다. 그러나 그 불법원인이 주로 수익자에게 있는 때에는 그러하지 아니하다.

가. 민법 제746조의 해석론

민법 제746조는 불법원인급여에 관한 규정이다. 본문에 따르면 불법원인급여자는 그 급여의 반환을 구할 수 없다. 단서에 따르면 불법원인이 수익자에게만 있는 때에는 불법원인급여자는 예외적으로 그 급여의 반환을 구할 수 있다. 이러한 불법원인급여의 법리는 모습을 조금씩 달리하지만 대부분의 나라에서 인정되고 있다.

대법원 판례의 표현을 빌리자면 불법원인급여제도는 "사회적 타당성이 없는 행위를 한 사람을 보호할 수 없다는 법의 이념을 실현하려고 하는 것"이다.[91] 스스로 법질서에 의하여 승인되지 않은 급여를

---

91) 대법원 1979. 11. 13. 선고 79다483 전원합의체 판결.

한 자는 법의 보호대상에서 제외시킴으로써 정의로운 사법질서와 법
적 평화에 이바지하는 것이다. 불법원인급여제도는 불법거래에 대한
법의 조력을 거부함으로써 불법거래를 최소화하고자 하는 예방적 기
능도 수행한다.[92] 만약 불법원인급여를 하였다가 나중에 그 거래의
목적을 달성하지 못하더라도 자신이 급여한 바를 돌려받을 수 있다면
불법원인급여자로서는 잃을 것이 없는 지위에 놓이게 된다.[93] 이는
불법을 조장하는 결과를 초래한다. 불법원인급여제도는 이러한 결과
를 용납할 수 없음을 명백히 밝혀 잘못된 인센티브를 차단하고 이를
통해 건전한 법질서를 지키는 기능을 수행한다.

그런데 이처럼 급여자의 반환청구를 거절하면 불법원인급여의 상
대방인 수익자는 반사적으로 급여된 물건의 소유권을 취득함으로써
망외의 이익을 얻는다.[94] 몰수나 추징처럼 불법에 관여한 수익자로부
터도 이익을 박탈할 수 있다면 가장 좋겠지만, 늘 이러한 몰수나 추징
이 인정되는 것도 아니다.[95] 따라서 불법원인급여를 논의함에 있어서
핵심적인 과제는 급여자가 불이익을 얻고 수익자가 이익을 입는 구조
를 어떻게 정당화할 것인가이다.[96] 이러한 문제의식을 해결하기 위한
실마리는 "불법원인이 수익자에게만 있는 때"에는 급여자의 반환청구

---

92) 최봉경, "불법원인급여 ― 민법 제746조 본문의 해석과 적용기준을 중심으로", 比
較私法, 제13권 제3호(2006. 9), 176면. 미국에서도 이러한 점이 강조되고 있다.
가령 McMullen v. Hoffman, 174 U.S. 639, 669~670 (1899)에서는 불법원인급여
자에 대한 법적 조력의 거절은 불법원인급여자로 하여금 그들이 불법계약관계에
들어가는 이상 법의 보호 바깥에 놓이게 된다는 점을 인식하게 하여 불법거래의
숫자를 최소한으로 줄이고 이를 통해 법의 엄격한 준수에 관한 공익을 유지하게
한다는 점을 밝히고 있다. 그 이외에도 Mlynarik v. Bergantzel, 675 N.W. 2d 584,
587 (Iowa 2004)도 참조.

93) John W. Wade, "Benefits Obtained under Illegal Transactions ― Reasons For
and Against Allowing Restitution", Texas Law Review, Vol. 25 (1964), pp. 31~
62.

94) 대법원 1979. 11. 13. 선고 79다483 전원합의체 판결.

95) 윤진수(주 16), 148면.

96) 양창수·권영준(주 34), 487면.

를 허용하는 민법 제746조 단서에서 찾을 수 있다. 이러한 점에서 민법 제746조 단서의 해석론은 불법원인급여에서 가장 중요한 문제이다.

민법 제746조 단서를 문언대로만 해석하면 불법원인이 급여자에게는 없고 오로지 수익자에게만 있는 때에 한하여 급여자의 반환청구가 허용된다. 그런데 불법원인급여가 오로지 수익자의 불법만으로 이루어지는 경우는 드물고, 현실적으로는 급여자와 수익자 쌍방에게 불법원인이 함께 있는 경우가 대부분이다.97) 따라서 민법 제746조 단서의 문언을 기계적으로 해석하면 단서가 적용될 수 있는 경우가 거의 없게 될 뿐만 아니라, 급여자에게 조금이라도 불법성이 있다면 아무리 수익자의 불법성이 압도적으로 크더라도 반환청구를 할 수 없게 되는 불합리한 결과가 생긴다. 이는 더 큰 잘못을 저지른 수익자에게 오히려 망외의 이익을 안겨준다는 점에서 정당화되기 어렵다. 따라서 판례는 "수익자의 불법성이 급여자의 그것보다 현저히 크고 그에 비하면 급여자의 불법성은 미약한 경우에도 급여자의 반환청구가 허용되지 않는다고 하는 것은 공평에 반하고 신의성실의 원칙에도 어긋난다고 할 것이므로 민법 제746조 본문의 적용이 배제되어 급여자의 반환청구는 허용된다고 해석함이 상당하다"는 입장을 취한다.98) 이는 급여자에게 불법성이 있더라도 수익자의 불법성이 이에 비해 현저히 크면 급여자는 여전히 반환청구를 할 수 있다는 입장으로서 '불법성 비교론'이라고 불린다. 판례는 신의성실의 원칙을 언급하지만 해석기술상으로는 민법 제746조 단서의 문언을 예시적인 것으로 보거나 이를 유추적용한 결과로 이해할 수 있다. 통설도 판례와 마찬가지로 불법성 비교론을 채택함으로써 민법 제746조 단서를 확장하여 해석한다.99)

97) 곽윤직 편(주 32), 499면(박병대 집필부분).
98) 대법원 1993. 12. 10. 선고 93다12947 판결; 대법원 1997. 10. 24. 선고 95다49530, 49547 판결; 대법원 2007. 2. 15. 선고 2004다50426 전원합의체 판결 참조.
99) 곽윤직 편(주 32), 502면(박병대 집필부분); 김상용, 채권각론(화산미디어, 2011), 552면; 이은영(주 32), 714면; 지원림(주 32), 1685면 등. 반대의견으로는 송덕수

나. 개정안의 내용과 이에 대한 평가

개정안은 이러한 불법성 비교론을 명문으로 받아들였다. 개정안 제746조 단서에 따르면 "그 불법원인이 주로 수익자에게 있는 때"에는 급여자는 불법으로 급여된 것에 대한 반환청구를 할 수 있다. 불법원인이 수익자에게만 있는 때에 한하여 급여자가 반환청구를 할 수 있다고 규정한 현행 민법 제746조 단서와 달리 불법원인이 급여자에게 있는 경우에도 급여자와 수익자의 불법성을 비교하여 급여자의 반환청구를 허용할 여지를 문언상으로 열어놓은 것이다. 불법성 비교론은 이미 우리나라에서 널리 받아들여지는 해석론이므로 논의과정에서 이를 명문화하는 것에 대해서는 별다른 논란이 없었다. 필자 역시 이러한 개정에 찬성한다.

개정안이 시행될 경우 해석론의 핵심은 이번 개정과정에서 추가된 "주로"의 개념을 어떻게 해석할 것인가 하는 점이 될 것이다.[100] 불법성 비교론의 운용에 관하여는 수익자의 불법성이 급여자의 불법성에 비하여 현저하게 또는 압도적으로 커야 한다는 입장이 있는가 하면, 수익자의 불법성이 급여자의 불법성에 비하여 더 무거우면 된다는 입장도 있다.[101] 판례는 전자의 입장을 취한다.[102] 반면 개정안은 "주로"라는 개념을 사용하고 있어 후자의 입장을 채용하였거나 최소한 판례의 기준을 완화하였다고 볼 여지도 충분하다.[103]

(주 67), 454면.

100) 참고로 계약해제에 관한 민법개정안 제544조 제4항 본문도 "당사자 일방의 채무불이행이 채권자에게 주로 책임 있는 사유에 기한 경우에는 채권자는 계약을 해제할 수 없다"라고 규정한다.

101) 학설상황에 대해서는 곽윤직 편(주 32), 501면(박병대 집필부분) 참조.

102) 대법원 1993. 12. 10. 선고 93다12947 판결; 대법원 2007. 2. 15. 선고 2004다50426 전원합의체 판결.

103) 민법상 주종관계는 한쪽이 다른 쪽보다 현저하거나 압도적일 것을 요구하지 않는다. 주된 권리와 종된 권리에 관한 제183조, 부합에 있어서 주된 동산과 종된 부동산에 관한 제257조 참조.

그런데 논의과정을 살펴보면 개정안은 현재 판례의 태도를 수용한 것이지 불법성 비교의 기준변경을 의도한 것이라고는 하기 어렵다. 초안 작성 당시 분과위원들은 판례를 반영하여 개정안을 만든다는 점에 의견이 일치하였지만, 판례의 표현을 사용하면 문언이 길어지거나 자연스럽지 못하다는 점 등을 들어 "주로"라는 표현을 대신 사용한 것이다.104) 그 이후 실무위원회나 위원장단 회의, 나아가 전체회의에서도 이러한 표현을 받아들였다. 그러나 판례를 반영할 의도였다면 "수익자의 불법성이 현저히 큰 때"와 같이 현저하다는 표현을 직접적으로 사용하는 편이 해석상 불필요한 혼란을 방지한다는 점에서 더 바람직하였을 것이다.105)

한편 "불법원인이 주로 수익자에게 있는 때"는 단순히 불법성의 정도를 기계적으로 비교하여 수익자의 불법성이 급여자의 불법성보다 크거나(가령 전체 불법성 중 수익자의 불법성이 50% 초과) 상당한 정도로 초과할 때(가령 전체 불법성 중 수익자의 불법성이 75% 초과)에 자동적으로 급여반환청구를 거절한다는 의미는 아닐 것이다. 오히려 이는 급여자의 반환청구를 법적으로 보호할 가치가 있는지 여부에 대한 전체적인 평가를 통해 이를 보호한다는 판단에 이른 경우를 함축적으로 나타내는 의미일 것이다.106) 그러한 점에서 불법원인급여와 부당이득반환의 문제는 종국적으로 가치판단의 문제로서 판단 주체인 법원에 일정한 재량이 허용되는 방향으로 해석할 필요가 있다.107)

---

104) 제3기 민법개정위원회 5분과 제16차 회의록(미공간), 2면 이하. '주로'라는 표현은 일본의 加藤雅信 교수가 주도한 日本民法硏究會의 民法改正案 제654조의 표현을 참조한 것으로 보인다.
105) 민법에서 현저하다는 표현은 제104조, 제259조, 제269조, 제362조, 제536조, 제553조, 제557조, 제870조, 제905조, 제924조 등 상당히 많은 곳에서 이미 사용되고 있다.
106) 곽윤직 편(주 32), 503면(박병대 집필부분) 참조.
107) 참고로 뉴질랜드나 이스라엘에서는 불법원인급여의 반환 문제를 법원의 재량에 따라 판단할 수 있도록 명문으로 허용한다. The Illegal Contracts Act 1970, 제7조 제3항 (뉴질랜드) 및 The Israeli Contracts Law(General Part) Law 1973. 제

V. 부당이득반환의 효과

1. 제747조(반환의 대상과 방법) - 개정

현행 규정	분과위안	실무위안	위원장단안=확정안
제747조(원물반환 불능한 경우와 가액반환, 전득자의 책임) ① 수익자가 그 받은 목적물을 반환할 수 없는 때에는 그 가액을 반환하여야 한다. ② 수익자가 그 이익을 반환할 수 없는 경우에는 수익자로부터 무상으로 그 이익의 목적물을 양수한 악의의 제삼자는 전항의 규정에 의하여 반환할 책임이 있다.	제747조(반환의 대상과 방법) ① 수익자는 그 받은 이익을 원물(原物)로 반환하여야 하며 그로부터 수취한 과실 그 밖의 이익도 반환하여야 한다. ② 제1항의 경우 원물로 반환할 수 없는 때에는 그 가액을 반환하여야 한다.	제747조(반환의 대상) ① 수익자가 받은 목적물을 반환할 때에는 그로부터 수취한 과실도 반환하여야 한다. ② 수익자가 목적물 또는 그로부터 수취한 과실을 반환할 수 없거나 목적물로부터 수취한 이익이 있는 때에는 그 가액을 반환하여야 한다.	제747조(반환의 대상과 방법) ① 수익자는 그 받은 이익을 원물(原物)로 반환하여야 하며, 그로부터 수취한 과실 그 밖의 이익도 반환하여야 한다. ② 제1항의 경우에 원물로 반환할 수 없는 때에는 그 가액을 반환하여야 한다.

가. 개정안의 내용

(1) 개정안 제747조 제1항

현행 민법 제747조 제1항은 수익자가 그 받은 목적물을 반환할 수 없는 때에는 그 가액을 반환하여야 한다고 규정한다. 이는 가액반환에 대한 규정이지만 "그 받은 목적물을 반환할 수 없는 때"라는 요

31조 참조. 한편 독일과 네덜란드는 명문의 규정은 없지만 이를 재량판단의 문제로 파악한다. 이상 Gerhard Dannemann, "Illegality as Defence against Unjust Enrichment Claims", in David Johnston & Reinhard Zimmermann (eds.), *Unjustified Enrichment: Key Issues in Comparative Perspective* (Cambridge University Press, 2002), p. 321 참조.

건 설정을 통해 원물반환이 원칙이라는 점도 간접적으로 밝히고 있
다. 개정안 제747조 제1항은 이처럼 간접적으로 추론되는 원물반환
원칙을 직접적으로 밝히는 조항이다. 현행 민법 제747조 제1항에 규
정되어 있던 가액반환은 제2항으로 위치를 옮겼다.

　　개정안 제747조 제1항에서 주목할 부분은 수취한 과실 그 밖의
이익을 반환대상에 포함시킨 부분이다. 현행 민법 제747조 제1항의
해석론도 과실이나 사용이익은 "받은 목적물"의 개념에 포함된다고
보아 이를 반환대상에 포함시킨다.[108] "받은 목적물"에 과실을 포함
시키는 것은 다소 무리한 해석기술이기는 하다.[109] 과실은 손실자로
부터 받은 목적물 자체가 아니라 그로부터 수익자가 별도로 수취한
것이기 때문이다. 그러나 현행법상 이러한 목적적 확장해석은 불가피
하다고 생각한다. 원물과 함께 과실을 반환하게 하는 것이 부당이득
제도의 취지, 즉 부당이득이 없었다면 존재하였을 본래 상태로 복귀
시킨다는 취지에 부합한다. 이러한 논리는 과실에 준하여 취급되는
사용이익에도 적용할 수 있다.[110] 개정안 제747조 제1항은 이러한 내
용을 명문화함으로써 해석상 논란의 여지를 차단하였다.

　　개정안 제747조 제1항은 "받은 목적물"이라는 용어를 폐기하고,
이를 "원물"과 "수취한 과실 그 밖의 이익"으로 구분하여 반환대상으
로 명시한다.[111] 여기에서 "원물(原物)"은 수익자가 손실자로부터 받

---

108) 이에 대해서는 우선 곽윤직 편(주 32), 558면(양창수 집필부분); 지원림(주 32),
　　 1645면 등 참조.
109) 가령 정욱도, "부당이득반환에 있어서 운용이익의 반환범위", 민사판례연구, 제31
　　 권(2009), 499~500면에서는 과실이 "받은 목적물"에 포함된다고 단정하기 어렵
　　 다고 한다.
110) 대법원 2003. 11. 14. 선고 2001다61869 판결은 사용이익을 과실과 마찬가지로
　　 취급한다.
111) 이 점에서 계약해제로 인한 원상회복에 관한 개정안 제548조와 차이가 있다. 가
　　 령 개정안 제548조 제3항 제1문은 "각 당사자가 상대방으로부터 받은 목적물 또
　　 는 그로부터 수취한 과실을 반환할 수 없거나 목적물로부터 수취한 이익이 있는
　　 때에는 그 가액을 반환하여야 한다."라고 규정함으로써 개정안 제747조 제1항의

은 목적물 자체를 의미한다.112) "수취한 과실"은 실제로 수취한 과실을 의미하므로, 수취할 수 있었으나 그렇게 하지 못한 과실 또는 그 가액까지 반환대상이 되는 것은 아니다. "그 밖의 이익"은 원물에 종된 이익을 의미하는데, 사용이익 이외에는 예를 떠올리기 어렵다. 운용이익이 포함되는가가 문제될 수 있으나, 기존 판례의 태도가 적용되면 충분할 것이다.113)

(2) 개정안 제747조 제2항

개정안 제747조 제2항은 현행 민법 제747조 제1항에서 규정한 가액반환에 관한 내용을 옮겨온 것으로서 실질적인 내용의 변화는 없다. 그러므로 제2항의 내용에 대해서는 상세한 설명을 생략한다.

오히려 이와 관련하여 주목할 것은 원물반환과 가액반환 이외에 대상물(代償物) 반환을 명문화하려는 논의가 있었다는 점이다. 여기에서의 대상물은 수익자가 당초 취득한 구체적 대상에 갈음하여 취득한 대위물로서 가령 토지수용에 의한 보상금, 보험금, 채권을 법률상 원인 없이 취득한 수익자가 나중에 채무자로부터 유효한 변제를 받은 경우의 그 변제물 등을 말하는 것이다.114) 분과위원회에서는 원물을 반환할 수 없는 때에는 그 가액 또는 대상물을 반환하여야 한다고 규정하는 방안에 대하여 논의하였다.115)

"원물"대신 "받은 목적물"이라는 개념을 사용하는 한편, 제747조 제1항과 달리 과실반환은 원물반환의 문제로, 이익반환은 가액반환의 문제로 명시적으로 나누어 다루고 있다. 개정안 제548조는 개정안 제747조와 본질적으로 같은 문제를 다루고 있으므로 개념과 규정체계의 통일이 필요하다.

112) 그 점에서 개정안 제747조의 원물(原物)은 민법 제102조 제1항의 원물(元物)과 구별해야 한다.

113) 판례는 수익자의 행위가 개입되어 얻어진 이른바 운용이익 중 사회통념상 수익자의 행위가 개입되지 않았더라도 부당이득된 재산으로부터 손실자가 통상 취득하였으리라고 생각되는 범위를 초과하는 이익은 반환하지 않아도 된다고 한다. 대법원 2008. 1. 18. 선고 2005다34711 판결 참조.

114) 곽윤직 편(주 32), 560면(양창수 집필부분); 지원림(주 32), 1646면.

115) 제3기 민법개정위원회 제5분과위원회 제19차 회의록(2012. 1. 27)(미공간), 4면

이처럼 대상물 반환을 명문으로 허용하는 입법례들이 있다. 그 대표적 예인 독일 민법 제818조 제1항은 "반환의무는 수취한 수익 및 수령자가 취득한 권리에 기하여 얻은 것 또는 취득한 목적물의 멸실, 훼손 또는 침탈에 대한 배상으로 얻은 것에도 미친다"고 규정한다. DCFR Ⅶ.－5:101조 제4항도 제한된 범위 내에서 이를 인정한다.116) 대상물은 "받은 목적물"의 변형물이므로 원물반환의 연장선상에서 이를 반환하도록 허용할 이론적 타당성이 있다.117) 따라서 위 입법례처럼 이러한 규정을 두는 것도 하나의 가능한 선택지였을 것이다. 분과위원회에서는 대상물의 반환범위가 명확하지 않은 점 등의 이유로 이를 명문화하지 않고 해석론에 맡기기로 하였다.118) 이러한 입장은 전체회의에 이르기까지 존중되었다. 그러나 이번 기회에 이를 명문화하였더라면 더 좋았을 것이다.

참고로 우리 판례는 민법에 명문 규정이 없음에도 불구하고 해석론으로 대상청구권을 인정한다.119) 이번 민법개정안에서도 이러한 해석론을 명문화하였다.120) 이러한 대상청구권의 법리가 부당이득반환

이하. 제4기 민법개정위원회 제4분과위원회 제11차 회의록(2012. 8. 31)(미공간); 제4기 민법개정위원회 제4분과위원회 제13차 회의록(2012. 9. 28)(미공간), 4면 이하 참조.

116) "… 다음 각호의 어느 하나의 경우에 해당할 때에는 수익자가 원물의 대상물을 취득한 한도에서 그 대상물을 반환하여야 한다".

117) 양창수·권영준(주 34), 457면; 이계정, "송금된 금원에 대한 예금 명의인의 부당이득반환의무 유무의 판단기준 ―부당이득에 있어서 이득의 개념을 중심으로―", 민사판례연구, 제35권(2013), 583면(각주 45) 참조.

118) 제4기 민법개정위원회 제2분과위원회 제14차 회의록(2012. 10. 5)(미공간), 2~5면; 제4기 민법개정위원회 제4분과위원회 제14차 회의록(2012. 10. 12)(미공간), 6면 참조.

119) 대법원 1992. 5. 12. 선고 92다4581, 4598 판결 외 다수.

120) 민법개정안 제399조의2에서는 "대상청구권(代償請求權)"이라는 표제 아래 제1항에서 "채무의 이행을 불가능하게 한 사유로 채무자가 채권의 목적인 물건이나 권리를 갈음하는 이익을 얻은 경우에는 채권자는 그 이익의 상환을 청구할 수 있다"라고 규정한다.

청구에도 적용될 수 있는가에 대해서는 논란의 여지가 있으나, 이를
부정할 이유가 없다. 판례는 사해행위취소로 인한 원상회복과 관련하
여 대상청구권을 인정할 수 있다는 점을 밝히고 있다.[121] 이 판결에
서는 사해행위취소에 따른 근저당권말소판결이 확정된 후 그 근저당
권 대상 부동산이 임의경매로 매각되어 근저당권말소가 불가능해진
경우, 취소채권자는 대상청구권의 행사로서 사해행위로 취소된 근저
당권에 기하여 배당을 받은 근저당권자를 상대로 그 배당금의 반환을
구할 수 있다고 판시하였다. 사해행위취소로 인한 원상회복도 궁극적
으로는 부당이득반환의 성질을 가진다는 점을 고려하면, 이러한 판례
의 취지는 부당이득반환청구에 따른 대상물 반환에도 적용할 수 있을
것이다. 그러므로 현재의 해석론으로도 대상물 반환을 구하는 것은
허용될 수 있다. 학설도 마찬가지이다.[122]

(3) 기   타

개정안 제747조는 "무엇"을 반환할 것인가의 문제를 다루고 있다
는 점에서 "어느 만큼" 반환할 것인가의 문제를 다루는 민법 제748조
와 구별된다. 민법 제748조 제1항은 선의의 수익자가 현존이익 범위
내에서, 제2항은 악의의 수익자가 받은 이익에 이자를 붙여 반환하고
손해가 있으면 이를 배상해야 한다고 규정한다. 따라서 수익자가 개
정안 제747조에 따라 과실반환의무를 부담하게 되더라도 그 구체적
인 반환범위는 수익자의 선·악의를 구별하여 민법 제748조에 따라
정하여야 한다. 예컨대 선의의 수익자가 수취한 과실을 일부 소비하
여 나머지만 현존하고 있다면 민법 제748조 제1항에 따라 현존하는
과실 부분에 대한 반환의무만 부담하게 된다.

---

121) 대법원 2012. 6. 28. 선고 2010다71431 판결.
122) 곽윤직 편(주 32), 560면(양창수 집필부분); 김형배(주 19), 214~215면; 양창수·
    권영준(주 34), 457면; 지원림(주 32), 1646면.

나. 민법 제201조와의 관계

개정안 제747조 제1항은 수취한 과실의 반환에 대해 규정하므로 선의 점유자의 과실수취권에 관하여 규정하는 민법 제201조 제1항과의 관계가 문제된다.[123] 판례는 소유자가 선의 점유자를 상대로 소유물 반환을 구할 때에는 선의 점유자의 과실수취권을 규정한 민법 제201조 제1항이 우선하여 적용되므로 과실의 반환을 구할 수 없다고 한다.[124] 개정안 제747조 제1항은 이러한 판례의 태도를 변경할 의도로 만든 것은 아니다. 그러므로 이번 개정에도 불구하고 기존 논의는 그대로 적용될 것이다.

참고로 민법 제201조도 이번 개정대상에 포함되었다. 2013. 12. 30. 개최된 제4기 민법개정위원회 제20차 전체회의를 통해 확정된 개정안 제201조 제1항은 선의·무과실 점유자의 과실반환의무를 면제하고, 제2항은 선의·유과실 점유자에게 현존이익 범위 내에서 과실반환의무를 인정하며, 제3항은 악의 점유자에게 수취한 과실 또는 그 가액 전체의 반환의무를 인정한다. 선의 점유자를 무과실자와 유과실자로 나누어 취급을 달리한 점이 특징이다.[125] 하지만 본권자와 점유자 사이의 이익상황을 보면 선의·무과실 점유자라고 하더라도 부당이득의 일반원리(선의 수익자의 현존이익반환)를 넘어서서 과실반환의무 면제라는 혜택을 줄 정당한 이유를 찾기 어렵다. 차라리 민법 제201조는 삭제하고 부당이득의 일반원리에 따르도록 하는 쪽이 좋았

---

123) 민법 제201조 제1항은 "선의의 점유자는 점유물의 과실을 수취한다"라고 규정한다.
124) 대법원 1967. 11. 28. 선고 67다2272 판결; 대법원 1987. 9. 22. 선고 86다카1996, 1997 판결 등.
125) 판례는 민법 제201조 제1항 소정 선의의 점유자를 "과실수취권을 포함하는 권원이 있다고 오신한 점유자"라고 하면서 "그와 같은 오신을 함에는 오신할 만한 정당한 근거가 있어야 한다"고 하여 사실상 선의·무과실 점유자라야 과실반환의무가 면제된다고 새기고 있는데(대법원 1995. 8. 25. 선고 94다27069 판결; 대법원 2000. 3. 10. 선고 99다63350 판결 등), 개정안 제201조는 이러한 판례의 태도를 참조한 것이다.

을 것이다.126)

2. 제747조 제2항(악의의 전득자의 반환의무) − 개정(위치변경)

현행 규정	분과위안	실무위안	위원장단안=확정안
<신설> ※ 참고조항 제747조(원물반환불능한 경우와 가액반환, 전득자의 책임) ① (생략) ② 수익자가 그 이익을 반환할 수 없는 경우에는 수익자로부터 무상으로 그 이익의 목적물을 양수한 악의의 제삼자는 전항의 규정에 의하여 반환할 책임이 있다.	제749조의2(전득자의 반환의무) 수익자가 그 이익을 반환할 수 없는 경우에는 수익자로부터 무상으로 그 이익의 목적물을 양수한 악의의 제3자는 제747조의 규정에 의하여 반환할 책임이 있다.	제749조의2(악의 전득자의 반환의무) 수익자가 그 이익을 반환할 수 없는 경우에는 수익자로부터 무상으로 그 이익의 목적물을 양수한 악의의 제3자는 제747조에 따라 반환할 책임이 있다.	제749조의2(악의의 전득자의 반환의무) 수익자가 그 이익을 반환할 수 없는 경우에는 수익자로부터 무상으로 그 이익의 목적물을 양수한 악의의 제3자는 제747조에 따라 반환할 책임이 있다.

가. 개정안의 내용

현행 민법 제747조 제2항은 "수익자가 그 이익을 반환할 수 없는 경우에는 수익자로부터 무상으로 그 이익의 목적물을 양수한 악의의 제삼자는 전항의 규정에 의하여 반환할 책임이 있다"라고 규정한다. 이는 수익자의 반환불능시 악의와 무상취득의 요건을 모두 충족한 전득자에게 수익자를 대신하여 반환할 책임을 부담시키는 항이다.

그런데 이 항은 같은 조 제1항과는 다른 차원의 내용을 담고 있다. 제1항은 원물반환과 가액반환의 문제, 즉 부당이득 반환의 대상

---

126) 제철웅, "소유물반환청구권에 부수하는 채권관계를 독자적으로 규율할 필요가 있는가?", 김재형·제철웅 (편), 채무불이행과 부당이득의 최근 동향(박영사, 2013), 297면 이하는 이러한 통합규정의 당위성에 대해 설명한다.

과 방법에 대한 내용을 규정하지만, 제2항은 악의의 전득자의 반환의
무, 즉 특정한 지위에 있는 제3자의 부당이득반환의무 존부에 대한
내용을 규정하기 때문이다.

　이에 따라 개정안에서는 제747조는 부당이득 반환의 대상과 방
법에 대한 조항으로 남겨놓되, 악의의 전득자의 반환의무에 대한 조
항으로 제749조의2를 신설하였다. 표제 신설과 약간의 표현수정(제삼
자 ⇒ 제3자, 전항 ⇒ 제747조, 의하여 ⇒ 따라)을 제외하면 본문의 내용은
현행 민법 제747조 제2항을 거의 그대로 옮겨온 것이므로 변화가 없다.

　나. 악의 요건의 삭제 논의

　그런데 개정안 제749조의2와 관련하여 반환의무자를 "악의의 무
상양수인"으로 한정하지 않고 악의 요건을 삭제함으로써 "무상양수
인" 전반으로 확대할 것인가 하는 점에 대한 논의가 있었다.127)

　현행 민법 제747조 제2항이 "악의"의 무상양수인에게만 부당이
득반환의무를 인정하게 된 경위는 분명하지 않다. 민법 초안 작성 전
에 법전편찬위원회128)가 만든 『민법안 편찬요강』에서는 "이득의 목
적을 무상으로 양수한 제3자에 대하여 그 반환의무를 인정할 것"이라
는 항목(채권법각론 제35항)을 두고 있었다. 위 항목은 무상전득자의
반환의무를 규정한 독일 민법 제822조와 중화민국 민법 제183조를
참조한 것이다.129) 우리 민법 제정과정에서 영향을 미친 의용 민법이

---

127) 무상양수인 전반으로 확대되어야 한다는 의견으로 법무부 민법개정위원회 자료집
　　(제4기 제11차 전체회의, 2014. 2. 17) 중 31면 이하(윤진수 교수 작성부분)(미공
　　간) 참조. 다만 이 의견은 위원장단 회의 단계에서 받아들여지지 않았고, 전체회
　　의에서는 실질적인 토의나 표결이 이루어지지 않았다.
128) 법전편찬위원회는 1948. 9. 15. 『법전편찬위원회직제』(대통령령 제4호)에 따라 조
　　직된 위원회로서 주요 법률의 제정 방향과 내용을 편찬요강의 형태로 정리하는
　　임무를 담당하였다. 민법안 편찬요강에서는 모두 112개의 항목을 두고 있었다.
129) 민의원 법제사법위원회 민법안 심의소위원회, 민법안 심의록, 상권(민의원 법제사
　　법위원회, 1957), 438면; 명순구, 실록 대한민국 민법 3(법문사, 2010), 779면; 곽

나 만주국 민법에는 전득자의 부당이득반환에 대한 조항 자체가 없다.

독일 민법 제822조에서는 『제3자의 반환의무(Herausgabepflicht Dritter)』라는 표제 아래 "수령자가 취득한 것을 무상으로 제3자에게 출연한 때에는, 이로 인하여 수령자의 부당이득반환의무가 배제되는 한도에서, 제3자는 부당이득청구권자로부터 법적 원인 없이 출연을 받은 경우에 준하여 반환의무를 진다"라고 규정한다.130) 이 규정은 다음 두 가지 고려사항에 기초하고 있다. 첫 번째는 제3자에게 직접 부당이득반환청구권을 행사할 수 없는 지위에 있는 손실자에게 부당이득을 반환받을 이익을 실현해 줄 필요성이 있다는 점이다.131) 두 번째는 무상으로 이익을 얻은 제3자는 이러한 부당이득반환청구로부터 보호받을 가치가 없다는 점이다.132) 환언하면 손실자의 이익의 보호 필요성이 제3자의 보호 필요성을 능가한다는 것이다. 중화민국 민법 제183조133)도 같은 취지에 따른 것이라고 생각된다.

그런데 이처럼 무상전득자 전체에 특별한 부당이득반환의무를 인정하고자 했던 편찬요강의 의도와는 달리 정부안 원안에는 "악의" 요건이 추가됨으로써 그 대상자가 축소되었고, 민법안심의소위원회에서도 이에 관해 별다른 이의 없이 원안에 합의하였다.134) 국회 본회

윤직 편(주 32), 571면(양창수 집필부분).

130) 원문은 다음과 같다. "Wendet der Empfänger das Erlangte unentgeltlich einem Dritten zu, so ist, soweit infolgedessen die Verpflichtung des Empfängers zur Herausgabe der Bereicherung ausgeschlossen ist, der Dritte zur Herausgabe verflichtet, wie wenn er die Zuwendung von dem Gläubiger ohne rechtlichen Grund erhalten hätte."

131) *Münchener Kommentar zum BGB*, 6. Auflage 2013, §822, Rn. 1.

132) *Münchener Kommentar zum BGB*, 6. Auflage 2013, §822, Rn. 1.

133) 중화민국 민법 제183조는 "부당이득의 수익자가 그 받은 것을 제3자에게 무상으로 양도하여 수익자가 이로 인하여 반환의무를 면한 경우에 제3자는 그 반환의무를 면한 한도에서 반환책임이 있다"라고 규정한다. 이 조항 역시 현재 대만 민법에 그대로 보존되어 있다. 김성수(주 53), 135면.

134) 민의원 법제사법위원회 민법안 심의소위원회(주 129), 438면.

의에서도 별다른 토론이 없었다.[135] 그 이외에 왜 악의의 요건이 추
가되었는지를 알 수 있는 입법자료는 발견하기 어렵다.[136] 다만 당시
민사법연구회가 제출한 민법안의견서에서는 정부안 원안에 찬성하면
서 그러한 악의의 제3자를 보호할 필요는 없고 이를 통해 형평을 기
할 수 있으므로 타당한 규정이라는 입장을 취하고 있다.[137] 이 점에
비추어 보면 입법자도 악의의 무상전득자와 선의의 무상전득자에 대
한 보호가치를 달리 본 것이 아닌가 생각된다. 선의의 무상전득자에
대해서는 선의취득을 인정하지만 악의의 무상전득자에 대해서는 선
의취득을 부정하는 민법 제249조의 태도와도 연결시킬 수 있다.

　　그러나 손실자와 무상전득자의 보호가치를 형량해 보면 무상전
득자가 선의인 경우에도 손실자의 보호를 우선시킬 필요가 있다. 선
의의 무상전득자를 손실자에 우선하여 보호하려는 현행 민법 제747
조 제2항의 태도는 결국 무상전득자의 신뢰를 보호하겠다는 것이다.
그러나 일반적으로 본래의 권리자를 희생시키고 그 토대 위에서 제3
자의 신뢰를 보호하려면 ① 신뢰야기자에 관한 요건으로는 그에게 귀
책 가능한 신뢰야기, ② 신뢰자에 관한 요건으로는 이에 관한 정당한
신뢰와 이로 인한 신뢰투자가 각각 요구된다.[138] 그런데 민법 제747
조 제2항이 상정하는 상황에서는 본래의 권리자에게 신뢰야기에 대
한 책임을 귀속시키기도 마땅치 않을 뿐만 아니라 특히 선의의 무상
전득자에게 보호가치 있는 충분한 신뢰투자를 인정하기 어렵다. 그는
문자 그대로 어떤 대가도 지불하지 않은 채 무상으로 목적물을 취득
하였기 때문이다.[139] 따라서 법률상 원인 없이 손실을 입게 된 자에

---

135) 제26회 국회정기회속기록 제45호, 국회사무처, 1957. 11. 25, 6면(명순구(주 129),
　　　780면에서 재인용).
136) 곽윤직 편(주 32), 571면(양창수 집필부분).
137) 민사법연구회, 민법안 의견서(일조각, 1957), 198면(현승종 집필 부분).
138) 권영준, "계약관계에 있어서 신뢰보호", 서울대학교 법학, 제52권 제4호(2011.
　　　12), 263~264면 참조.
139) 우리 민법은 증여자의 담보책임을 원칙적으로 부정하거나(제559조), 무상수치인

우선하여 선의의 무상전득자를 보호할 당위성이 뚜렷하지 않다.[140) 비교법적으로 보더라도 악의 요건까지 요구하는 입법례는 찾아보기 어렵다.[141) 그러므로 악의 요건을 삭제하여 무상 전득자에 대해서는 일종의 특수한 부당이득반환청구권을 허용하는 방안을 적극적으로 검토할 필요가 있었을 것이다.[142)

3. 제748조(수익자의 반환범위) - 개정 제외

현행	분과위안	실무위안	위원장단안
제748조(수익자의 반환범위) ① 선의의 수익자는 그 받은 이익이 현존한 한도에서 전조의 책임이 있다. ② 악의의 수익자는 그 받은 이익에 이자를 붙여 반환하고 손해가 있으면 이를 배상하여야 한다.	제748조(수익자의 반환범위) ① 선의의 수익자는 그 받은 이익이 현존하는 한도에서 제747조의 책임이 있다. ② 악의의 수익자는 (가액으로 이익을 반환하는 경우) 그 받은 이익에 이자를 붙여 반환하고 손해가 있으면 이를 배상하여야 한다. ③ 제1항 및 제2항의 규정은 수익자의 비용	제748조(수익자의 반환범위) ① 선의의 수익자는 그 받은 이익이 현존하는 한도에서 제747조에 따른 책임이 있다. 제1안: ② 악의의 수익자는 그 받은 이익에 이자를 붙여 반환하여야 한다. 제2안: ② 악의의 수익자는 그 받은 이익에 이자를 붙여 반환하고	개정 제외

의 주의의무를 달리 파악하는 등(제695조) 무상행위와 유상행위를 구별하는 경우가 있다.

140) 그러한 점에서 입법론으로는 오스트리아 민법 제367조나 DCFR Ⅷ.-3:101 (1) (c)처럼 유상취득자에게만 선의취득을 인정하거나 독일 민법 제932조, 제822조처럼 일단 무상 선의취득을 인정하더라도 그와 별도로 부당이득반환의무를 인정하는 것이 타당하다.

141) 곽윤직 편(주 32), 571면(양창수 집필부분).

142) 참고로 독일에서는 이러한 제3자에 대한 부당이득반환청구권의 법적 성격이 수익자에 대한 부당이득반환청구권과는 구별되는 독립된 청구권인지, 아니면 수익자에 대한 부당이득반환청구의 확장에 불과한 것인지에 대한 견해 대립이 있다. 이는 제3자가 수익자의 항변을 원용할 수 있는지의 문제로 연결된다. *Münchener Kommentar zum BGB*, 6. Auflage 2013, §822, Rn. 2 f. 참조.

상환청구권 행사에 영 향을 미치지 아니한다.	손해가 있으면 이를 배상 하여야 한다(현행 유지).

민법 제748조는 부당이득의 반환범위에 관한 것으로서 선의의 수익자는 현존 이익만 반환하고, 악의의 수익자는 받은 이익에 이자까지 부가하여 반환하여야 한다고 규정한다. 민법 제748조 제1항에 대해서는 위에서 보듯이 자구 수정 시도만 있었지만, 제2항에 대해서는 실체적인 논의가 있었다. 분과위원회에서는 원물반환의 경우에도 이자를 붙여 반환하는 것이 타당한지에 대해 논란의 여지가 있다고 보아[143] 이를 "가액으로 이익을 반환하는 경우"로 한정할 것인지 여부를 실무위원회와 위원장단 회의에서 판단하여 달라는 취지로 이를 괄호 안에 넣어 초안을 만들었다. 한편 실무위원회에서는 이에 대해 논란의 여지가 있을 수 있다는 점을 인식하면서도 섣불리 어느 한쪽으로 명문화하기보다는 해석론에 맡기는 것이 타당하다는 이유로 현행 규정의 표현을 그대로 두기로 하였다.[144] 오히려 실무위원회 단계에서는 부당이득 반환규정에는 이질적이라고 할 수 있는 손해배상 부분을 제거할 필요성에 대해 논의하였는데, 의견의 일치를 이루지 못하여 1안(삭제안)과 2안(현행 유지안)으로 나누어 위원장단 회의에 상정하였다.[145] 한편 위원장단 회의에서는 민법 제748조를 현행 규정대로 두기로 하고 이 조항은 전체회의에 상정하지 않았다.[146]

---

143) 관련 논의는 곽윤직 편(주 32), 597~598면(양창수 집필부분) 참조.
144) 제4기 민법개정위원회 실무위원회 제20차 회의록(2013. 4. 16)(미공간), 9면.
145) 제4기 민법개정위원회 실무위원회 제20차 회의록(2013. 4. 16)(미공간), 8~9면.
146) 부당이득법 개정안에 대한 위원장단 회의의 논의는 제4기 민법개정위원회 위원장단회의 제30차 회의록(2013. 9. 2)(미공간)과 제31차 회의록(2013. 9. 16)(미공간)에서 발견되는데, 제748조의 개정에 대해서는 실질적인 논의는 거의 이루어지지 않은 것으로 보인다.

VI. 결   론

부당이득에 관한 민법개정안에는 극적인 요소가 그리 많지 않다. 등기 부동산에 대한 유치권 폐지라는 과감함을 담은 유치권 개정안이나 현행 2개 조문을 10개로 대폭 늘리면서 기존 논의 내용을 뛰어넘는 참신함을 담은 채권자취소권 개정안과 비교하면 부당이득 개정안은 이미 판례와 학설을 통해 승인된 내용을 반영한 정도로 평가된다. 하지만 이러한 밋밋함은 민법개정위원회의 역부족 때문이기보다는 정당한 재산귀속의 추구라는 근본적 문제를 다루는 부당이득법의 특성상 사회 변화에 민감하게 대응할 필요성이 크지 않았기 때문일 것이다.

이번 부당이득 개정안은 비채변제 요건의 구체화(제742조)나 불법성 비교론의 명문화(제746조)와 같이 유의미한 성과를 담고 있지만 개정안에 반영되지 않은 개정논의 그 자체도 주목할 만하다. 부당이득 유형론의 입법 시도는 개정안으로 이어지지 않았지만 이제 독일과 일본에 이어 우리나라에서도 부당이득 유형론이 오히려 우세한 입장으로 자리잡았음을 보여주었다. 악의인 무상전득자의 부당이득 반환의무를 둘러싼 논의는 지금까지 거의 의식되지 않던 문제로서 수익자의 반환불능 사태를 둘러싸고 손실자와 전득자의 법적 보호 균형점을 어디에서 찾을 것인가 하는 새로운 과제를 던져주었다. 요컨대, 부당이득 개정안은 그 시행 여부를 떠나 그동안 우리나라에 축적되어 온 판례와 학설의 발전상, 나아가 외국 입법례의 다양한 흐름을 골고루 담아낸 것으로서 학술적인 가치가 크다. 또한 개정안의 내용과 이를 둘러싼 논의의 이모저모는 현행 민법을 해석함에 있어서도 참조할 만한 것이 많아 실무적인 가치도 크다.

부당이득 개정안을 포함하여 이번 민법개정안이 과연 국회의 문턱을 넘을 수 있을지는 장담하기 어렵다. 현재 국회의 여건은 2004년 개정안을 방치하여 폐기에 이르게 했던 때와 비교하여 별로 변한 것이 없기 때문이다. 그래서 주무부처인 법무부에서는 민법개정안을 인위적으로 조각내어 개정의 필요성과 가능성이 높은 부분부터 순차적으로 국회에 보내는 전략을 택하였다.147) 이러한 전략은 민법개정에 관한 국민의 관심을 지속적으로 환기시키고, 국회의 심의부담을 덜어주는 한편, 법무부로서는 일단 가시적인 입법성과를 내게 할 수도 있어 이해가 가는 바 있다. 하지만 이는 개정안의 유기성과 체계성을 해칠 수 있다. 어떤 개정안은 통과되고 어떤 개정안은 통과되지 않을 경우, 또한 그 통과 과정에서 각각의 개정안 부분에 대한 단편적 수정이 이루어질 경우를 떠올려 보면 그 위험은 더욱 심각해진다. 향후 국회제출과정에서 이러한 유기성과 체계성을 최대한 보존할 수 있는 지혜로운 "조각내기"를 하는 것이 법무부의 중요 과제일 것이다. 어쨌든 하나의 유기성과 체계성을 가지는 법안을 인위적으로 분리하는 전략을 사실상 강요하는 국회의 현실은 서글픈 것이다.

열정적인 개정작업과 시큰둥한 외부반응 사이의 현실적 간극은 과연 민법개정의 진정한 필요성은 무엇인가, 입법자와 국민에게 그 필요성을 어떻게 설득할 것인가, 일부의 시각처럼 어차피 판례나 특별법 제정으로 대부분의 문제를 해결할 수 있다면 사법(私法)의 모법(母法)인 민법의 정체성은 어디에서 찾을 수 있는가 등의 깊숙한 고민을 하게 한다. 이는 지난 5년간의 개정작업이 민법학자들에게 새롭게 던져주는 과제이다.

---

147) 별도로 제출된 성년후견제 개정안은 2013. 7. 1. 법률 제10429호로 개정 민법으로 시행되고 있다. 법인과 소멸시효 제도에 관한 개정안은 2011. 6. 22. 국회에 제출되었으나 심의도 거치지 못한 채 제18대 국회 임기만료로 폐기되었다. 유치권 제도에 관한 개정안은 2013. 7. 17.에, 여행계약과 보증에 관한 개정안은 2014. 3. 25.에 각각 국회에 제출되었다.

⊠ 참 고 문 헌

곽윤직 편, 민법주해[XVII], 박영사, 2005.

곽윤직, 채권각론, 제6판, 박영사, 2003.

_____, 채권총론, 제6판, 박영사, 2006.

권영준, "계약관계에 있어서 신뢰보호", 서울대학교 법학, 제52권 제4호(2011. 12).

_____, "유럽사법(私法)통합의 현황과 시사점 ―유럽의 공통참조기준초안 (Draft Common Frame of Reference)에 관한 논쟁을 관찰하며―", 비 교사법, 제18권 제1호(2011. 3).

권 철 역, 일본민법전, 법무부 민법개정사무국, 2011.

김상용, "비채변제의 제유형", 민사법연구, 제3권(2000).

_____, 채권각론, 화산미디어, 2011.

_____, 채권총론, 개정증보판, 법문사, 2003.

김성수 역, 대만민법전, 법무부, 2012.

김증한, 채권각론, 박영사, 1988.

김증한·김학동, 채권총론, 제6판, 박영사, 1998.

김형배, 사무관리·부당이득, 박영사, 2003.

_____, 채권총론, 제2판, 박영사, 1999.

김형배·김규완·김명숙, 민법학강의: 이론·판례·사례, 제10판, 신조사, 2011.

김형석, "오상채무자의 변제와 수령자의 급부자에 대한 착오", 김재형·제철 웅 (편), 채무불이행과 부당이득의 최근 동향, 박영사, 2013.

명순구, 실록 대한민국 민법 3, 법문사, 2010.

민사법연구회, 민법안 의견서, 일조각, 1957.

민의원 법제사법위원회 민법안 심의소위원회, 민법안 심의록 상권, 민의원 법제사법위원회, 1957.

박준서 편, 주석민법: 채권각칙, 제3판, 한국사법행정학회, 1999.

법무부 민법개정자료발간팀 편, 2004년 법무부 민법개정안 채권편·부록, 법무부, 2012.

_____, 2004년 법무부 민법개정안 총칙·물권편, 법무부, 2012.

_____, 2013년 법무부 민법개정시안 조문편, 법무부, 2013.

_____, 2013년 법무부 민법개정시안 총칙편, 법무부, 2013.

_____, 2013년 법무부 민법개정시안 물권편, 법무부, 2013.

_____, 2013년 법무부 민법개정시안 채권편(上), 법무부, 2013.

_____, 2013년 법무부 민법개정시안 채권편(下), 법무부, 2013.

송덕수, 新민법강의, 제5판, 박영사, 2012.

_____, 채권법각론, 박영사, 2014.

양창수 역, 독일민법전, 박영사, 2008.

양창수, 일반부당이득법의 연구, 박사학위논문, 서울대학교(1987).

_____, "타인채무의 착오변제", 민법연구, 제7권(2005).

양창수·권영준, 권리의 변동과 구제(민법 Ⅱ), 박영사, 2011.

윤진수, "부당이득법의 경제적 분석", 서울대학교 법학, 제55권 제3호(2014. 9).

이계정, "송금된 금원에 대한 예금 명의인의 부당이득반환의무 유무의 판단 기준 ―부당이득에 있어서 이득의 개념을 중심으로―", 민사판례연구, 제35권(2013).

이은영, 채권각론, 제5판, 박영사, 2007.

_____, 채권총론, 제4판, 박영사, 2009.

이준형, "부당이득법의 현대적 기능과 입법 ―이스라엘 민법초안에 대한 다니엘 프리드먼의 報告를 소재로―", 김재형·제철웅 (편), 채무불이행과 부당이득의 최근 동향, 박영사, 2013.

일본 민법(채권법) 개정검토위원회 편, 법무부 역, 일본 채권법 개정의 기본방침, 법무부, 2009.

정욱도, "부당이득반환에 있어서 운용이익의 반환범위", 민사판례연구, 제31권(2009).

제철웅, "소유물반환청구권에 부수하는 채권관계를 독자적으로 규율할 필요
　　가 있는가?", 김재형·제철웅 (편), 채무불이행과 부당이득의 최근 동
　　향, 박영사, 2013.
지원림, 민법강의, 제12판, 홍문사, 2013.
최봉경, "불법원인급여 — 민법 제746조 본문의 해석과 적용기준을 중심으
　　로", 비교사법, 제13권 제3호(2006. 9).
한국법사학회, 민법 제정·개정 연혁사 연구, 2012년도 법무부 연구용역과제
　　보고서.
Beatson, Jack & Schrage, Eltjo (eds.), *Case, Materials and Texts on
　　Unjustified Enrichment*, Hart Publishing, 2003.
Caemmerer, Ernst von, *Bereicherung und unerlaubte Handlung*,
　　Festschrift für Ernst Rabel, Mohr, 1954.
Dannemann, Gerhard, "Illegality as Defence against Unjust Enrichment
　　Claims", in David Johnston & Reinhard Zimmermann (eds.),
　　Unjustified Enrichment: Key Issues in Comparative Perspective
　　(Cambridge University Press, 2002).
Gordley, James, *Foundations of Private Law*, Oxford University Press,
　　2006.
Lorenz, Stephan & Czipuka, Johannes, "Grundwissen－Zivilrecht: Bereicherungs－
　　recht － Grundtypen der Kondiktionen", *JuS*, No. 9 (2012).
Wade, John W., "Benefits Obtained under Illegal Transactions－Reasons
　　For and Against Allowing Restitution", *Texas Law Review*, Vol. 25
　　(1964).
Wilburg, Walter, *Die Lehre von der ungerechtfertigten Bereicherung nach
　　österreichischem und deutschem Recht*, Leuschner und Lubensky,
　　1934.
Zimmermann, Reinhard, *The Law of Obligations: Roman Foundations of
　　the Civilian Tradition*, Oxford University Press, 1990.
甲斐道太郎·谷口知平 編, 新版 注釋民法 V 18, 有斐閣, 1988.

宮田浩史, "不当利得論における我妻衡平説の意義と日本類型論と可能性", 早稲田法学会誌, 第63券 第2号(2013).

松岡久和, "不当利得法の全体像−給付利得法の位置づけを中心に", ジユリスト, 第1428号(2011).

我妻 榮, 債權各論, 下卷 1(民法講義Ⅴ 4), 岩波書店, 1972.

我妻 榮・清水 誠・田山 輝明・有泉 亨, 我妻・有泉コメンタール 民法, 第3版, 日本評論社 2013.

판례색인

사항색인

저자소개

김재형

서울대학교 법과대학 졸업(법학사)
서울대학교 대학원 법학과 졸업(법학박사)
서울지방법원 판사 등 역임
독일 뮌헨대학교와 미국 콜럼비아 로스쿨에서 법학연구
서울대학교 법과대학·법학전문대학원 교수
현 대법관

근저당권연구(2000), 민법론 Ⅰ·Ⅱ(2004)·Ⅲ(2007)·Ⅳ(2011)·Ⅴ(2015), 언론과 인격권(2012), 민법판례분석(2015), 양창수·김재형, 민법 Ⅰ: 계약법(제2판, 2015)(공저), 곽윤직·김재형, 민법총칙〔민법강의Ⅰ〕(제9판, 2013)(공저), 물권법〔민법강의Ⅱ〕(제8판 보정, 2015)(공저), 곽윤직 편집대표, 민법주해(ⅩⅥ)(1997)(분담집필), 김용담 편집대표, 주석민법 물권(4)(제4판, 2011)(분담집필), 주석민법 채권각칙(6)(제4판, 2016)(분담집필), Lando·Beale 편, 유럽계약법원칙 제1·2부(2013)(번역) 등 다수

최봉경

연세대학교 법과대학 졸업(법학사)
독일 뮌헨대학교(법학박사)
현 서울대학교 법학전문대학원 교수

Mangelschaden, Mangelfolgeschaden und Folgeschaden ohne Mangel im Lichte typologischen Denkens(Verlag C.H.Beck München, 2003), 김용담 편집대표, 주석민법 채권각칙(3)(제4판, 2016)(분담집필), "개념과 유형", "법률의 흠", "민법에서의 유추와 해석 — 판례를 거울삼아" 등 다수

권영준

서울대학교 법과대학 졸업(법학사)
서울대학교 대학원 법학과 졸업(법학박사)
서울지방법원 판사 등 역임
현 서울대학교 법학전문대학원 교수

Formation and Third Party Beneficiaries(Chapter Contributor)(2018), 담보거래에 관한 UNCITRAL 모델법 연구(2018), 양창수·권영준, 민법 Ⅱ: 권리의 변동과 구제(제3판, 2017)(공저), 민법판례연구 Ⅰ(2019) 등 다수

김형석

서울대학교 법과대학 졸업(법학사)
독일 트리어 대학교(법학박사)
현 서울대학교 법학대학원 교수

Zessionsregreß bei nicht akzessorischen Sicherhiten(Berlin: Duncker & Humblot, 2004), 김용담 편집대표, 주석민법 물권(1)(제4판, 2011)(분담집필), 양창수·김형석, 민법 Ⅲ: 권리의 보전과 담보(제3판, 2018)(공저), 사용자책임의 연구(2013), "법에서의 사실적 지배", "저당권자의 물상대위와 부당이득" 등 다수

민법개정안연구

초판발행   2019년 9월 30일

지은이   김재형·최봉경·권영준·김형석
펴낸이   안종만·안상준

편 집   이승현
기획/마케팅   조성호
표지디자인   조아라
제 작   우인도·고철민

펴낸곳   (주) **박영사**
            서울특별시 종로구 새문안로3길 36, 1601
            등록 1959. 3. 11. 제300-1959-1호(倫)
전 화   02)733-6771
f a x   02)736-4818
e-mail   pys@pybook.co.kr
homepage   www.pybook.co.kr
ISBN   979-11-303-3223-9 94360
            979-11-303-2631-3   (세트)

copyright©김재형·최봉경·권영준·김형석, 2019, Printed in Korea

정 가   30,000원